유가사상과 중국적 역사 사유

일러두기

1. 책과 학술지는 『 』, 논문은 「 」로 표시한다.
2. 인명은 민국을 기준으로 이전은 한국의 한자음으로, 이후는 한자음(현대중국어음)을 병기했다.
3. 본문에 소개되는 사상가의 활동 시기를 제공하기 위해 원서에 있는 대로 이름 앞에 꺾쇠로
   왕조를 밝혔다.
   예: '〔宋〕朱熹'
4. 서지사항은 편명, 서명 순으로 작은 단위에서 큰 단위의 순서로 통일시켰다.
5. 원서의 오류는 별다른 언급을 하지 않고 바로잡아 옮겼다.
6. 논지 파악에 도움을 주기 위해 주석을 보충하고 이해를 돕기 위해 한국의 연구 성과를 소개
   하여 독자가 깊은 이해를 할 수 있도록 도왔다.
7. 원전을 번역할 때 군주와 신하의 대화라도 대등한 문맥으로 옮겼다.
8. 가독성을 높이기 위해 지은이의 원주 이외에 옮긴이가 '‖' 표시를 하고 각주를 추가했다.
9. 철학 개념은 두음 법칙의 적용을 받지 않는다.
   예: 理 → 리
10. 원전과 원서를 번역할 때 문맥을 부드럽게 하기 위해 옮긴이가 보충한 부분은 〔 〕로 표시한다.

유교문화연구총서 21

유가사상과 중국적 역사 사유

황준걸(황쥔제) 지음 | 신정근·안성수·김선혜 옮김

옮긴이 서문

유가하면 현재보다 과거에 초점을 둔다고 말한다. 맞는 말이다. 그리하여 유가 역사관의 특성이 옛날 또는 옛것을 높인다는 상고尚古 또는 숭고崇古 에 있다고 한다. 특히 유가가 하夏·상商·주周의 삼대三代, 즉 세 왕조를 황금시대로 보고 있고 이를 현실에서 재현하려고 하는 점에서 상고 또는 숭고의 특성이 더 분명하게 드러난다.

　황준걸(황쥔제)은 유가의 상고와 숭고 특성을 애써 감추거나 부정하려 고 하지 않는다. 대신 유가의 역사가 왜 상고 또는 숭고의 특성을 지니 게 되었는지 그 연원을 끈질기게 추적하여 밝히고 또 그 영향을 꾸준하 게 조사하여 밝힌다. 이것만으로도 이 책이 학술적 의의를 갖는다고 할 수 있다. 황준걸(황쥔제)은 상고 또는 숭고가 옛날과 옛것에만 초점을 두 지 않고 과거와 현재 그리고 과거와 미래가 서로 대화를 하게 하는 해석 학적 순환의 관계에 있다는 점을 밝혀낸다. 이는 우리가 이 책을 읽어봐 야 할 충분한 이유가 된다고 할 수 있다.

　이 작업을 위해 황준걸(황쥔제)은 유가의 시간관, 송명 리학의 집대성 자 주희朱熹와 근대 사학의 큰 스승 전목(첸무)錢穆의 역사관을 살피고 있다. 즉 이 책을 통해 유가사상과 중국적 역사 사유가 기원에 근·현대 까지 어떻게 전개되는지를 그 과정을 일별할 수 있는 좋은 기회를 가질 수 있다. 이러한 주제를 통해 황준걸(황쥔제)은 시간과 초시간, 구체와 추 상 중 어느 하나가 다른 하나를 일방적으로 규제하는 방식이 아니라 양 자가 서로 맞물리면서 의미와 가치를 무한히 생성하는 계기를 설득력 있게 논의하고 있다.

대만(타이완) 학계는 소위 중화권에 속해서 중국 대륙과 많은 면에서 비슷하리라 생각할 수 있다. 물론 같은 점에 주목하면 같은 점이 눈에 많이 들어오고 다른 점에서 보면 그 반대가 되리라. 하지만 아직은 다른 점이 많다. 물론 양자는 중화 문화의 가치를 공통으로 강조하지만 대만은 '중국 유학'만큼이나 '동아시아유학〔東亞儒學〕'이란 말을 자연스럽게 사용한다.

이 때문에 대만(타이완)의 학인은 유학을 중국 또는 중화의 영역에 한정하지 않고 자연스럽게 동아시아의 관점에서 조망하려고 한다. 연구의 대상도 자연스럽게 중국에 한정되지 않고 한국과 일본 그리고 다른 나라로 확장되고 있다. 예컨대 '경학經學'이라도 한·중·일 세 나라의 경학을 비교하려고 하고 '주자학'과 '실학'도 마찬가지이다. 따라서 대만(타이완) 학인은 일찍부터 한국철학을 본업으로 하지 않더라도 자신의 연구 영역 이외에 한국 등으로 영역을 확장한다는 점에서 겸업으로 하고 있다.

이러한 개방성은 대만의 학인이 외국어를 배우려는 성향이 강하다. 대만 학자가 한국에 장기간 체류할 경우 적어도 한국학 또는 한국 철학에 관심을 두고 있으면 한국어를 배우려는 태도가 강하다. 이러한 태도는 아무래도 대만(타이완)이 이데올로기의 경직성에서 자유롭기 때문에 나타난다고 생각한다. 이러한 특성이 동아시아 유학의 정립이라는 연구 방향을 더욱 풍성하고 완성도 높게 일구어가리라 생각한다.

나는 황준걸(황쥔제)의 초청(2016년 8월)을 받아 국립대만대학교 인문사회고등연구원人文社會高等研究院에 1개월 남짓 방문학자로 가면서 학문의 인연을 맺었다. 이때 메일을 받으면서 깜짝 놀란 적이 있다. 연구 경력으로 보면 한참 선배인 분이 '제弟'라고 칭하고 나더러 '형兄'이라 부르며 서로 이름을 불렀기 때문이다. 대만(타이완)에 유학하신 분에게 물

으니 이상한 일이 아니라고 해서 지금도 어색한 마음으로 메일을 주고
받는다.

그 이후로 중국 대륙과 대만(타이완) 그리고 한국의 학술대회에서 같
이 글을 발표하기도 하고 조우하기도 하면서 학문적 교류를 이어나갔
다. 그런 중에 황준걸(황쥔졔)의 책을 성균관대학교 유교문화연구소의 연
구 총서로 번역하게 되었다. 지은이와 옮긴이로 새로운 인연을 맺게 되
었다. 나아가 황준걸(황쥔졔)과 함께 동아시아 유학을 연구하는 학인을
두루 만나면서 대만과 인연이 더욱 깊어졌다. 만나면 늘 후의와 친절을
보여서 이제 편한 사이가 되었다.

이 책은 동아시아유학연구총서〔東亞儒學研究叢書〕20『유가사상과 중
국적 역사 사유〔儒家思想與中國歷史思惟〕』(臺大出版中心, 2014 초판; 2016
4쇄)를 번역했다. 황준걸(황쥔졔)의 책은 이미『일본 논어 해석학』(이영
호 옮김, 2011),『동아시아학 연구방법론: 동아시아에서 문화교류와 유
가 경전의 이념』(정선모 옮김, 2012),『이천 년 맹자를 읽다 중국맹자학
사』(함영대 옮김, 2016) 등으로 한국에 소개되었다. 첫째와 셋째의 두 책
이 일본과 맹자에 한정된다면 이 책은 둘째와 유사하게 통론의 성격을
지니므로 함께 읽는다면 황준걸(황쥔졔)의 지적 세계를 전체적으로 볼 수
있으리라 생각한다.

대만대 국가발전연구소 박사과정에서 근세 동아시아 사상사 전공하
는 안성수 선생님과 대만대 역사학과 박사과정에서 명청시대 사회사를
전공하는 김선혜 선생님이 1차 번역을 마쳤다. 두 분은 책의 내용과 전
공이 가까워서 어려운 내용을 요령 있게 잘 옮겼다. 신정근은 1차 번역
의 원고와 원문을 일일이 대조하면서 다소 어색한 부분을 수정하기도
하고 용어와 한국어 연구 성과를 각주로 보완하기도 하고 또 원서의 오
류를 바로잡아 이 책을 유교문화연구소 연구총서 21권으로 출간하게 되

었다. 나는 유교문화연구소의 소장직(2014.3~2019.12)을 마치면서 이 책을 마무리하게 되었다. 약 6년간의 임기 동안 유교문화연구소에서 업무로 도와주고 학문으로 함께 연마하고 사업으로 함께 고생한 분들에게 고맙기 그지없다. 고맙습니다!!

2019년 세밑에

신정근 씁니다

『유가 사상과 중국적 역사 사유』이 책은 내가 20년 가까이 해당 분야를 탐구하며 써온 원고를 대폭 보태고 빼는 수정 작업을 하고 또 서론, 제2장과 결론의 세 장과 제7장 제5절을 새로 써서 묶어낸 신작이다.

최근 2년 동안 이 책의 원고를 수정하고 새롭게 추가로 집필하면서 수십 년 전 고등학교 시절의 일이 마음속에 떠오르곤 했다. 고등학교 1학년 때 처음으로 『좌전』을 접하고서 당시 고등학교 학업의 부담 때문에 『좌전』을 처음부터 끝까지 다 읽지는 못했지만, 책에서 '군자왈君子曰'의 형식으로 역사적 사실을 평론하는 문자에 대해 깊은 인상을 받았다. 그 뒤에 별도로 『사기』의 「본기」와 「열전」을 읽게 되었다. 한편으로 역사 속의 인물이 생동감 있게 종이 위에 옮겨놓아 매우 흥미진진했으며 다른 한편으로 사마천이 처한 비참한 환경으로 인해 의분이 벅차오르기도 했다.

고등학교 2학년 때에 고웅(가오슝)高雄 고등학교 운동장 주변에 있는 봉황나무 아래에서 「보임안서報任安書」[1]를 외우면서 감동을 받아 눈물을 흘린 적도 있다. 2천 년 전의 인물 사마천이 겪었을 비분강개를 회상해보니 그가 지닌 '역사의 영혼'이 시공의 간격을 뛰어넘어 대만(타이완) 남쪽 시골 학생이던 고등학생에게 강렬한 정신의 소환을 외치는 것 같았다. 이에 나는 마침내 대만대 사학과에 진학하리라 결심하게 되었다.

---

1 ∥「보임안서」는 사마천이 임안에게 보는 편지글로 『한서』 「사마천전」에 실려 있다. 사마천은 이 글에서 자신이 궁형을 당하고서 죽지 않고 살아야 하는 이유 등 자전적 이야기를 적고 있다.

나는 대학교 1학년 때 전목(쳰무)錢穆의 『국사 대강國史大綱』을 읽기 시작하면서 20세기 중국에 광풍이 몰아치는 시대적 배경에서 그는 역사를 배우는 사람이 반드시 갖춰야 할 '온정과 경의'에 대해 자신의 뜻을 간절하게 알렸는데 깊이 감동을 받았다. 전목(쳰무)은 말년에 세상의 운세가 흥성하고 쇠퇴한다는 '세운홍쇠世運興衰'와 인물이 현명하고 간사하다는 '인물현간人物賢奸'의 8글자를 역사 연구의 법도로 제시했는데, 마음으로 한층 깊이 깨닫게 되었다.

하지만 나는 대학 시절에 "자연과학으로 바라보는 역사 언어학" 및 "인의 도덕을 말하는 자는 모두 우리의 동지가 아니다"는 식의 역사 연구의 주의주장을 접하며 몹시 놀라기도 했는데, 이미 반세기가 지났지만 그 당시의 광경은 지금도 눈앞에 선하다. 그 뒤에 공부가 한 걸음씩 나아가면서 앞서 말한 주의주장이 5·4운동의 광풍이 몰아닥친 시대에 나온 격렬한 언론으로 특수한 역사적 배경에서 제기되었다는 점을 알게 되었다. 또 "구부러진 것을 바로 잡으려다가 꼭 정도를 지나치게 된다 (矯枉必須過正)"는 노력과 터득을 거치면서 '동정적 이해'를 하게 되고 가슴이 개운해지게 되었다.

요종이(라오쭝이)饒宗頤은 일찍이 이렇게 말한 적이 있다. "역사가가 옛 사람의 역사를 평론할 때 덕에 의거해서 역사를 저울질해야지 결코 역사에 따라 덕을 바꿔서는 안 된다."[2] 이 말은 21세기에 들어 '포스트모던'으로 떠들썩한 오늘날에도 여전히 되뇌고 곱씹어볼 만한 가치가 있다.

이 책의 초고는 국립 대만대 동료 채진풍(차이전펑)蔡振豐. 임영승(린용성)林永勝, 염홍중(옌홍중)閻鴻中과 국립 대만사범대 장곤장(장쿤쟝)張崑將, 천진(톈진) 남개(난카이)南開대 손위국(쑨웨이궈)孫衛國, 중국사회과학원 양

2 饒宗頤, 『中國史學上之正統論』, 香港: 龍門書店, 1976, 57쪽.

념군(양녠췬)楊念群이 꼼꼼히 읽으면서 여러 가지 의견을 제안하여 많은 도움을 받았다. 이렇게 제안한 의견에 진심으로 감사드리며 여러 동학의 좋은 의견을 받아들인 부분에 대해 해당되는 각 장의 주석에서 고마움을 표시했다.

도대체 유가 사상은 중국의 역사 사유와 어떤 관계를 갖는가? 이 질문은 내가 수십 년 동안 자나 깨나 줄곧 생각해온 학문적 문제 의식이었다. 이 책의 각 장을 썼던 시간이 아주 길지만 모두 이 문제와 직접적으로 연관되어 있고 내용적으로 '유학과 중국적 역사 사유'라는 축을 둘러싸고 논의가 펼쳐지고 있다. 이제 이 문제를 사색해온 흔적을 엮어서 책으로 펴내고자 한다. 학문의 소양은 거칠고 능력은 부족한데 책임이 무거우니 독자 여러분께서 나의 부족함을 안타깝게 여기고 나의 모자라는 점을 바로잡아 준다면 커다란 행운이 될 것입니다.

황준걸(황쥔제)黃俊傑
2014년 9월 28일 갑오甲午년 공자 탄신일

차례

제1부 중국적 역사 사유의 핵심과 발현

제2부 유가 사상과 중국적 역사 사유의 전개

제3부 중국적 역사 사유의 현대적 전환

유가의 인문정신 전통과 중국의 역사학

1. 이끄는 말

중국의 역사 사유는 기원이 오래되고 흐름이 길어서 역사학이 전통적인 중국 학술의 집결지가 되었고 유가의 인문 전통과 매우 밀접한 관계를 맺고 있다. 유가 사상과 전통적인 중국의 역사 사유 사이에는 서로 스며드는 특성이 있다. 더욱이 역사 사유는 유가의 인문 정신 속에 아주 깊이 배어 있다. 하지만 양자 사이에는 내재적 긴장도 존재한다. 이러한 상호 침투성과 내재적 긴장은 '사실 판단'과 '가치 판단'의 사이[1] 그리고 역사가가 연구하는 역사적 사실의 '특수성(particularity)'과 유가의 도덕 이념에서 주장하는 '보편성(universality)'의 사이에서 더욱 잘 드러난다.

이 책을 쓰는 목적은 바로 유가 전통과 중국의 역사 사유의 복잡한 관계를 연구하고 토론하는 데 있다. 바로 책은 모두 3부로 되어 있다.

---

1 모종삼(머우쫑싼)牟宗三(1909~1995)은 다음과 같이 말했다. "역사에 대해 도덕 판단과 역사 판단은 한 가지라도 빠뜨릴 수 없다. …… 도덕 판단이 없고 단지 역사 판단만 있다면 역사 판단은 현상주의나 역사주의가 될 뿐이다. 이는 역사를 진실하게 할 수 없다. 역사 판단이 없고 도덕 판단만 있다면 도덕적 판단은 經이 될 뿐이고 역사는 단지 경의 긍정과 부정의 사례가 될 뿐이다. 이 또한 역사를 진실하게 할 수 없다." 牟宗三, 『政道與治道』, 臺北: 廣文書局, 1961, 223쪽 참조.

1부는 2장으로 되어있는데 중국의 역사 사유의 핵심 개념인 '시간'과 중국의 역사 서술에서 사론史論이 발휘하는 작용을 나누어서 논의했다. 2부는 4장으로 되어 있는데 유가의 역사 사유의 방법과 운용 그리고 역사 서술 등을 분석하고, 송나라 유학자와 주희朱熹의 역사관을 중심으로 전통적 중국의 유가적 역사 해석의 이론과 의미 그리고 그와 관련된 문제를 분석했다. 3부는 20세기의 유가 학자 전목(첸무)錢穆(1895~1990)의 사학을 중심으로 전통적 중국의 역사 사유의 현대적 전환과 전목(첸무)의 역사학 속에 드러난 유가의 가치관을 다뤘다. 결론에서는 유가 사상과 전통적 중국의 역사 사유 속에 드러난 인문 정신의 특질을 종합적으로 논의했다.

이 책의 주제로 들어가기에 앞서 우리는 먼저 중국과 외국의 학계에서 중국 사학과 관련된 연구 논저를 간단히 돌아보고자 한다. 논저의 주제로 보면 중국 사학을 다루는 저작은 크게 세 가지로 나눌 수 있다. 첫째, 중국 역사학을 통사通史의 측면에서 다룬 저작이다. 1938년에 나온 가드너(Charles S. Gardner, 1900~1966)의 『전통 중국 사학』[2]은 20세기에 가장 먼저 출판된 통론 성격의 저작으로 갖은 고생을 다하며 새로운 분야를 개척해낸 공을 남겼다. 이 책은 1장에서 20세기 초의 고사변古史辨 운동을 소개하고, 2장부터 7장까지 중국 사학가가 역사를 저술한 동기·문헌·고증·사실 비평·종합·체제와 역사서의 분류 등을 별도로 다루고 있다. 특히 2장에서 문헌 고증을 가장 상세하게 논의했는데, 그 비중이 거의 책 전체의 절반을 차지할 정도이다.

---

2 Charles S. Gardner, *Chinese Traditional Historiography*, Cambridge MA.: Harvard University Press, 1938; second printing, 1961. 양련승(양롄성)楊聯陞은 1961년 이 책의 2쇄 서문에서 "저자가 당시 건강상의 이유로 이 책의 2쇄에서 수정하지 못하고 초판을 그대로 인쇄했다"는 점을 밝히고 있다.

1941년에 금육불(진위푸)金毓黻이 쓴『중국 사학사』[3]는 고대 역사가와 역사서에서부터 청 제국 역사학의 발전까지 통론 식으로 다루었다. 1943년에 나온 주희조(주시쭈)朱希祖(1879~1944)의『중국 사학 통론』[4]은 역사학의 기원과 그 유형을 자세히 논의했다. 1949년에 일본 한학의 대가인 나이토 고난內藤湖南(1866~1934)이 생전에 교토대에서 세 차례에 걸쳐 개설한 중국 사학사 강의의 필기를 제자들이 정리하여『지나 사학사』를 출판했다.[5] 이 책은 전부 11장으로 되어 있고 상고 시대부터 청 제국까지 역사학 발전을 소개하고 있다. 책은 강의의 필기이지만 그 내용이 매우 해박하고 상세하여 새롭게 문을 연 저작이 되었다. 송나라의 역사학 부분에서 정통론과 경학經學의 변화를 언급하고 있지만 아직 유학과 역사학의 상호 작용에 대해 많이 다루지 않았다.

1953년에 나온 이종동(리쭝퉁)李宗侗(1895~1974)의『중국 사학사』[6]는 상고 시대부터 청 제국까지의 역사학 그리고 중국 역사학의 특징과 그 전망을 통론 식으로 다루었다. 1982년에 나온 류절(류제)劉節(1901~1977)의 유작『중국사학사고』[7]에서는 고대부터 청 제국까지 중국 역사학의 발전까지 통론 식으로 다루었는데, 개별 사학자 예컨대 사마천司馬遷(BC 145?~87?)·반고班固(32~92)·유지기劉知幾(661~721)·사마광司馬光(1019~1086)·정초鄭樵(1104~1162)·왕부지王夫之(1619~1692)·장학성章學誠(1738~1801) 등의 사학에 치중했다.

류절(류제)은 중국 사학사를 3시기로 나눌 수 있다고 주장했다. "나는

---

3 金毓黻,『中國史學史』, 上海: 商務印書館, 1941.
4 朱希祖,『中國史學通論』, 南京: 獨立出版社, 1943.
5 內藤湖南,『支那史學史』, 東京: 弘文堂, 1949 初版. 중국어 번역본은 馬彪 譯,『中國史學史』, 上海: 上海古籍出版社, 2008.
6 李宗侗,『中國史學史』, 臺北: 中華文化出版事業委員會, 1953.
7 劉節,『中國史學史稿』, 鄭州: 中州書畫社, 1982. 대북(타이베이)臺北에서 출판된 판본은『中國史學史稿』, 臺北: 弘文館出版社, 1986.

과거를 왕조 단위로 구분하고, 위진남북조, 양송兩宋, 청대 등 세 시기에 중점을 두었다. 역사서의 종류와 수량의 증가 및 역사 고증학의 맹아와 발전에 그 주안점을 두었다."[8] 또 류절(류제)은 각 시대 역사학의 개요를 통론 식으로 다루었다. 1985년에 윤달(인다)尹達(1906~1983)이 책임 편집한『중국 사학 발전사』[9]는 여러 학자들이 함께 저술한 책으로 중국 사학사의 발전을 '노예 사회의 역사학', '봉건 사회의 역사학', '반식민 반봉건 사회의 역사학'으로 나누었는데, 집필할 당시 정치 이데올로기의 통제를 벗어날 수는 없었다.

1993년부터 2004년까지 두유운(두웨이윈)杜維運(1928~2012)이 3권의『중국 사학사』[10]를 써서 출판했다. 고대 역사학의 기원에서 시작으로 19세기 서양 역사학의 유입과 중국 역사학의 쇠퇴까지 다루고 있다. 통시적으로 역대 사학의 발전을 통론 식으로 다루고 각 시대 개별 역사학자의 사학에 초점을 맞춰 새로운 견해를 다양하게 내놓았다. 예컨대 순열荀悅(148~209)의 유가적 사학 사상과 유지기의 사학 방법론,『자치통감』에 나타난 소재 선택, 고증, 편집과 윤색 등 모두 이전 사람들이 미처 발굴하지 못했던 내용을 발굴해냈다. 또 두유운(두웨이윈)은 중국 사학을 세계 사학의 시야에 놓고 연구 토론한 전문 서적도 집필했다.[11]

1994년에 나온 반덕심(판더선)潘德深(1928~)의『중국 사학사』[12], 1999년에 나온 구림동(취린둥)瞿林東(1937~)의 『중국사학사강』[13], 2005년에 나

---

8 劉節,『中國史學史稿, 鄭州: 中州書畫社, 1982, 4쪽.
9 尹達 主編,『中國史學發展史』, 鄭州: 中州古籍出版社, 1985.
10 杜維運,『中國史學史(一)』, 臺北: 三民書局, 1993;『中國史學史(二)』, 臺北: 三民書局, 1998;『中國史學史(三)』, 臺北: 三民書局, 2004.
11 杜維運,『中國史學與世界史學』, 臺北: 三民書局, 2008;『中西古代史學比較』, 臺北: 東大圖書公司, 1988.
12 潘德深,『中國史學史』, 臺北: 五南圖書出版有限公司, 1994.
13 瞿林東,『中國史學史綱』, 北京: 北京出版社, 1999年 初版; 2005年 再版.

온 오회기(우화이치)吳懷祺(1938~)의 『중국 사학 사상사』[14] 등은 각기 치중하는 점을 달리했다. 반덕심(판더선)의 책은 선진 시대부터 청 제국까지 정치사의 시대 구분에 따라 중국 역사학을 논의했고, 구림동(취린둥)의 책은 학계에 큰 영향력을 끼쳤고, 오회기(우화이치)의 책은 사학 사상의 논의에 치중했다.

2005년에 오안조(우안쭈)伍安祖(1953~)와 왕청가(왕칭쟈)王晴佳(1958~)가 함께 쓴 『세감世鑑: 중국 전통 사학』은 영어권 학계에서 지금까지 가장 전면적으로 중국 사학사를 다룬 간주된다. 공자 시대에 시작된 중국 사학의 맹아로부터 전국 시대·양한·위진남북조·당·송·금·원·명·청까지의 역대 사학의 발전을 논의했다. 또한 중국과 외국의 연구 성과를 받아들였을 뿐만 아니라 중국 전통 역사관이 '숭고崇古'·'회고懷古'·'신고信古'를 특징으로 한다는 결론을 제시했다.[15]

2006년에 사보성(셰바오청)謝保成(1943~)이 책임 편집한 『중국 사학사』[16]는 여러 사람이 힘을 모아 중국 사학사를 통론 식으로 다루고 있는데, 특히 책 뒤의 부록에 실린 두 가지 표가 참고하기에 아주 편리하다. 2006년에 사학계의 선배 몽문통(멍원퉁)蒙文通(1894~1968)의 유작이 『중국 사학사』[17]로 묶여서 출간되었다. 2006년에 백수이(바이서이)白壽彝(1909~2000)가 책임 편집한 6권의 『중국 사학사』[18]가 세상에 나오게 되었는데, 책의 분량이 아주 방대하고 포괄하는 범위가 가장 넓은 집단 창작물이다. 2011년에 교치충(챠오즈중)喬治忠의 『중국 사학사』가 출간되었

14 吳懷祺, 『中國史學思想史』, 臺北: 文史哲出版社, 2005.
15 On-cho Ng and Q. Edward Wang, *Mirroring the Past: The Writing and Use of History in Imperial China*, Honolulu: University of Hawaii Press, 2005. 중국어 번역본은 孫衛國·秦麗 譯, 『世鑒: 中國傳統史學』, 北京: 中國人民大學出版社, 2014.
16 謝保成 主編, 『中國史學史』(全3冊), 北京: 商務印書館, 2006.
17 蒙文通, 『中國史學史』, 上海: 上海人民出版社, 2006.
18 白壽彝 主編, 『中國史學史』, 上海: 上海人民出版社, 2006.

는데, 이 책은 대학의 강의 교재에 해당된다. 관찬官撰 사학과 사찬私撰 사학의 두 축으로 중국 사학의 발전을 논의했으며 시비나 한계가 뚜렷하고 분명하며 개념 사용이 명확하다.[19]

두 번째 유형의 책은 중국 사학의 특정 시대나 문제를 위주로 다루는 경우이다. 요종이(라오쭝이)饒宗頤(1917~)의 대작『중국 사학에서 정통론』[20]은 전한前漢에서 명 제국까지 중국 사학의 저작 속에 나오는 정통론을 분석했는데, 규모가 웅대하고 사려가 면밀하며 심오한 이치가 자못 풍부하다. 책 말미에 달린 진秦에서부터 현대 중국까지 정통론에 관련된 3가지 자료는 참고하기에 매우 편리하며 학계에 많은 도움을 주었다.

뢰가기(레이쟈지)雷家驥(1948~)의『중고대의 사학 관념사』[21]는 한대에서 당대까지의 사학과 사관을 연구 토론하고, 제8장에서 남북조시대의 관찬 사학 중에 "역사로 주군을 제재한 사례(以史制君)"와 그 반례를 논의했다. 구림동(취린둥)瞿林東(1937~)이 엮은『중국 사학사 연구』[22]에는 양계초(량치차오)梁啓超(1873~1929) 이후의 중국 사학자들이 출판한 중국 사학사의 서문과 서론, 결론 등 총론적인 성격의 글들이 수록되어 있다. 구림동(취린둥)이 편집한『중국 사학의 이론 유산』[23]은 일종의 논문집으로 중국 고대 역사학 이론의 특징 및 사학 전통 중에 나타난 인문 정신 등 두 편의 주지가 더욱 눈에 띈다.

이 외에도 시건웅(스젠슝)施建雄(1966~)의『10세기에서 13세기 중국 사학의 발전사』[24]라는 책은 송宋·요遼·금金 시대의 역사 서술에 집중하고

19 喬治忠,『中國史學史』, 北京: 中國人民大學出版社, 2011. 이 책에 대해 일러준 천진(톈진) 天津 남개(난카이)南開대학의 손위국(쑨웨이궈)孫衛國에게 감사를 드린다.
20 饒宗頤,『中國史學上之正統論』, 香港: 龍門書店, 1976; 上海: 上海遠東出版社, 1996.
21 雷家驥,『中古史學觀念史』, 臺北: 臺灣學生書局, 1990.
22 瞿林東,『中國史學研究史』, 武漢: 湖北敎育出版社, 2006.
23 瞿林東,『中國史學的理論遺産』, 北京: 北京師範大學出版社, 2005.
24 施建雄,『十至十三世紀中國史學發展史』, 北京: 人民出版社, 2010.

있으며 또 역사학 저술 중 문화 정체성 문제도 언급하고 있다. '영사影射사학'[25]은 문화 대혁명 기간 중에 중국 대륙의 사학계에서 유행했다. 1981년에 여영시(위잉스)余英時는 중국 대륙을 방문한 뒤에 다음과 같은 관찰을 표현한 적이 있다. "내가 보기에 영사 사학은 중국의 정치 현실과 이론 속에 깊이 뿌리박혀 있고, 중국 공산당 내부의 파벌 논쟁이 격렬해져서 역사가 정치적 무기가 되었다."[26] 이는 여영시(위잉스)가 1980년대 초기의 중국 사학계에 대해 처음으로 관찰하고 분석한 주장이다.

근래 10년 동안 중국 사학의 특정한 문제를 다룬 새로운 책으로 가장 먼저 1999년에 웨이커린(S. Weigelin-Schwiedrzik)과 슈나이더(Axel Schneider)가 공동으로 엮어 출판한 논문집이 있는데,[27] 중국 역사학의 여러 가지 특정 문제를 별도로 논의했다. 2006년에 황준걸(황쥔졔)黃俊傑과 헨더슨(John B. Henderson)이 함께 편집한 『중국적 역사 사유의 시간 개념』[28]은 모두 9편의 논문으로 구성되어 있고, 고대와 근세 그리고 근대로 나누어 중국적 역사 사유 속의 시간 개념을 논의했다. 각 편의 논문 주제는 서로 다르지만 여러 논문에서 중국의 시간 개념이 '시간'의 구체성과 보편성 사이, '시간'과 '초시간' 사이, '내재성'과 '초월성' 사이 그리고 '역사성'

---

25 ‖ 영사 사학은 과거의 인물을 현실의 인물과 결부시켜 역사를 서술하는 방식을 가리킨다. 대표적인 사례로 오함(우한)吳晗(1909~1969)의 『주원전장』을 들 수 있다. 그는 처음에 주원장을 장개석(장제스)에서 빗대어 부정적으로 묘사하다가 나중에 모택동(마오쩌둥)에 빗대어 긍정적으로 묘사하기도 했다. 이처럼 영사 사학은 문화대혁명 기간에 역사학이 현실 정치에 직접적으로 이바지해야 한다는 기치를 내걸었다. 이 기간에 발표된 역사학 논문들은 모두 儒法鬪爭이라든가 농민 기의, 인물 평가 등과 관련되었다. 이마저도 철저히 문화대혁명의 계급 투쟁에 기여한다는 분명한 목적을 띠고 있었다. 박원호 옮김, 『주원장전』, 지식산업사, 2003 초판; 2019 7쇄 참조.

26 余英時, 李彤 譯, 『十字路口的中國史學』, 臺北: 聯經出版公司, 2008, 15쪽.

27 魏格林(S. Weigelin-Schwiedrzik)·施耐德(AxelSchneider) 主編, 『中國史學史硏討會: 從比較觀點出發論文集』, 臺北: 稻香出版社, 1999.

28 Chun-chieh Huang and John B. Henderson eds., *Notions of Time in Chinese Historical Thinking*, Hong Kong: The Chinese University Press, 2006.

과 '초역사성' 사이에 일종의 변증법적 관계를 가지고 있다고 지적했다.

슈미트 그린첼(Helwig Schmidt-Glintzer), 아힘 미타그(Achim Mittag), 뤼젠(Jörn Rüsen)이 함께 엮은 『역사 진실, 역사 비평과 이데올로기: 비교 시야로 바라본 중국 사학과 역사 문화』[29]는 모두 18편의 논문을 수록하여, 중국과 서구의 사학을 평론하고 중국 사학의 '진실(truth)', 『사기』·요제항姚際恆(1647~1715)·장학성과 근대 및 당대 중국 사학을 논의했다.

2012년에 올버딩(Garret P. S. Olberding)이 출간한 『의심스러운 사실: 초기 중국 사학의 '증거'』[30]에서는 전국 시대에서 서한 시대까지 궁중의 대화(특히 전쟁 사무와 관련된 대화) 중 역사 '증거'의 신뢰성에 대해 의문을 던지고 있다("the evidentiary reliability of memorialized utterance at court").[31] 올버딩은 『좌전』『전국책』『사기』『한서』에 기록된 군신 사이의 대화 내용을 자세히 분석하여, 궁중 대화의 언어 환경이 군주에게 장악되면서 신하의 역사에 대한 논술이 늘 정치화되거나 왜곡되었다고 지적했다. 책의 각 장에서 펼치는 논술이 모두 설득력을 가지고 있지만, 2장에서 고대 중국의 역사학에 이미 '증거(evidence)' 개념이 존재했다고 하더라도 '사실(fact)'의 존중 여부는 확실치 않다고 언급했다.[32]

이러한 주장은 더 상론할 필요가 있다. 실제로 BC 548년(노魯 양공襄公 25년)에 제齊나라 사관이 "최저가 자신의 군주를 시해했다(崔杼弑其君)"는 역사 기록을 굳건히 지키기 위해 거리낌 없이 자신의 목숨을 희생한

---

29 Helwig Schmidt-Glintzer et al. eds., *Historical Truth, Historical Criticism, and Ideology: Chinese Historiography and Historical Culture from a New Comparative Perspective*, Boston: E. J. Brill, 2005.

30 Garret P. S. Olberding, *Dubious Facts: The Evidence of Early Chinese Historiography*, Albany: State University Press of New York, 2012.

31 Garret P. S. Olberding, *op. cit.*, p.1

32 Olberding, *op. cit.*, p.9

일이 있었다.[33] 또 『좌전』에는 희공僖公 16년(BC 644)에 "운석이 송宋나라에 5개 떨어졌는데 유성이었다. 6마리의 바닷새가 뒤로 날며 송나라 도읍을 지나갔는데 바람 때문이었다."는 기록이 있다.[34] 여기서 문자의 사용이 정확하므로 역사 기록의 정확성을 지키고 있다. 올버딩의 주장은 아마도 말이 사실보다 지나치므로 중국 고대 사학에서 서술한 사실에 부합하지 않는다.

세 번째 유형의 책은 역사가와 그의 역사학 명저를 주제로 한 경우이다. 이 부류의 책으로는 전목(첸무)의 『중국 사학 명저』[35]를 가장 뛰어난 실례로 꼽을 수 있다. 이 책은 원래 1969년부터 1971년까지 전목(첸무)이 강의한 내용을 정리하여 펴냈다. 『서경』에서 『문사통의文史通義』까지 역대 역사학 명저를 분석하고 깊고 오묘한 이치가 연이어 나와서 오늘에 이르기까지 여전히 중국 역사학의 명저를 알기 위해 가장 훌륭한 입문서로 꼽힌다.

풀리 블랑크(E. G. Pulleyblank, 1922~2013)와 비슬리(W. G. Beasley, 1919~2006)가 1961년에 함께 엮은 『중국과 일본의 역사가』[36]는 앞부분에 실린 11편의 논문에서 중국 편년사의 서술, 당대唐代의 관찬 사학, 명대의 실록과 14세기의 사찬 사학 등을 논의했고, 유지기·사마광司馬光·장학성章學誠과 20세기 중국 역사의 글을 분석한 논문도 수록했다.

일본의 가이즈카 시게키貝塚茂樹(1904~1987)가 지은 『중국의 사학』[37]은 사마천의 역사학 중 운명관과 유지기의 역사학 이론의 특징을 다룬

---

33 楊伯峻, 『春秋左傳注』 下冊, 襄公 25年, 臺北: 源流文化事業有限公司, 1982, 1099쪽.
34 楊伯峻, 『春秋左傳注』 上冊, 僖公 16年, 369쪽: "隕石於宋五, 隕星也. 六鷁退飛, 過宋都, 風也."
35 錢穆, 『中國史學名著』, 『錢賓四先生全集』 第33冊, 臺北: 聯經出版公司, 1998.
36 W. G. Beasley and E. G. Pulleyblank eds., *Historians of China and Japan*, London: Oxford University Press, 1961.
37 貝塚茂樹, 『中國の史學』, 『貝塚茂樹著作集』 卷7, 東京: 中央公論社, 1977.

두 편의 논문에서 주지를 가장 잘 보여주고 있다. 가이즈카는 중국 역사학 이론이 수사修史(옮긴이 주: 역사의 편찬)의 이론이고 서양 사학의 이론이 고사考史(옮긴이 주: 사실의 고증)의 이론이라고 지적했다. 이는 식견이 높고 원대하여 핵심을 꿰뚫었다고 할 만하다.[38] 마쓰이 츠네오增井經夫(1907~ 1995)의『중국의 역사서-중국 사학사』[39]는 중국 역사학의 명저를 전체적으로 소개한 일본어 저작이다. 이나바 이치로稻葉一郎(1936~)의『중국 사학사의 연구』[40]는 자신이 수십 년간 쓴 논문의 모음집으로 역사가와 역사 저술을 위주로 구성되어 있다.

두유운(두웨이윈)杜維運은 젊었을 때 석사논문에서 청대 역사학과 역사가를 연구했고,[41] 왕범삼(왕판썬)王汎森(1958~)은『근대 중국의 역사가와 사학』[42]에서 만청晚淸에서부터 민국시대 사학까지 변천을 논의했다. 방천우(팡톈유)龐天佑(1952~)는『사상과 사학』[43]에 수록된 여러 편의 논문에서 동중서董仲舒(BC 179~104)·사마천·순열·원굉袁宏(328~376)·위수魏收(506?~572) 등 역사가의 사학 사상을 각각 별도로 다루었다.

1986년에 허관삼(쉬관싼)許冠三(1924~2011)은 사학의 유파에 따라 20세기 중국의 역사가와 그 성과를 돌아본 전문 서적을 냈고[44], 왕영조(왕룽쭈)汪榮祖(1940~)는 1988년에 발표한『사전史傳 통설: 중국과 서구 사학의 비교』[45]에서 유협劉勰(465?~520?)의『문심조룡文心雕龍』「사전史傳」을 24단락으로 나눠서 상세히 해설하고 수시로 서구 사학과 중국 사학

38 貝塚茂樹,『中國の史學』,『貝塚茂樹著作集』第7卷, 321쪽.
39 增井經夫,『中國の歷史書—中國史學史—』, 東京: 刀水書房, 1984.
40 稻葉一郎,『中國史學史の研究』, 京都: 京都大學學術出版會, 2006.
41 杜維運,『淸代史學與史家』, 臺北: 東大圖書公司, 1984.
42 王汎森,『近代中國的史家與史學』, 香港: 三聯書局, 2008.
43 龐天佑,『思想與史學』, 北京: 中國社會科學出版社, 2009.
44 許冠三,『新史學九十年』, 香港: 中文大學出版社, 1986.
45 汪榮祖,『史傳通說: 中西史學之比較』, 臺北: 聯經出版公司, 1988; 北京: 新華書店, 1989.

을 비교하여 살펴보았는데, 필력이 세고 사정이 흥미를 자아내서 옛사람이 말한 '소통·지원疏通知遠'[46]의 취지를 얻을 만하다.

장순휘(장순후이)張舜徽(1911~1992)가 일찍이 말한 적이 있다. "『문심조룡』「사전」한 편은 옛 역사 의 원류가 낳은 득실을 두루 논의하면서 아주 상세하게 치밀하게 진행하여 역사 비평의 선구에 해당된다."[47] 왕영조(왕룽쭈)의 책은『문심조룡』「사전」의 요점에 입각하여 심오한 점을 잘 골라내서 숨은 미덕의 그윽한 빛을 밝혔다. 전종서(첸중수)錢鍾書(1910~1998)가 이 책의 서문에서 다음처럼 말했다 "요점을 제시하고 깊은 뜻을 밝히며 여러 주장을 절충하여 진실을 탐구하므로 참으로 가슴을 탁 트이게 하고 눈과 귀를 열어주며, 붓으로 빚은 말이 우아하고 조심스러워져 눌러도 그치지 않는다."[48] 이는 실로 과분하게 칭찬하는 말이 아니다. 2004년에 이홍기(리훙치)李弘祺(1945~)가 책임 편집한 논문집에 송대 사학을 다룬 논문이 8편이 수록되었는데, 사마광과 송대 유학자가 한초의 가의賈誼(BC 200~168)를 바라보는 관점, 주희·정초鄭樵(1104~1162)·조수祖琇(약 1150년대~1160년대) 등 역사가의 사학과 송대 지방지 편찬을 각각 별도로 논의했다.[49]

『좌전』과『국어國語』에 관한 연구를 보면 2001년에 데이비드 샤버그(David Schaberg)가 출간한 전문 연구서가 학계에 뛰어난 공헌을 했다. 샤버그의 책은 모두 2부 8장으로 구성되어 있다. 1부의 4장에서는『국

---

46 ‖소통·지원은 막힌 곳을 뚫어서 멀리 내다본다는 뜻으로『예기』「經解」에 나오는 "疏通知遠, 書敎也"에 바탕을 두고 있다. 「경해」의 말은『서경』에 한정되지 않고 선진 시대의 역사 지식에 대한 일반적인 관점으로 볼 수 있다.

47 張舜徽, 「史通平議」卷四, 『史學三書平議』, 北京: 新華書店, 1983, 199쪽.

48 張舜徽, 「錢序」, 『史學三書平議』, iii: "提要鉤玄, 折衷求是, 洵足以疏瀹心胸, 開張耳目, 筆語雅飭, 抑又末已."

49 Thomas H. C. Lee ed., *The New and the Multiple: Sung Senses of the Past*, Hong Kong: The Chinese University of Hong Kong, 2004.

어』에 집중하여 고대 중국의 역사가가 주장하는 말의 경향과 사상적 함의를 분석하고, 2부의 4장에서는 고대 역사가의 역사적 사실에 대한 서술을 논의했다. 샤버그의 지적에 따르면 『좌전』과 『국어』 속의 언설이 모두 특정한 도덕 판단을 지지하려고 하고 발화자는 몇 가지 원칙('역사의 의미')을 통해 역사적 사실을 서술하여[50], 그들이 모두 공자의 후계자이고 유가의 가치관을 나타낸다는 점을 분명하게 보여준다.[51] 샤버그의 전공서에서 고대 중국 사학의 구술성(orality)과 텍스트성(textuality) 문제를 논의하고 있는데, 이는 중국 고대 사학 연구의 새로운 시야를 열어주었다.

중국 사학의 명저로 『춘추』와 『사기』를 으뜸으로 꼽는다. 이와 관련된 당대 학자의 연구는 이루 다 셀 수 없을 만큼 많고, 『사기』의 연구 성과도 많아서 넘쳐난다.[52] 그중에 서복관(쉬푸관)徐復觀(1904~1982), 완지생(롼즈성)阮芝生(1943~), 장대가(장다커)張大可(1940~)[53] 등 3명의 저작이 크게 기여했다. 완지생(롼즈성)은 젊었을 적에 석사논문에서 공양학公羊學의 입장에서 『춘추』의 특성을 논의했고[54], 박사논문에서 사마천의 사학 방법과 역사 사상을 논의했다.[55] 수정한 뒤에 논문 형식으로 발표했는데, 그중에 「보임소경서(옮긴이 주: 「보임안서報任安書」와 같음)」로 사마천의 '마음'을 다루고[56] 『사기』 속 공자와 『춘추』를 다룬[57] 2편의

---

50 David Schaberg, *A Patterned Past: Form and Thought in Early Chinese Historiography*, Harvard East Asian Monographs, no.25, Cambridge, Mass.: Harvard University Asia Center, 2001, p.12.

51 Schaberg, *op. cit.*, p.8.

52 楊燕起·俞樟華 編, 『史記研究資料索引和論文專著提要』, 蘭州: 蘭州大學出版社, 1988 참조.

53 張大可, 『史記研究』, 北京: 華文出版社, 2002.

54 阮芝生, 『從公羊學論春秋的性質』, 『臺灣大學文史叢刊』 第28冊, 臺北: 國立臺灣大學文學院, 1969.

55 阮芝生, 『司馬遷的史學方法與歷史思想』, 國立臺灣大學 歷史學研究所 博士論文, 1973.

56 阮芝生, 「司馬遷之心―「報任少卿書」析論」, 『臺大歷史學報』 第26期, 2000.12, 151~205쪽.

57 阮芝生, 「論史記中的孔子與春秋」, 『臺大歷史學報』 第23期, 1999.6, 1~59쪽.

논문이 공헌을 가장 크게 했다.

완지생(롼즈성)은 자신의 관점을 뚜렷이 밝혔다. "『춘추』는 공자가 뜻을 밝히는 명지明志, 도를 전수하는 전도傳道, 법도를 세우는 입법立法의 책으로 사서로 보이지만 사실 경전이다. 『춘추』는 사실(사건)에 빗대 의를 밝히고 사실을 빌려 법을 밝혔는데, 의는 말로 전하거나 가르쳐 주는 것을 받아들이는 데에 있다. 『공양전』과 『곡량전』은 의리를 전하고 『좌전』은 사실을 전하는데, 『사기』는 이 삼전三傳 중에 '의리는 『공양전』을 위주로 하고 사실은 『좌전』을 채택했다.' 따라서 『사기』가 말하고자 하고 이어받고자 하는 『춘추』는 마땅히 『공양 춘추』이다."[58] 모두 나름의 일가견이 있다.

서복관(쉬푸관)은 만년에 『양한 사상사』 3권을 저술했다.[59] 그는 제3권에 수록된 「원사原史-종교로 시작하여 인문으로 향하는 사학의 성립」과 「사기를 논함」 두 편의 장문에서 고증과 의리를 하나로 녹여냈고, 깊은 의미가 가득하며 문장이 독창적이고 새로우며 글의 기맥이 막힘이 없다. 서복관(쉬푸관)은 「원사」의 장문에서 가장 먼저 춘추시대 사관의 임무가 신에게 제사 지내고 신에게 기도할 때 그리고 점筮, 천문과 역법, 녹명錄命 또는 책명策命, 씨족 계보系譜 등의 사무를 주관하는 데 있다는 점을 지적했다. 고대 사관의 직무가 종교에서 인문으로 변하게 되는데, 이는 고대 중국 문화의 인문 정신이 약동하는 가장 주요한 지표이다. 사관 직무의 변화는 중국 문화로 하여금 '역사의 심판'이 '신의 심판'을 대신하게 되었다.[60]

---

58 阮芝生, 「論史記中的孔子與春秋」, 1쪽 인용문 참조.
59 徐復觀, 『兩漢思想史』卷三, 臺北: 臺灣學生書局, 1979. 서복관(쉬푸관)의 사상사 연구 방법론에 관해 黃俊傑, 『東亞儒學視域中的徐復觀及其思想』第2章, 臺北: 臺大出版中心, 2009, 7~40쪽 참조.
60 徐復觀, 『兩漢思想史』卷三, 「原史-由宗教通向人文的史學的成立」, 224~231쪽.

서복관(쉬푸관)은 공자가 『춘추』를 찬수한 동기는 고대의 훌륭한 역사에서 '신의 심판'을 '역사의 심판'으로 대체하는 엄중한 사명을 발휘하는 데에 있다고 지적했다. 공자가 사학에 남긴 가장 큰 공헌은 의문 사항을 당분간 보류하며 고증을 중시하는 학문의 정신을 세우고 인因·혁革·손損·익益[61]의 역사 발전 법칙을 찾아 역사의 진상을 탐구하고 시간의 통일성을 수립했을 뿐만 아니라 『춘추』를 찬수하여 『좌전』의 성립을 이끌어냈다는 데에 있다.[62]

서복관(쉬푸관)은 80,000자에 가까운 「사기를 논함」의 글에서 먼저 사마천이 역사를 저술한 동기와 목적을, 그의 집안 형편과 시대 배경의 맥락에 두고 분석하면서, 그가 경험한 시대는 황권 독제가 잔혹한 시대였다고 지적했다. 사마천의 사학 사상은 문화의 의미를 현실 정치 위에 두었고, 정치는 반드시 천하는 천자 개인이 아니라 일반 국민의 것이라는 천하위공天下爲公을 따르고 명철한 이성으로 역사를 서술해야 한다고 강조했다.[63] 서복관(쉬푸관)의 분석에 따르면 사마천의 "하늘과 사람의 사이를 밝히고 옛날과 지금의 변화에 꿰뚫어 일가의 학설을 이룬다(究天人之際, 通古今之變, 成一家之言.)."[64]는 말의 의론이 투철하고 깊이가 있으며 문장의 힘이 넘친다.

서복관(쉬푸관)에 따르면 사마천이 '하늘과 사람의 사이를 밝히는 것'은 역사에 작용하는 '이성'과 '비이성' 그리고 '필연성'과 '우연성'을 구분하여 역사의 '당연성'을 짚어낸 것이다. 또 '옛날과 지금의 변화에 꿰뚫

---

61 ‖ 因革은 신구 세력이 계승(답습)과 변혁하는 측면을 가리키고 損益은 신구 세력이 덜어내고 덧보태는 측면을 가리킨다.
62 徐復觀, 『兩漢思想史』卷三, 258~261쪽.
63 徐復觀, 『兩漢思想史』卷三, 「論史記」, 316~321쪽. ‖ 天下爲公은 『예기』 「禮運」의 "大道之行也, 天下爲公"에 바탕을 두고 있다.
64 ‖ 출처는 『한서』 「司馬遷傳」에 실려 있는 임안에게 보내는 편지글 「報任安書」이다.

는 것'은 역사의 '변천' 속에 '불변'의 상도常道를 지적한 것이다. '일가의 학설을 이룬' 것은 사료로부터 사학으로 나아가는 핵심으로 '과거'와 '현재'가 시간상으로 관통하게 한 것이다.[65] 서복관(쉬푸관)이 사마천 사학의 목적을 분석했는데, 이는 모두 달리 고칠 필요가 없는 정확한 주장이다.

서복관(쉬푸관)은 『사기』의 「본기本紀」「세가世家」「표表」「서書」「열전」 등 5가지 문체의 내용을 분석하고[66], 사마천이 『사기』에서 교묘한 방식으로 역사의 진실과 역사의 양지良知를 드러냈다는 점을 지적했다. 즉 인물의 에피소드 등 미세한 단서를 보고 정체를 그려내고 핵심적 소재를 파악하여 인물의 특징을 두드러지게 하는 등 미묘한 말과 완곡한 필치로 역사적 인물과 진실을 묘사해냈다. 사마천이 묘사한 것은 구체적인 인물이지 추상적인 인물이 아니었고 그는 도덕의 인과응보 관념을 깊게 품고 있었다.[67] 앞에서 살펴본 「사기를 논함」의 장문 이외에 서복관(쉬푸관)은 「『사기』와 『한서』의 일례를 비교하다史漢比較之一例」는 장문의 글을 썼는데, 이는 현대 사학계에서 『사기』와 『한서』를 비교한 많은 글 가운데 가장 깊이 있는 대작이다.[68]

10세기 이후 리학理學이 일어나 중국의 역사 사유에 커다란 영향을 미쳤다. 이 책의 2장·5장·6장·7장에서 각각 이 문제를 다루었다. 장원

65 徐復觀, 『兩漢思想史』卷三, 321~337쪽.
66 徐復觀, 『兩漢思想史』卷三, 337~407쪽.
67 徐復觀, 『兩漢思想史』卷三, 408~442쪽.
68 명청 시대부터 이미 『사기』와 『한서』의 차이점을 연구하는 학자들이 있었다. (明)童養正 編, 『史漢文統』, 臺南: 莊嚴文化出版社, 1997; (淸)潘椿重 訂, 『史漢初學辨體』, 臺北: 文海 出版社, 1974; (淸)成孺, 『史漢駢枝』, 臺北: 藝文印書館, 1964. 民國 시대 이후로 鄭鶴聲 編, 『史漢研究』, 上海: 商務印書館, 1930이 있고, 최근에는 朴宰雨, 『『史記』『漢書』傳記文 比較研究』, 國立臺灣大學中國文學研究所博士論文, 1990; 朴宰雨, 『『史記』『漢書』比較研 究』, 北京: 中國文學出版社, 1994 및 呂世浩, 『從『史記』到『漢書』─轉折過程與歷史意義』, 臺北: 臺大出版中心, 2009 등 연구자들의 『사기』와 『한서』의 동이점을 논의한 연구 성과가 있다.

(장위안)張元은 1975년 대만대 사학과에 박사논문 「송대 리학자의 역사관-『자치통감강목』을 실례로」를 제출했는데, 그 논문은 이 문제에서 중요한 글이지만 아쉽게도 정식으로 출판되지 않았다. 장원(장위안)은 먼저 리학자의 역사 사상의 발전을 3시기로 나누었다. 주돈이周敦頤와 소옹邵雍·장재張載는 초창기에 속하고, 이정二程(옮긴이 주: 정호와 정이)과 호굉胡宏은 완성기에 속하며, 주희는 완숙기의 대표라고 간주했다.[69]

장원(장위안)은 리학자의 역사관에 세 가지 특징이 있다고 보았다. 첫째, 역사의 가치는 '리理'의 검증에 달려있고 둘째, 역사의 규칙은 천명과 심성에 바탕을 두고 있으며 셋째, 역사의 기능은 도덕의 실천에 있다.[70] 리학자는 역사 현상을 해석할 때 특히 '옛날과 지금의 변화(古今之變)'와 '화족華族과 이민족의 대결(夷夏之防)' 및 '하늘과 인간의 관계(天人之際)'에 집중했고[71] 흥망성쇠의 세상 운세에서 역사 인물의 선악을 엄격히 분별했으며 또 역사에서 볼 수 있는 정전제井田制나 봉건제와 같은 정치 제도도 모두 비평했다.[72]

송나라 유학자 가운데 주희는 특히 사학을 중시했고 아울러 사학 관련 글을 많이 남겼다. 주희의 사학에 관해 전목(첸무)의 『주자 신학안』 5권은 '변하거나 없어지지 않고 만고에 유전되는' 거작이다. 이 책은 주로 『주자어류朱子語類』에서 소재를 활용하고[73], 내용이 매우 상세하고 정밀하다. 그 밖에 탕근복(탕친푸)湯勤福의 『주희의 사학 사상』[74]은 남개(난카이)南開대에서 제출한 박사논문으로 모두 8장으로 되어있다. 논문은

69 張元, 「宋代理學家的歷史觀—以資治通鑑綱目爲例」 第2章, 臺灣大學 歷史硏究所 博士論文 油印本, 1975.6, 51~86쪽.
70 張元, 『宋代理學家的歷史觀—以資治通鑑綱目爲例』 第4章, 117~176쪽.
71 張元, 『宋代理學家的歷史觀—以資治通鑑綱目爲例』 第5章, 177~224쪽.
72 張元, 『宋代理學家的歷史觀—以資治通鑑綱目爲例』 第6~7章, 225~310쪽.
73 錢穆, 『朱子新學案』, 『錢賓四先生全集』 第11~15冊, 臺北: 聯經出版公司, 1998.
74 湯勤福, 『朱熹的史學思想』, 濟南: 齊魯書社, 2000.

주희의 역사 철학과 역사 연구의 태도, 사학 방법, 사학 편찬, 사학 비평 등을 집중적으로 논의하고, 또 주희가 사학사에서 갖는 지위 및 한국과 일본에 미친 영향에 대해 다루었다.

당대唐代 이후의 중국의 전통적 사학자와 저술 중에 현대 학자들 사이에 가장 높이 평가하는 대상은 유지기의 『사통史通』, 정초의 『통지通志』 및 장학성의 『문사통의文史通義』 등 3가지 책이다. 1980년 사학계의 선배 여사면(뤼쓰몐)呂思勉(1884~1957)의 유작을 묶어서 『사학 사종』을 출판했는데[75], 그중에 『사통평史通評』은 일찍이 1934년에 출간되었고, 『문사통의평文史通義評』은 아직 간행된 적이 없는 원고이다. 여사면(뤼쓰몐)에 따르면 "중국에서 역사를 서술하는 법을 논의하여 특기할 만한 인물로 유지기·정초·장학성 3사람을 들 수 있다. 세상 사람들은 이러한 인재가 왜 적은지 의아하게 여기지만 이런 인물은 반드시 사학의 추세가 큰 변화를 맞이한 다음에야 나타나므로 형세상 많을 수 없다는 점을 알지 못한다."[76]

여사면(뤼쓰몐)은 시대 맥락에서 유지기와 장학성의 다른 면을 파악했다. "장학성은 통사를 으뜸으로 치지만 유지기의 의도가 그와 반대되는데, 시대 상황을 고려하면 서로 틀렸다고 할 필요가 없다. 유지기의 시대에는 사서가 아직 많지 않아서 책을 펼쳐서 두루 읽기가 쉬웠기 때문에 바라는 바가 정밀하고 상세함에 있었지 요점을 잡는 데에 있지 않았다. 정밀하고 상세함을 추구하다보니 자연히 시대를 구분하는 단대사斷代史 쓰기가 수월했다. 장학성의 시대에는 사서가 이미 많이 축적되고 서술 체제가 더욱 복잡해지니 필요한 내용의 핵심을 간추리는 일이 이

75 呂思勉, 『史學四種』, 上海: 上海人民出版社, 1980.
76 呂思勉, 『史學四種』, 134쪽.

미 쉽지 않게 되었다. 하물며 날카롭고 정확하게 요점을 지적하고 번잡한 내용을 걷어내고 간단하게 말하기란 실제로 쉽지 않았다. 이 때문에 두 사람의 지론이 다른 것이다."[77] 이러한 평가는 숨은 미덕의 그윽한 빛을 제대로 밝힐 수 있었다.

1983년에 장순휘(장순후이)張舜徽가 지은 『사학 삼서 평의』가 출판되었다. 그는 이 책의 머리말에서 "3가지 책에서 의론이 정밀한 점은 드러내어 밝혔다. 간혹 오류가 있는 곳은 바로 규명하고 앞 사람의 잘못을 감싸주지 않고 오로지 진실을 구하려고 했을 뿐이다."[78] 이 책은 이른바 '사학 삼서'를 상세하게 평론하여 장점과 단점을 따져보고 성공과 실패를 저울질하며 은미한 것을 밝히고 심오한 뜻을 드러내었다.

예를 들어 말하면 장순휘(장순후이)는 다음처럼 정초를 높였다. "2,000년간 사관의 재능이 얼마나 위대한가로 보면 사마천을 잇는 인물이 바로 정초이다. 비록 그가 편수한 『통지通志』가 기대한 완벽함에는 미치지 못했지만 그 성패로 득실을 따질 수 없다."[79] 정초는 "반고가 겉만 화려한 사인으로 도무지 학술적 면모가 없고 일마다 표절했다"[80]며 그를 깎아내렸다. 이에 대해 장순휘(장순후이)는 "반고의 가문은 나름 연원이 있고 학문에도 뿌리가 있다"고 정초의 오류를 바로잡았다.[81]

또한 장순휘(장순후이)는 다음처럼 정초를 총평했다. "정초는 답습하려는 뜻을 크게 펼쳐 옛날과 지금의 회통에 힘을 주어 하나의 역사를 완성했다. 이 때문에 단대사斷代史의 폐단을 아래처럼 개괄했다. 기紀와 전傳의 중복이 하나요, 앞과 뒤 맥락의 단절이 둘이요, 다르면 서로 비방

---

77 呂思勉, 『史學四種』, 102쪽.
78 張舜徽, 「引言」, 『史學三書平議』, 1쪽.
79 張舜徽, 「通志總序平議小序」, 『史學三書平議』, 144쪽.
80 張舜徽, 「通志總序平議」, 『史學三書平議』, 149쪽.
81 張舜徽, 「通志總序平議」, 『史學三書平議』, 149쪽.

함이 셋이요, 같으면 편듦이 넷이다. 심지어 옳고 그름이 뒤바뀌고 선과 악이 구별할 수 없게 된다. 종이 주인의 말을 하는데도 이상할 것이 없게 되었다. 참으로 단대사의 폐단을 바로잡으려고 하면 오직 통사만이 고칠 수밖에 없다."[82] 장순휘(장순후이)는 또 왕수인王守仁(1472~1529)과 왕세정王世貞(1526~1590)이 모두 장학성에 앞서 '육경개사六經皆史'설을 제기한 데 대해[83] 나름의 식견이 있다고 보았다.

1987년에 임시민(린스민)林時民(1950~)은 유지기의 『사통史通』을 전문적으로 분석한 책을 출간했고[84], 또 1997년에 장순휘(장순후이)의 뒤를 이어 사학 이론을 중심으로 '삼서三書'를 분석했다.[85] 임시민(린스민)의 책은 서론과 결론을 제외하고 모두 5장으로 구성되어, '삼서' 작가의 생애, 역사가의 사상 비교, 사학 이론의 비교, 사학 방법론의 비교 그리고 '천명론天命論'과 같은 사학 개념의 비교를 별도로 논의했다. 임시민(린스민)은 유지기·정초·장학성의 사학을 종합하여 세 사람의 사학 사상의 깊은 이념은 모두 공자가 지은 『춘추』와 사마천이 쓴 『사기』의 정신에서 바탕을 두고 있다고 주장했는데[86], 이는 뛰어난 식견이다.

1949년 이후에 중국 대륙에 머물렀던 사학자 중에 중국과 대만(타이완) 사학계에서 가장 존중을 받은 인물은 바로 진인각(천인커)陳寅恪(1890~1969)이다. 진인각(천인커)의 생애 사적은 이미 그의 제자 장천추(장텐수)蔣天樞(1903~1988)에 의해 특집호로 정리되었다.[87] 왕영조(왕룽쭈)汪榮祖는 『사학자 진인각(천인커)』을 썼는데, 이 책에서 진인각(천인커) 사학의

---

82 張舜徽, 『史學三書平議』, 154쪽.
83 張舜徽, 「文史通義平議」, 『史學三書平議』, 179쪽.
84 林時民, 『劉知幾史通之硏究』, 臺北: 文史哲出版社, 1987.
85 林時民, 『史學三書新詮—以史學理論爲中心的比較硏究』, 臺北: 臺灣學生書局, 1997.
86 林時民, 『史學三書新詮—以史學理論爲中心的比較硏究』, 422쪽.
87 蔣天樞, 『陳寅恪先生編年事輯』, 上海: 上海古籍出版社, 1997.

여러 방면, 예컨대 고증학·불교사·당사唐史·육조사六朝史 등을 분석했고 그를 극진히 높여 '진인각(천인커)은 민국民國 사학의 위대한 스승'[88] 또는 '민국 사학의 제일인자'[89]로 불렀다. 또 "진인각(천인커)이 제시한 사학 방법이 비교적 많지만 사학 이론의 발명은 비교적 드물었다고 결론지었다."[90] 이 때문에 그는 민국 사학의 '학원화'·'전문화'·'독립화'에 모두 기여했을지라도 끝내 하나의 종파를 만들지는 못했다고 평가했다.[91]

진인각(천인커)은 말년에 두 눈을 실명하고 잇달아 다리가 부러지기도 했다. 류건동(루젠둥)陸鍵東이 광동성 자료관, 영남대와 중산대의 자료 및 수많은 방문 기록 등을 이용해『진인각(천인커)의 최후 20년』[92]이란 책을 써서 말년의 곤궁한 생활과 그가 받은 정치적 박해를 날카롭게 묘사하여 독자로 하여금 장탄식을 자아내게 했다. 진인각(천인커)은 말년에 10년의 노력을 들여『류여시별전柳如是別傳』이라는 대작을 썼다. 당시 그의 작업을 돕던 조수 황훤(황쉬안)黃萱은 천지를 놀라게 하고 귀신을 울게 한다는 "경천지, 읍귀신(驚天地, 泣鬼神)"[93]의 6글자로 진인각(천인커)의 강인함을 찬탄했다.

여영시(위잉스)余英時는 진인각(천인커)이 걸어온 길을 토대로 그의 학술 정신과 말년의 심경을 풀어냈고, 내면적으로 깊이 성찰하여 연구해서 진인각(천인커)의 정신 세계에 녹아있는 역사의 넋을 깊이 파고들었

---

88 汪榮祖,『史家陳寅恪傳』, 臺北: 聯經出版公司, 1997年 增訂二版, 241쪽.
89 汪榮祖,『史家陳寅恪傳』, 287쪽.
90 汪榮祖,『史家陳寅恪傳』, 243쪽.
91 汪榮祖,『史家陳寅恪傳』, 240~241쪽.
92 陸鍵東,『陳寅恪的最後20年』, 北京: 生活·讀書·新知三聯書局, 1995. ‖ 우리나라에 번역되었는데 류건동(루젠둥)陸鍵東, 박한제·김형종 옮김,『진인각, 최후의 20년-어느 중국 지식인의 운명』, 사계절, 2008 참조.
93 蔣天樞,『陳寅恪先生編年事輯』, 176쪽 참조. 황훤(황쉬안)이 장천추(장톈수)에게 보낸 편지 인용.

다.[94] 이와 달리 슈나이더(Alex Schneider, 1908~1993)는 진인각(천인커)과 부사년(푸스녠)傅斯年의 사학 이론을 연구하고, 사학 사상과 민족 정체성의 관계에 집중했다.[95]

이 책의 주제인 '유가 사상과 중국 사학'으로 보면 여영시(위잉스)의 진인각(천인커) 연구 중에 가장 상관이 있는 글은 「진인각(천인커)과 유가의 실천陳寅恪與儒家實踐」과 「진인각(천인커)의 사학 삼변을 시론하다試述陳寅恪的史學三變」 두 편이다. 위잉스는 진인각(천인커) 사학에서 3가지 변화를 겪는다고 분석했다. 첫 번째는 1923년부터 1932년까지로 진인각(천인커)이 불경의 번역본이 중국 문화에 끼친 영향을 고증하고, 당대唐代 이후 중앙아시아와 중국 서북 지역의 이민족과 한민족의 교섭을 연구했다. 두 번째는 중국 중세사와 서북 지역의 역사 지리를 연구하고, 왕국유(왕궈웨이)王國維(1877~1927)와 일본 동양 사학자인 후지타 도요하찌藤田豊八(1869~1929) 등과 관계가 밀접했다. 세 번째는 『재생연을 논함論再生緣』과 『류여시별전柳如是別傳』으로 대표되는데, 모두 문학적 재능을 갖춘 여성을 연구하여 '독립 정신과 자유 사상'을 강조했다.[96] 여영시

---

94 余英時, 『陳寅恪晚年詩文釋證』, 臺北: 東大圖書公司, 1998. 여영시(위잉스)는 「증보판 서문[增訂版序]」에서 "왜 그는 10년을 들여 『柳如是列傳』을 쓰려고 했을까? 이것은 錢謙益과 柳如是 부부의 인연을 통해 明·淸이 망하고 흥하는 역사의 大悲劇을 탐색하여, 한편으로 자신이 만년에 처한 상황과 감개를 기탁하고 다른 한편으로 새로운 '五胡亂華('蒼鵝'에서 파생됨) 시대에 문화적 관심과 배려를 전달하고자 했을 수 있었다"라고 언급했다.(3쪽) ∥五胡亂華는 서진 말에 북쪽의 匈奴·鮮卑·羯·羌·氐 등 다섯 종족이 황하 중하류의 한족 지역을 공략하여 정치적 지배력을 행사하던 시기를 가리킨다.

95 施耐德(Alex Schneider), 關山·李貌華 譯, 『眞理與歷史: 傅斯年·陳寅恪的史學思想與民族認同』, 北京: 社會科學文獻出版社, 2008. 부사년(푸스녠)에 관한 전기는 Wang Fan-sen(王汎森), *Fu Ssu-nien: A Life in Chinese History and Politics*, Cambridge: Cambridge University Press, 2000 참조. ∥우리나라의 연구로는 김창규, 『부사년과 그의 시대 1896~1950』, 선인문화사, 2012 참조.

96 余英時, 「試述陳寅恪的史學三變」, 『陳寅恪晚年詩文釋證』, 331~377쪽. ∥『再生緣』은 청나라 여류작가 陳端生이 지은 彈詞 작품이다. 원작은 20권 40회로 되어있다. 『玉釧緣』의 속작으로 謝玉嬋이 再世因緣을 소재로 삼았기 때문에 '再生緣'으로 이름 짓게 되었다.

(위잉스)는 한 걸음 더 나아가 진인각(천인커)가 자신이 굳게 지켜오던 '독립 정신과 자유 사상'의 가치 이념을 자신의 국가와 민족이라는 집단에 구체화시키려고 했다고 지적했다. '자유'와 '독립'은 비록 현대의 개념이지만 유가 전통의 도덕적 동기에 연결되어 있다.[97]

20세기의 후반기에 중국 대륙과 대만의 사학 발전 상황을 회고한 연구서로 왕학전(왕쉐디엔)王學典(1956~)의 『20세기 후반 중국 사학의 주요 흐름』[98]과 왕청가(왕칭자)王晴佳(1958~)의 『대만 사학 50년(1950~2000)』[99]이 있다. 왕학전(왕쉐디엔)은 먼저 모택동(마오쩌둥)毛澤東(1893~1976)이 항전 시기에 제시한 역사 이론이 20세기 후반기 중국 대륙 사학 사조(정신)의 직접적 근원이라고 지적했고, 이어서 평민주의 역사관, 역사주의의 문제, 역사 발전 동력의 문제, 역사 창조자의 문제, 농민 전쟁사의 이론 문제를 둘러싼 논쟁 그리고 전백찬(졘보짠)翦伯贊(1898~1968)과 여주(리주)黎澍(1912~1954)라는 2명의 역사학자에 초점을 맞췄다. 왕청가(왕칭자)는 20세기 후반기 대만의 사학 발전을 회고하면서 3단계로 나누었다. 가장 먼저는 '사학史學 학파'의 흥기와 영향이고, 그 다음은 1960년대 중기부터 1987년까지 과학 사학의 전환이고, 마지막으로 1987년부터 2000년까지 대만사의 발전을 토론했다.

두 권의 책은 모두 20세기 후반기 중국 대륙과 대만(타이완) 사학의 발전을 회고했는데, 거시적 시각에서 세밀한 서술을 선보여 확실히 뛰어난 공헌을 한 저작이다. 하지만 두 권의 책은 모두 사학 연구에 나타난 패러다임의 '단절'에 초점을 맞추었고 전통 사학 패러다임의 '연속'에 대해 다루지 않았다. 이 책의 7장에서 전목(첸무)의 사학 및 그것과 유

---

97 余英時, 「陳寅恪與儒家實踐」, 『陳寅恪晚年詩文釋證』, 320~326쪽.
98 王學典, 『二十世紀後半期中國史學主潮』, 濟南: 山東大學出版社, 1996.
99 王晴佳, 『臺灣史學五十年(1950~2000): 傳承·方法·趨向』, 臺北: 麥田出版社, 2002.

가 전통과 관계를 시범적으로 논의했는데 이에 간략한 보충이 될 수 있을 것이다.

이상으로 중국과 외국에서 진행된 중국 사학에 관한 연구 성과를 회고해 보았다. 모두 중국 사학을 중심으로 하면서 어떤 것은 중국 사학사의 발전을 통론으로 다루거나 어떤 것은 중국 사학자의 저서를 개별적으로 다루거나 어떤 것은 특정 시대의 사학과 그 문제에 초점을 두고 연구했다. 의식적이든 무의식적이든 모두 중국 사학의 독립 자주성과 독특성을 강조했다. 사학과 다른 학술 전통(예컨대 유학)의 관계에 대해 비교적 적게 다루었다. 이 책에서는 앞에서 살펴본 연구서의 뒤를 이어서 특별히 중국의 역사 사유와 유가 사상의 복잡한 관계를 상세히 연구 토론했다.

2. 유가의 인문 전통 속의 역사 의식

중국과 외국 학계에서 진행한 중국 사학에 관한 대표적인 연구서를 돌아보았다. 이제 우리는 유가의 인문 전통 속의 역사 의식을 간단하게 살펴보고자 한다.

유가의 인문 정신의 전통은 여러 방면에 걸쳐있지만 가장 중요한 핵심 가치는 바로 "인간이 완전할 수 있는 가능성'이다. 즉 인간은 태어나면서부터 내재적인 선한 싹을 가지고 있으며 그 선을 잘 배양하면 몸을 닦아 본성을 기르는 수신양성修身養性, 세상을 다스리고 백성을 구제하는 경세제민經世濟民, 충분히 성인의 세계에 들어설 수 있다는 우입성역優入聖域, 보통 사람이 성현이 될 수 있다는 성성성현成聖成賢을 이룰 수 있다고 믿었다.

유가에서 견지하는 '인간이 완전할 수 있는 가능성'의 믿음은 불교의
인간이 나면서부터 가지고 있다는 '무명無明' 그리고 서양의 유대-기독
교의 '원죄' 또는 '인간의 타락성' 신앙과 뚜렷한 대비를 이루고 있다. 유
가의 '인간관'은 상고 시대 문명의 배경을 가지고 있다. 동아시아 문명의
중심으로서 중화 문명은 주도성을 가진 '창세 신화'가 나타나지 않았
다.[100] 그래서 일종의 '유기체'적 우주관[101] 또는 '상관적인 인위의 우주
관'[102] 또는 '상관적 사유 방식correlative thinking'[103]이 나타났다.

'인간이 완전할 수 있는 가능성'을 핵심으로 하는 유가의 인문 정신은
주로 4가지 측면에서 잘 드러난다. 첫째로 몸과 마음이 하나라는 신심일
여身心一如, 둘째로 나와 남이 구별이 없다는 자타원융自他圓融, 셋째로
하늘과 사람이 합하여 하나가 되는 천인합일天人合一, 넷째로 역사 의식
이다. 이 4가지는 함께 조화를 특징으로 하는 세계관을 구성하는데, 깊
고 두터운 역사 의식이 가장 핵심적인 자리를 차지한다.[104]

유가의 인문 전통 속의 '역사 의식'은 주로 아래의 3가지 방면으로 나
타난다. 첫째, 유가 사상 속의 '인간'은 '역사적 인간'이다. 즉 인간의 '자
아'는 '시간성'을 바탕으로 하는 역사 문화의 전통 속에 젖어있다. 그래

---

100 Frederick W. Mote, "The Cosmological Gulf between China and the West," in David
C. Buxbaum and Frederick W. Mote eds., *Transition and Permanence: Chinese History
and Culture: A Festschrift in Honor of Dr. Hsiao Kung-ch'üan*, Hong Kong: Cathay
Press Limited., 1972, pp.3~22; Frederick W. Mote, *Intellectual Foundations of China*,
chap.2, Cambridge, Mass.: The Colonial Press, Inc., 1971, pp.13~28 참조.

101 Joseph Needham, *Science and Civilization in China*, vol.2: *History of Scientific Thought*,
Cambridge: Cambridge University Press, 1956, p.281

102 Needham, *op. cit.*, p.279

103 Benjamin I. Schwartz, *The World of Thought in Ancient China*, Cambridge, Mass.:
Harvard University Press, 1985, p.350

104 나는 다음의 책에서 이를 비교적 자세하게 논의했다. Chun-chieh Huang, *Humanism
in East Asian Confucian Contexts*, Bielefeld: Transcript Verlag, 2010, pp.1~28

서 유가 사상에서 '역사 의식'이 특별히 강렬하게 나타난다. 유가의 역사 의식은 깊고 두터운 시간 의식 속에 뿌리박혀 있다. BC 7세기 공자는 '냇가에서 탄식한 적'이 있는데, 이는 시간이 '낮과 밤을 가리지 않고' 끊임없이 흘러가는 점을 탄식한 것이다.[105] 공자는 시간의 흐름을 따라 추동되는 인간사의 변천 속에서 역사 속의 '변화'와 '불변'을 깨달았다. 또한 공자는 "요·순을 근원으로 삼아 밝히고 문·무를 기준으로 삼아"[106], 주나라 문화의 회복을 자신의 본분으로 삼았다. 공자 이래로 유가는 모두 깊고 두터운 역사 의식을 가지고 자신의 인문 정신의 중요한 기초를 일구었다. 『주자어류朱子語類』을 보면 주희와 제자가 역대 왕조와 역사 인물 그리고 그들의 언행과 심성을 두고 토론하는 대화가 대량으로 실려 있다.

'역사적 인간'으로서 '인간'은 역사의 구조에 의해 완전히 좌우되지 않는다. 유가는 '인간'이 '자유 의지'를 가지고 있다는 점을 긍정하고 굳게 믿는다. 춘추시대 노魯나라 선공 2년(BC 607)에 사관은 "조돈趙盾이 자신의 군주를 시해했다"고 기록했다. 사실史實로 따지면 조돈은 직접 군주를 죽이지 않았기 때문에 사관의 기록은 분명히 실제의 역사적 사실과 부합하지 않는다. 하지만 공자는 도리어 이 사관을 '옛날의 홀륭한 사관(古之良史)'이라고 칭찬하며[107] 사관의 기록을 온전히 긍정했다.

우리는 공자의 평가를 통해 다음을 알 수 있다. 공자는 사람이 역사의 흐름에서 '자유 의지'를 가지고 있으므로 경제 구조 또는 생산 방식에 의해 지배되어 자주성이 없는 객체가 아니라고 긍정했다. 공자는 조

---

105   ‖이는 공자가 냇가에서 흘러가는 물을 바라보며 감탄한 일화를 말하고 있다. 『논어』
      「자한」, 17: "子在川上曰: 逝者如斯夫! 不舍晝夜."
106   (宋)朱熹, 『中庸章句』, 『四書章句集注』, 北京: 中華書局, 1983, 37쪽: "祖述堯舜, 憲章文武"
107   楊伯峻, 『春秋左傳注』上冊, 宣公 2年, 臺北: 源流文化事業有限公司, 1982, 662~663쪽.

돈의 행위가 자신의 자유 의지로 내린 결정이므로 자신의 행위 결과에 대해 마땅히 도덕적 책임을 져야 한다고 보았다. 공자의 입장에서 보면 역사 '사실'은 반드시 '가치'의 맥락에 따라 고려해야 비로소 그 역사적 의미가 밝게 드러나게 된다. 공자 이래로 유가 사상에 깊이 젖어 있던 사학자는 모두 역사 흐름 속의 '인간'은 '자유 의지'를 가지고 있는 행위 주체라는 것을 인정했다.

유가의 인문주의 전통 속에서 인간은 자유 의지를 가진 주체이기 때문에 인간이 창조한 역사는 윤리, 정치 또는 도덕 원칙의 저장소로 여겨졌다. 이러한 의미에서 '역사'는 확실히 벤자민 슈워츠(Banjamin Schwartz, 1916~1999)가 말했듯이 일종의 '비역사'적 특성을 지니고 있다.[108] 유가 사상에서 '역사'란 박물관에 보관된 '미이라'가 아니라 인간이 들어가서 읽을 수 있는 교훈과 지혜가 가득한 도서관이다. 인간은 '역사'라는 도서관에서 옛 사람과 대화하며, '현재'를 위해 '과거'로 가서 '과거'와 '현재'를 꿰뚫어 일체로 만들어, '인간'의 생명으로 하여금 넓고 깊으며 높고 밝은 시간감과 역사감으로 가득 차게 한다.

유가의 역사 의식의 두 번째 방면은 역사의 흐름에서 외부 세계의 변화는 '자아'의 변화로부터 시작되고, '자아'의 고양과 변화의 핵심은 역사 속의 모범 인물(paradigmatic individuals)을 학습하는 데 있다. 특히 요·순·우·탕·문·무·주공의 경우 "모범은 지난날에 마련되어 있고 옛 도리가 나의 얼굴을 비추네."[109] 역사에서 성현과 '삼대三代'의 모범은 시공간의 간극을 초월하여 현대인의 정신을 일깨워준다. 이것은 일종의

---

108 Benjamin I. Schwartz, "History in Chinese Culture: Some Comparative Reflections," *History and Theory*, vol.35, no.4(December, 1996), pp.23~33
109 典型在夙昔, 古道照顔色. ‖ 이 구절은 文天祥의 「正氣歌」 끝부분에 나오는 말로 "哲人日 已遠, 典型在夙昔. 風簷展書讀, 古道照顔色."의 일부를 인용하고 있다.

역사로부터 출발하는 사고 방식으로 중국 사학에 깊고 먼 영향을 미쳤다. 이 책의 5장에서 이 문제를 다룬다.

유가의 역사 의식의 세 번째 방면은 바로 '문文'과 '질質'의 교체론이다.[110] 역사 변천에서 '문'과 '질'의 교체설은 겉으로 보면 역사 순환론과 비슷한 면이 있다. 공자는 역사의 변천 중에 인因·혁革·손損·익益이 있다는 점을 똑똑히 살폈다.[111] 맹자는 '일치일란一治一亂'[112]을 역사의 정상 상태로 여겨 500년을 역사에 나타나는 치란治亂의 순환으로 보았다. 맹자에 따르면 "요·순으로부터 탕왕에 이르기까지 500여 년이다. 우禹와 고요皐陶는 당시 직접 보고 그 도를 알았고 탕왕은 전해 들어서 알았다. 탕왕으로부터 문왕에 이르기까지 500여 년이다. 이윤尹伊과 내주萊朱는 당시 직접 보고서 알았고 문왕은 전해 들어서 알았다. 문왕으로부터 공자에 이르기까지 500여 년이다. 태공망太公望과 산의생散宜生은 당시 직접 보고서 알았고 공자는 전해 들어서 알았다."[113] 맹자가 주장한 것은 순환 사관에 가까운 것이 아주 분명하다.

서한의 동중서董仲舒(BC 약 179~104)는 역사의 삼통설三統說을 제시했다. "왕은 반드시 천명을 받은 다음에야 왕이 되며, 왕은 반드시 정월과 초하루의 기준 시점〔正朔〕을 바꾸고 복색을 바꾸고 예악禮樂을 제정하여 세계를 일통으로 묶었다. 역성 혁명은 전임자를 이어받는 것이 아

---

110 이 문제를 제시해준 양념군(양녠췬)楊念群에게 감사를 드린다. 楊念群, 「'文質'之辨與中國歷史觀之構造」, 『史林』(滬) 2009年第5期, 2009, 82~90쪽 참조. 전목(쳰무)은 1986년에 「中國史學中之'文'與'質'」의 글에서 간략하게 이 문제를 논의했다. 錢穆, 『中國史學發微』, 『錢賓四先生全集』第32冊, 臺北: 聯經出版公司, 1998, 233~241쪽.

111 『論語』「爲政」23: 子張問: 十世可知也? 子曰: 殷因於夏禮, 所損益, 可知也. 周因於殷禮, 所損益, 可知也. 其或繼周者, 雖百世可知也. 〔宋〕朱熹, 『論語集注』를 보라. 『四書章句集注』卷1, 北京: 中華書局, 1983, 59쪽 수록.

112 〔宋〕朱熹, 「滕文公下」8, 『孟子集注』卷6, 『四書章句集注』, 北京: 中華書局, 1983, 271쪽 수록.

113 〔宋〕朱熹, 「盡心下」38, 『孟子集注』卷14, 376쪽.

니라 자신이 하늘로부터 명을 받았음을 알리려는 것이다. …… 탕왕은 천명을 받고 왕이 되어 하늘의 뜻을 따라 하夏의 국호를 바꿔 은殷의 국호를 내세웠고 한 해의 표준시〔時正〕는 백통白統, 즉 하얀색 계통의 시대로 했다. …… 무왕武王은 천명을 받고 …… 공자의『춘추』는 하늘의 뜻에 따라 새로운 왕의 사업을 제시하고 한 해의 표준시는 흑통黑統, 즉 검은색 계통의 시대로 했다. …… 삼정三正, 즉 우주의 세 가지 기점은 흑통으로부터 시작한다. …… 하늘은 양기를 거느리고 만물을 자라나게 한다. 만물이 움을 돋우며 제 모습을 조금씩 드러내는데 그 때깔이 검은색을 띤다. 따라서 제후가 신하가 천자를 조회할 때 검은색 정복을 입는다. 삼정 중 백통은 …… 하늘은 양기를 거느리고 만물이 껍질을 벗기 시작한다. 만물은 싹을 틔우며 제 모습을 조금씩 드러내는데 그 때깔이 흰색이다. 따라서 제후나 신하가 천자를 조회할 때 흰색 정복을 입는다. 삼정 중 적통赤統은 …… 하늘은 양기를 거느리고 만물을 기르기 시작한다. 만물은 꿈틀대기 시작하며 제 모습을 조금 드러내는데 그 때깔이 붉은색을 띤다. …… '통삼정統三正'이라고 할 때 정正은 기준, 질서 잡히다, 올바르다의 뜻이다. 하늘의 기, 특히 양기를 완전히 통솔하므로 만물이 모두 그것에 호응하여 질서가 잡힌다. 통솔하는 것이 올바르면 그 나머지도 모두 올바르게 된다."[114]

북송에 이르러 소옹邵雍(1011~1077)은 황극경세설皇極經世說을 제시했는데, 이는 '원元'·'회會'·'운運'·'세世'를 역사 발전의 단위로 보았다. 각각 그 시간의 길이가 있다. 게다가 네 단위는 '황皇'·'제帝'·'왕王'·'패

---

114 蘇興 撰, 鍾哲 點校,「三代改制質文」第23,『春秋繁露義證』卷7, 北京: 中華書局, 1992, 185쪽. 한대 사람들의 역사관에 따르면 정치 계통에서는 '삼통三統'을 강조했고 문화에서는 '忠·質·文'의 세 가르침을 강조했다. 이와 관련한 연구 성과는 彭美玲,「漢儒三代質文論脈絡考察」,『漢學研究』第32卷 第3期, 2014.9, 1~36쪽 참조. ∥ 전체 맥락과 주석은 신정근,『춘추-역사 해석학』, 태학사, 2006, 351~361쪽 참조.

霸'의 다른 정치 체제와 서로 호응한다.[115] 이러한 걸으로 순환론과 비슷한 역사관은 근대 서양의 우주관과 세계관에 나타나는 기계식 순환 시간관이 아니고 역사를 하나의 큰 시계로 보지도 않는다. 중국의 유가는 역사가 발전하는 과정에서 늘 '문'과 '질'의 교체가 나타난다고 주장한다. 남송의 대유학자 주희는 비록 진秦이 천하를 통일하고서 '군존신비君尊臣卑'의 체제를 화립한 이래로 중국의 역사는 타락의 길로 들어섰다고 보았는데, 이는 '숭고崇古적 역사관'을 취한 경향을 나타낸다.[116] 그는 제자와 역사의 기원을 토론하면서 아래와 같이 말했다.

제자: "개벽 이래 지금까지 10,000년이 되지 않았는데 이전에는 어떠했는지 모르겠다. 주희: 이전에도 이처럼 한 차례 명백해져야 했다. 제자: 천지가 파괴될 수 있는가? 주희: 파괴되지 않을 것이다. 다만 사람의 무도가 극에 달하면 모두 하나로 합해지고 한 바탕 혼돈하여 인간과 사물이 모두 사라지게 되면 또 다시 새롭게 일어나게 된다.[117]

주희의 말은 바로 역대 유학자가 일관되게 내세운 역사관으로 역사는 치란이 번갈아 순환하며 발전하는 과정으로 여기고 있다. 주희에 따르면 "예컨대 고금의 변화가 극에 달하면 반드시 되돌아온다. 마치 밤과 낮이 서로 낳아주고 더위와 추위가 서로 바뀌는 것과 같다."[118] 이러한 '문'과

---

115 蕭公權, 『中國政治思想史』 上冊, 臺北: 聯經出版公司, 1982, 528~533쪽 참조.
116 이와 관련해서 제6장에서 상세히 논의한다.
117 [宋]黎靖德 編, 『朱子語類』 卷1, '揚錄', 『朱子全書』 第14冊, 上海: 上海古籍出版社; 合肥: 安徽教育出版社, 2002, 121쪽: 問, 自開闢以來, 至今未萬年, 不知已前如何? 曰, 前亦須如此一番明白來. 又問, 天地會壞否? 曰, 不會壞. 只是相將人無道極了, 便一齊打合, 混沌一番, 人物都盡, 又重新起."

'질' 교체의 역사관은 유가의 낙관주의 정신의 표현이다. 제6장에서 주희의 역사 해석과 그 이론적 기초를 밝히고자 한다.

3. 중국의 역사 사유 중 유가적 요소

이제 중국의 역사 사유 중에 나타나는 유가적 요소를 살펴보자. 아래처럼 4가지로 요약할 수 있다.

첫째, 옛것으로 지금을 풍자하고 옛것을 지금을 위해 적용한다(以古諷今, 古爲今用). 중국의 역사 사유는 '현재'와 '미래'를 위해 '과거'로 돌아가지 결코 '과거'를 위해 '과거'로 돌아가지 않는다. 전통적인 중국 사학은 일종의 개념의 유희(intellectual game)가 아니고 더더욱 향락주의적 미사여구가 아니라 세상을 아름답고 하고 다스리고 구원하는 정서로 가득 차 있다. 사마천은 동중서가 한 말을 인용했는데, 공자가 『춘추』를 지은 취지는 "선인을 우대하고 악인을 미워하며 현자를 존중하고 어리석은 자를 낮추는(善善惡惡, 賢賢賤不肖)"데 있고 '왕도의 대강(王道之大者)'을 뚜렷하게 밝히는 데에 있다.[119]

전통적인 중국 사학자의 책은 늘 옛것으로 오늘을 풍자하고 옛것을 오늘에 적용하는 데 힘썼다. 전통적인 중국 사학자의 역사적 서사(historical narration) 중에 늘 강렬한 '반사실적(counter-factuality)' 역사 서술을 자주 볼 수 있는데, 이는 역사에서 보이는 '실제로 그러함(to be)'을 미래의

---

118 〔宋〕朱熹, 「古史餘論」, 『朱子文集』第7冊 卷72, 臺北: 德富文教基金會, 2000, 3639쪽: "若夫古今之變, 極而必反, 如晝夜之相生, 寒暑之相代."

119 ‖ 동중서의 주장은 『사기』 「태사공자서」에 다음처럼 인용되어 있다. "善善惡惡, 賢賢賤不肖, 存亡國, 繼絕世, 補敝起廢, 王道之大者也."

이상 중의 '마땅히 그렇게 되어야 함(ought to be)'으로 전화하여 역사 '사실'과 지금의 '현실' 사이의 대화를 촉진시키고자 했다. 이러한 몇몇 특성은 모두 유가 사상의 요소를 갖추고 있는데, 제3장과 제4장에서 상술한 중국의 역사 사유 중 유가 요소를 논의하면서 상술하고자 한다.

둘째, 부분으로 전체를 드러낸다(以偏例全. Pars pro toto). 전통적 중국 사학자는 부분으로 전체를 나타내는데 뛰어났다. '특수성'을 가진 역사 사실로부터 '보편성'을 가진 역사 법칙 또는 도덕 명제를 뽑아냈다. 이 때문에 중국 사학에는 근원이 유구한 '사론史論'의 전통이 있는데, 이는 곧 '개별〔殊相〕'과 '보편〔共相〕'의 사이, '사실'과 '가치'의 사이 그리고 '고'와 '금'의 사이를 회통시키는 새로운 다리를 세우는 것이다. 제2장에서 중국 사학의 '부분으로 전체를 드러내는' 특성을 자세히 다루었다.

셋째, '사실 판단'과 '가치 판단'의 융합이다. 전통적 중국 사학자가 '역사적 사실'과 '역사적 이치'를 꿰뚫는 방법은 역사의 '시간'으로부터 '초시간'을 뽑아내는 데에 있는데, 제1장에서 이 문제를 자세히 다루었다. 제4장에서 지적하고 있듯이 '역사적 사실'과 '역사적 이치'가 서로 꿰뚫고 있는 중국 사학의 특성은 바로 뚜렷한 유가 요소를 드러내는 것이다. 넓은 범위에서 보면 전통적 중국의 역사학은 일정한 의미에서 도덕학 또는 윤리학으로 볼 수 있다.

전통적 중국 사학자의 역사 저술 목적은 역사적 사실을 재구성하는 것에 그치지 않고 역사 서술 가운데 "선인을 우대하고 악인을 미워하며 현자를 존중하고 어리석은 자를 낮추는" 가치 판단의 목적에 도달하는 데 있다. 전통 사학자는 역대 왕조와 통치자의 합법성 문제를 논술할 때 특별히 '정통'의 문제를 중시한다. 이는 유가가 '가치'의 맥락에서 '사실'을 판단하는 사상 전통과 실제로 긴밀한 관계가 있다. 중국의 사학자가 옛것을 높이고〔崇古〕 옛것을 그리워하며〔懷古〕 옛것을 신뢰하는

〔信古〕까닭은 바로 그들이 모두 유가의 가치 전통에 깊이 젖어 있었기 때문이다.

여기서 '중국 사학 중의 유가 요소'라는 말을 너무 지나치게 강조할 수 없다. 아주 강조하면 중국사 전체가 곧 '유가 사학'이라는 오해를 낳을 수 있기 때문이다. 참으로 왕영조(왕룽쭈)가 말했듯이 중국 사학이 사마천으로부터 시작하여 모두 '춘추필법'으로 사서를 쓰지 않았다. 북송 송기宋祁(998~1061)와 구양수歐陽修(1007~1072)가 『신당서新唐書』를 쓰고 나서야 비로소 '의류범례義類凡例'의 '춘추필법'을 중시하게 되었지만 아직 보편적인 승인을 얻지 못했다. 순전히 춘추필법으로 좋고 나쁨의 포폄을 한 경우는 주희 한 사람뿐이다. 더욱이 '춘추필법'이 역사적 사실을 왜곡하지 않았다는 것이다. 중국의 사학자는 비록 역사를 서술할 때 도덕 판단을 특히 중시했지만 그렇다고 진실을 지키는 원칙을 결코 포기하지 않았다. 왕영조(왕룽쭈)는 서양 사학자의 '유가 사학'에 대한 판에 박힌 인상이 실제로 실제보다 과장됐다고 여겼는데, 이는 핵심을 찌르는 대단한 식견이다.[120]

종합해보면 이 책 각 장의 취지는 '유가 사상'과 '전통적 중국의 역사 사유'의 불가분성과 긴장 관계를 분석하는 데 있다. 전통적 중국의 사학자는 유가 전통에 젖어 있으며 중국의 사학은 유가의 학술 전통을 구성하는 가장 빛나는 부분으로 볼 수 있다. 다른 측면에서 보면 유가 사상과 전통적 중국의 역사 사유가 복잡하게 얽히고 서로 침투하는 이러한 관계로 인해 중국 사학 중의 '가치(value)'와 '사실(fact)', '보편(universals)'과 '개별(particulars)' 사이에 긴장 관계가 늘 자리하고 있었다.

---

120 汪榮祖, 「西方史家對所謂'儒家史學'的認識與誤解」, 『臺大歷史學報』 第27期, 2001.6, 125~149쪽.

제1부

중국적 역사 사유의 핵심과 발현

제1장

중국 전통 역사 사상 속의 시간 개념과 그 특질

1. 이끄는 말

중국의 전통적인 사학자는 역사 경험을 생각하고 역사적 사실을 서술할 때 '시간'과 '공간'이라는 양대 요소를 함께 고려한다. 두예杜預(222~285)에 따르면 「춘추좌씨전서春秋左氏傳序」에서 『춘추』의 기사가 "사건을 날짜에 결부시키고 날을 달에 결부시키고 달을 철에 결부시키고 철을 해에 결부시켜" 기록하므로 시간 개념이 명확하게 나타난다.[1] 사마천은 『사기』 「화식열전貨殖列傳」에서 고대 중국 각지의 경제적 조건을 전체적으로 살펴보고 있다. 산서山西(태항산太行山 서쪽)·산동山東(태항산 동쪽)·강남江南·용구龍口·갈석碣石 등 여러 지역 특산물의 특색을 상세히 나열하고 있는데[2], 이는 공간 개념을 잘 갖추고 있다.

한대 사람들은 정권의 합법성을 논의할 때 점유하고 있는 영토의 공간 이외에도 "반드시 시간 서열의 검증을 통과해야 정통의 대열에 설

---

1 [晉]杜預, 「春秋左氏傳序」, 『左傳』 卷1, 臺北: 藝文印書館, 1981年 影印 宋刊本, 6쪽-下: "以事繫日, 以日繫月, 以月繫時, 以時繫年."
2 [漢]司馬遷, 「貨殖列傳」, 『史記』 卷129, 臺北: 藝文印書館, 1956年 據淸乾隆武英殿刊本 景印, 1336~1345쪽.

수 있다"는 점을 강조했다.[3] 송대 사학자는 왕조 교체의 '정통' 문제를 논의할 때 특히 정도를 차지하는 '거정居正'과 분열을 하나로 통일하는 '일통一統'을 내세우곤 했는데, 이는 중국 사학의 정통론이 시간에서 공간으로 바뀌었다는 점을 보여준다.[4] 그러나 전체적으로 보면 중국의 역사 사유에서 가장 중요한 핵심 개념은 여전히 '시간'이다. 우리는 중국의 '시간' 개념으로부터 토론을 시작해보자.

중국의 문화 전통을 보면 중국인의 시간 의식에 대한 생각은 인문 세계에 대한 관심 속에 깊이 스며들어 있다. "세상의 가운데 서서 깊이 살펴보고 고서에서 감성과 뜻을 기르며, 사철을 따라 흘러간 시간을 탄식하고, 만물을 바라보고 생각에 잠긴다."[5] 중국인은 길고도 깊은 시간감과 광활한 공간감 속에 젖어 있어서[6], 인간이 존재하는 목적은 정확하게 역사적 형상을 만들어 인품을 갖추고 일을 처리할 때 옛 성인이 세운 모범을 체인하고 실천하는 것에 있다고 일관되게 여겼다. 중국인이 인정하고 추구하는 '인간'의 의미와 가치는 반드시 '시간'의 맥락에서 비로소 드러날 수 있다.

20세기 프랑스의 사학자 마르크 블로크(Marc Bloch, 1886~1944)에 따

---

3 楊念群, 『何處是'江南'? 淸朝正統觀的確立與士林精神世界的變異』, 北京: 生活·讀書·新知 三聯書店, 2010, 235쪽. 이 점을 알려준 양녠군(양녠췬)楊念群에게 정중히 감사를 표한다. ‖ 한국어 번역본은 명청문화연구회 옮김, 『강남은 어디인가 청나라 황제의 강남 지식인 길들이기』, 글항아리, 2015 참조.
4 饒宗頤, 『中國史學上之正統論』, 香港: 龍門書店, 1976; 上海: 上海遠東出版社, 1996, 56쪽.
5 (晉)陸機(261~303), 「文賦」, (梁)昭明太子, 『文選』 卷17, 臺北: 藝文印書館, 景印宋淳熙本重雕 鄱陽胡氏藏版, 1쪽-上~ 10쪽 下: "佇中區以玄覽, 頤情志於典墳. 遵四時以歎逝, 瞻萬物而思紛." 인용문은 2쪽-下에 보인다.(모두 245쪽이다.)
6 중국 문화 속 시공관에 관한 통론성 저작에는 劉文英, 『中國古代時空觀念的産生和發展』, 上海: 上海人民出版社, 1980이 있다. 이 책의 수정본은 제목을 바꿔 출판했다. 『中國古代的時空觀念』, 天津: 南開大學出版社, 2000. 일본어 번역본은 堀池信夫 等 譯, 『中國の時空論: 甲骨文字から相對性理論まで』, 東京: 東方書店, 1992. Chun-chieh Huang and Erik Zürcher eds., Time and Space in Chinese Culture, Leiden: E. J. Brill, 1995 참조.

르면 역사학은 '시간 속에 있는 인간의 과학이다.'[7] 이 말을 인용하여 중국 사학의 특질을 온전히 묘사할 수 있다. 하지만 나는 한 걸음 더 나아가 '시간' 속에서 드러나는 중국 사학의 가치는 또 반드시 초월적인 원리이나 법칙과 서로 호응해야 한다는 점을 지적하고자 한다. 이 책의 서두에서 나는 가장 먼저 중국 전통 사상 중의 '시간'과 '초시간'의 개념을 살펴보고, 중국 문화의 특성을 지닌 역사 사유의 유형과 그 특성을 분석하고자 한다고 이야기했다.

먼저 설명해야 것은 중국 문화에서 빚어지고 형성된 '시간'의 개념은 근대 문화의 과학적 시간의 개념이 아니고 주체로서 인간의 지각과 깊은 관련이 있는 인문적 시간이다. 고대 그리스인은 시간이 기록할 가치가 있는 사건에 대해 소모 작용을 하므로 역사학이 바로 시간의 소모 작용에 맞서 펼치는 저항과 구조 작업이라고 여겼다.[8] 이와 달리 중국의 사학자는 오히려 '시간'이 역사를 만드는 일종의 조력이라고 믿었다. 중국 문화에서 '시간'은 '구체적인' 요소를 가지고 있어서 인간이 처한 상황, 시세의 변화 및 역사 속에 있는 개인의 갖가지 표현을 분명하게 새기고 그려놓는 것이지 결코 자연 사건을 기계적으로 기록하는 것이 아니다.

많은 중국의 역사학자들은 영원한 규칙(예컨대 '도道'나 '리理') 또는 불후의 모범('요堯'·'순舜'·'삼대三代')을 표식으로 삼아 그것을 보존하고 체현해 본 실천 과정이 중국 역사에서 개별 시대의 구체적인 내용을 구성한다

---

7 布洛克(Marc Bloch), 周婉窈 譯, 『史家的技藝』, 臺北: 遠流出版事業股份有限公司, 1989, 33~34쪽. ‖ 한국어 번역본은 마르크 블로크, 고봉만 옮김, 『역사를 위한 변명』, 한길사, 2007; 한정숙 옮김, 『봉건사회』1~2, 한길사 2010 참조.
8 Arnaldo Momigliano, "Time in Ancient Historiography," *History and the Concept of Time, History and Theory: Study in the Philosophy of History*, Beiheft 6, Middletown, CT.: Wesleyan University Press, p.15

고 생각했다. 진秦·한漢·당唐·송宋 등 각기 다른 왕조의 창업·쇠약·중흥·멸망의 순환을 여러 차례 거치게 되는데, 어떤 왕조는 힘이 없고 쇠약하며 혼란하고 불안하기도 하고 어떤 왕조는 칭찬하고 기리고 노래하고 감동할 업적을 세우기도 한다. 사학자는 후자를 재현할 가치가 있는 '치세治世' 또는 '성세盛世'라고 칭송하였다.[9]

고대 중국 사학의 시간관은 순환성을 가지고 있고 중국의 역사 서술에서 시간감이 유난히 깊고 두터워 편년사가 매우 일찍 발전했다.[10] 중국의 전통 문화에서 생명의 의미와 가치는 역사상 존재했던 도덕 모범을 깨닫고 배우며 이러한 모범을 사람들이 생활하는 시대로 불러들여 이어가는 데에 있다. 이 때문에 중국 문화의 '시간' 개념은 일종의 '초시간'의 특성을 내포하고 있다.[11] 중국인의 과거 역사에 대한 학습은 사실 '초시간'을 파악하는 출발점이고 그러한 학습의 궁극적인 목적은 제도와 규범을 당시의 시공간 속에 실현하는 데에 있다.

위에서 말했듯이 중국인이 인식한 '시간' 개념과 인문적 관심은 서로 긴밀하게 연관되어 있다. 중국 고대 사상가의 '시간'에 대한 사고는 대부

---

9 중국 제자백가의 역사 의식은 그들의 황금 고대에 대한 동경 속에 드러난다. 내가 전에 말한 것처럼, 하·상·주의 '삼대' 개념은 전통 사상에서 매우 강렬한 '반사실성(counter-factuality)'을 가지고 있다. Kuang-ming Wu, "Counter factuals, Universals, and Chinese Thinking," *Tsing Hua Journal of Chinese Studies*, New Series, vol.19, no.2, Dec., 1989, pp.1~43 참조. 고대 사상가들은 자주 '三代' 개념을 이용하여 그들이 불어넣고자 하는 의미를 집어넣고 '역사'에 새로운 의미를 부여하여 역사 경험으로 하여금 '현재'에 충격을 낳아 미래를 이끌도록 했다. 이러한 사고 방식은 중국 역대 사상가들에게 일관되게 나타난다. 특히 '말할 때마다 요·순을 들먹이는(言必稱堯舜)' 유가에서 가장 두드러진다. 자세한 내용은 제3장 참조.

10 Qingjia Edward Wang(王晴佳), "Time Perception in Ancient Chinese Historiography," *Storia della Storiografia*, 28, 1995, pp.69~86 참조.

11 중국의 역사 사상 속에서 '초시간성'은 '비시간성'을 가리키는 것이 아니라 시간의 정치화 또는 結晶化를 뜻한다. Chun-chieh Huang, "'Time' and 'Supertime' in Chinese Historical Thinking," in Chun-chieh Huang and John B. Henderson eds., *Notions of Time in Chinese Historical Thinking*, Hong Kong: Chinese University Press, 2006, pp.19~44 참조.

분 인간사의 부침과 시운의 흥망성쇠를 벗어나지 않는다. 유학자는 늘 '시時'로 백성의 생활을 규제하고 지식인의 지혜를 시험했으며 또 그것에 도덕적 의미를 부여하여 세상을 다스리는 규칙으로 만들었다. 도가의 '시'는 '도道' 안에 포함되며 옛날과 지금이 없고 시작과 끝이 없는 시간관은 '도' 또는 '득도한 사람'의 '심心'의 경지이지 형이상학적인 '영원한 세계(eternity)'가 아니다. 묵가는 시간의 추상적 개념에 관심을 보였지만 단지 명사적 정의에 머물고 깊이 있게 서술하지 않았다.[12]

중국의 역사 사유에서 '시대'는 바로 시간의 연결과 정합 그리고 경계이다. '초시간'은 바로 개별적 시대에서 뽑아낸 제도와 규범이다. 사람들의 묘사를 통해 '시간'은 말과 문서로 '역사'의 발전으로 전환된다. 간단히 말하면 추상적인 '초시간' 개념은 '시간'으로부터 담금질하여 '시간'의 흐름을 굽어보며 전체 '역사'의 발전과 일관된다고 할 수 있다. 20세기 프랑스 인류학자 레비 스트로스(Claude Lévi-Strauss, 1908~2009)의 말을 원용한다면[13] 중국의 역사 사유는 인류가 자연 시간에 적응하는 과정에 존재한다고 할 수 있다.

우리는 중국 문화에서 '시간'이 어떻게 '시대'로 이어지고 '초시간'이 어떻게 '역사' 속으로 스며들어 형성되었는지를 논증하려면 반드시 전통적인 중국의 역사 서술에 주목해야 한다. 이를 위해 중요한 역사적 사건에 구체적 서술을 덧붙이는 것 외에도 역사 속에서 시간 제약을 받지 않는 규율이나 규범을 찾아내는데 더욱 그 목적이 있다. 다시 말해 사학

---

12 栗田直躬,「上代シナ思想における'時'と'時間'」참조. 이 글은 원래 『早稻田大學大學院文學研究科紀要』, 1965에 게재되었고, 나중에 그의 책 『中國思想における自然と人間』第4章, 東京: 岩波書店, 1996, 149~187쪽에 수록되었다.

13 레비 스트로스는 『야생의 사고』에서 "종교는 인류가 자연 법칙에 적용하는 과정에 존재한다"고 말했다. Claude Lévi-Strauss, *The Savage Mind*, Chicago: University of Chicago Press, 1973, p.221 참조. ‖ 한국어 번역본은 안정남 옮김, 『야생의 사고』, 한길사, 1996 참조.

자의 임무는 단지 사료를 정리하고 역사적 사실을 평가하는 데에 그치는 것이 아니라 시간 속에 숨겨진 '초시간성'을 드러내어 인류 생활의 길잡이로 삼는 데 있다. 이 때문에 역사 서술의 목적으로 보면 중국의 역사학은 사실 일종의 도덕학이자 경제학이며 또한 정치학이다.

중국 사학자로 말하자면 인류의 역사 경험을 처리하고 서술하는 것은 대도大道의 운행을 촉진시키는 일종의 필수적 지향이자 과업이다. 그 배후에는 수신·제가·치국·평천하의 비전과 천인조화의 이상적 청사진이 깔려있다. '과거'와 '현재'가 하나 되고 시간 개념이 인문적 관심 속에 깊이 젖어 있게 되는데, 이는 바로 '중국적 역사 사유'의 특성이다. 모든 중국적 역사 사유가 윤리 도덕의 가치와 서로 묶여있다. 이는 바로 중국의 역사 사유가 그 자체로 강렬한 '역사성'을 가지고 있기 때문이다. 그로 인해 윤리 도덕의 가치관은 중국의 사학자가 사회가 교체 변동되는 까닭을 판단하는 착안점이 된다.

그러므로 중국 문화에서 개인과 전체 사회를 가리지 않고 가장 중요한 일은 바로 역사에서 성현의 본보기와 품행을 배우는 것이다. 인문의 가치를 중시하는 역사 사유는 전통적인 중국 역사 의식의 주류라고 할 수 있다. 우리는 아래에서 이러한 몇몇 논점을 더욱 세밀하게 다루고자 한다.

중국 사학은 깊고 두터운 인문 정신의 바탕을 가지고 있다. 인문 정신은 중국 문화의 맥락에서 서양과 확연히 다른 의미를 가지고 있다.[14] 중국과 서구 문화 중에서 인문 정신의 상이점을 논의하는 과정을 통해 우리는 '인문'이라는 말이 중국에서 어떤 의미를 갖는지 더욱 깊이 이해

---

14 '서양 문화'는 물론 두루뭉술한 유개념이며 그것은 시간 순서상 많은 각기 다른 문화 원천을 포함하고 있다. 그리스-로마 전통과 유대-기독교 전통은 분명히 대종에 해당된다. 그러므로 이 두 가지 큰 전통과 중국 문화를 비교하고자 한다.

할 수 있고 또 중국과 서구 문화의 차이를 관찰할 수 있다.

그리스 전통에서 호메로스(Homer)의 서사시『일리아드(*Eliad*)』와『오디세이(Odyssey)』는 종교 세계가 인간 질서와 서로 밀접하게 관련되고 있고, 인간의 운명은 종종 신의 의지에 좌우된다는 점을 표현하고 있다. BC 5세기 비극 작가 아이스킬로스(Aeschylus, BC 525/4~456)가 쓴『사슬에 묶인 프로메테우스(*Prometheus Bound*)』[15], 소포클레스(Sophocles, BC 496~406)의『오이디푸스 왕(*The King Edaepus*)』등도 인간과 신의 관계를 중요한 주제로 삼았다.

유대 기독교 전통에서『성경』은 인간에 대한 신의 계시를 전해주고, 중세의 아우구스티누스(St. Augustine, 354~430)는 '신국神國(옮긴이 주: 천국)'과 '인국人國(옮긴이 주: 로마)'을 대조시켜 후자는 전자의 관할 아래 있다고 생각했다. 르네상스 시대에 이르러 서양 문화는 '인문 정신'을 인간과 신의 대항으로 자리매김했고, 근대의 산업 문명이 발전한 뒤에 더욱이 인간의 힘으로 자연을 정복한다는 사고가 파생되었다.

중국 전통 문화는 줄곧 인간과 자연의 조화와 공존을 강조했다. 중국 문화가 관심을 가진 것은 현세이지 내세의 생활이 아니었다. 이 때문에 문화의 근원적 문제는 바로 인간과 인간의 관계로 집중하게 되었다.[16] 중국 인문주의의 핵심 가치는 '신심일여身心一如'·'자타원융自他圓融'·'천인합일天人合一'과 강렬한 역사 의식을 포함하고 뚜렷한 사회 정치적 경

---

15 ∥한국어 번역본은 김종환 옮김,『사슬에 묶인 프로메테우스』, 지만지드라마, 2019 참조.
16 진영첩(천룽제)陳榮捷(1901~1994)이 편저한『中國哲學文獻選編』에서 특별히 중국 인문주의의 특성을 강조했다. "중국 철학사의 특색은 한마디로 하면 인문주의라고 말할 수 있다. 그러나 인문주의가 초월적인 힘을 부인하거나 무시하는 것은 아니며, 천인이 합일될 수 있음을 주장한다. 이러한 의미에서 중국 사상이 생겨난 초기에 인문주의는 주류적인 사조를 차지했다." Wing-tsit Chan, *A Source Book in Chinese Philosophy*, Princeton: Princeton University Press, 1963, p.3

향을 드러낸다. 모든 사상이 지금 여기, 즉 인생과 현실을 실현되는 맥락에서 이야기한다.[17] 인간과 자연 또는 초자연의 관계가 전통 중국에서 '인간'의 맥락 속에 두고 생각되어졌기 때문에 인물의 현명함과 간사함 [賢奸]과 시운의 흥성과 쇠퇴[興衰]를 기록한 사학이 유난히 발달했다.

1장의 제1절에서 주로 중국 사학이 중국의 역사 의식 중에 '시간'과 '초시간'의 복잡한 관계를 체현해냈음을 주로 논증했다. '시간'이 실제 발생한 사건을 일일이 묶어서 전체적인 그물로 묶어낸 것이라면, '초시간'은 그 그물 속에 응결되어 빚어진 깊은 의미를 가리킨다. 제2절에서 '시간'이 어떻게 모여서 '초시간'을 이루는지를 검토하고, 제3절에서 '초시간'이 반드시 '시간'을 바탕으로 형성되는지를 해석하며 마지막 절에서 중국의 역사 사유에서 '시간'의 특성을 종합적으로 논의하려고 한다.

2. '시간'에서 추출해낸 '초시간'

고대 중국의 사상가는 집단을 통해 여러 가지의 지향과 과업을 완성하고 사회 제도를 세워 개체 생명의 의미를 이어가고 창조하며 역사와 문화의 연관성을 만든다고 강조했다. 이러한 '선先과 후後' 또는 '인因·혁革·손損·익益'의 특성을 가진 인문 활동의 연관성이 바로 우리가 지금 인식하고 있는 '시간'이다. '시간' 관념은 마찬가지로 전체 자연의 운행 속에 포함되어 있다.

중국 고대 문헌 속의 '시간'관은 순수한 추상 개념으로서 '시간'이 아

---

17 Chun-chieh Huang, *Humanism in East Asian Confucian Contexts*, Bielefeld: Transcript Verlag, 2010 참조.

니고 인문 활동 속에 깊숙이 젖어있는 '시간'이다. 근래 연구 성과를 보면『상서尙書』의 시간관은 "인간을 주체로 삼고 시간을 경經(날줄)으로 삼고 자연과 인간사를 위緯(씨줄)로 삼아 끊임없이 조정하고 직조하여 반복하여 조작할 수 있고 수정할 수 있는 역동적 규범 체계를 일구는 것이다."[18]『주역』의 '시간'관도 '하늘의 때〔天時〕'와 '인간사〔人事〕'를 합쳐서 살펴보므로 '시간'의 변화 중에 인간의 행동이 반드시 '때를 살피고', '때를 밝히고', '때를 기다리고', '때에 맞춰 움직이고', '때를 좇고', '때에 맞춰야' 하고 '때'가 인간의 '자리'나 '위상'과 서로 짝을 이루어야 한다고 특별히 강조했다.[19] 노자의 '시간'관은 '먼저〔先〕', '길게〔長〕', '오랫동안〔久〕', '죽지 않다〔不亡〕', '오래 살다〔壽〕', '늦다〔晩〕', '예부터 지금까지〔自古及今〕', '가지 않다〔不去〕', '항상〔常〕' 등의 단어와 함께 쓰이는데, 이는 인간의 삶과 죽음, 성공과 실패, 장수와 요절 등의 현상에 관심을 두는 것이다. 더욱이 장자는 늘 인생의 맥락에서 '시간'의 문제를 생각했는데, '때'는 늘 '순응〔順〕'·'형세〔勢〕'·'운명〔命〕' 등의 단어와 결합되었다.[20]

발생의 순서로 보면 반드시 먼저 각 '시간'에 의해 꿰지는 구체적인 경험 사건이 있어야 비로소 그 속에서 영원한 불변의 상도常道, 즉 '초시간'을 추출해낼 수 있다. 중국의 사학자는 상도 자체가 바로 경험 사건의 변동을 규제하는 주요한 힘이라고 생각했다. 전통적인 중국 문화에서 '역사'는 바로 '시간'과 '초시간'의 상호 작용 중에 점차로 틀을 잡아 형성되는 것이다.

---

18 孫長祥,「先秦儒家的時間觀－從『尙書』試探儒家時間觀的原型」,『錢穆先生紀念館館刊』第3期, 1995.8, 85~96쪽. 인용문 95쪽에 있다.
19 黃慶萱,「『周易』時觀初探」,『中國學術年刊』第10期, 1989.2, 1~20쪽.
20 王煜,「道家的時間觀念」, 원래『鵝湖月刊』第2卷 第10期, 1979.4, 17~21쪽에 실렸다. 뒤에 다시 王煜,『老莊思想論集』, 臺北: 聯經出版公司, 1981, 99~112쪽에 실렸다.

'시간'의 문제에 대해 중국의 전통 문화에서는 매우 독특한 사고 방식이 생겨났다. 즉 역사는 일종의 내재적인 힘을 따라 앞으로 나아가고 대체로 확정적인 경향을 가진다고 여겨졌다. 이러한 내재적 힘이 바로 '세勢'이다. 객관적으로 존재하는 '세'는 때·장소·사람 등 각기 다른 요소의 작용과 어우러져 '시세時勢'·'형세形勢' 또는 '정세情勢' 등 비교적 세밀한 힘으로 불어나기도 한다. 이들은 개별 시대의 성현 또는 영웅을 매개로 현재와 미래의 발전을 주도하고 영원불변의 규칙을 빚어낸다.

  전통적인 중국의 역사 사유는 여러 가지 특수한 지향을 가지고 있다. '세' 개념은 사실 연결된 여러 것 중의 하나인데, 다시 두 부분으로 나누어 관찰할 수 있다. 하나는 역사적 추세 또는 조류로서 '세'이고, 다른 하나는 '인간'의 의지와 긴밀히 상호 작용하는 '세'이다. 먼저 중국의 사학자들은 과거의 사적과 사건을 기술하는 일을 최종 과업으로 삼지 않았다. 그들이 관심을 가졌던 것은 단지 사건이 발생한 전후 관계뿐만 아니라 역사적 사건이 힘입어서 펼쳐나가는 힘 또는 '세'이다.

  당대의 유종원柳宗元(773~819)은 고대 봉건 제도의 형성을 "봉건은 세勢이지 성인의 뜻이 아니다"[21]라고 평가했다. 봉건제는 실제로 객관적 조건이 촉진하여 일구어낸 제도이지 성현이 계획한 사회의 이상적인 청사진이 아니다. 이 때문에 봉건제는 안민安民을 담아낼 실효를 보장하지 못하고 하물며 시공을 뛰어넘는 가치를 가졌는지 더더욱 논할 가치가 없다. 우리는 유종원의 논점을 통해 분명히 알 수가 있다. 중국의 역사 사유에서 '세'는 일이 벌어지는 관성 작용이 아니라 비교적 서로 다른 개체가 원래 가지고 있던 경향이 동시에 모여든 뒤에 '사건'으로 합

---

21 ﹝唐﹞柳宗元,「封建論」,『柳河東集』卷3, 臺北: 河洛圖書公司, 1974年 景印廖氏世綵堂刊本, 43~48쪽: "封建, 勢也, 非聖人意也."

류하는 잠재적인 힘과 유사하다.[22]

다음으로 주관적 감정을 갖지 않는 '세'가 물론 인간의 역사 구조를 지배하는 결정적 요소이다. 하지만 인류의 의지와 행동 역시 종종 역사 속 '세'의 움직임에 영향을 주기도 한다. 전국 시대(BC 403~222)에 '세' 개념이 이미 시대의 풍조를 이루었다. 가장 먼저 '세' 개념을 제기한 책은 『손자병법』과 『전국책』이다. 『순자』에서 '세'는 더욱 중요한 의미가 되었고, '형세形勢'와 '시세時勢' 두 말은 늘 전국 시대 사상가에 의해 사용되어졌다. 전통적으로 중국에는 "영웅이 시세(시대)를 만들고 시세가 영웅을 만든다"는 말이 있다. 맹자와 순자 등 혼란한 정치 시국에 불안해하며 천하에 분주히 활동할 때에 '세'는 이미 종종 상호 작용하는 사이에 차츰 모습을 드러내게 되었다.

남송의 대유大儒 주희는 "성인만이 리理가 있는 곳을 알아차려서 그대로 잇거나 바꿀 수 있다"[23]라고 말했다. 성인은 큰 덕화德化가 널리 퍼지고 역사가 발전하는 추세를 통찰하는 능력을 가지고 있으며, 또 어떻게 추세에 순응하는지 깨달아서 그것을 더욱 완전한 방향으로 이끌고

---

22 중국 사상 속 '勢' 개념의 초보적 정리에 관해 何佑森, 「歷史思想中的一個重要概念―'勢'」, 『第二屆國際漢學會議論文集』(歷史與考古組, 上冊), 臺北: 中央研究院, 1989, 241~249쪽 참조. 최근 프랑스 학자 줄리앙(François Jullien, 1951~)의 저작에서 이 문제를 논의했다. François Jullien, The Propensity of Things: Toward a History of Efficacy in China, translated by Janet Lloyd, New York: Zone Books, 1995 참조. 이 책의 제목이 보여주듯이 지은이는 인간의 힘이 대항할 수 없는 '세'를 지나치게 강조한 끝에 중국의 유가 사상가가 강조하는 인간의 노력이 역사 속의 '세'의 발전을 유도하며 발휘하는 작용을 간과하고 있다. ‖ 프랑수아 줄리앙 책의 한국 번역본은 박희영 옮김, 『사물의 성향―중국인의 사유 방식』, 한울아카데미, 2009 참조.

23 [宋]朱熹, 「古史餘論」, 『朱子文集』 第7冊 卷72, 臺北: 德富文教基金會, 2000, 3639쪽: "唯聖人爲能察其理之所在而因革之." 三浦國雄, 「氣數と氣勢―朱熹の歷史意識」, 『東洋史研究』 第42卷 第4號, 1984.3, 29~52쪽 참조. cf. Conrad M. Schirokauer, "Chu Hsi's Sense of History," in Robert P. Hymes and Conrad Schirokaue eds., Ordering the World: Approaches to State and Society in Sung Dynasty China, Berkeley: University of California Press, 1993, pp.193~220

인문으로 세상을 변화시키는 공적을 이룰 수 있다고 강조했다. 인간의 운명은 전체 세계의 '세'에 의해 결정되기 때문에 인간이 세상 형편의 가능성이 흘러가는 방향에 그대로 내맡기거나 몰아갈 수 있는지의 여부는 바로 역사 발전이 흥성과 멸망 그리고 융성과 쇠퇴를 보이는 관건이 되었다.

전통적인 중국 역사가가 역사 속의 '세'를 묘사할 때, 우리는 중국인이 오직 '인간' 자신만이 역사에서 행동하는 중심으로 생각한다는 것을 알 수 있다. 역사적 사건이 중요한 까닭은 바로 사람이 창조한 생동적인 기억이기 때문이다. 역사적 사건은 특수한 개체가 한 행위와 그 의미를 두드러지게 한다. 사건에 긍정과 부정의 형상을 모두 포함하는데 우리는 이러한 형상을 인식하여 옳고 그름을 밝히고 성공과 실패를 바로잡고 판단하지 못하고 망설이는 점을 결정하며 선인을 우대하고 악인을 미워하며 현자를 존중하고 어리석은 자를 낮출 수 있고 역사상 과오로 드러난 행적을 되풀이하는 잘못을 피할 수 있으므로 강렬한 인문 정신을 드러낼 수 있다.

인문주의 정신의 세례를 받으며 중국의 역대 사학자들은 사실 있는 그대로 쓰고 선악을 감추지 않는 전통을 지키며 자신들의 마음에 품고 있는 도덕과 정의를 보호할 수 있다. 도덕적 판단의 중시는 중국의 전통 사학의 가장 큰 특징이다. 중국 문화의 전통에서 지식을 위해 지식을 쌓는 사고 방식은 그렇게 발달하지 않았다. 이 때문에 전통적 역사 연구는 순수한 지식 활동일 뿐만 아니라 도덕 행위의 주체를 세우는 일과 서로 연관되고 있고 또 어우러져 있다.

예컨대 『상서』의 전典·모謨·제制·고誥[24]의 바탕에는 매우 강렬하게

24　‖전은 「堯典」, 모는 「皐陶謨」, 고는 「酒誥」처럼 편명에 쓰이는 용어이기도 하고 동시에

사람을 교화시키려는 색채가 있다. 반고班固(32~92)는 『한서』「예문지」에서 말했다. "『상서』에 따라 널리 들으니 지식의 방법이고 『춘추』에 따라 일을 판단하므로 믿음의 증거이다."[25] 이에 의하면 『춘추』 경전의 종지가 바로 통치의 법도를 밝히고 인간사를 분별하는 기준에 있으며 기록된 내용은 온전하게 도덕 범주의 안에 속했다고 할 수 있다.

중국 사학은 『춘추』의 정신 속에 깊숙이 스며들어 있다. 장학성은 『문사통의文史通義』「답객문答客問」에서 다음처럼 말했다.[26]

> 사학의 큰 근원은 『춘추』에 바탕을 두고 있다. 『춘추』의 의미는 사건을 첨삭하는 필삭筆削의 작업에 밝히 드러난다. 필삭의 의미는 사건의 전말을 담을 뿐 아니라 문장으로 기준을 세우는 데에 있다. 공자가 '그 안에 담긴 의리는 내가 분에 넘치게 채택했다'[27]고 말한 취지로 보면 참으로 하늘과 사람의 기강을 세우고 큰 도를 미루어 밝히고 있다. 그러므로 옛날과 지금의 변화에 통달하여 일가의 학설을 이룬다고 한다.

장학성이 생각하기에 중국 사학은 『춘추』를 근원으로 여길 뿐 아니라 더욱이 공자가 말한 주장의 정신을 계승해왔다. 이 때문에 사학자는 과거의 기술에 만족하지 않고 반드시 하늘과 인간의 질서를 조리 있게 하고

전범·계책·훈계처럼 교화의 의미를 지니고 있다.

25 漢班固, 「藝文志」, 『漢書』 卷30, 臺北: 藝文印書館, 1956年 據淸光緖庚子 長沙王氏校刊本 影印, 886쪽-下: "『尙書』以廣聽, 知之術也. 『春秋』以斷事, 信之符也."

26 淸章學誠, 葉瑛 校注, 「答客問上」, 『文史通義校注』 卷5, 北京: 中華書局, 1994, 470쪽: "史之大原, 本乎『春秋』, 『春秋』之義, 昭乎筆削. 筆削之義, 不僅事具始末, 文成規矩已也. 以夫子'義則竊取'之旨觀之, 固將綱紀天人, 推明大道. 所以通古今之變, 而成一家之言者." ‖ 한국어 번역본은 임형석 옮김, 『문사통의교주』 전5권, 소명출판, 2011 참조.

27 ‖ 공자의 말은 『맹자』 「이루하」 21에 나온다.

대도의 운행을 촉진시키는 고원한 목표로 품어야 한다. 전통적인 중국의 사학자는 사학의 창작을 경학經學과 합쳐서 살펴보므로 역사를 보는 사학자의 눈은 유가 윤리를 벗어날 수 없을 뿐만 아니라 더욱이 도덕 이상의 완수를 목표로 삼았다.

중국의 사학자들이 역사를 사고하는 이러한 방식이 이미 발생했던 사건을 단지 철학 이론 또는 도덕 명제를 추출하기 위한 소재로 삼았다고 가정할 수 있을까? 사실은 그렇게 간단하지 않다. 중국의 사학자들은 역사 행위 또는 사건 속에 숨어있는 추상 원리(예컨대 진眞·선善)를 취하려고 애쓰지 않았다. 그들은 단지 역사적 사실이 어떠한 도덕 교훈을 드러낼 때 비로소 그것을 구체적으로 들추어냈다. 사학자들은 갖가지 긍정적 계시를 가진 과거의 경험을 오늘날의 모범으로 삼고, 복잡하게 얽힌 자잘한 사건 중에서 현대인이 일컫는 '법칙'이나 '규칙'으로 도출해냈다. 이러한 규범은 서로 다른 시공간의 환경에 적용할 수 있고 또 지금과 옛날 사이의 일치성을 통해 잊힐 만한 사람·사건·사물을 이해 가능한 역사 이미지로 연결시켜 영원한 경지로 소통할 수 있다.

그러므로 중국의 사학자가 '상고上古'·'삼대三代' 또는 '요·순' 등의 개념으로 역사를 서술하는데, 이는 사실 '과거'를 위한 '과거'가 아니라 '현재'와 '미래'를 위한 '과거'인 것이다.

맹자는 아래와 같이 말했다.

진정한 왕의 자취가 사라지자 『시』가 없어졌고 『시』가 없어지고 나서 『춘추』가 쓰였다. 진晉나라의 『승乘』과 초楚나라의 『도올檮杌』과 노나라의 『춘추』가 같은 성격의 책이다. 『춘추』에서 기록한 사실은 제 환공과 진 문공의 일이고 기록한 글은 사관의 몫이다. 공자는 '그 안에 담긴 의리는 내가 분에 넘치게 채택했다'고 말했다.[28]

맹자에 의하면 제 환공桓公(재위 BC 685~643)과 진 문공文公(재위 BC 636~628) 등의 사적에 대한 역사적 서술은 단지 일종의 역사 의미를 뽑아내는 수단이다. 즉 역사 읽기 또는 역사 쓰기는 그 자체로 일종의 의미 창조의 활동이다. 역사적으로 왕조의 흥망성쇠가 비록 눈앞의 구름과 연기처럼 사라진다고 하더라도 사학자는 역사적 사건을 관찰하고 역사 인물과 시세 또는 형세의 순역順逆 관계를 생각하여 경험 내부에 숨겨져 있는 초월적 의미를 포착해낼 수 있다. 이러한 의미가 바로 우리가 말하는 '초시간'이다.

전통적인 중국 사학 속의 깊고 두터운 '시간' 의식은 옛날과 오늘, 특수와 보편, 실존과 추상 등 보기에 마치 확연히 분리된 영역 속을 하나로 꿰고 있기 때문에 강렬한 '비시간성'의 특성을 숨기고 있다. 하지만 내가 반드시 강조하고자 하는 것은 중국 전통 사학이 펼쳐나간 '시간'의 '비시간성'이지 종교적 의미의 '영겁회귀(eternal return)'가 결코 아니며[29], 더더욱 헤겔의 '절대 정신(Absolute Spirit)' 또는 인문적 함의를 완전히 제거한 과학적 '자연 시간'은 아니다.

'초시간(supertime)'이란 개념은 니체(1844~1900)가 말한 '초인(Ubermensch)'의 '초' 자의 용법과 어느 정도 유사하다. 니체의 '초인'은 사실 여러 측면에서 모두 일반인과 비슷하지만 깊고 두터운 도덕 의식을 가지고 있어 원만하고 두루두루 갖춘 인격을 가지고 있다. 마찬가지로 '초시간'은

---

28 (宋)朱熹,「離婁下」21,『孟子集注』,『四書章句集注』卷8, 北京: 中華書局, 1983, 295쪽: "王者之迹熄而『詩』亡,『詩』亡然後『春秋』作. 晉之『乘』, 楚之『檮杌』, 魯之『春秋』, 一也. 其事則齊桓, 晉文, 其文則史. 孔子曰: 其義則丘竊取之矣."

29 Mircea Eliade, *The Myth of the Eternal Return or Cosmos and History*, translated by Willard R. Trask, Princeton: Princeton University Press, 1954; 1991. 중국어 번역본은 楊儒賓 譯,『宇宙與歷史: 永恆回歸的神話』, 臺北: 聯經出版公司, 2000. ‖ 한국어 번역본은 정진홍 옮김,『우주와 역사』, 대한기독교서회, 2007 참조.

원래 '시간'으로부터 생겨나고 '초시간' 자체가 인문 활동의 삼투를 받는다. 하지만 초시간은 '시간'과 비교해서 보편적 의미와 가치를 더욱 포함하고 있으며 모든 인간 활동이 추구하고 모방하고자 하는 대상이 된다.

중국 사학은 경세經世를 목표로 하므로 중국적 역사 사유의 '시간' 중의 '비시간성'은 순수하게 추상적인 '직관 형식(intuitive form)'이 아니다.[30] 그것은 수천 수백 년 동안 역사 속 성현과 영웅이 살아있는 피땀으로 일구어낸 생생한 결과이고 일반 백성들이 힘겹게 손발이 닳도록 일하고 분투하며 남긴 흔적이며 강렬한 사회적 관심과 윤리적 의미를 지닌 '도道'에 대한 동경이다.

3. '시간' 속 '초시간'의 등장

전통적인 중국의 역사 사유 속에서 '초시간'은 '시간'에서 추출(정련)해내므로 '초시간'은 반드시 '시간' 안에 존재해야 하고 '시간'이 없이는 '초시간'이 생겨날 수가 없다. 하지만 '초시간'이 일단 추출되면 '시간'을 더 뚜렷하게 하는 효능을 갖는다. 즉 그것은 '시간'에 깊은 의미를 부여하고 사람이 '시간'을 조금만 방심해도 지나가 버려서 포기할 수 있는 과정으로 오인하지 않도록 해준다.

맹자는 다음처럼 말했다.

요·순으로부터 탕왕에 이르기까지 500여 년이다. 우와 고요皐陶는

---

30 중국 문화 중 '시간' 개념의 구체성과 역사성에 관해 Chun-chieh Huang and Erik Zürcher, "Cultural Notions of Time and Space in China," in Chun-chieh Huang and Erik Zürcher eds., *Time and Space in Chinese Culture*, pp.3~16 참조.

직접 보고서 그 도를 알았고 탕왕은 전해 들어서 알았다. 탕왕으로 부터 문왕에 이르기까지 500여 년이다. 이윤尹伊과 내주萊朱는 직접 보고서 알았고 문왕은 전해 들어서 알았다. 문왕으로부터 공자에 이르기까지 500여 년이다. 태공망太公望과 산의생散宜生은 직접 보고서 알았고 공자는 전해 들어서 알았다. 공자 이래로 오늘에 이르기까지 100여 년이다. 성인의 시대로부터 거리가 이처럼 멀지 않고, 성인이 살던 곳도 이처럼 아주 가깝지만, 성인의 도를 이을 사람이 없으니 끝내 그렇게 할 사람이 아무도 없을 것인가?[31]

맹자는 역사가 500년을 주기로 순환하며 요·순·우·탕 등의 성인이 나타 났다고 생각했다. 이러한 내재적 연계는 마침 일종의 '초시간'의 법칙을 잘 보여준다. 성인은 여러 가지 형태의 선행을 실천하여 오래될수록 더욱 새로워지는 규범으로 드러나기 때문에 과거의 '시간'은 응집하여 쉽게 바뀌지 않는 도덕 모델이 된다. '초시간'은 반드시 사회적 실천을 거쳐야만 수립될 수 있다. 맹자는 이러한 순환 관념을 근거로 그 당시가 이미 성인이 나타나고 혼란이 평정될 시기에 근접했다는 점을 미루어 짐작했다. 맹자는 '초시간'이 출현할 만한 그 나름의 필연성이 있다고 인정했고 경험 세계를 어느 정도의 통제할 수 있는 능력을 가졌다고 보았다.

남송 영가永嘉 학파의 섭적葉適(1150~1223)도 오직 인류의 노력과 공헌만이 천하태평의 목적에 도달할 수 있고, 인간이야말로 '초시간'의 필수적인 요소라는 점을 강조했다.

---

31 〔宋〕朱熹,「盡心下」38,『孟子集注』卷14, 376~377쪽: "由堯·舜至於湯, 五百有餘歲. 若禹· 皐陶, 則見而知之. 若湯則聞而知之. 由湯至於文王, 五百有餘歲, 若伊尹·萊朱則見而知之. 若文王則聞而知之. 由文王至於孔子, 五百有餘歲, 若太公望·散宜生, 則見而知之. 若孔子 則聞而知之. 由孔子而來至於今, 百有餘歲, 去聖人之世, 若此其未遠也. 近聖人之居, 若此 其甚也. 然而無有乎爾, 則亦無有乎爾."

천하를 다스리고자 하면서 그 세를 보지 못하면 천하는 다스릴 수 없다. …… 옛날의 군주, 예컨대 요·순·우·탕·문·무·전한 고조·후한 광무·당 태종은 **모두 일신으로 천하의 세를 이룰 수 있었다**(강조는 지은이). 공덕에는 두터움과 모자람이 있고 통치 효과에는 깊음과 얕음이 있지만 천하의 세는 자기 자신에게 달려있지 사물에 있지 않다. …… 후세에 이르러 천하의 세는 사물에 있고 자기 자신에게 달려있지 않게 되었다. 어떤 세가 드러나면 우당탕 흘러 누구도 막을 수 없고 거꾸로 왕이 행사할 수 있는 위복威福의 권력으로 그 세의 예봉을 돕는다. 그 세가 지나가면 가만히 자리에 앉아서 바라보면서도 그치게 할 수 없으니 나라는 그에 따라서 망하게 된다. 이처럼 일신으로 천하의 세가 되지 못하고 구차스럽게 형벌을 빌어 천하의 세를 좇아 자신의 평안을 추구하려고 하니, 나는 그런 것이 가능한지 아직 본 적이 없다.[32]

섭적은 비록 "어떤 '세'가 드러나면 우당탕 흘러 누구도 막을 수 없다"라고 강조했지만 그가 역사상으로 위대한 통치자가 성공했던 까닭은 바로 그들이 "모두 일신으로 천하의 세를 이룰 수 있었다"는 데 있다는 점을 한층 더 역설했다. 섭적은 '인간'의 '세'에 대한 통제를 중시했다. 섭적은 정치를 논의하며 "실용을 중시하고 공리를 주장했다."[33] 이는 주희와 아주 크게

---

32 [宋]葉適,「治勢」,『水心先生文集』卷4, 臺北: 臺灣商務印書館, 1965年 四部叢刊 初編縮本, 53쪽-上下: "欲治天下而不見其勢, 天下不可治矣. …… 古之人君, 若堯·舜·禹·湯·文·武·漢之高祖·光武·唐之太宗, 此其人皆能以一身爲天下之勢. 雖其功德有厚薄, 治效有深淺, 而要以爲天下之勢在己不在物. …… 及其後世, 天下之勢在物不在己, 故其勢之至也, 湯湯然莫能遏, 反擧人君威福之柄以佐其鋒. 及其去也, 坐視而不能止, 而國家隨之以亡. 夫不能以一身爲天下勢, 而用區以刑罰以就天下之勢, 而求安其身者, 臣未見其可也."

33 蕭公權,『中國政治思想史』上冊, 臺北: 聯經出版公司, 1982, 479쪽: "重實用而言功利"

대립된다. 하지만 역사의 '세' 중에 '인간'의 능동성을 강조한 점에서 섭적
은 주희와 동일한 입장을 취한다.

　주희는 아래처럼 말했다.

　옛날과 지금의 변화는 한쪽이 정점에 이르면 반드시 다른 쪽으로
　되돌아온다. 마치 밤낮이 서로 낳고 더위와 추위가 서로 바뀌는 것
　과 같은데, 이는 리理에 따라 마땅히 그렇게 되지 인간의 힘으로
　어찌 할 수 있는 일이 아니다. 삼대가 서로 이어가면서 서로 답습
　하며 바꾸지 않는 것이 있고 서로 덜고 더하는 손익으로 늘 있지
　못하는 것도 있다. 오직 성인만이 리가 있는 곳을 알아서 상황에
　따라 답습하기도 하고 혁신하기도 하여 사람의 기강을 100세에 전
　하여 문제가 생기지 않게 할 수 있다. 그렇지 않으면 기강이 극에
　이르러 여기저기 마구 무너져서 추세가 있는 곳을 뒤쫓더라도 바
　꾸어야 할 선과 악이 무엇인지 알 수가 없다.[34]

주희는 오직 성현만이 '리'의 진리를 명백히 밝히고 몸소 실천을 하여
'초시간' 규칙이 가진 의미가 시간의 흐름 중에 사라지고 소멸되지 않게
할 수 있다고 생각했다.

　주희는 아래처럼 말했다.

　천하의 일은 근본이 한 사람(왕)에게 달려있고, 한 사람 몸의 주관

---

34 ｟宋｠朱熹,「古史餘論」,『朱子文集』第7冊 卷72, 臺北: 德富文教基金會, 2000, 3639쪽:
　"若夫古今之變, 極而必反, 如晝夜之相生, 寒暑之相代, 乃理之當然, 非人力之可爲者也. 是
　以三代相承, 有相因襲而不得變者, 有相損益而不可常者. 然亦唯聖人爲能察其理之所在而
　因革之, 是以人綱人紀得以傳之百世而無弊. 不然, 則亦將因其旣極而橫潰四出, 要以趨其
　勢之所, 而其所變之善惡, 則有不可知者矣."

은 마음에 달려있다. 따라서 군주의 마음이 한결같이 바르면 천하의 일에 바르지 않은 적이 없다. 군주의 마음이 한결같이 비딱하면 천하의 일에 비딱하지 않은 적이 없다.[35]

주희가 보기에 역사 발전의 추세는 통치자의 마음을 잡는 데에 있고 시국의 향방은 온전히 통치자의 뜻에 의해 결정된다.

상술한 내용을 통해 우리는 다음을 발견할 수 있다. 중국의 전통 문화에서 역사 사유의 '시간' 개념은 '초시간' 개념과 삼투할 뿐만 아니라 '초시간'은 실제로 '시간'에 도덕적 의미를 부여하여 일종의 도덕적 모범이 되게 하고 '역사 속 의미(meaning in history)' 또는 역사의 의미(meaning of history)를 밝게 드러낸다. 유가 가치관의 세례를 깊이 받은 중국의 사학자의 심중에는 역사 속 요·순·우·탕 등과 같은 '도덕적 전형'의 인물만이 역사 속 '시간' 개념의 의미를 구체화시킬 수 있다.

반드시 강조해야 할 사항은 역사가 도덕의 궤도를 따라 운행되는 것이 아니라 도덕 그 자체가 '역사성'-역사가 도덕에 정의定義를 부여하고 구체적 인물과 사건을 통해 드러난다-을 가지고 있다는 것이다. 이러한 논리에 따라 중국 전통 사학자들은 역사상 부도덕한 인물, 예컨대 걸桀·주紂는 자신이 스스로 원하여 타락한 것이지 저항할 수 없는 '운명'의 괴롭힘을 당한 것이 아니라고 생각했다. 중국 문화에서 역사는 바로 인간 본성의 구체적인 표현이고 인간 본성은 역사로 말미암아 드러난다. 중국의 역사 사유에서 '사실'은 중립적이거나 가치의 의미를 띠지 않은 사실이 아니라 도덕적 교훈과 가치의 계시를 깊이 가지고 있는 '사실'이다.

---

35 (宋)朱熹,「己酉擬上封事」,『朱子文集』第2冊 卷12, 394쪽: "天下之事, 其本在於一人, 而一人之身其主在於一心, 故人主之心一正, 則天下之事無有不正; 人主之心一邪, 則天下之事無有不邪."

같은 이치로 중국의 역사 사유에서 '시간'이 '초시간'을 잉태하므로 '시간'을 내버리면 '초시간'도 있을 수 없다. 시운의 번영과 쇠퇴 또는 인물의 현명과 타락처럼 '초시간적' 교훈 또는 계시가 있어야만 역사로 하여금 인류에게 의미를 갖게 할 수 있다. 종합하자면 중국의 역사 사유에서 '시간' 속에 스며들어 결정結晶을 이룬 '초시간'을 추출 또는 제거한다면, 역사는 무의미한 사실의 나열로 떨어지게 된다. 이와 반대로 만일 '시간'을 가치 판단의 현실적 기초로 삼을 수 없다면 '초시간'은 하늘과 땅 사이에서 사라져서 이해할 수 없게 된다.

우리는 위에서 다룬 '시간'과 '초시간'의 상호 의존성을 한층 더 상세히 살펴보자. 주희의 '리일분수理一分殊'설은 역사 전개 속 '초시간'의 문제를 설명하는 데 원용할 만하다. 주희의 말에 따르면 "세상의 일이 비록 천 갈래 만 갈래로 복잡하지만 사실 하나의 도리에 불과한데, 그것이 바로 '리일분수'라고 할 수 있다."[36] 주희는 수 천 년에 걸친 중국 역사의 변화를 아래와 같은 견해를 제시했다.

> 1,500년 동안 바로 이렇게 앉아서 틈이 난 곳을 얽어 막고 뚫어진 곳을 잡아 당겨서 때우며 시일을 보냈다. 그 사이 비록 먹고 살만한 소강小康 시기가 없었던 것은 아니지만 요·순·삼왕三王[37]·주공周公·공자가 전한 도는 하루라도 하늘과 땅 사이에 실행된 적이 없다. 도가 늘 존재하는 점으로 말하면 애초에 사람이 개입할 수는 없는 일이다. 다만 이는 옛날에서 지금에 이르기까지 늘 존재하여

---

36 〔宋〕黎靖德 編, 『朱子語類』 卷136, '謨錄', 『朱子全書』 第18冊, 上海: 上海古籍出版社; 合肥: 安徽教育出版社, 2002, 4222쪽: "世間事雖千頭萬緒, 其實只一個道理, '理一分殊'之謂也." 주희의 '리일분수'설은 부록 2에서 상세히 논의하고 있다.
37 ‖ 삼왕은 하의 禹·상의 湯·주의 文 임금을 가리킨다. 모두 이상적인 군주를 가리킨다.

사라지지 않는 것이므로 1,500년 동안 사람들이 부수려고 했지만 끝내 그것을 없앨 수 없었다.[38]

주희의 역사 사유에서 역사 속의 '도道'는 '옛날에서 지금에 이르기까지 늘 존재하여 사라지지 않는' 것이다. 영원히 역사 속에 숨은 이러한 '도'는 역사의 전개 과정 중에 역사 인물이나 사건을 말미암아 자연히 '흘러나온다.'[39] 중국의 사학자들이 생각하기에 역사의 '초시간'은 구체적인 역사적 사실의 맥락 속에서만 해석되고 감지되며 추출될 수 있다. 장학성에 따르면 "육경六經은 모두 역사이다. 옛사람은 글을 쓰지 않더라도 사事를 떠나서는 리理를 말하지 않는다. 육경은 선왕이 나라를 다스리는 제도와 문물이다."[40] 중국의 역사 사유에서 '초시간'으로서 '리'는 반드시 '시간'의 맥락 속에 있고 또 '시간'에 의해 결정된 '사건' 속에서만 시운의 변화를 명확히 드러낼 수 있다.

중국의 사학자들은 역사를 회고하고 서술할 경우에 '도'와 '리' 또는 심지어 '세'와 같은 '초시간'의 개념을 논의할 때마다 그들은 역사로 돌아가고 역사 속 인물 또는 사실에서 지혜의 영감을 끌어냈다. 그들은 역사를 유랑하고 위로 옛사람과 벗하며 역사 속의 과거 성현을 바라보거나 시대의 부침 속에서 역사 중의 '도'(즉 '초시간')의 진실과 메시지를 문의하기도 하고 깊이 생각하기도 한다. 종합하면 중국의 역사 사유에

---

38 [宋]朱熹,「答陳同甫6」,『朱子文集』第4冊 卷36, 1458쪽: "千五百年之間, 正坐如此, 所以只是架漏牽補, 過了時日. 其間雖或不無小康, 而堯·舜·三王·周公·孔子所傳之道, 未嘗一日得行於天地之間也. 若論道之常存, 却又初非人所能預. 只是此箇自是亙古亙今常在不滅之物, 雖千五百年被人作壞, 終殄滅他不得耳."

39 이것은 주희의 용어이다. 『朱子語類』 卷98, '義剛錄',『朱子全書』第17冊, 3321쪽.

40 [清]章學誠,「易敎上」, 葉瑛 校注,『文史通義校注』卷1, 1쪽: "六經皆史也. 古人不著書, 古人未嘗離事而言理, 六經皆先王之政典也."

서 '초시간'으로서 역사 속의 '도' 또는 '리'는 깊고도 명확한 구체성을 가지고 있다. 그것은 시간을 차지하지 않고(atemporal) 공간을 차지하지 않는(aspatial) 추상적인 추리가 아니다. 중국의 전통적인 역사 사유에서 '논리적인(logical)' 것과 '역사적인(historical)' 것은 자주 하나로 묶여있다.

이 절에서 논의한 내용을 종합하면 중국의 역사 사유는 두 부분, 즉 '시간'과 '초시간'을 포함한다. 역사 속에서 허무하게 사라져 버린 역대 왕조와 풍류 인사, 역사의 물결에 씻겨 내려간 영웅, 또는 구체적이고 특수한 역사적 사실 이 모두가 '시간'성을 가지고 있고 '시간'에 의해 통제된다. "예豫의 때는 의미가 크구나!"(『역경易經』)[41] 이처럼 역사 속 시운의 흥성과 쇠퇴를 돌아보면 우리는 역사의 흐름 중에 있는 '시간'의 폭정에 벌벌 떨며 깊은 경외감을 느끼게 된다. 다른 한편으로 '시간'은 큰 덕화가 불어나고 역사가 흥성하고 멸망하는 중에 '초시간'의 보편적 규칙과 도덕적 명제를 숨기게 된다. 역사를 경외할 이유가 여기에 있고 역사를 경외할 이유가 여기에 있구나!

이미 고인이 된 미국의 한학자 벤자민 슈워츠(1916~1999)가 말한 적이 있다. 중국 문화 속의 '역사'는 두 가지 지향이 있다. 하나는 역사가 윤리, 정치 또는 도덕 원칙의 저장소로 간주된다. 이 의미의 '역사'는 일종의 '비역사'적 특성을 가진다. 다른 하나는 역사가 인력으로 대항할 수 없는 힘이 주재하는 발전 과정으로 간주된다.[42] 이러한 슈워츠의 견해는

---

41 高亨, 「豫卦」, 『周易大全今注』 卷2, 濟南: 齊魯書社, 1979, 186쪽: "豫之時, 義大矣哉." ‖ 雷地豫卦는 順의 땅과 動의 우레를 상으로 하는데, 「彖傳」에서 "천지가 자연의 법칙에 순응하여 운동함으로 일월과 사계절의 변화가 어긋나지 않듯이 성인이 이 법에 순응해 움직임으로 형벌이 맑아서 백성들이 순종한다."고 설명하고 있다. 時가 順以動과 이어지는 측면을 가리킨다.

42 Benjamin I. Schwartz, "History in Chinese Culture: Some Comparative Reflections," *History and Theory*, vol.35, no.4(December, 1996), pp.23~33

성립이 가능하다. 우리는 중국의 역사 사유 중에 확실히 '시간'과 '초시간' 두 가지가 얼핏 보면 상반되지만 사실 상생하는 지향을 가지고 있다고 말할 수 있다.

4. 결론

유가의 인문 정신의 전통은 지극히 깊고 두터운 시간 의식을 가지고 있다. 고대 중국인은 '시간'이 가버리면 돌아오지 않는 것과 '불가역성'에 바탕을 둔 '시간'의 두려움에 벌벌 떨었다. 그러므로 중국 문화와 유가 사상의 전통은 '시간'의 흐름과 변화에 순응하는 것을 매우 중시했고, 더 나아가 '시간'의 동향을 파악하여 '초시간'의 의미를 추출했다. 이 때문에 중국 문화에서 사학이 특별히 발달하고 전통적인 중국인의 시간 의식이 유난히 깊고 두터웠다. 전통적인 중국인의 생명은 유구한 역사 문화 속에 스며들어 있으므로 그들은 위로 과거 성현의 지향과 과업을 이어받고 아래로 만세 자손에게 행복을 열어주었다.

중국 문화 전통에서 개인 생명의 의미와 가치는 늘 역사의 참여로 말미암아 집단의 생명과 결합되고 집단의 역사 문화가 전승되는 맥락에서 개인 생명의 가치가 분명히 드러난다. 중국 문화에서 개인의 고독감은 그다지 발달하지 않았다. 1960년대 유럽의 실존주의 작가가 쓴 '이방인' 식의 고독감은 중국 문화에서 잘 보이지 않는다. 중국인은 '시간'에 의해 추방되어 "앞으로 옛사람을 보지 못하고 뒤로 올 사람을 보지 못하여", 집단의 과업에 함께 하지 못할 때 비로소 개인의 생명 의식에서 "생각하니 천지가 멀고 아득하여 홀로 슬퍼져 눈물 떨구는"[43] 고독감이 생겨나게 된다.

이 장에서는 중국의 전통적 역사 사상의 특성을 분석하면서 우리는 중국인의 역사 사유 속에 매우 깊숙한 '시간' 개념이 숨겨져 있다는 것을 발견하게 되었다. 주목할 만한 것은 중국인의 '시간' 개념이 결코 온전히 추상적이지도 않고 공간을 차지하지 않는 칸트의 '감성 직관의 형식'[44]이 아니라 강렬한 구체성을 지닌 개념이다. 중국적 역사 사유 속의 '시간' 개념 안에 구체적인 의미로 가득 차 있다. 중국인의 '시간'관에는 구체적인 충신과 효자의 품행, 제왕과 재상의 공적과 과오, 열녀의 정조, 관리의 잔혹성, 아첨꾼의 철면피, 협객의 의리 및 서민 백성들의 피눈물과 웃음이 여기저기 이리저리 짜여있다. 역사 인물과 그 품행은 중국인이 '시간' 개념을 수립하는 소재이자 기초이다.

중국 문화에는 강한 구체적 '시간' 개념이 있지만 '초시간'의 개념도 스며들어있다. '초시간'이란 '시간'의 정수이고 '시간'에서 추출되어진 도덕 원칙이다. 백이伯夷와 숙제叔齊는 주나라 곡식을 먹기가 부끄러워서 수양산에서 굶어 죽은 '시간' 속의 역사적 사실에서, 사마천은 "천도는 편애하지 않고 늘 선인과 함께 한다"[45]는 '초시간'적 도덕 명제의 보편 필연성에 의문을 제기했다. "한韓·위魏·조趙·연燕·초楚·제齊 등 여섯 나라가 망하고 사해가 하나로 되었다가" "초나라 사람(항우)이 붙인 횃불에 가련하게도 아방궁은 초토가 되었네."[46]처럼 진秦 제국의 광풍과 같은 정권이 흥성했다 멸망하는 사실로부터 당대(618~907)의 시인 두목杜牧

---

43 [唐]陳子昂, 「登幽州臺歌」: "前不見古人, 後不見來者. 念天地之悠悠, 獨愴然而涕下!"『全唐詩』第3冊, 北京: 中華書局, 1992, 902쪽. 斯波六郎, 『中國文學における孤獨感』, 東京: 岩波書店, 1990 참조. ‖ 한국어 번역본은 주기평 외 옮김, 『진자앙 시』, 학고방, 2017 참조.

44 Norman Kemp Smith, *Immanuel Kant's Critique of Pure Reason*, NY: St. Matin's Press, 1929; 1965, pp.65~91

45 ‖『노자』79장: "天道無親, 常與善人." 사마천은『사기』「백이열전」에서 '或曰'로 이 구절을 인용하고 있다.

46 ‖杜牧, 「阿房宮賦」: "六王畢, 四海一 …… 楚人一炬, 可憐焦土."

(803~853)은 제국이 흥성했다가 멸망하는 보편적 동인을 상상해냈다.

한 걸음 더 들어가 보면 중국의 역사 사유에서 '초시간'의 도덕 원칙은 반드시 '시간' 속에서만 충분히 펼쳐질 수 있다. 추상적이며 보편적인 '초시간'의 원칙은 역사상 인물의 긍정 또는 부정으로부터 실증되고 구현되거나 또는 반박되는 과정을 통해서 역사를 읽는 사람들에게 충분히 감지되고 체인될 수 있다. 중국의 역사 사유는 '시간'과 '초시간' 사이에서 왕복하며 움직이고 있다. 한편으로 구체적 '시간'에서부터 '초시간'으로 스며들어가고 다른 한편으로 '초시간'이 '시간' 속에 적용되고 또 '시간' 속에서 펼쳐진다.

중국의 역사 사유는 '시간'과 '초시간' 사이에서 왕복하며 21세기 현대 사회에 주는 상당한 시사점을 던져준다. 이러한 현대적 계시는 두 가지 관점에서 살펴볼 수 있다. 첫째, 현대 사회의 '시간'은 곧게 뻗은 직선이며 되돌릴 수 없는 '시간'이다.[47] 현대인은 직선적 '시간'의 학대를 실컷 받고 있으며 현대인이 겪는 생명의 비극은 늘 '시간'의 불가역성에 뿌리를 두고 있다.

현대 문명의 '시간'의 특성과 비교하면 전통적인 중국 문화의 '시간'은 '과거'와 '현재' 사이를 왕복하며 움직이고 있다. 전통적인 중국인의 역사 사고는 깊고 두터운 '시간' 의식으로 옛날의 역사적 사실 속에서 인물 행위 또는 역사적 사건의 의미를 발굴하여 '시간' 속 '초시간'의 의미를 창조한다. 전통적인 중국 문화에서 '고古'와 '금今' 사이를 왕복하는 '시간'은 현대 문명의 직선적 '시간'과 매우 다르고 현대인이 '시간'의 지배로부터 받은 상처를 위로해주며 현대인이 느끼는 생명의 드넓고 고명

---

47 眞木悠介는 이 문제에 대해 세밀한 논의를 펼쳤다. 眞木悠介, 『時間の比較社會學』, 東京: 岩波書店, 1981; 1991, 183쪽 참조. ‖ 한국어 번역본은 마키 유스케, 최정옥 옮김, 『시간의 비교 사회학』, 소명출판, 2004 참조.

한 넓이와 깊이를 확장시켜줄 수 있다.

둘째, 현대 생활에서 '개인의 시간'이 늘 '사회의 시간'에 의해 지배받고 있다.[48] 이로 인해 개인은 사회 제도를 돌리는 나사로 전락되어 현대 사회의 거대한 기계 속에서 언제라도 교체될 수 있는 부품이 되어버렸다. 현대 생활의 이러한 곤경과 대비해서 전통적인 중국 문화에서 '시간'과 '초시간'의 상호 침투는 아주 깊은 시사점을 갖추고 있다. 전통적인 중국 문화에서 '시간'의 흐름 속에서 '초시간'을 뽑아내고 '초시간'은 또 구체적인 역사 가운데 펼쳐진다. 이러한 창조적인 왕복 과정에서 '개인'과 '사회'는 대립하는 관계가 아니라 상호 침투하는 관계이다. 전통적 중국인의 사유에서 '개인' 생명의 시간이 비록 유한하지만 '개인'은 도리어 '시간' 속에서 '초시간'의 의미를 창조하여 '개인'이 집단의 생명 속에 녹아들면서 영원한 의미를 창조해낼 수 있다. 전통적인 중국 문화의 이러한 사고 방식은 어쩌면 현대 문명의 '개인'과 '사회' 사이의 긴장 관계를 누그러뜨리고 더러운 것을 말끔히 씻겨낼 수 있을지도 모른다.

---

48 N. Elias, *Time: An Essay*, London: Blackwell, 1992.

제2장

중국의 역사 서술에서 사론史論의 작용과 이론적 문제

1. 이끄는 말

우리는 서론의 제2절에서 역사 의식은 유가 인문 정신 전통에서 가장 으뜸 자리를 차지하고 있고 중국 사학 이론에 미친 영향이 아주 깊고 크다는 점을 언급했다. 우리는 제1장에서 중국의 전통적 역사 사유의 핵심 개념이 바로 '시간'이고 중국 문화에서 사람은 늘 '시간' 속에서 '초시간'의 의미를 추출한다고 주장했다. 유가 사상을 주류로 하는 중국 문화에서 시간감이 매우 깊으므로 역사 의식이 특별히 발달했다.

　서주西周 시대(BC 1045~771)의 『시경』과 『상서』같은 경전에서는 은상殷商(BC ?~1045)의 역사적 경험을 거울로 삼는 것을 묘사한 문자들이 대거 출현했다. 예컨대 『시경』「대아大雅 탕蕩」에서 "은나라의 거울은 먼 곳에 있지 않으니 하나라의 마지막, 즉 걸왕桀王에 있다네"라고 한다.[1] 『상서』「소고召誥」에서 "나는 하나라를 거울로 삼지 않을 수 없고

---

1 〔漢〕鄭玄 箋, 〔唐〕孔穎達 疏, 『毛詩注疏』, 臺北: 藝文印書館, 1960年 影印宋刊本, 644쪽-上: "殷鑒不遠, 在夏后之世."

은나라를 거울로 삼지 않을 수 없다"[2]라고 한다. 모두 역사를 거울로 여기기를 강조하고 있다. 공자는 더욱이 "옛 것을 기술하지 새롭게 지어내지 않고 옛 것을 믿고 좋아한다"[3]며 스스로 역사와 문화의 전통을 존중하는 태도를 말했다.

중국 역사에서 일어난 정치 투쟁 중에 역사 해석권의 투쟁은 늘 역대 정권의 교체기나 정치 투쟁이 격렬하던 시절에 중요한 싸움터였다. 예컨대 한漢(206 BCE~220 CE) 제국이 건립된 뒤에 BC 206년 한 고조 유방(재위 BC 202~195)이 낙양(뤄양)洛陽의 남궁에 술자리를 마련하고 여러 신하에게 물었다. "여러 제후와 장군은 나에게 숨김없이 자신의 속마음을 말해 보시오. 내가 천하를 얻은 까닭은 무엇인가? 항우가 천하를 잃은 까닭은 무엇인가?"[4] 이처럼 중국의 역대 군주와 신하는 늘 전대의 역사에서 지혜의 영감을 길어내고 치국 책략의 방침을 정하려고 했다.

당대唐代(618~907)에 이르러 관찬 사학의 전통이 형성된 뒤로[5] 황제의 좌우에 늘 사관을 두어 『기거주起居注』를 기록했다. 중국의 사관은 역사 진상의 보존을 자신의 천직으로 삼았다. 심지어 저수량褚遂良(596~658)은 당 태종太宗(재위 626~649)이 『기거주』를 읽어보고자 한 요구를 거

---

2 ,漢,孔安國 傳, ,唐,孔穎達 等 正義, 『尙書正義』, 臺北: 藝文印書館, 1960年 影印宋刊本, 222쪽
  -上: "我不可監于有夏, 亦不可不監于有殷."
3 ,宋,朱熹, 「述而」 1, 『論語集注』, 『四書章句集注』 卷4, 北京: 中華書局, 1983, 93쪽: "述而不
  作, 信而好古."
4 ,漢,司馬遷, 『史記』 卷8, 「高祖本紀」, 臺北: 藝文印書館, 1956年 據淸乾隆武英殿刊本 景印,
  175쪽. "列侯諸將無敢隱朕, 皆言其情. 吾所以有天下者何? 項氏之所以失天下者何?" Chun-
  chieh Huang, "The Ch'in Unification(BC 221) in Chinese Historiography," in Q. Edward
  Wang and Georg Iggers eds., Turning Points in Historiography: A Cross-Cultural Perspec-
  tive, Rochester: University of Rochester Press, 2002, pp.31~44 참조.
5 Lien-sheng Yang, "The Organization of Chinese of Chinese Official Historiography: Principles
  and Methods of the Standard Histories from T'ang through the Ming Dynasty," in W. G.
  Beasley and E. G. Pulleyblank eds., Historians of China and Japan, London: Oxford
  University Press, 1961, pp.44~59 참조.

절했다. 20세기 문화대혁명 시기(1966~1976)에 중국 대륙의 비공양진批
孔揚秦 운동[6]이 일어났는데, 이는 비록 겉으로 공자 비판을 수단으로 삼
았지만 사실 임표(린뱌오)林彪(1908~1971)[7]를 향한 비판을 현실의 정치
적 목적으로 삼았던 것이다. 전후의 대만에서 1947년 '2·28사변'[8]의 역
사 해석이 대만 조야 인사들이 양보하지 않고 충돌하던 중대한 논쟁거
리였다. 예로부터 중국인의 정치적 발전은 늘 역사 해석권의 쟁탈과 연
관이 된다. 우리는 중국인이 역사 의식이 매우 강한 민족이라고 말할
수 있다.

시간 의식이 절실하기 때문에 중국의 전통 학술에서 사학이 특히 발
달했다. 중국의 사학자들은 비록 '과거' 경험의 지식을 구축하는 데 힘을
썼지만 그들의 눈은 늘 '현재'와 '미래'에 있었다. 그들은 늘 '과거'의 황
금 시대(예컨대 삼대三代) 또는 모범 인물(예컨대 요·순 등의 성현)들을 미화하
여 '현재'의 실제 상황을 적절하게 처리하고 '미래'의 방향을 점검하여
바로잡았다.[9] 우리는 어떤 의미에서 중국의 사학이 일종의 도덕학이라
고 말할 수 있다. 중국의 사학자들이 종종 역사 서술을 통해 도덕 또는
철학 명제를 세워 역사를 읽는 자로 하여금 경각심을 갖도록 했기 때문

6 ‖ 비공양진은 중국 문화의 스승으로 숭배된 공자를 봉건귀족의 대변자로 비판하고 그간
   폭군으로 알려진 진시황을 역사 발전을 거른 인물로 좋게 평가하는 경향을 가리킨다.
7 ‖ 임표(린뱌오)는 중국의 정치가·군인이다. 대장정에 참여했고 항일전쟁에서 크게 활약했
   다. 1959년 廬山 공산당회의에서 모택동(마오쩌둥)을 지지하여 후계자로 지목되었지만 결국
   에는 국가 주석 자리를 두고 모택동(마오쩌둥)과 대립하다 비행기 추락으로 사망했다.
8 ‖ 2·28 사변은 1947년 2월 28일부터 같은 해 5월 16일까지 대만 전역에서 일어난 민중봉기
   사건이다. 중화민국 정부 관료의 폭압에 맞서 대만의 다수 주민인 本省人들이 불만을 표출
   하며 항쟁을 일으키자, 중국 국민당을 위시한 外省人들은 본성인을 폭압적으로 학살했다.
   대만에서는 2·28大屠殺, 2·28혁명, 2·28起義, 2·28사건 등으로 부른다.
9 Chun-chieh Huang, "Historical Thinking in Classical Confucianism: Historical Argumenta-
   tion from the Three Dynasties," in Chun-chieh Huang and Erik Zürcher eds., *Time and
   Space in Chinese Culture*, Leiden: E. J. Brill, 1995, pp.72~88 참조.

이다.[10]

전통적인 중국의 사학자들은 역사 서술을 수단으로 삼고 도덕 또는 철학 명제의 제시를 목적으로 삼았다. 이 때문에 그들은 늘 역사 사건이나 인물을 묘사하고 나서 한 문단의 평론을 덧붙였다. 이러한 사론史論은 『좌전』의 '군자왈君子曰', 『사기』의 '태사공왈太史公曰', 『한서』의 '찬贊', 『삼국지三國志』의 '평評', 사마광의 『자치통감』의 '신광왈臣光曰'에 잘 나타난다. 왕부지王夫之(1619~1692)의 『독통감론讀通鑑論』 『송론宋論』과 북송의 문인 소순蘇洵(1009~1066)과 소식蘇軾(1037~1101) 등 역사와 인물을 평론한 논문을 보면 모두 '사事'로 '리理'를 말하고 발자취를 좇아 근본을 찾고 물을 거슬러 올라 근원을 찾은 방식이다. 이는 중국 전통 학술에서 역사와 철학이 서로 관통하는 특성을 잘 보여준다.

2장에서는 중국적인 역사 서술의 사론 중에 '사事'와 '리理'의 복잡한 관계를 분석하고 사론에서 역사와 철학을 하나로 잇고 또 역사이면서 철학이라는 기능을 살펴보았다.

2. 전통적 중국의 역사 서술에서 '事事'와 '리理'의 관계 변화

전통적으로 중국 역사를 서술할 때 사론에서 사학자는 역사의 '사事'와 '리理'를 서로 소통하는 다리를 놓았다. 사학자는 역사 흐름의 거대한 변화

---

10 Chun-chieh Huang, "The Philosophical Argumentation by Historical Narration in Sung China: The Case of Chu Hsi," in Thomas H. C. Lee ed., *The New and the Multiple: Sung Senses of the Past*, Hong Kong: The Chinese University of Hong Kong Press, 2004, pp.107~124; Conrad M. Schirokauer, "Chu Hsi's Sense of History," in Robert P. Hymes and Conrad M. Schirokauer eds., *Ordering the World: Approaches to State and Society in Sung China*, Berkeley: University of California Press, 1993, pp.193~220 참조.

에서 제국의 성쇠와 인물의 부침을 묵묵히 살피고 사론에서 역사의 '사건' 속에 숨은 '이치'를 추출해냈다. 중국 역사학자의 붓 끝에서 역사는 미이라가 아니라 도서관이며, 후인들이 이 역사의 도서관에 들어와 옛사람과 대화하며 옛사람의 경험에서 역사의 계시와 지혜를 길어낼 수 있다.

대체적으로 말해서 10세기 북송이 세워지기 이전에 중국 사학의 서술 중에 역사의 '이치'는 역사의 '사건' 속에 깃들어있었다. 사마천이 그중 가장 대표적인 사학자이다.

서양 사학의 시조 헤로도투스(Herodotus, BC ca. 484~425)와 투키디데스(Thucydides, BC ca. 460?~400?)는 전쟁을 한 영웅적 인물들을 특별히 표창했다. 반면 사마천이 『사기』에서 표창한 인물은 바로 백이伯夷·숙제叔齊처럼 역사의 변천 시기에 묻혀버린 인물과 공자나 맹자처럼 문화 영웅이다. 사마천은 『사기』에서 백이·숙제를 위해 전기를 쓰고 이를 『사기』「열전」 제1편에 놓고서 은殷·주周의 왕권 교체가 일어날 때 (BC 1027?) 주나라 정권을 거부한 그 두 사람이 수양산에서 굶어죽은 역사적 사건을 서술하였다. 사마천은 이 역사적 사건에서 고대 중국인들이 공인했던 "천도는 편애하지 않고 늘 선인과 함께 한다(天道無親, 常與善人)"는 '리'의 신뢰성에 대해 생각했다. 사마천의 역사 서술에서 '천天'과 '인人'의 관계에 대한 '리'는 오직 백이·숙제의 역사적 사건 속에서 감지되고 발견된다. 이런 의미에서 역사의 '이치'는 역사의 '사건' 속에 존재한다.

하지만 10~11세기 이후에 리학理學이 발전하자 되자 유가의 가치관이 점차 영향력이 커졌고 심지어 역사 사고를 지배하게 되었다. 역사의 '리'는 역사의 '사'를 능가하거나 초월하게 되었고 유가 가치에 깊이 젖어 있는 많은 사학자들이 역사 변천을 이해하는 데에 영향을 끼쳤다.

북송의 사학자 사마광은 비교적 성숙한 사학 방법과 세밀한 비판 기법을 사용해서[11] 『자치통감』을 편찬하여 1,392년 동안의 중국 역사를 포괄했다. 그는 편년체 방식으로 BC 403년 이후의 역사부터 959년까지의 역사를 서술했다. 그는 유가적 색채가 농후한 '명분론'을 역사적 사건과 인물을 평론하는 기준으로 삼았다.

사마광은 『자치통감』 권1 「주기周紀1」에서 주周 위열왕威烈王이 23년 (무인戊寅, BC 403)에 "처음으로 진의 대부인 위사魏斯·조적趙籍·한건 韓虔을 각각 제후로 임명했다(初命晉大夫魏斯·趙籍·韓虔爲諸侯)."[12]는 역사적 사건을 기록한 후에 다음과 같은 평론을 썼다.

> 사마광: 제가 듣기에 천자의 직책은 예禮보다 더 중요한 것이 없고 예는 분分보다 더 중요한 것이 없고 분은 명名보다 더 중요한 것이 없다. 예란 무엇인가? 기강이다. 분이란 무엇인가? 군주와 신하의 차이이다. 명이란 무엇인가? 공公·후侯·경卿·대부大夫의 직무이다. 사해四海가 아무리 넓고 백성이 많더라도 모두 군주 한 사람에게 통제를 받는다. 비록 아주 두드러지게 뛰어난 힘과 세속을 초월하는 지혜가 있더라도 분주히 달려가서 군주를 위해 일하지 않는 사람이 없다. 어찌 예를 기강으로 삼은 이유가 아니겠는가! 이 때문에 천자는 삼공三公을 통솔하고 삼공은 제후를 거느리고 제후는 경대부卿大夫를 통제하고 경대부는 사서인士庶人을 다스린다. 귀한 신분은 천한 신분에게 군림하고 천한 신분은 귀한 신분을 받든다.

---

11 E. G. Pulleyblank, "Chinese Historical Criticism: Liu Chin-chi and Ssu-ma Kuang," in W. G. Beasley and E. G. Pulleyblank eds., *op. cit.*, pp.135~166

12 ‖ 세 사람은 춘추시대 晉나라의 대부이다. 이들은 진나라 제후를 모셔야 하는데, 각각 정치적 독립을 꾀했다. 그렇다면 천자는 이들을 하극상으로 처벌해야 하는데 오히려 그들을 제후로 임명하고 있다. 천자가 자신이 지켜야 할 사회 제도를 스스로 허물고 있다. 이 해를 기준으로 전국 시대가 시작된다.

윗사람이 아랫사람을 부리는 것은 심복이 수족을 운용하고 근본이 지엽을 통제하는 것과 같다. 아랫사람이 윗사람을 섬기는 것은 수족이 심복을 호위하고 지엽이 근본을 지키는 것과 같다. 이렇게 한 다음에야 윗사람과 아랫사람이 서로 보호하여 국가가 다스려지고 편안해진다. 그러므로 천자의 직책은 예보다 더 중요한 것이 없다고 한 것이다.[13]

이 '명분론'은 유가가 '예치禮治'를 중심으로 하는 정치 사상이란 점을 선명히 드러냈다. 사마광의 정치 사상은 매우 보수적이어서[14] 왕안석王安石(1021~1086)의 신정新政[15]에 반대하고 맹자가 주周나라 왕王을 높이지 않는 것을 비판했다.[16] 사마광은 그가 지은 『자치통감』 속에서 이러한 황제 체제화된 유가의 '명분론'으로 역사 인물을 평가하였다. 예컨대 진秦의 2세 황제가 자신의 형 몽염蒙恬을 죽이려 하자 몽염이 자살했는데, 이에

---

13 [宋]司馬光 撰, [元]胡三省 注, 章鈺 校記, 「周紀1」, 威烈王23年(BC 403), 『新校資治通鑑注』 卷1, 臺北: 世界書局, 1976, 2~3쪽: 臣光曰: 臣聞天子之職莫大於禮, 禮莫大於分, 分莫大於 名. 何謂禮? 紀綱是也. 何謂分? 君, 臣是也. 何謂名? 公·侯·卿·大夫是也. 夫以四海之廣, 兆民之衆, 受制於一人, 雖有絶倫之力, 高世之智, 莫不奔走而服役者, 豈非以禮爲之綱紀哉! 是故天子統三公, 三公率諸侯, 諸侯制卿大夫, 卿大夫治士庶人. 貴以臨賤, 賤以承貴. 上之 使下, 猶心腹之運手足, 根本之制支葉. 下之事上, 猶手足之衛心腹, 支葉之庇本根. 然後能 上下相保而國家治安. 故曰: 天子之職莫大於禮也.
14 기소빈(지샤오빈)冀小斌은 현대의 연구 성과에서 모두 사마광의 정치 사상의 보수성에 동의하고, 또 사마광의 '보수주의'에는 守成이 쉽지 않고 역사 의식이 강렬하여 '옛날'을 '오늘'의 거울로 삼는다는 두 가지 특징이 있다고 지적했다. Xiao-bin Ji, *Politics and Conservatism in Northern Song China: The Career and Thought of Sima Guang(A.D. 1019~1086)*, Hong Kong: The Chinese University Press, 2005, pp.10~15 and pp.35~60 참조.
15 ‖ 왕안석의 신정과 관련해서 제임스 류, 이범학 옮김, 『왕안석과 개혁정책』, 지식산업사, 1991 참조.
16 黃俊傑, 『孟學思想史論』 卷二 第4章, 臺北: 中央研究院中國文哲研究所, 1997, 127~190쪽. 특히 159~171쪽 참조.

대해 사마광은 "몽염은 신하의 의리에 밝았다"고 생각했다.[17] 당 숙종肅宗(재위 763~762)이 진희열陳希烈 등 일곱 명을 대리사大理寺에서 자살하게 하였는데, 이에 대해 사마광은 "신하된 자는 명부에 이름을 올리면 조정에 헌신하며 죽더라도 두 마음은 품지 않는다"라고 여겼다.[18]

남송에 이르러 리학이 크게 일어난 뒤에 주희는 역사를 해석할 때 더욱더 역사를 초월하여 존재하는 '리'를 온전히 해석의 기초로 삼았다. 나는 제6장에서 주희의 역사 사상을 서술하면서 전통적인 중국 사학의 도덕 해석이 '리' 또는 '도道'에 집중된다는 점을 다루려고 한다. '리'는 우주 자연의 규칙이자 인간 행위의 규범으로 이 둘은 하나로 융합되어 있다. 이 때문에 주희를 대표로 하는 역사 해석은 이러한 '리' 철학의 지배를 받게 되는데, 역사는 시공을 초월하는 '리'에 통제되어 인간사 변천의 지배력이 된다. 모든 구체적인 역사적 사건은 단지 긍정 또는 부정의 방식으로 '리'의 영원한 특성을 인증하게 되고 '리'는 역사를 비판하는 '정신적 지렛대'가 된다.

주희를 대표로 하는 송대 유학의 역사 해석은 일종의 '초시간적' 도덕 입장을 취하여 시간성을 가진 역사적 사건을 비추기 때문에 일종의 '비역사적(ahistorical)'[19] 성격을 지니게 된다. 역사적 사실의 연구는 주희가

---

17 (宋)司馬光 撰, (元)胡三省 注, 章鈺 校記,「秦紀二」, 始皇帝 37年(BC 210),『新校資治通鑑注』卷7, 251쪽: "恬明於爲人臣之義."

18 (宋)司馬光,「唐紀三十六」, 肅宗 至德2年(757),『新校資治通鑑注』卷220, 7050쪽: "爲人臣者, 策名委質, 有死無貳." 사마광은 역사 인물과 그 행위가 근거하고 있는 '명분론'을 분석했는데, 이는 북송 이래로 유학자들의 공통적인 가치관 중의 하나이다. 諸橋轍次(1883~1982)는 송대의 유가 사상 및 그 지향과 과업을 正名・經綸・修養의 세 영역으로 나누었다. 또 북송 유학자의 '정명론'은 빈번한 外患으로 인해 생겨나서 禦戎論・邊務論・名節論・忠論을 파생시켰다고 강조했다. 諸橋轍次,『儒學の目次と宋儒慶曆至慶元百六十年間の活動』참조.『諸橋轍次著作集』第1卷, 東京: 大修館書店, 1975, 192~278쪽 수록. 송대 유학자의 역사 편찬과 '正名'에 관한 논의는 264~278쪽 참조.

19 Benjamin I. Schwartz, "History in Chinese Culture: Some Comparative Reflections," *History*

역사를 읽는 목적이 아니고 단지 수단일 뿐이다. 바로 이러한 역사 해석의 본질에 따르면 역사 지식은 단지 도덕을 위해 봉사하게 되고 사학의 자주성은 어두워져 드러나지 않게 된다. 사학은 결국 윤리학의 노예로 떨어지는 상황을 벗어날 수가 없게 된다.

11세기 이후에 리학理學의 지배를 받는 도덕적 역사 해석은 이론상 두 가지 문제를 떠안게 된다. 첫째, 리학자의 역사 해석 체계에서 '리'는 우주의 원리(principle)이자 인간의 규범(norm)이며 또 영원히 사라지지 않는 성질을 가지고 있다. 그렇다면 역사적으로 정치가 암흑과 같고 문화가 혼탁한 시대에도 '리'가 떠받치고 있다는 것을 어떻게 해석할 수 있을까? 달리 말하면 도덕적 역사 해석은 '역사 속의 사악함'이라는 문제를 마주할 수 없다. 둘째, 주희와 송대 리학자들이 '리'를 해명하고 지속시키는 막중한 책임을 성현과 영웅 인물에 맡긴다. 이렇게 되면 역사는 몇몇 소수 인물의 '전기'가 되고 많은 군중이 함께 창조한 기록이 되지 않는다. 이러한 역사관은 필연적으로 심각한 문제에 직면하게 된다. 만약 성현과 영웅이 제때에 나타나서 이미 기울어진 격동하는 정세를 다시 만회하지 못한다면 어떻게 역사의 발전이 줄곧 '리'의 궤도에 맞게 진행한다고 증명할 수 있겠는가?

종합하자면 비록 중국의 사론이 11세기 송대 리학의 흥기를 분수령으로 삼아 그 이전에는 '리'가 '사' 속에 있었지만 그 이후에는 '리'가 '사' 위에 있게 되었다. 하지만 역사적 '사건'과 '이치'의 변증적 관계는 줄곧 중국 학술 전통에서 사학과 철학이 회통하는 통합의 무대였다.

and Theory, vol.35, no.4(December, 1996), pp.23~33

3. 사론의 작용(1): '개별[殊相]'에서 '보편[共相]'으로

전통적인 중국 사학 저술에서 사론은 여러 가지 유형이 있다. 평론 대상의 관점에서 말하면 역사 인물의 선악을 평론하기도 하고, 역사적 사건의 흥성과 쇠퇴를 평론하기도 한다. 서술 내용의 관점에서 말하면 어떠한 역사적 사건 속에 숨겨져 있는 의미나 교훈을 분석하기도 하고, 역사적 사건 자체의 의미를 상론하기도 한다. 서로 다른 유형의 사론은 각각 다른 작용을 하지만, 모두 사학과 철학 사이에 소통하는 다리를 놓아 중국 전통 학문에서 사학과 철학의 융합된 특성을 드러냈다.

사론 문장의 첫 번째 작용은 '개별[殊相]'에서 '보편[共相]'을 도출하는 것이다. 전통적인 중국의 사학자들은 사료 수집 또는 역사적 사건의 재구성을 사학 연구의 최고 목표로 삼지 않았다. 그들이 구체적이고 특수한 역사적 사건을 재구성하는 것은 역사적 사건 배후의 추상적이고 보편적인 원리를 도출하여 세상을 다스리는 근거로 삼기 위해서이다. 장학성에 의하면 "사학은 세상을 다스리는 바탕이다. …… 가지런히 모으고 체제에 따라 나누는 것은 역사 편찬이라 하고 서로 참고하고 증거를 찾아 구하는 것은 역사 연구라 한다. 이는 모두 사학이 아니다."[20]

장학성의 주장은 마침 사마천이 기세가 호쾌하고 장대하게 선언했던 말과 비슷하다.

저는 겸손하지 못하게 최근에 스스로 솜씨 없는 글을 빌어 천하에 소실된 옛이야기들을 두루 모으고 사실에 따라 고증하여 그것의

---

20 ［淸］章學誠, 「浙東學術」, 葉瑛 校注, 『文史通義校注』 卷5, 北京: 中華書局, 1994, 524쪽:
    "史學所以經世, …… 整輯排比, 謂之史纂. 參互搜討, 謂之史考. 皆非史學."

성공과 실패, 흥성과 쇠퇴의 이치를 고찰했다. 『사기』130편의 글로 하늘과 인간의 관계를 탐구하고 옛날과 지금의 변화에 통달하여 일가의 학설을 이루고자 한다.[21]

사마천을 시작으로 중국의 역사학자는 '통通'을 사학 연구의 최고 목표로 삼았다. 더욱이 당 두우杜佑(735~812)의 『통전通典』(801), 남송 정초鄭樵 (1104~1162)의 『통지通志』(1161) 그리고 마단림馬端臨(1254~1324/5)의 『문헌통고文獻通考』처럼 제도制度의 역사를 다룬 세 종의 백과전서는 역사 서술 중에 '통'의 역사 서술 이상을 가장 잘 실현해 낸 경우이다.[22] 가이즈카 시게키貝塚茂樹(1904~1987)는 중국의 사학 이론은 역사 편찬의 이론이고 서양 사학의 이론은 역사 연구의 이론이라고 말했는데, 실로 탁월한 식견을 갖추고 있다.[23]

주목할 만한 것은 전통적인 중국의 사학 저작에서 사론 문장이 발휘하는 '통'의 작용이다. 즉 사론은 복잡하게 뒤섞여 있고 구체적이고 특수한 역사적 사건 또는 인물에서 추상적이고 보편적인 원리와 원칙 또는 규범을 뽑아내어 역사 서술과 철학적 사고를 하나로 꿰뚫고 사학으로 세상을 다스리는 목표를 이루는 데 있었다.

이처럼 '개별(수상)'에서 '보편(공상)'으로 나아갔던 사론 문장은 일찍이

21 ｢漢｣司馬遷, 「報任安書」, ｢漢｣班固, 『漢書』卷62, 臺北: 藝文印書館, 1956年 據淸光緖庚子 長沙王氏校刊本 影印, 1257쪽-下: "僕竊不遜, 近自託於無能之辭, 網羅天下放失舊聞, 考之行事, 稽其成敗興壞之理. 凡百三十篇, 亦欲以究天人之際, 通古今之變, 一家之言."

22 Hok-lam Chan, "'Comprehensiveness'(Tung) and 'Change'(Pien) in Ma Tuan-lin's Historical Thought," in Hok-lam Chan and Wm. Theodore de Bary eds., Yüan Thought: Chinese Thought and Religion Under the Mongols, New York: Columbia University Press, 1982, pp.27~88 참조.

23 貝塚茂樹, 「中國史學理論の特質―劉知幾の史通を中心として」, 『貝塚茂樹著作集』第7 卷, 『中國の史學』, 東京: 中央公論社, 1977, 327~332쪽 수록. 특히 321쪽을 보라.

『맹자』에 나타난다.

　　맹자: "순 임금은 농사짓다가 발탁되었고 부열傳說은 성벽 쌓는 일
　　을 하다가 등용되었고 교력膠鬲은 생선과 소금을 팔다가서 등용되
　　었고 관이오(관중)는 옥리에게 잡혔다가 등용되었고 손숙오孫叔敖
　　는 바닷가에 살다가 등용되었고 백리해百里奚는 시장에서 살다가
　　등용되었다. 그러므로 하늘이 앞으로 큰 임무를 어떤 사람에게 맡
　　기려고 할 적에 반드시 먼저 그의 심지心志를 괴롭게 하고 그의 근
　　골筋骨을 힘들게 하며 그의 사지와 피부를 굶주리게 하고 그의 몸
　　을 궁핍하게 한다. 그가 하려는 일을 어그러뜨리고 어지럽힌다. 이
　　것은 그의 마음을 분발시키고 성질을 참게 하여 그가 할 수 없었던
　　일을 해낼 수 있게 도와주기 위한 것이다. 사람은 늘 허물을 지은
　　뒤에 고칠 수 있다. 마음으로 힘겹게 버티고 사려를 이리저리 굴려
　　보고서 떨쳐 일어나며, 낯빛에 표가 나고 음성에 나타난 뒤에 깨닫
　　게 된다. 안으로 군주를 분발시킬 법도 있는 집과 보필하는 선비가
　　없고, 밖으로 적국과 외환이 없는 나라는 항상 멸망한다. 이로써
　　사람은 우환에 있으며 살 수 있고 안락에 빠져서 죽게 된다는 것을
　　알 수 있다."[24]

맹자는 역사 인물의 특수한 사적 속에서 "우환에 있으며 살 수 있고 안락
에 빠져서 죽게 된다"는 보편적 필연성의 의미를 갖는 명제를 추출해냈다.

---

24 [宋]朱熹,「告子下」15,『孟子集注』卷12, 348쪽: "孟子曰, 舜發於畎畝之中, 傅說擧於版築
之閒, 膠鬲擧於魚鹽之中, 管夷吾擧於士, 孫叔敖擧於海, 百里奚擧於市. 故天將降大任於是
人也, 必先苦其心志, 勞其筋骨, 餓其體膚, 空乏其身, 行拂亂其所爲, 所以動心忍性, 曾益其
所不能. 人恆過, 然後能改. 困於心, 衡於慮, 而後作. 徵於色, 發於聲, 而後喩. 入則無法家
拂士, 出則無敵國外患者, 國恆亡. 然後知生於憂患而死於安樂也."

이러한 역사 사유 방식이 바로 중국 전통 사학자의 사유 방식이다.

중국의 사학자가 '개별(수상)'의 서술에서 '보편(공상)'으로 나아가는 길을 제시했을 때 가장 중요한 핵심은 '일반화/일반 원칙(generalization)'의 확립에 있다. 중국의 전통적 사학자들은 사마천이『사기』중의 '태사공왈太史公曰'의 사론에서 제시한 많은 일반화의 견해를 제시한 것 이외에도, 17세기의 왕부지王夫之(1619~1692)는『송론』[25]에서, 18세기 조익(1727~1814)은『이십이사차기卄二史箚記』[26]에서, 20세기 진인각(천인커)(1890~1969)은『당대정치사술논고唐代政治史述論稿』[27]에서 모두 중국 역사의 서술에 대해 많은 일반 원칙의 견해를 제시했다.

선배 학자 나카무라 하지메中村元(1912~1999)는 중국인의 사유 방식을 연구할 때, 중국인은 구체성을 중시하여 추상적 사유는 발달하지 않았고 오직 특수성만 중시한다고 강조했다.[28] 그는 또 중국인이 오로지 특수한 예증에만 관심을 두고 개별적이고 특수한 예증을 초월하는 '보편

---

25 王夫之는『宋論』에서 송 왕조의 역대 황제와 연관된 역사적 사실을 서술했지만, 사건에 따라 이치를 언급했다. 예컨대 商鞅·王莽·王安石의 말로 다음의 일반 법칙을 제기했다. "知言者, 因古人之言, 見古人之心. 尙論古人之世, 分析古人精意之歸. 詳說群言之異同, 而會其統宗. 深造微言之委曲, 而審其旨趣. 然後知言與古合者, 不必其不離矣." (淸)王夫之, 『宋論』,『船山全書』第11冊 卷6,「四溫公明道之善王安石」, 長沙: 嶽麓書社, 1989, 160쪽 인용문 수록.

26 趙翼의『卄二史箚記』는 비록 역대의 역사적 사실을 위주로 했지만 그 역시 다음과 같이 말했다. "至古今風會之遞變, 政事之屢更, 有關於治亂興衰之故者, 亦隨所見附著之." (淸) 趙翼, 王樹民 校證,「卄二史箚記小引」,『卄二史箚記校證』, 北京: 中華書局, 1984, 1쪽.

27 진인각(천인커)陳寅恪은 당대와 많은 외부 민족과 구체적 사실에서 두 가지의 일반 법칙을 귀납해냈다. "一曰: 外族盛衰之連環性, 二曰: 外患與內政之關係." 陳寅恪,『唐代政治史述論稿』, 臺北: 里仁書局, 1981, 128쪽.

28 中村元,『東洋人の思惟方法』(共4卷), 東京: 春秋社, 1988. 서복관(쉬푸관)은 일찍이 이 책의 제2권을 중국어로 번역했다. 中村元, 徐復觀 譯,『中國人之思惟方式』, 臺北: 臺灣學生書局, 1991. Hajime Nakamura, edited. by Philip P. Wiener, *Ways of Thinking of Eastern Peoples: India, China, Tibet, Japan*, Honolulu: University of Hawaii Press, 1968, pp.175~203

(공상)'에 흥미를 느끼지 않는다고 말했다.[29] 요시카와 코지로吉川幸次郎 (1904~1980)는 중국인의 사유 방식이 특별히 감각을 신뢰하고 추상적 원리의 '통일성'에 대해 별다른 흥미를 느끼지 않았다고 보았다.[30] 중국 의 사론이 '개별'에서 '보편'으로 나아가는 데에 치중했다는 맥락에서 보 면 이러한 견해는 아마도 모두 편견에 해당되므로 자세히 논의할 필요 가 있다.

물론 우리는 근대 이전 중국의 사학자가 이미 칼 헴펠(Carl Hempel, 1905~1997)과 비슷한 '연역 법칙적 해석(deductive-nomological explanation)' 을 취했다고 말하는 것은 결코 아니다. 전통적 중국 사학의 사론 문장에 서는 '피설명항(explanadum)'이 반드시 설명항(explanans)에서 도출되 는 것은 아니고 아울러 중국의 사론에도 헴펠 식의 '일반 법칙(covering law)'이 결여되어 있기 때문이다.[31] 어쩌면 전통적 중국의 사학자들도 아 마 이사야 벌린(Isaiah Berlin, 1909~1997)이 말하는 "과학이 중시하는 것은 '유사성(similarity)'과 '보편성(universality)'이고 역사학이 중시하는 것은 '차이점(dissimilarity)'과 '특수성(particularity)'이다"라는 말에 동의 할 듯하다.[32] 전통적인 중국의 사학자들이 세운 것은 해석적 역사 철학 (interpretive philosophy of history)이지 분석적 역사 철학(analytic philo-sophy of history)이 아니다. 그들이 제시하는 '일반 법칙(general laws)'

---

29 Hajime Nakamura, *op. cit.*, p.184
30 吉川幸次郎, 『支那人の古典とその生活』, 『吉川幸次郎全集』 第2卷, 東京: 筑摩書房, 1968, 269~359쪽. 특히 277쪽 참조. 중역본은 吉川幸次郎, 林景淵 譯, 『中國人之古典學術 與現實生活』, 臺北: 寰宇出版社, 1996 참조.
31 Carl Hempel, "The Function of General Laws in History," in Patrick Gardiner ed., *Theories of History*, Oxford: Oxford University Press, 1959, pp.344~355
32 Isaiah Berlin, "History and Theory: The Concept of Scientific History," in Alexander V. Riasanovsky and Barnes Rizrik eds., *Generalizations in Historical Writing*, Philadelphia: University of Pennsylvania Press, 1963, pp.60~113

은 논리적 규칙이 아니라 일종의 발견적(heuristic) 원칙이다. 이러한 발견적 원칙을 통해 독자는 역사 정황을 재연하고(re-enact) 옛 사람의 마음을 체감하며(embody) 옛사람의 손을 잡고 옛 사람과 함께 걸을 수 있는 것이다.

전통적인 중국의 사론 논술은 또 다른 하나의 이론적 문제를 감추고 있는데, 이는 우리가 탐색해볼 만한 가치가 있다. 전통적인 중국의 사학자들은 사론을 통해 '개별(수상)'에서 '보편(공상)'으로 나아가지만 그들이 세우고자 했던 것은 바로 헤겔이 말한 '구체적 보편(concrete universals)'이다.[33] 그렇다면 이러한 '구체적 보편성'으로서 철학 또는 도덕 명제는 보편성과 필연성을 가지고 있을까? 중국의 사학자들이 역사 '사건' 속에서 뽑아낸 역사 '이치'는 '구체성'의 본질을 갖고 있으므로, 중국의 역사 '이치'가 일단 세워진 뒤에는 그것이 비록 자주성을 가지더라도 여전히 보편적으로 적용 가능한 추상적 원리는 아니다. 이것은 생각해볼 만한 가치가 있는 이론적 문제이다.

---

[33] 헤겔은 '구체적 보편(concrete universal)'과 '추상적 보편(abstract universal)'이라는 한 쌍의 짝 개념으로 여겼다. '추상적 보편'은 세 가지 요소를 포함한다. 1. 보편성(universality) 2. 규정성(determinateness) 3. 두 가지의 단순한 통일(the simple unity of the two). '구체적 보편'은 두 가지 요소를 포함한다. 1. 객관적 보편(the objective universal) 2. 현저한 보편 (singularized universal). G. W. F. Hegel, *The Science of Logic*, translated and edited by George Di Giovanni, New York: Cambridge University Press, 2010, pp.537, 585. 이외에 중국어 번역본은 黑格爾, 楊一之 譯, 『邏輯學』, 北京: 商務印書館, 2009, 276~338쪽 참조. 헤겔은 중국의 '五行'이 곧 '구체적 보편성'이라고 여겼다. Hegel, *Lectures on the History of Philosophy 1825~6, vol.1*, in Robert F. Brown ed., translated by R. F. Brown and J. M. Stewart with the assistance of H. S. Harris, ford: Oxford University Press, 2009, p.110 중국어 번역본은 黑格爾, 賀麟·王太慶 譯, 『哲學史講演錄』第1卷, 北京: 商務印書館, 1995, 123쪽 참조.

4. 사론의 작용(2): '금'으로 '고'를 풀고 '고'를 '금'의 거울로 삼다

중국 사론 문장의 두 번째 작용은 '금今'으로 '고古'를 풀이하고 '고古'와 '금今' 사이에 소통의 다리를 놓아 역사 경험이 현대의 독자에게 역사의 교훈을 주게 한다. 전통적인 중국 사학의 서술에서 역사학자 개인이 관심을 두는 가치와 시대의 투영이 늘 역사 저술에 깊은 흔적으로 남았다.

사마천의 『사기』는 이러한 논점을 설명해줄 수 있는 가장 대표적인 역사서이다. 사마천은 『사기』「고조 공신후자 연표高祖功臣侯者年表」의 서문에서 말했다. "오늘의 시대에 살면서 옛날의 도를 기록하는 것은 거울에 자신을 비춰보기 위한 것이다. 옛날과 지금이 반드시 일치하지 않는다."[34] 고와 금이 떨어져 있고 사람은 뜻을 달리하므로 중국 역사서 중의 사론은 바로 '고'와 '금'의 거리를 극복하거나 근접하게 하는 작용을 한다. 사마천은 「공자세가 찬孔子世家贊」을 지어 공자의 인격과 풍모에 대한 무한한 흠모를 담아냈다. 또 「외척세가서外戚世家 序」를 써서 옛날부터 집안과 나라를 어지럽히는 외척을 대대로 열거했는데, 표현이 명확하지 않지만 "조심하지 않을 수 있는가?(可不愼與)", "어찌 운명이 아니겠는가(豈非命也哉)?"는 말을 수차례 반복 사용하여 한 무제 시대에 외척이 권력을 마구 휘두른 상황에 대한 탄식을 나타냈다.

「백이열전」의 필법도 특이하다. 사마천은 "천도는 편애하지 않고 늘 선인과 함께 한다"는 말을 회의하고 있는데, 이는 더욱이 자신이 겪은 일에 대한 감회였다. 「관안管晏 열전」에서 관중과 포숙아의 우정을 찬미하고 안영晏嬰이 자신의 마부 월석보越石父를 상객으로 대접한 일을

---

34 ‖ 사마천, 『사기』「高祖功臣侯者年表」: "居今之世, 志古之道, 所以自鏡也, 未必盡同."

높이 샀는데, 이는 자신이 억울하게 감옥에 갇힌 뒤 "사귀던 벗들도 자신을 구해주려 하지 않고 주위에 가깝던 친척들도 자신을 위해 한마디도 거들지 않은"[35] 비통한 경험이 투영되었다고 할 수 있다. 사마천은 「굴원屈原 열전」을 지어 굴원이 "신의를 지켰으나 의심을 받고 충성을 다했으나 비방을 당한"[36] 일에 대한 무한한 애통의 심정을 담아냈다. 사마천이 쓴 굴원에 대한 글이 후세 독자의 심금을 깊이 울렸는데, 그 까닭은 자신이 실제로 "아첨이 총명을 가리고 간사함이 공정을 해치고 방정한 사람이 받아들여지지 않는"[37] 박해를 당한 일과 떼어 놓을 수 없다.

종합해보면 사마천의 『사기』 곳곳에서 옛날의 일과 오늘의 사정이 한데 어우러져 있는 것을 볼 수 있다. 『사기』의 '태사공왈太史公曰'의 필법은 늘 '금今'으로 '고古'를 해석하기 때문에 비로소 '고古'가 '금今'의 거울이 될 수 있다.

사마광은 『자치통감』에서 역사적 사건을 서술한 뒤에 '신광왈臣光曰'로 시작하는 문장에서 늘 자신의 가치관이나 시대 배경을 역사적 사건에다 반영하여 지나간 사건이 현실에서 '선은 모범으로 삼을 만하고 악은 경계할 만한(善可爲法, 惡可爲戒)' 작용을 하게 했다. 앞에서 인용한 『자치통감』 권1 「주기周紀1」에 보면 주周 위열왕威烈王 23년(BC 403)에 '진晉나라가 한·위·조 세 나라로 나눠진(三家分晉)' 뒤에 '신광왈'[38]이 있는데, 이도 바로 가장 전형적인 실례이다. 송말원초의 호삼성胡三省(1230~1302)은 『자치통감』에 주를 달았는데, 훈고·명물·제도·지리가

35　[漢]司馬遷, 「報任安書」, [漢]班固, 『漢書』 卷62, 臺北: 藝文印書館, 1956年 據淸光緖庚子 長沙王氏校刊本 影印, 1256쪽-上: "交遊莫救, 左右親近, 不爲壹言."

36　[漢]司馬遷, 「屈原賈生列傳」, 『史記』 卷84, 1004쪽: "信而見疑, 忠而被謗."

37　[漢]司馬遷, 「屈原賈生列傳」, 『史記』 卷84, 1004쪽: "讒諂之蔽明也, 邪曲之害公也, 方正之不容也."

38　[宋]司馬光, 「周紀1」, 威烈王 23年(BC 403), 『新校資治通鑑注』 卷1, 2쪽.

모두 매우 정밀하고 합당했다.

호삼성은 「신주자치통감서新注資治通鑑序」에서 다음처럼 말했다.

> 치평治平(1064~1067)・희녕熙寧(1068~1077) 연간에 공(사마광)은 여
> 러 사람들과 국사를 의논하며 시비를 따지는 시기였다. 소하蕭何와
> 조참曹參의 획일지변[39]이 제도를 바꾸고자 하는 변법가(옮긴이 주: 왕
> 안석의 신당新黨)의 말을 이기지 못하자 서경분사西京分司로 부임하고
> 국론에 간여하지 않고 오직 장서를 관리하는 서국書局에 힘썼다.
> 충의로 인해 생기는 분개한 마음이 말로 드러나는 것을 스스로 그
> 칠 수 없었다. 예컨대 사마광이 〔'신광왈'의 형식으로〕 춘추전국시
> 대의 지백智伯을 두고 재덕才德을 논의하고, 후한의 번영樊英을 두
> 고 명실을 논의하고 당 태종과 군신이 악樂을 의론하고 당 제국의
> 후기에 이덕유李德裕와 우승유牛僧孺가 유주維州를 다툰 일[40]을 다
> 룬 것과 같다. 당 제국 광대(배우) 황번작黃幡綽과 석야저石野猪가
> 웃기려고 하는 익살스러운 말은 오히려 담당 벼슬아치와 함께 썼
> 는데 이는 기록을 남겨 훗날 경계를 보여주고자 한 것이다. 이처럼
> 그의 미묘한 뜻을 후대 사람들이 다 알 수 없는 것이다. 편년의 역
> 사가 어찌 이 뿐이겠는가![41]

39　‖유방이 한 제국을 수립했지만 긴 전란으로 사회 경제가 불안했다. 소하가 제도를 정비하
　　며 최소한에 그쳤고 조참이 소하를 이어서 그 방침을 잘 이어받았다. 이렇게 사회 경제가
　　조금씩 회복되자 백성들이 두 사람의 정치를 칭찬했다. 이때 소하가 한 일 자를 쓰듯이
　　간명하게 했다고 말했다. 『漢書』「曹參傳」: "蕭何爲法, 講若畫一. 曹參代之, 守而勿失.
　　載其淸靖, 民以寧壹."

40　‖이와 관련해서 하원수, 「우승유와 이덕유의 대외인식상의 차이와 그 배경-'우이당쟁'의
　　재검토」, 『중국고중세사연구』 1, 1994; 김명희, 「이덕유의 정치론 관한 소고」, 호남대학교
　　『인문사회과학연구』 7, 2000 참조.

41　〔元〕胡三省, 「新注資治通鑑序」, 『新校資治通鑑注』, 28쪽: "治平・熙寧間, 公與諸人議國事
　　相是非之日也. 蕭・曹畫一之辯不足以勝變法者之口, 分司西京, 不豫國論, 專以書局爲事.

호삼성이 위에서 인용한 각 항목의 '신광왈臣光曰'의 형식으로 특정 역사적 사건을 평론했는데 이는 매우 정확하고 합당했다. 사마광은 사론 문장에서 '고'와 '금'을 회통하여 역사와 현실 사이에 소통의 다리를 놓는 뜻을 가졌음을 충분히 드러냈다.

송명 시대에는 역사의 사건이나 인물을 평론한 수많은 사론의 글이 '고古'로 '고'를 풀이하는데 더욱 애써서 '고'가 '금今'의 거울이 되는 작용을 발휘하게 했다. 예컨대 소순蘇洵(1009~1066)은 「관중론管仲論」[42] 「변간론辨奸論」[43]에서 모두 강렬한 '현대적 유의미(Contemporary relevance)'를 가지고 있다. 특히 「변간론」의 글에서 진晉 혜제惠帝와 왕연王衍(256~311)[44]의 사적을 서술한 뒤에 다음처럼 말했다.

> 지금 어떤 사람이 입으로 공자와 노자의 말씀을 읊조리고 몸으로 백이와 숙제의 덕행을 실천하면서 명예를 좋아하는 선비와 아직 뜻을 얻지 못한 사람을 불러 모으고 있다. 그들은 서로 말을 만들어서 제멋대로 온갖 좋은 이름을 내세우며 안연과 맹자가 다시 출현했다고 한다. 그러나 음흉하고 악랄하여 다른 사람들과 가는 길이 다르다. 왕연王衍과 노기盧杞가 합해져 한 사람이 된 것 같으니 그 재앙을 어찌 말로 표현할 수 있겠는가?[45]

其忠憤感慨不能自已於言者, 則智伯才德之論, 樊英名實之說, 唐太宗君臣之議樂, 李德裕·牛僧孺爭維州事之類是也. 至於黃幡綽·石野猪俳諧之語, 猶書與局官, 欲存之以示警, 此其微意, 後人不能盡知也. 編年豈徒哉!" ‖ 분사는 중앙부서의 관리가 다른 곳에 파견되어 업무를 분담하는 것을 말한다. 서경은 낙양을 가리킨다. 분사는 일종의 한직으로 행정 업무가 많지 않아 문책을 받거나 얽매일 일이 없다. 분사의 수도는 汴梁(오늘날 개봉(카이펑)開封)으로 東京으로 불리었다.

42 ﹝宋﹞蘇洵, 「管仲論」, 『嘉祐集』 卷9, 上海: 上海古籍出版社, 1993, 261~262쪽.
43 ﹝宋﹞蘇洵, 「辨奸論」, 『嘉祐集』 卷9, 271~272쪽.
44 ‖ 왕연은 남북조시대 晉나라 惠帝 때의 문신으로 丞相을 지냈으며, 後趙의 高祖 石勒에게 살해당했다.

이 혹독한 비판은 온전히 왕안석을 겨냥하여 발언하고 있다.

중국 사학의 문장 중 사론은 '금今'으로 '고古'를 풀이하면서 원래 '고'가 '금'의 거울이 되게 하려고 했다. 하지만 '금'의 역사를 읽는 사람의 '자아'는 '다중적 자아'이며 '다중적 정체성'을 가지고 있으므로 '금'으로 '고'를 해석하는 사론 문장은 종종 많은 문제를 일으키게 된다. 이는 사실 에드워드 사이드(Edward W. Said, 1935~2003)가 언급한 말과 비슷하다.[46]

> 과거에 호소하는 것은 현재를 해석하는 데 가장 널리 쓰이는 책략 가운데 하나이다. 이러한 요구를 자주 제기하게 되면 과거에 발생했던 일이나 무엇이 과거인지에 대해 서로 엇갈리는 견해가 생겨난다. 아울러 과거가 정말 이미 지나가고 끝났는지 아닌지 또는 다른 형식으로 계속될 수 있는지 없는지에 관해 확정할 길이 없는 것처럼 느껴진다. 이 문제는 각양각색의 토론을 불러일으켰다. 즉 영향력에 관련되는 것, 책망이나 평가와 관련되는 것, 지금의 현실 상황 및 미래의 우선 사항과 관련된 토론 등등이 있다.

사이드의 말은 비록 문학 비평을 겨냥하고 있지만 위 단락의 내용은 중국 사론의 문장이 '금今'으로 '고古'를 풀이하고 아울러 '고'를 '금'의 거울로

---

45 〔宋〕蘇洵,「辨姦論」,『嘉祐集』卷9, 272쪽: "今有人, 口誦孔·老之言, 身履夷·齊之行, 收召 好名之士, 不得志之人. 相與造作言語, 私立名字, 以爲顔淵·孟軻復出. 而陰賊險狠, 與人異 趣, 是王衍·盧杞合而爲一人也, 其禍豈可勝言哉!" 이 글은 〔宋〕邵伯溫(1057~1134)〕,『邵氏 聞見錄』卷12, 北京: 中華書局, 1983; 2008, 130~131쪽에 가장 먼저 수록되었다. 소순이 죽은 1066년에는 왕안석이 아직 변법을 실시하지 않은 때이므로 이 글이 다른 사람의 위작일 수 있지만 아직 확실히 단정할 수 없다.

46 Edward W. Said, 蔡源林 譯,『文化與帝國主義』, 臺北縣 新店市: 立緖文化事業公司, 2001, 33쪽; Edward W. Said, *Culture and Imperialism*, New York: Alfred A. Knopf, 1990, ch.1, p.1 ‖ 한국어 번역본은 김성곤·정정호 옮김,『문화와 제국주의』, 창, 2011 참조.

삼을 때 야기되는 문제를 온전히 설명하는데 그대로 인용될 수 있다.

중국 사론의 문장이 '오늘로 옛날을 해석하고' '옛날을 오늘의 거울로 삼기'를 발휘하는 작용에서 이론상으로 가장 큰 두 가지의 도전이 있다. 첫째, 어떻게 '현재'의 주체성을 지나치게 두드러지게 하여 '과거' 사실의 진상을 덮어버리는 일을 막을 수 있을까? 지나치게 '옛것을 오늘에 적용하기'를 강조하면 결국 '고古'가 '금今'의 노예로 떨어지는 것을 피할 수 없게 된다. 문화대혁명 기간 중국 대륙의 '영사影射 사학'의 폐단이 눈앞에 선한데, 그 교훈은 충분히 기억할 만한 가치가 있다.

둘째, '금今'으로 '고古'를 해석하는 사론은 허다한 역사적 사건 중에 오직 '지금'과 관련되거나 '지금'에 이르기까지 여전히 영향력이 있는 '옛날'의 사건에 초점을 맞춘다. 이는 역사 터널 안에서 자동차를 운전하는 것과 같다. 그렇게 성취한 것은 결국 '터널 역사(tunnel history)'라는 비난[47]을 피할 수 없고, 보는 것이 대롱으로 표범을 보듯이 좁은 식견을 피하지 못하여 아직 작은 것도 보지 못했는데 먼저 큰 것도 내버리니 아직 그 득실을 이야기하기가 쉽지 않다.

전통적인 중국의 사학자들이 보기에 위의 두 가지 도전은 마땅히 해결할 수 있는 문제이다. 중국의 사학자들이 비록 유가 가치의 이념에 젖어 있지만 그들은 모두 역사적 사건을 존중하는 태도를 견지하며 '오늘'의 압력이나 필요로 인해 '옛날'의 사실을 왜곡하지 않기 때문이다. 노 양공襄公 25년(BC 548)에 사관은 "최저가 자신의 군주를 시해했다(崔杼弑其君)"는 역사 기록을 지키기 위해 아낌없이 자신의 생명을 희생했

---

47 이것은 헥스터(J. H. Hexter)의 용어이다. J. H. Hexter, *Reappraisals in History*, Evanston, Ill.: Northwestern University Press, 1961 참조. ∥ 헥스트는 역사적 소재에 대한 인위적인 분류를 비판한다. 역사가들이 종종 과거를 쪼개 일련의 터널 속에 가두어둔다. 이 때문에 과거가 현재로 이어지고 있음에도 불구하고 실제로 모든 지점이 독립적이고, 다른 터널로 나아가는 접촉과 혼합이 원천적으로 봉쇄된다.

다.[48] 중국의 사학자들은 예로부터 역사를 기록할 때 글자의 정확한 사용을 중시했다.[49] 중국 사학자들의 '사실성(factuality)'에 대한 견지는 그들이 위의 두 가지 이론상의 문제를 자신의 사학 저서에서 풀어낼 수 있음을 단단히 믿게 한다.

5. 사론의 작용(3): '사실 판단'과 '도덕 판단'을 어우름

중국 사론의 문장이 하는 세 번째 작용은 바로 역사적 사건과 인물에 대한 판단을 도덕에 대한 판단과 하나로 융합하는 것이다. 전목(첸무)이 말하듯이 "중국의 역사 정신은 사람이라면 반드시 선량함과 간악함을 구분하고 모든 일에 반드시 긍정과 부정의 포폄褒貶을 부가하는 데에 있다."[50] 이 때문에 진실의 탐구〔求眞〕를 목표로 하는 사학과 선의 탐구〔求善〕를 목표로 하는 철학이 중국의 전통 학술에서 하나가 되어 중국의 전통 학술의 특성을 드러냈다.

전통적인 중국 사학이 '사실 판단'과 '도덕 판단'을 하나로 합하는 것은 일찍이 『좌전』의 '군자왈君子曰'이라는 서술에서 확인할 수 있었다. 노나라 은공隱公 11년(BC 712)에 『좌전』의 저자는 정鄭 장공莊公이 정나라와 허許나라 사이의 정치 분쟁을 처리하는 과정[51]을 서술한 뒤에 그

---

48 楊伯峻, 『春秋左傳注』 下冊, 襄公 25年, 臺北: 源流文化事業有限公司, 1982, 1099쪽.
49 楊伯峻, 『春秋左傳注』 上冊, 僖公 16年, 369쪽.
50 錢穆, 『中國史學發微』, 『錢賓四先生全書』 第32冊, 141쪽: "中國歷史精神, 在人必分賢奸, 凡事必有褒貶."
51 ‖ 정나라와 허나라는 오랜 시간에 걸쳐 영토 분쟁을 겪었다. 결국 정 장공이 허나라를 점령하기에 이르렀다. 허나라가 과거사에 사과하자 장공은 허나라 제후의 복귀를 비롯하여 국정을 안정시키며 양국의 장기간에 걸친 갈등을 정리했다.

일을 다음처럼 평론했다.

군자가 정 장공을 평가했다. "그가 이번 일을 처리한 것이 예禮에 부합했다. 예는 국가를 경영하고 사직社稷을 안정시키고 인민을 줄 세우고 후사를 이롭게 하는 것이다. 허許나라가 법도를 지키지 않자 토벌하였고 죄에 승복하자 용서해 주었으며, 덕을 헤아려 일을 처리하고 힘을 헤아려 행동했다. 시기를 보아 움직여서 후손에게 누를 끼치지 않았으니 예를 안다고 할 수 있다."[52]

위에서 인용한 『좌전』의 저자는 사론에서 두 가지 특징을 보여준다. 첫째, 사관이 정나라와 허나라 정치 분쟁이라는 역사적 사건을 서술하는데 이는 일종의 수단이다. 사론을 추출하고 아울러 도덕 판단을 내리는 것이야말로 역사를 깊이 연구하여 지식을 넓히는 목적이다. 둘째, 역사적 사건을 도덕적 맥락에 두고 저울질하고 비판한다는 것이다. 『좌전』의 저자는 어지러이 널려있는 수많은 역사적 사건 중에서 도덕이 계시하는 의미를 가장 잘 갖춘 사건이나 인물을 선택하여 사실을 묘사한 뒤에 계속해서 사건 배후에 숨겨진 긍정적 가치나 부정적 교훈을 개발했다. 이러한 역사 서술의 전통은 바로 공자가 편찬한 『춘추』의 원칙이다.

맹자가 다음과 같이 말했다.

맹자: 진정한 왕의 자취가 사라지자 『시』가 없어졌고 『시』가 없어지고 나서 『춘추』가 쓰였다. 진晉나라의 『승乘』과 초楚나라의 『도

52　楊伯峻, 『春秋左傳注』 上冊, 隱公 11年, 臺北: 源流文化事業有限公司, 1982, 76쪽: "君子謂鄭莊公於是乎有禮. 禮, 經國家, 定社稷, 序民人, 利後嗣者也. 許, 無刑而伐之, 服而舍之, 度德而處之, 量力而行之. 相時而動, 無累後人, 可謂知禮矣.'"

올檮杌』과 노나라의 『춘추』가 같은 성격의 책이다. 『춘추』에서 기록한 사실은 제 환공과 진 문공의 일이고 기록한 글은 사관의 몫이다. 공자는 '그 안에 담긴 의리는 내가 분에 넘치게 채택했다'고 말했다.[53]

공자가 말한 '절취竊取'는 바로 역사적 사건에서 역사 이치와 역사 의미를 뽑아내서 역사적 사건의 서술이 도덕 추리의 수단이 되게 하고 또 역사학과 도덕학을 관통시켜 하나가 되게 하는 것이다. 이는 여영시(위잉스)가 말했듯이 참으로 "중국 전통에서 역사 서술은 일종의 정치적 비판이자 도덕적 비판이다."[54]

중국 사론의 문장을 보면 역사적 사건에서 도덕 명제를 추출한 사례는 어디에나 널려있다. 한 제국 초기 가의賈誼(BC 200~168)는 「과진론過秦論」을 지어 진秦나라가 중국 서쪽 변방의 작은 나라에서 중국을 통일하여 대제국으로 발전하는 과정을 서술했다. 하지만 무섭게 질주했던 이 제국은 15년 만에 재와 연기가 없어지듯 흔적도 없이 사라져 버렸다. 가의는 진 제국의 흥망에서 역사의 교훈을 끌어냈다. "인의仁義를 베풀지 않았고 패권을 차지하느라 공격할 때와 천하를 지킬 때의 형세가 다르다."[55] 이는 곧 진 제국이 흥성했다가 멸망하게 된 결정적인 원인이다. 진 제국 붕괴의 근본 원인은 가의의 역사 해석에 따르면 진시황(재위

---

53 宋,朱熹, 「離婁下」 21, 『孟子集注』 卷8, 295쪽: "孟子曰, 王者之迹熄而『詩』亡, 『詩』亡然後『春秋』作. 晉之『乘』, 楚之『檮杌』, 魯之『春秋』, 一也. 其事則齊桓, 晉文, 其文則史. 孔子曰: '其義則丘竊取之矣.'"

54 Ying-shih Yü, "Reflections on Chinese Historical Thinking," in Jörn Rüsen ed., *Western Historical Thinking: An Intercultural Debate*, New York, Oxford: Berghahn Books, 2002, p.161

55 漢,賈誼, 「過秦論」, 『賈誼新書·揚子法言』, 上海: 上海古籍出版社, 1990, 7쪽: "仁義不施, 而攻守之勢異也."

BC 221~210)이 '인仁'과 '의義'로 나라를 다스리지 못했던 데에 있다. 이렇게 유가의 가치와 이념에 젖어 있는 역사 해석은 일종의 이론적 가설 위에 세워져 있다. '외재적 범주'의 작동 방식(*modus operandi*)이 '내재적 범주'의 작동 방식(논리)과 같으므로 '외재적 범주'가 '내재적 범주'의 확대와 파생으로 볼 수 있다.

중국의 사론 가운데 '도덕 비판'은 두 종류로 나눌 수 있다. 첫째, 역사 인물에 대해 '도덕 비판'을 진행하는 것이다. 사마천은 항우의 사적을 기록한 뒤에 그를 비판하며 다음처럼 말했다.

> 천하를 몇몇 지역으로 나눠서 특정한 사람을 왕과 제후로 분봉하는 등 그러한 정치 권력이 항우의 손에서 나왔으므로 그를 '패왕霸王'이라 불렀다. 그러한 지위가 비록 끝까지 가지 못했지만 예로부터 지금까지 일찍이 그러한 경우가 없었다. 항우가 관중關中을 버리고 초楚 지역의 지지를 믿고서 의제義帝를 내쫓고 스스로 천자로 우뚝 서면서 왕과 제후들이 자신을 배반하자 이를 원망하였으니 참으로 어려워졌다. 항우는 스스로 자신의 공적을 내세우며 자랑하고 개인적인 지혜를 떨쳐 옛날을 스승으로 여기지 않으면서 패왕의 위업을 이루었다고 말했다. 그는 힘으로 경쟁자를 정벌하여 천하를 경영하고자 했지만 5년 만에 나라가 망하고 자신은 동성東城에서 죽었지만 당시 아직 자신의 잘못을 깨닫지 못하고 스스로 책망하지 않았으니 참으로 잘못이다. 이에 '하늘이 나를 망하게 했지 내가 병사를 잘못 쓴 죄가 아니다'라는 말로 자신을 두둔했으니 어찌 잘못이 아니겠는가![56]

---

56 [漢]司馬遷, 「項羽本紀」, 『史記』 卷7, 159쪽: "分裂天下, 而封王侯, 政由羽出, 號爲'霸王'.

사마천의 눈에 항우가 실패하게 된 이유는 바로 그가 스스로 돌아볼 줄을 몰랐고 자신을 반성하는 능력이 부족한 데에 있었다.

사마천은 또 『사기』「이사열전李斯列傳」에서 이사(BC ?~208)의 행위를 비판하며 다음처럼 말했다.

> 태사공(사마천)이 말한다: 이사는 여염집 출신으로 여러 제후국을 돌아다니다 진에 들어가서 진왕을 섬기게 되었다. 제후국 사이의 분쟁을 틈타 진 시황을 보필하여 마침내 황제의 대업을 이루었다. 이사는 삼공三公이 되었으므로 높게 등용되었다고 할 수 있다. 이사는 육예六藝(옮긴이 주: 예禮·악樂·사射·어御·서書·수數)의 대의를 알면서 공명한 정치를 하여 군주의 결점을 보완하는 데에 힘쓰지 않았다. 높은 작위와 녹봉을 누리면서 군주에 아첨하고 고분고분하며 구차하게 비위를 맞추기만 했다. 법을 엄격하게 하고 형벌을 가혹하게 했으며, 조고趙高의 간사한 말을 듣고서 적자(부소)를 폐하고 서자(호해)를 제위에 세웠다. 제후들이 이미 등을 돌리고 나서 이사가 잘못을 시정하려고 했으나 어찌 늦지 않았겠는가! 사람들은 모두 이사가 지극히 충성했지만 오형五刑을 당해 죽은 줄로 알지만, 그 근본을 살펴보면 세속의 논의와 다르다. 그렇지 않았더라면 이사의 공은 〔주 무왕의 사후 어린 조카 성왕成王을 도와 국정을 안정시킨〕 주공周公과 소공召公의 반열에 들었으리라.[57]

位雖不終, 近古以來未嘗有也. 及趙背關懷楚, 放逐義帝而自立, 怨王侯叛己, 難矣. 自矜功伐, 奮其私智而不師古, 謂霸王之業, 欲以力征經營天下, 五年卒亡其國, 身死東城, 尚不覺寤而不自責, 過矣. 乃引'天亡我, 非用兵之罪也', 豈不謬哉!"

57 〔漢〕司馬遷, 「李斯列傳」, 『史記』 卷87, 1037쪽: "太史公曰, 李斯以閭閻歷諸侯, 入事秦, 因以瑕釁, 以輔始皇, 卒成帝業, 斯爲三公, 可謂尊用矣. 斯知六藝之歸, 不務明政以補主上之缺, 持爵祿之重, 阿順苟合, 嚴威酷刑, 聽高邪說, 廢適立庶, 諸侯已畔, 斯乃欲諫爭, 不亦末乎!

사마천은『사기』「회음후열전淮陰侯列傳」에서 한신韓信(BC ?~196)의 사람됨을 다음처럼 비판했다.

> 태사공(사마천)이 말한다: 내가 회음에 간 적이 있는데 그 지역 사람들이 내게 말했다. 한신이 비록 평민으로 지낼 적에 그의 뜻이 보통 사람과 달랐다. 그의 어머니가 죽었을 때 가난해서 장례를 치를 길이 없었는데 높고 탁 트인 땅에 무덤을 만들어 [훗날] 부근에 집 10,000호가 들어설 수 있게 했다. 내가 그의 어머니 무덤을 살펴보니 참으로 그러했다. 가령 한신이 사람의 도리를 배워 겸손하고 양보하여 자기의 공로를 내세우지 않고 자기의 능력을 자랑하지 않았다면, 한에 대한 공훈은 거의 주공周公·소공召公·태공太公의 사례에 비견할 수 있고 후세에 사당 제사를 받았을 것이다. 이렇게 되려고 힘쓰지 않고 천하가 이미 안정된 뒤에 반역을 꾀했으니 종족이 전멸한 것이 또한 마땅하지 않은가![58]

이러한 여러 가지 주장은 모두 역사 인물을 개인적으로 비판하고 있다.

북송의 사학자 사마광은 BC 403년에 천자가 "진의 대부 위사魏斯·조적趙籍·한건韓虔을 각각 제후로 명한(初命晉大夫魏斯·趙籍·韓虔爲諸侯)" 사건을『자치통감』의 첫 번째 일로 기록하고 있다. 기록은 단 한 줄에 지나지 않지만 오히려 사마광은 '신광왈'로 시작하는 한 편의 사론을 써

人皆以斯極忠而被五刑死, 察其本, 乃與俗議之異. 不然, 斯之功且與周·召列矣."
58　(漢)司馬遷,「淮陰侯列傳」,『史記』卷92, 1066쪽: "太史公曰, 吾如淮陰, 淮陰人爲余言, 韓信雖爲布衣時, 其志與衆異. 其母死, 貧無以葬, 然乃行營高敞地, 令其旁可置萬家. 余視其母冢, 良然. 假令韓信學道謙讓, 不伐己功, 不矜其能, 則庶幾哉, 於漢家勳可以比周·召·太公之徒, 後世血食矣. 不務出此, 而天下已集, 乃謀畔逆, 夷滅宗族, 不亦宜乎!"

서 역대 왕조의 흥망이 모두 위정자의 덕행에 의해 결정된다는 논의를 펼쳤다.

사마광은 다음처럼 주장했다.

예로부터 나라를 어지럽히는 신하와 집안을 망치는 자식 중에 재주는 넉넉하지만 덕이 부족하어 권력을 잃고 무너진 경우가 많았는데, 어찌 다만 진나라의 지백智伯뿐이겠는가! 따라서 나라와 집을 잘 이끌려면 참으로 재주와 덕의 몫(역할)이 어떠한지 잘 살펴서 무엇을 먼저하고 나중할지 안다면 어찌 인재를 잃을까 근심하겠는가![59]

또한 사마광은 별도로 아주 분명한 한 문단의 글을 써서 사학의 교화 작용을 다음처럼 강조했다.

내이 지금 기록한 내용은 다만 나라의 흥성과 쇠퇴를 서술하고 백성의 안락과 근심을 드러내서 글을 보는 사람으로 하여금 스스로 선악과 득실을 가리게 하여 무엇을 권장하고 경계할지 알게 했을 뿐이다. 『춘추』처럼 포폄의 법도를 세우고 혼란한 세상을 평정하여 세상의 질서를 회복하려는 것은 아니다.[60]

---

59 ｟宋｠司馬光 撰, ｟元｠胡三省 注, 章鈺 校記, 「周紀1」, 威烈王 23年(BC 403), 『新校資治通鑑注』卷1, 15쪽: "自古昔以來, 國之亂臣, 家之敗子, 才有餘而德不足, 以至於顚覆者多矣, 豈特智伯哉! 故爲國爲家者, 苟能審於才德之分而知所先後, 又何失人之足患哉!"

60 ｟宋｠司馬光, 「魏紀1」, 文帝 黃初2年(221), 『新校資治通鑑注』卷69, 2187쪽: "臣今所述, 止欲敍國家之興衰, 著生民之休戚, 使觀者自擇其善惡得失, 以爲勸戒, 非若『春秋』立褒貶之法, 撥亂世反諸正也."

사마광은 위의 인용문에서 역사에서 '사실 판단'을 내리는 작업을 강조했다. 이는 바로 '도덕 판단'을 환하게 드러내는 것을 목적으로 하기 때문이다.

역사 인물의 행동거지에 대한 도덕 비판 이외에 중국 사론에서 두 번째 '도덕 비판'은 바로 제도에 대한 비판이다. 예컨대 명 태조 홍무洪武 13년(1380)에 좌승상 호유용胡惟庸이 법도에 벗어난 일 꾀한다는 '도모 불궤圖謀不軌'의 죄목으로 〔그를 주살하고〕 중서성中書省을 폐지하고 〔1,000여 년간 지속되어온〕 승상 제도를 없애고 육부六部를 황제에 직할로 예속시켰다.[61] 황종희黃宗羲(1610~1695)는 『명이대방록明夷待訪錄』 「치상置相」에서 이러한 제도 변혁을 강하게 비판했다.

> 명나라에서 좋은 정치가 없어진 것은 고조 황제가 승상 제도를 없애면서 시작되었다.
>
> 원래 군주제를 수립한 뜻은 천하를 다스리는 데 그 목적이 있다. 천하는 혼자서 다스릴 수 없으므로 관료제를 두어 다스린다. 관료제는 군주의 분신이다. 맹자에 의하면 "천자가 한 자리, 공公이 한 자리리, 후侯가 한 자리, 백伯이 한 자리, 자子와 남男이 같이 한 자리로 모두 다섯 등급이 있다. 군君이 한 자리, 경卿이 한 자리, 대부大夫가 한 자리, 상사上士가 한 자리, 중사中士가 한 자리, 하사下士가 한 자리로 모두 여섯 등급이 있다."[62] 외직으로 보면 천자로부터 공의 거리는 공·후·백·자·남이 서로 떨어져 있는 것과 같다. 내직으로 보면 군주로부터 경의 거리는 경·대부·사끼리 서로 떨어져 있는 거리와 비슷하다. 유독 천자만이 뚝 떨어져서 등급의

61　‖이와 관련하여 오함(우한)吳晗, 『주원장전』, 지식산업사, 2003 초판; 2019 7쇄, 348~364쪽 참조.
62　‖이 인용문은 『맹자』 「만장하」 2에 나온다.

밖에 있지 않다. 옛날 이윤伊尹이나 주공周公이 섭정할 때 두 사람
은 재상의 자격으로 천자의 일을 대신했는데, 이는 대부가 경을 대
신하고 사가 경을 대신하는 경우랑 다르지 않다. 후세에 군주가 교
만하고 신하가 아첨하여 천자의 지위가 비로소 경·대부·사 사이(반
열)에 있지 않게 되었다. 보잘것없는 소유小儒들이 마침내 자리를
대신하는 섭정을 요원하게 생각하여 군주가 죽고 자식이 즉위하면
곡읍하고 상복을 입고 애도를 표시하는 상례를 잊어버리고 예악과
정벌을 행사는 정치 권력을 중시하게 되면서 군주와 신하 사이의
의리는 온전해지지 못했고 부모와 자식 사이의 은혜가 먼저 끊어
지게 되었다. 불행하게도 나라에 군주에 장성한 군주가 없으면 권
력을 모후에게 맡기고 재상은 사소한 혐의를 피하느라 몸조심하느
라 차라니 〔섭정의〕 관계가 끊어지고 제도가 무너지게 하여 천고
에 웃음거리가 되고 있다. 이는 천자의 자리를 너무 높게 보아 생
겨난 일이 아니겠는가?[63]

물론 모든 사론에서 '도덕 비판'이 하나같이 반드시 칭찬 또는 비판하는
글귀에서 나오는 것은 아니다.[64] 어떤 경우에 직접적인 방식으로 포 또는

---

63 [淸]黃宗羲, 「置相」, 『明夷待訪錄』, 臺北: 臺灣中華書局, 1974年 四部備要本, 6쪽-上~7쪽-
下: 有明之無善治, 自高皇帝罷丞相始也. 原夫作君之意, 所以治天下也. 天下不能一人而
治, 則設官以治之. 是官者, 分身之君也. 孟子曰: "天子一位, 公一位, 侯一位, 伯一位, 子男
同一位, 凡五等. 君一位, 卿一位, 大夫一位, 上士一位, 中士一位, 下士一位, 凡六等." 蓋自
外而言之, 天子之去公, 猶公·侯·伯·子·男之遞相去. 自內而言之, 君之去卿, 猶卿·大夫·士
之遞相去. 非獨至於天子遂截然無等級也. 昔者伊尹·周公之攝政, 以宰相而攝天子, 亦不殊
於大夫之攝卿, 士之攝大夫耳. 後世君驕臣諂, 天子之位始不列於卿·大夫·士之間, 而小儒
遂河漢其攝位之事, 以至君崩子立, 忘哭泣衰経之哀, 講禮樂征伐之治, 君臣之義未必全, 父
子之恩已先絶矣. 不幸國無長君, 委之母后, 爲宰相者方避嫌而處, 寧使其決裂敗壞, 貽笑
千古. 無乃視天子之位過高所致乎? ‖ 한국어 번역본은 최병철 옮김, 『명이대방록』, 홍
익출판사, 1999; 김덕균 옮김, 『명이대방록』, 한길사, 2000 참조.

폄의 사실 서술을 진행하지 않고 오히려 더욱 강한 비판력을 가지고 있다. 가장 전형적인 경우가 바로 사마천이 형가荊軻가 진秦 왕을 살해하려고 한 사건을 묘사할 때 형가가 던진 비수가 '진왕을 맞추지 못했고 구리 기둥에 맞추었구나!'[65]라고 쓴 글이다. 여기서 역사가는 진왕을 암살하려던 일이 실패로 끝난 사건에 대해 무한한 아쉬움과 안타까움을 덧보태고 있다. 이 또한 매우 강력한 '도덕 비판'인 셈이다.

고대 중국에서 '사실 서술'과 '도덕 판단'을 한 덩어리로 녹이는 사학 전통은 사실 역사 행위자의 '자유 의지'를 긍정하는 바탕 위에 세우고 있다. 가장 전형적인 사례가 바로 『좌전』 선공宣公 2년의 기록이다.

조돈의 사촌 조천趙穿이 도원桃園에서 영공靈公을 살해했다. 선자宣子(조돈)는 국경의 산을 넘지 않았을 때 영공 사해의 소식을 듣고 조정으로 돌아왔다. 태사太史가 "조돈趙盾이 자신의 군주를 시해했다"고 쓰고서 조정에 보였다. 선자가 "그렇지 않다"고 주장하자 태사가 "그대는 정경正卿으로 도망가다 국경을 넘지 않았을 때 소식을 듣고 조정으로 돌아왔고 돌아와서는 역적을 토벌하지 않았다. 그대가 아니면 누가 잘못한 것인가?"라고 반론을 펼쳤다. 선자는 "아! 『시』에 의하면 '내가 여러 생각하다가 오히려 스스로 걱정거리를 만들었구나!'[66]라고 하는데, 이는 바로 나를 두고 하는 말이다." 이에 대해 공자는 "동호董狐는 옛날에 훌륭한 사관으로 법도대로 쓰고 잘못을 숨기지 않았다. 조선자는 옛날에 훌륭한 대부로

64 Adrian Oldfield, "Moral Judgments in History," *History and Theory*, XX:3(Oct., 1981), pp.260~277 참조.
65 [漢]司馬遷, 「刺客列傳」, 『史記』 卷86, 1024쪽: "不中, 中銅柱."
66 ‖杜預는 이 시가 당시 전해지지 않는다고 했지만 「패풍 雄稚」에 "我之懷矣, 自詒伊阻."라는 비슷한 표현이 있다.

법도에 따라 죄를 수용했다. 애석구나, 국경을 넘었다면 죄를 면할
수 있었을 텐데."[67]

공자가 춘추시대 진晉나라 사관인 동호를 '훌륭한 사관'이라고 칭송했다.
공자와 동호는 모두 역사의 행위자 조돈이 "도망가다 국경을 넘지 않았을
때 소식을 듣고 조정으로 돌아왔고 돌아와서는 역적을 토벌하지 않은"
행위가 그의 '자유 의지'에서 나왔다고 긍정했기 때문이다. 이 때문에 반드
시 그는 행위의 결과로 최후의 도덕적 책임을 져야 했다. 역사의 심판으로
서 "조돈이 자신의 군주를 시해했다(趙盾弑其君)"는 기록을 받아들여야
했다.

전통적인 중국의 사학자들은 인간이 태어나서 '자유 의지'를 가진다고
굳게 믿었다. 그래서 사람은 반드시 자신의 행위에 도덕적 책임을 져야
했다. 제국의 흥성과 쇠퇴에서 역사의 발전 방향에 이르기까지 모두 역
사 행위자의 '마음'에 달려있다고 말하게 된다. 명말 왕부지王夫之(1619~
1692)는 『독통감론』 「서론敍論4」에서 역사 속의 치란이 곧 통치자의
'마음'에 달려있다고 평론했다.

그렇다면 안정의 밑바탕은 하나의 마음에 있을 뿐이다. 그 마음에
따라 정치를 하면 모든 정치가 다 백성을 이롭게 하고 안정의 밑바
탕이 된다. 이러한 밑바탕을 잘 갖춘 사람은 상황에 따라 잘 대처
하여 오래 지속할 수 있다. 자신을 과거의 시세에 놓아보고서 자신

---

67 楊伯峻, 『春秋左傳注』上冊, 662~663쪽: "趙穿殺靈公於桃園. 宣子未出山而復. 大史書曰,
趙盾弑其君, 以示於朝. 宣子曰, 不然. 對曰, 子爲正卿, 亡不越竟, 反不討賊, 非子而誰?
宣子曰: 嗚呼! 『詩』曰, '我之懷矣, 自詒伊慼!' 其我之謂矣. 孔子曰, 董狐, 古之良史也, 書法
不隱. 趙宣子, 古之良大夫也, 爲法受惡. 惜也, 越竟乃免." ‖ 한국어 번역본은 신동준 옮김,
『춘추좌전』 전3권 한길사, 2006 참조.

이 직접 만난 상황처럼 처신하고, 과거에 도모했던 계책을 연마하여 자신이 맡은 상황처럼 처신해야 한다. 옛사람이 처했던 종묘와 사직의 안정과 위기 상황을 고려하여 그들을 위해 걱정과 우환을 대처해보면 자기 스스로 위험을 극복하고 안전으로 나아갈 수 있을 것이다. 옛날 백성들이 이로움과 병통으로 여기는 상황을 고려하여 그들을 위해 해결 방안을 따져본다면 오늘날에 이로움을 일으키고 해로움을 없앨 수 있을 것이다. 성공도 바탕으로 할 수 있고 실패도 바탕으로 할 수 있다. 같은 것도 바탕으로 할 수 있고 다른 것도 바탕으로 할 수 있다. 그러므로 안정의 밑바탕은 오직 하나의 마음에 있고, 역사가 특히 귀감이 된다.[68]

왕부지를 비롯하여 유가 인문 정신의 전통 속에 젖어 있는 중국의 사학자들이 봤을 때, 역사의 변화는 모두 인간의 '마음'과 밀접한 관계가 있다(mind-correlative 또는 mind-correlated). 이 때문에 마음을 닦는 '수심(修心)'이 통치자의 가장 중요한 과제가 되었다.

전통적인 중국의 사론 문장이 도덕 재판의 작용을 하는 점으로 볼 때 우리는 이를 중국 문화의 '역사 심판'이라고 할 수 있고 유대-기독교의 종교 문화의 '최후의 심판'에 견줄 수 있다. 서양 문화 전통에서 '최후의 심판'은 '인간'과 '신'의 맹약에 바탕을 두고 있지만 중국 문화 전통의 '역사의 심판'은 '인간'과 '인간' 사이의 암묵적인(tacit) 도덕 책임(moral duty)에 바탕을 두고 있다. 이는 여영시(위잉스)가 말했듯이 "중국 사학

---

68 [淸]王夫之,『讀通鑑論』,『船山全書』第10冊, 1181~1182쪽: "然則治之所資者, 一心而已矣. 以心馭政, 則凡政皆可以宜民, 莫匪治之資. 而善取資者, 變通以成乎可久. 設身於古之時勢, 爲己之所躬逢. 研慮於古之謀爲, 爲己之所身任. 取古人宗社之安危, 代爲之憂患, 而己之去危以卽安者在矣. 取古昔民情之利病, 代爲之斟酌, 而今之興利以除害者在矣. 得可資, 失亦可資也. 同可資, 異亦可資也. 故治之所資, 惟在一心, 而史特其鑑也."

에서 인간을 초월하는 기적 또는 자연법 등의 개념은 아주 낯설다고 할수 있다."[69] 중국 문화는 바로 '역사 심판'으로 유대-기독교의 종교 문화의 '최후의 심판'을 대신한다.

전통적인 중국의 사학자들이 마음속으로 자나 깨나 잊지 못하던 사정은 영원히 인간이 흘리는 피눈물과 겪는 고난이지 하늘에 신국神國을 세우거나 역사를 움직이는 집단(옮긴이 주: 계급)의 힘이 아니었다.[70] 사마천은 글로 항우(BC 232~202)처럼 실패한 영웅을 동정하고, 백이·숙제처럼 핵심 가치와 이념을 뚜렷이 밝힌 문화 영웅을 슬퍼하고 힘겨운 삶을 사는 일반 백성을 따뜻하게 품어주는데, 우리는 이를 통해 『사기』라는 경전적 역사 명작이 확실히 세상을 비탄하고 백성의 고통을 가엾게 여기는 정서로 가득 차 있다고 말할 수 있다.

역사를 연구할 때 '도덕 판단'을 마땅히 해야 하는가 여부는 20세기 서구 사학자들이 품었던 하나의 문제였다. 20세기 영국의 저명한 사학가인 허버트 버터필드(Herbert Butterfield, 1900~1979)는 역사가의 책임이 역사적 사실의 서술이지 역사 인물의 시비와 정오를 판단하는 일이 아니라고 여겼다. 그는 역사 연구에서 도덕 판단을 하는 일은 역사의 인식을 은폐시킬 수도 있다고 주장했다.[71] 에드워드 카(E. H. Carr, 1892~1982) 역시 역사 행위자의 '사적 영역'과 '공적 영역'을 구분해야 한다고 여겼다.[72] 반면 이사야 벌린은 이상의 견해에 반대했다. 그는 '주관'과

---

69 Ying-shih Yü, *op. cit.*, p.153
70 피터 버크(Peter Burke)는 일찍이 서양 사학이 집단의 힘을 특별히 주목한다고 말했다. Peter Burke, "Western Historical Thinking in a Global Perspective: 10 Theses," in Jörn Rüsen ed., *Western Historical Thinking: An Intercultural Debate*, New York, Oxford: Berghahn Books, 2002, pp.15~30 참조.
71 Herbert Butterfield, "Moral Judgments in History," in Hans Meyerhoff ed., *The Philosophy of History in Our Time*, New York: Doubleday & Company, Inc., 1959, pp.228~248
72 Edward Hallett Carr, *What Is History?*, New York: Alfred Knopf, 1962, c1961. ‖ 한국어

'객관'의 경계를 긋기가 어려우며 역사의 주체는 각각의 개인이므로 개인은 자신의 행위에 책임을 져야 한다고 생각했다.[73]

전통적인 중국의 사학자들은 곧 이사야 벌린의 의견에 동의하고 허버트 버터필드의 입장에는 반대하는 경향을 보인다. 사마천이 역사를 서술한 목적이 "하늘과 인간의 관계를 탐구하고 옛날과 지금의 변화에 통달하여 일가의 학설을 이루고자 한" 데에 있다.[74] 그는 자신의 주관적인 '일가의 학설'로 '고금의 변화'에 '통달'하려고 했다. 『사기』의 역사 세계에는 주체와 객체가 융화되고 '과거'와 '현재'가 친밀하게 상호 작용한다. 역사 연구의 '객관성'은 바로 사마천의 '역사의 영혼'인 '주관성'을 통해 굴절되어 틀을 잡게 된다.

종합하자면 중국의 사론은 '사실'을 '도덕'의 맥락으로 바꾸어 '사실'이 차디찬 시공간의 물리적 현상이 되지 않고 생생하게 살아있고 피와 눈물이 흐르는 인간의 활동이 되게 한다. '역사적 사실(사건)'은 확실히 '역사적 서술'을 통해 비로소 다시 성립될 수 있다. 이혜의(리후이이)李惠儀가 말하듯이 "우리가 이야기를 제대로 진술하고 또 논술할 때에야 비로소 '과거'가 해독될 수 있다."[75] 그러나 내가 강조하고 싶은 사항은 "'과거'의 가독성(readability of the past)"이 오직 '가치'의 맥락(the contextuality of 'value')에서만 끌어올려질 수 있다는 것이다.

사마천의 말을 빌린다면 자질구레한 '고금의 변화'는 오직 역사가의 '일가의 학설'로 말미암은 가치 네트워크의 선별·안배·재구성과 일관성

번역본은 김택현 옮김, 『역사란 무엇인가』, 까치, 2015 참조.

73 Isaiah Berlin, "Historical Inevitability," in Hans Meyerhoff ed., *op. cit.*, pp.249~272

74 ｢漢｣司馬遷, 「報任安書」, ｢漢｣班固, 『漢書』 卷62, 臺北: 藝文印書館, 1956年 據淸光緒庚子 長沙王氏校刊本 影印, 1257쪽-下: "究天人之際, 通古今之變, 成一家之言."

75 Wai-yee Li, *The Readability of the Past in Early Chinese Historiography*, Cambridge, Mass.: Harvard University Asia Center, 2007, p.1

을 통해 의미 있는 일군의 '사실'이 될 수 있다. 전통적인 중국 사학가의 역사 세계에서, 역사는 인간의 '실존적' 경험 세계이다. 이 세계에서 '사실 판단'과 '가치 판단'은 밀접하여 서로 떨어질 수 없고 '주관성'과 '객관성'도 융합되어 나뉠 수 없다. 중국의 사학자들은 콜링우드(R. G. Collingwood, 1889~1943)가 다음에 말한 주장을 전적으로 동의할 수 있다. '역사는 사학자의 마음속에서 과거의 사고를 다시 제연해내는 것이다.'[76]

중국 사론이 발휘하는 이러한 작용은 중국 전통 학술의 사학과 철학이 합일되는 특성을 일구어냈다. 중국의 사학과 철학은 인간의 고난을 풀어주고 인류의 생명을 한층 끌어올리는 데 그 목적이 있자. 그래서 '참眞'을 추구하고 또 '선善'을 추구하여 중국 사학이 '개별(특수) 사건으로 구성된 철학'이 되게 하였다. 중국 철학은 강렬한 시공간성을 가지고 있으므로 역사적 깊이와 시야를 지니게 되었다.

6. 결론

이 장에서는 대표성을 지니고 있는 몇몇 사론 문장을 실례로 들어 중국 전통 사론 문장의 세 가지 작용을 분석했다. 첫째, 역사적 사건의 '개별(수상)'에서 '보편(공상)'을 추출하여 중국 역사 서술에서 '사事'와 '리理'가 늘 일종의 역동적 변증법적 관계 속에 있게 하였다. 둘째, '금今'으로 '고古'를 해석하고 '고古'를 '금今'의 거울로 삼아 '고'와 '금'이 한 자리에 모여 정답

---

76 R. G. Collingwood, *The Idea of History*, Oxford: Clarendon Press, 1946, p.228: "History is nothing but the re-enactment of the past thought in the historian's mind". 중국어 번역본은 R. G. Collingwood, 黃宣範 譯, 『歷史的理念』, 臺北: 國立編譯館, 1991, 232쪽 참조. ‖ 한국어 번역본은 김봉호, 『서양사학사: 역사에 대한 위대한 생각들』, 탐구당, 2017 참조.

게 대화하도록 한다. 셋째, '사실'을 '도덕'의 맥락 속에 놓고 서술하고 평가하고 비판하여 중국의 역사 서술에 주체와 객체가 서로 하나로 어울리는 특성을 드러나게 했다.

사론 정신이 흘러들면서 전통적인 중국의 역사가들이 구성해낸 역사 세계 속의 인물은 박물관 안의 미이라가 아니라 도서관의 책이다. 현대의 독자는 고인이 체험한 경험 속으로 들어가 고인의 손을 잡고 그들과 함께 걸으며 자기 시대의 과제에 대해 그들에게 답을 물어볼 수 있다. 전통적인 중국의 역사 서술이 그려낸 세상은 차디찬 개념 유희의 일어나는 세계가 아니라 성군이 덕에 따른 통치, 어진 재상이 나라를 위한 충성 그리고 폭군이 독제를 일삼는 사악함, 혹독한 관리가 가혹하게 굴고 백성이 피눈물을 흘리는 세상이다.

전통적인 중국의 사론 문장에 경세經世 정신이 흘러들면서 중국 사학 서술에서 도덕적 교훈이 가득 차게 되고 역사를 읽는 독자에게 생명의 의미와 가치를 숙고하게 하는 자원을 제공해주며 중국 철학자로 하여금 늘 역사로부터 출발하여 사고를 하게 한다. 중국 철학자는 대부분 철학 사학자를 겸하고 있는데, 이는 그들의 철학 논증이 강렬한 역사의 시간성과 공간성을 가지고서 중국 전통 학술에서 사학과 철학이 한데 어울려서 서로 꿰뚫는 특성을 잘 보여주고 있다.

제2부

유가 사상과 중국적 역사 사유의 전개

제3장

중국 고대에서 유가적 역사 사유의 방법과 운용

1. 이끄는 말

우리는 1장의 논의에서 다음을 밝혔다. 전통적인 중국의 역사 사유는 '시간'을 핵심 개념으로 한다. 역사가들이 비록 '시간성(temporality)'을 가진 구체적 역사 인물 또는 사건의 연구를 중요한 직책으로 삼는다. 하지만 그들이 모두 '시간성'을 가진 역사적 사실에서 '초시간성(supra-temporality)'을 가진 일반 원칙 또는 도덕 명제를 추출하는 데 힘을 기울였다.

2장에서는 한발 더 나아가 전통적인 중국의 역사가들이 '시간성'과 '초시간성' 사이에서 마음에 여유가 있고 차분하며 큰 변화에 이리저리 떠돌아다니며 옛사람과 벗하며 옛것을 오늘의 거울로 삼으며 미래를 안내한다. 이렇게 하는 주요한 원인은 전통 사학의 저술에 아득히 멀고 오래된 사론의 전통에 있다. 전통적인 중국의 사학자들은 역사를 서술한 뒤에 늘 사론을 써서 '특수성'과 '보편성'을 관통하고 또한 '시간성'에서 '초시간성'의 의미와 가치 이념을 뽑아내어 고와 금을 회통시키고 '고古'를 '금今'의 거울이 되게 하였다.

이제 우리는 고대 유가가 드러낸 역사 사유 방식과 그 운용 방법을 분석해 보자. 우리는 반드시 '구체성의 사유 방식'으로부터 탐색하여 깊이 파고들어야 한다. '구체성의 사유 방식'은 중국 문화가 드러낸 많은 사유 방식 중에 가장 유구하고 중국 문화의 특성을 가진 사유 방식이다. '구체성의 사유 방식'은 구체적 상황에서 출발하여 사고 활동을 진행하는 것을 가리키지 순수 이론 또는 추상적 논리 추리를 가리키지 않는다. 이 사유 방식이 중국 문화 중에 표현해낸 형태들이 아주 많다. 가장 자주 볼 수 방식은 추상 명제(특히 윤리학 또는 도덕론의 명제)를 구체적이고 특수한 시공간의 맥락 속에 두고 옛 성현과 역사 인물 또는 과거의 자취를 인용하여 증명함으로써 논증의 설득력을 높이는 것이다.[1]

중국 문화에서 '구체성의 사유 방식'의 출현은 중국의 역사 의식 발달과 밀접한 관계를 갖는다. 중국 문화의 '역사 영혼'은 아주 오래 전부터 발달했는데 지난 일을 살피고 처음을 따져 끝을 상고하며 흥성을 들여다보고 쇠퇴를 관찰하여 교훈을 얻어서 일을 추진하는 근거로 삼았다. 이는 춘추 시대에 이르러 이미 중국인의 공통 인식이 되었다. 중국 고대에서부터 역사 의식이 꽤 일찍이 여물었다.[2] 강렬한 역사 의식의 세례를 받으며 고대 중국의 사상가들은 늘 어떤 사건에 입각해서 이치를 말하곤 했다. 그들은 구체적이고 특수한 개별적 사물이나 경험에서 보편적인 추상 명제를 도출하거나 귀납해냈다. 중국인의 사유는 기발하고 융통성이 있지만 일상 생활과 떨어져 있지 않고 추상적인 '형식(form)' 또는 '범주(category)' 또는 정태적 명제에 속박된 적이 없다.[3]

---

1 Paul R. Goldin, "Appeals to History in Early Chinese Philosophy and Rhetoric," *Journal of Chinese Philosophy*, vol.35, no.1, 2008, pp.79~96 참조.
2 폴리블랭크(E. G. Pullleyblank)가 비슬리(W. G. Beasley)와 함께 편집한 *Historians of China and Japan*, London: School of Oriental & African Studies, University of London, 1961, 「서문」, 2~3쪽 참조.
3 청대 유학자 章學誠은 다음과 같이 언급했다. "옛사람은 일을 떠나서 이치를 말한 적이 없으며 육경은 모두 선왕의 정치 교과서이다(古人未嘗離事言理, 六經皆先王之政典)."(葉瑛 校注, 「易敎上」, 『文史通義校注』 卷1, 北京: 中華書局, 1994, 1쪽). 이는 실로 중국

유가 사상의 전통에서 '구체성의 사유 방식'을 드러내는 하나의 표현 형식이 바로 역사적 사유 방식이다. 많은 유가의 담론 중에 역사적 사유 방식은 줄곧 계속해서 운용되고 발휘되어 유가 사상사의 중요한 유산을 이루게 되었다. 오늘날까지 여전히 중국인 사회에서 일정한 작용을 낳고 있다. 그런데 유가의 역사 사유에는 어떤 특성이 있는가? 고대 유가는 어떤 방법을 운용하여 역사 사고를 진행했을까? 유가에서 전개한 역사 사고의 과정에 어떤 개념이나 요소가 주도적인 작용을 발휘했을까? 이런 문제들이 이 장에서 해답을 찾아야 하는 과제이다.

이 장에서는 먼저 고대 유가의 역사 사유와 결부된 '시간' 개념을 심도 있게 분석하고 고대 유가의 '시간' 개념에 두 가지 특성이 있다는 점을 지적하고자 한다. 첫째, 왕복성은 '시간'이 '과거'와 '현재'의 양극 사이에서 왕복 운동을 하며 '과거'와 '현재'가 분리되면서도 서로 융합하는 변증법적 발전 관계를 이루고 있음을 가리킨다. 둘째, '금今'은 '고古'에 의해 빚어지지만 다시 '고'에 새로운 의미를 부여할 수 있다. 이어서 우리는 고대 유가가 의지하여 진행했던 역사 사유의 방법을 두 가지로 귀납하고자 한다. 첫째, 비比 방식의 사고 방법이고 둘째, 홍興 방식의 사고 방법이다. 전자는 옛것에 기대 오늘을 밝히는 것이고 후자는 역사 사실에 입각해서 역사적 의미를 찾는 것이다.

이어서 우리는 고대 유가가 역사 사유를 전개하는 과정에서 자주 찾아볼 수 있는 네 가지의 주요 개념을 논의하고자 한다. 첫째, '삼대三代'이고 둘째, '도道'이고 셋째, '인문화성人文化成'을 중심으로 하는 인문

사유 방식이 '구체성'의 특징을 중시했다는 점을 암시하고 있다. 릭맨(Pierre Ryckmans)은 중국인의 '과거'에 대한 태도에서 중국 문화의 근성과 창조성이 추상적인 '형식'에 구애되지 않는 사유 습관에 기인한다고 지적했다. Pierre Ryckmans, "The Chinese Attitude toward the Past," *Papers on Far Eastern History*, Australia National University, no.39(March, 1989), pp.1~16, esp. p.10 참조.

정신이고 넷째, '성왕聖王'이다. 4가지 중에 '성왕'이 가장 핵심적 개념이다. 유가의 이상에서 '성왕'은 왕성한 덕과 위대한 사업으로 인문 세계를 일구어서 '삼대'를 올바른 '도'가 유행하는 황금 시대를 만들었기 때문이다. 한편 고대 유가가 역사 사유를 전개하는 과정에 '반사실적 사유 방식(counterfactual mode of thinking)'의 경향을 보이는데, 여기서 특별히 더욱 심도 있게 분석해 볼 만한 가치가 있다.

2. 유가적 역사 사유 속의 '시간' 개념

(1) '시간'의 왕복성

때(시간)의 의미가 크구나! 춘추 시대의 공자는 일찍이 강가에서 탄식하면서 흐르는 물로 시간이 빨리 지나가는 것을 비유했다. 당대의 시인 진자앙도 "앞으로 옛사람을 보지 못하고 뒤로 올 사람을 보지 못하여, 생각하니 천지가 멀고 아득하여 홀로 슬퍼져 눈물 떨구네!"라는 시를 읊은 적이 있다.[4] 인간이 '시간'에 쫓기는 상황에서 전에 없던 고독감에 빠져드는 심정을 아주 잘 드러내고 있다. '시간'의 본질은 어디에 있는가? 이것은 반드시 우리가 먼저 논의해야 할 과제이다.

중국 고대 유가에서 역사를 서술을 할 때 드러나는 '시간' 개념은 최소한 아래의 두 가지 특성을 가진다. 첫째, 시간의 왕복성이다. 둘째, '시간'의 서열 속에 '옛날'과 '오늘'은 서로 잘 드러나게 하고 서로 존재하게 하는 교착 관계를 가진다. '시간의 왕복성'은 고대 유가의 역사 중에

---

4 ,唐,陳子昻, 「登幽州臺歌」, 『全唐詩』 第3冊, 北京: 中華書局, 1992, 902쪽: "前不見古人, 後不見來者. 念天地之悠悠, 獨愴然而涕下!"

근대 사회에서 볼 수 있듯이 한 번 가면 돌아오지 않는 일방향의 '시간'이 결코 아니다. 고대 유가의 '시간'은 '과거'와 '현재'가 양극 사이에서 왕복하며 변증법적으로 운동한다. '시간'이 왕복 운동하면서 '과거'와 '현재'는 분리되기도 하고 결합되기도 하는 관계를 이룬다. 이런 의미에서 보면 고대 유가 사상의 '시간'은 일종의 '왕복적 시간'이라고 할 수 있다.

고대 유가에서 보면 '시간'이 왕복성을 갖는 주요 원인은 '시간'의 발전이 일정한 방향을 따르고 있고 역사와 문화가 일정한 방향으로 나아가며 계승과 변혁, 감소와 보충하는(인因 · 혁革 · 손損 · 익益) 데에 있다. 자장子張이 "열 세대 뒤가 어떻게 될지 알 수 있을까요?"라고 물었을 때 공자가 한 대답은 이런 태도의 대표적 사례로 삼을 수 있다. "은殷나라는 이전의 하夏나라의 예禮를 이어받았으니 덜어내고 덧보탠 부분을 알 수 있다. 주周나라는 이전의 은나라의 예를 이어받았으니 덜어내고 덧보탠 부분을 알 수 있다. 주나라를 이어받는 나라가 있다면 비록 백 세대가 지난 뒤라도 얼마든지 알아낼 수 있다."[5]

맹자는 더 나아가 이러한 '시간' 발전의 과정에 주기가 있다는 점을 지적했다.

> 맹자: "요 · 순으로부터 탕왕에 이르기까지 500여 년이다. 우와 고요는 당시 직접 보고 그 도를 알았고 탕왕은 전해 들어서 알았다. 탕왕으로부터 문왕에 이르기까지 500여 년이다. 이윤과 내주萊朱는 당시 직접 보고서 알았고 문왕은 전해 들어서 알았다. 문왕으로부터 공자에 이르기까지 500여 년이다. 태공망太公望과 산의생散宜生

---

5 (宋)朱熹, 「爲政」23, 『論語集注』, 『四書章句集注』卷1, 北京: 中華書局, 1983, 59쪽: "殷因於夏禮, 所損益, 可知也. 周因於殷禮, 所損益, 可知也. 其或繼周者, 雖百世可知也."

은 당시 직접 보고서 알았고 공자는 전해 들어서 알았다. 공자 이래로 오늘에 이르기까지가 100여 년이다. 성인의 시대로부터 거리가 이처럼 멀지 않고, 성인이 살던 곳도 이처럼 아주 가깝지만, 성인의 도를 이을 사람이 없으니 끝내 그렇게 할 사람이 아무도 없을 것인가?"[6]

고대 유가는 더욱이 '시간'이 왕복 운동을 하는 중에 역사가 일종의 '이성'적 요소를 가지고 있고 역사의 발전에 일종의 필연성이 있다고 보았다. 이 점에 있어서 공·맹·순의 지론은 자못 일치를 보여준다. 그들은 인류 역사의 미래에 대해 비교적 낙관적인 견해를 보였다. 공자는 일찍이 춘추시대 이래로 역사 발전을 귀납한 적이 있는데, 역사 발전에 일정한 일반 법칙이 있다고 지적했다.

공자: "천하에 도道가 실행되면 예악禮樂과 정벌의 권한이 천자에게서 나오지만 천하에 도가 실행되지 않으면 예악과 정벌의 권한이 제후에게서 나온다. 제후에게서 나오면 대체로 10세대가 지날 무렵에 그 권한을 잃지 않은 경우가 드물다. 대부에게서 나오면 5세대에 지날 무렵에 그 권한을 잃지 않은 경우가 드물다. 대부의 가신이 국권을 잡으면 3세대가 지날 무렵 그 권한을 잃지 않은 경우가 드물다. 천하에 도가 행해지면 정치 권력이 대부의 손아귀에 놓일 리가 없고 천하에 도가 행해지면 서민들이 정치를 두고 왈가왈

6 〔宋〕朱熹, 「盡心下」 38, 『孟子集注』, 『四書章句集注』 卷14, 北京: 中華書局, 1983, 376~377쪽: "孟子曰, 由堯舜至於湯, 五百有餘歲, 若禹·皐陶, 則見而知之. 若湯, 則聞而知之. 由湯至於文王, 五百有餘歲, 若伊尹·萊朱則見而知之. 若文王, 則聞而知之. 由文王至於孔子, 五百有餘歲, 若太公望·散宜生, 則見而知之. 若孔子, 則聞而知之. 由孔子而來至於今, 百有餘歲, 去聖人之世, 若此其未遠也. 近聖人之居, 若此其甚也, 然而無有乎爾, 則亦無有乎爾?"

부하지 않는다."[7]

공자는 역사에 일종의 '이성'이 작용하므로 역사의 발전은 일정한 궤적을 따르기에 나름의 필연성을 가지게 된다고 보았다. 공자의 이런 생각에는 아마도 사상의 연원이 존재할 것이다. 주나라 초기이래로 역사 경험에서 행위의 규칙을 귀납하는 시도가 끊임없이 강조되어 왔다. 『상서』「소고召誥」에는 소공召公의 말을 한 단락 싣고 있는데, 대표적인 주장으로 볼 있다.

소공은 다음처럼 말했다.

> 우리는 하나라를 거울로 삼아야 하고 또 은나라를 거울로 삼아야 한다. 내가 감히 아는 척 하는 것은 아니만 '하나라는 하늘의 명을 받아 잘 따르며 여러 해 동안 나라를 다스렸다.'고 한다. 내가 감히 아는 척하는 것은 아니지만 '그들이 더 계속되지 못한 것은 군주의 덕을 공경하지 못하여 이에 일찍이 하늘의 명을 잃었기 때문이다.' 라고 한다. 지금 왕은 그 하늘의 명을 이어받았으니 우리는 이들 두 나라의 운명을 생각하여 그 공을 제대로 이어받아야 한다.[8]

주나라 초에 주공·소공과 같은 통치자들이 역사 경험을 중시하고 있는데,

---

7 (宋)朱熹,「季氏」2, 『論語集注』卷8, 171쪽: "孔子曰, 天下有道, 則禮樂征伐自天子出. 天下無道, 則禮樂征伐自諸侯出. 自諸侯出, 蓋十世希不失矣. 自大夫出, 五世希不失矣. 陪臣執國命, 三世希不失矣. 天下有道, 則政不在大夫. 天下有道, 則庶人不議."

8 (漢)孔安國 傳, (唐)孔穎達 等 正義, 『尙書正義』, 臺北: 藝文印書館, 1960年 影印宋刊本, 222쪽 -下: "我不可不監于有夏, 亦不可不監于有殷. 我不敢知曰, 有夏服天命, 惟有歷年, 我不敢知曰, 不其延. 惟不敬厥德, 乃早墜厥命. 我不敢知曰, 有殷受天命, 惟有歷年, 我不敢知曰: 不其延. 惟不敬厥德, 乃早墜厥命. 今王嗣受厥命, 我亦惟玆二國命, 嗣若功."

그 이유는 일종의 역사 속 필연성을 암묵적으로 가정한 데 있다. 즉 자신의 덕을 존중하면 큰일을 이루지만 자신의 덕을 존중하지 않으면 천명을 잃게 된다. 공자는 주나라 문화를 마음속으로 흠모했다. 그는 '찬란하게 빛나던 문화'를 일군 주나라에 마음이 끌려 그 문화를 일군 주공을 꿈에서 만나지 못함을 자신이 쇠약해지는 징표로 여겼다.[9] 주나라 문화에서 역사를 존중하는 사상은 공자에게 모종의 계시를 주었다.

맹자는 공자를 사숙한 제자로 자처했는데, 그의 글에도 역사의 변천 중에 일종의 필연성이 존재한다고 긍정했다. BC 312년 맹자가 자신의 이상을 실현할 수 없자 제나라를 떠나기로 결정했을 때,[10] 그가 충우充虞에게 했던 말 속에 역사적 필연성의 가설이 함축되어 있다.

맹자는 다음처럼 말했다.

> 500년마다 반드시 훌륭한 왕이 나타나고 그 사이에 반드시 세상에 이름을 떨친 인물이 있다. 주나라가 생긴 이래로 700여 년이 지났다. 연수를 가지고 헤아려보면 500년이 넘었고 상황으로써 헤아려보더라도 왕이 나타날 만하다. 하늘이 아직 천하를 평화롭게 안정시키려고 하지 않을 뿐이지 만약 천하를 평화롭게 안정시키려고 한다면 지금 세상에 나를 빼놓으면 누가 그럴 수 있겠는가? 내가 무엇 때문에 기뻐하지 않겠는가?"[11]

---

9 ‖ 이 내용은 모두 『논어』에 나오는 구절을 바탕으로 논의를 진행하고 있다. 「팔일」 14: "子曰, 周監于二代, 郁郁乎文哉! 吾從周." 「술이」 5: "子曰, 甚矣, 吾衰也, 久矣. 吾不復夢見周公."

10 이 단락의 역사적 사실에 관해 黃俊傑, 『孟子』, 臺北: 東大圖書公司, 1993 初版; 2006 修訂二版, 第2章 참조.

11 〔宋〕朱熹, 「公孫丑下」 13, 『孟子集注』 卷4, 250쪽: "五百年必有王者興, 其間必有名世者. 由周而來, 七百有餘歲矣. 以其數則過矣, 以其時考之則可矣. 夫天, 未欲平治天下也. 如欲平治天下, 當今之世, 舍我其誰也? 吾何爲不豫哉?"

맹자의 이 말 가운데 몇 가지 의미들을 내포하고 있다. 첫째, 영웅적 인물의 출현은 역사적 필연이다.("500년마다 반드시 훌륭한 왕이 나타난다") 둘째, 필연성을 가진 이런 역사의 움직임은 대략 500년을 주기로 한다. 셋째, 역사 속에 이성의 요소가 있다.("하늘이⋯⋯천하를 평화롭게 안정시키려고 한다") 넷째, 사람은 마땅히 낙관적 태도로 미래를 맞이해야 한다.("내가 무엇 때문에 기뻐하지 않겠는가?")

고대 유가는 인류 역사의 전개 방향에 대해 기본적으로 일종의 낙관주의적 태도를 지녔다. 그들은 장기적인 관점에서 보면 역사가 기본적으로 일종의 이성적 요소를 내포하고 있고 인류의 역사는 늘 이성의 궤적 위로 진행된다고 생각했다.

유가가 이러한 역사적 낙관주의 태도를 지니는 가장 주요한 사상적 근거가 있다. 즉 그들은 역사 속의 '시간'에 왕복성이 있다는 점을 믿는다. 인간은 시공간이 교착하는 '현재'의 지점에 서서 역사 경험을 사고하고 역사상의 '과거'에 의미를 부여하고 역사적 사고를 통해 자기와 자기 시대를 자리매김한다. 그래서 공·맹·순에게 있어서 역사 해석은 기본적으로 일종의 의미를 세우는 인문 활동이지 외과 수술실 안에서 해부를 하는 행위가 아니다. 공·맹·순의 인식 안에 '역사'와 '자아'의 관계는 대상적 존재가 아니다. '역사'는 한편으로 '자아'를 진실하게 빚어내고 '자아'를 '역사'에 스며들게 하지만 다른 한편으로 '자아' 역시 '역사'가 어떻게 해석되는지를 결정하는 주체이며 역사의 방향을 결정할 수 있다. 그러므로 '역사'와 '자아'는 고대 유학자들의 눈에 상호 침투하는 관계로 비춰졌다.

위에서 유가 사상에서 '시간'의 왕복성을 설명했는데, 이는 아주 쉽게 한 가지 연상을 낳는다. 고대 중국은 역사 의식이 아주 발달한 사회이이다. 이는 인류학자인 레비 스트로스(Claude Lévi-Strauss, 1908~2009)가 서술했듯이 역사감을 지닌 '뜨거운 사회'와 유사하며 "꿋꿋하게 역사 진행을 내면화하여 자체 발전의 추동력으로 삼는다."[12] 원시 사회의 사람들도 '시간의 왕복성'을 믿었다면 과연 그들의 '시간' 개념과 고대 중국인의 '시간' 개념은 같을까?

비교 문화사의 입장에서 보면, 중국 고대의 '시간'관과 일부 원시 사회의 '시간'관은 확실히 어떤 유사한 측면이 있다. 마키 유스케眞木悠介(본명은 미타 무네스케見田宗介, 1937~)는 일찍이 세계 문화사에서 보이는 '시간'을 네 가지 형태로 분석한 적이 있다. 1) 근대 사회 속의 '시간'은 직선적이다. 2) 히브리 사회 속의 '시간'은 계단적이다. 3) 고대 그리스 사회 속의 '시간'은 원형적이다. 4) 원시 공동체의 '시간'은 왕복적이다.[13] 이 중에 고대 그리스 문화와 원시 공동체의 '시간'은 '왕복성의 시간'에 가깝고 근대와 히브리 문화의 '시간'은 '비왕복성의 시간'에 가깝다. 근대와 고대 그리스 사회의 '시간'은 '추상적인 양적 시간'이고 원시 공동체와 히브리 사회 속의 '시간'은 '구체적인 질적 시간'의 경향이 있다. 물론 위에서 말한 분류는 이상형 모델의 설명이다. 이 4가지 '시간' 개념 중에 여전히 세부적인 차이가 들어있지만 여기서 일일이 논의할 필요가 없다.

1) 공통의 역사적 경험이 사회의 각 구성원에게 내면화되고, 2) '시간'

---

12 Claude Lévi-Strauss, 李幼蒸 譯, 『野性的思維』, 臺北: 聯經出版公司, 1989, 294쪽. ‖ 한국어 번역본은 안정남 옮김, 『야생의 사고』, 한길사, 1996 참조.
13 ﹝日﹞眞木悠介, 『時間の比較社會學』, 東京: 岩波書店, 1981; 1991, 183쪽. 중국과 서구 문화에서 '시간' 개념의 비교에 관해 John T. Marcus, "Time and the Sense of History: West and East," *Comparative Studies in Society and History*, vol.3, no.2, 1961, pp.123~138 참조. 중국 시간 개념에 대한 일반적 논의는 劉文英, 『中國古代時空觀念的産生與發展』, 上海 上海人民出版社, 1980 참조. 이 책의 일본어 번역본은 堀池信夫 等 譯, 『中國の時空論』, 東京: 東方書店, 1992. ‖ 한국어 번역본은 최정옥·이혜원 옮김, 『시간의 비교 사회학』, 소명출판, 2004 참조.

의 양화 가능성이 두드러지지 않고, 3) '시간'이 '과거'와 '현재' 사이에서 왕복 운동하는 등 '왕복성'을 보이는 이 세 가지 측면으로 볼 때, 고대 중국과 원시 공동체의 '시간' 관념은 확실히 일종의 유사성이 있다. 한 걸음 더 나아가 다음을 지적하고자 한다. 고대 중국과 원시 사회의 '시간' 관념은 표면적 유사성도 있지만 그 사이에 커다란 차이점이 숨어 있다. 비교적 주목할 가치가 있는 내용은 최소한 아래의 세 가지 측면이다.

첫째, 원시 사회에서 '시간'의 왕복성은 늘 어떤 의식이나 자연물을 통해 창조된다. 고대 중국인의 '시간'의 왕복성은 늘 고대 성현과 역사 사건을 통해 나타난다. 양자 사이에는 본질적인 차이가 있다. 레비 스트로스가 일찍이 호주 중부 원시 부락의 추링가(churinga) 풍속을 기록한 내용을 살펴보자.

추링가는 돌이나 나무로 만든 물건으로 대체로 타원형이며 끝이 뾰족하거나 둥글고 종종 상징 기호가 조각되어 있다. 어떤 때는 단순한 나무토막이나 가공되지 않은 돌에 지나지 않는다. 각각의 '추링가'는 어떤 모양이든 간에 모두 특정한 조상의 육체를 대표하며 그 조상의 환생이라고 생각되는 사람에게 대대로 엄숙하게 건넨다. 추링가는 인적으로부터 멀리 떨어진 천연 동굴 속에 무더기로 쌓여 숨겨진다. 사람들은 정기적으로 그것을 꺼내 검사하고 만져 본다. 그때마다 윤을 내고 기름을 바르며 색을 칠하며 또 추링가에 기원하며 주문을 외운다. 추링가의 역할이나 취급을 보면 오늘날 우리가 소형금고에 숨기거나 공증인에게 위탁하여 보관하는 비밀 문서와 아주 비슷하다. 우리는 때때로 성물聖物을 대하듯이 아주 조심하는 태도로 그것을 검사하며 필요할 때는 그것을 보수하거나 한층 더 정교한 문서 보관 장소에 넣어둔다. 이때 우리는 체면을 차리며 떨어지거나 찢어진 책을 끊임없이 회고하면서 기억 속의 위대한 신화를 떠올린다. 즉 우리 조상의 의연한 행적과 위대한 덕업, 우리가 집을 스스로 짓거나 처음으로 구입할 때의 역사를 떠올린다.[14]

호주 북부의 원시 마을의 주민은 '추링가'를 통해 과거의 '시간' 및 그 경험을 '현재화'시켰다. 이밖에도 북부 아란다인은 토지에 대한 뜨거운 사랑을 통해 '과거'와 '현재' 사이에 연속성을 지켰다. 레비 스트로스가 답사 보고 내용을 인용하며 다음처럼 말했다.

> 산·강·샘·연못이 그들(토착민)에게는 단순히 흥미를 불러일으키거나 아름다운 풍경에 그치지 않는다. …… 그것들은 모두 그들 조상의 작품이다. 그들은 주위의 경관에 보존되어있고 그들이 숭배하는 불멸의 영혼과 관련된 생활과 공적의 과거사를 지켜본다. 짧은 시간에 사람의 형태로 재현하기도 하고 자신이 직접 경험하는 중에 적지 않은 사람(예컨대 살아생전의 아버지·할아버지·형제와 어머니·자매 등)을 알아보기도 한다. 전체 마을은 그들의 오래되고 영원한 가족 계보의 나무이다. 마을의 역사는 곧 태초에 생명이 처음 생겼을 때 그가 스스로 만든 이야기이며 그때 그가 이해한 세계는 일찍이 전능한 창조자의 손에 창조되고 빚어진 것이다.[15]

그런데 고대 중국인의 '시간'의 왕복성은 대부분 역사상의 황금 시대(예컨

---

14 Claude Lévi-Strauss, 李幼蒸 譯, 『野性的思維』, 300쪽. ‖ 한국어 번역본은 안정남 옮김, 『야생의 사고』, 한길사, 1996 참조.
15 Claude Lévi-Strauss, 李幼蒸 譯, 『野性的思維』, 306쪽.

대 삼대三代) 또는 고대 성현(요·순·우·탕·주 문왕·주 무왕·주공·공자 등)과 그들의 훌륭한 말과 아름다운 행실의 사고를 통해 창조된다. 이 점은 이 장의 제4절에서 논의하려고 하므로 여기서 더 언급하지 않겠다.

둘째, 고대 중국과 원시 사회 '시간' 개념의 또 다른 차이는 중국인이 '고古'(이상의 상징)와 '금今'(현실의 대변)의 대비를 통해 의미의 창조 활동을 진행하는 데에 있다. 이 점이 중국 문화의 특성을 잘 담고 있다. 나는 앞에서 고대 중국인의 '시간' 개념이 '옛날'과 '지금' 사이에서 왕복 운동을 하며 '자아'와 '역사' 사이에 상호 삼투성과 상호 참여성(inter-involvement)을 가지게 한다고 말했다. 이 복잡한 관계로 말미암아 '자아'는 쉽게 찢어져 둘이 되고 양자가 항상 긴장의 상태에 있게 된다. 간단히 말하면 '역사'의 삼투를 받고 '역사'에 서로 참여하는 '자아'는 2가지 측면을 가진다. 1) 역사 경험의 퇴적으로서 '자아', 2) 현실 상황의 제약 아래에 놓여있는 '자아'이다.

'역사 경험의 퇴적으로서 자아'는 '역사인(Homo historien)'으로서 인간을 말한다. 인간이 역사 경험에 푹 젖어서 빚어지는 특성을 가리킨다. 공자는 주공을 흠모하고 주나라 초의 역사 경험을 통해 자신의 시대를 반성했다. 맹자가 역사를 돌아보며 특별히 "순舜 임금은 농사짓다가 발탁되었고 부열傳說은 성벽 쌓는 일을 하다가 등용되었고 교력膠鬲은 생선과 소금을 팔다가서 등용되었고 관이오管夷吾(관중)는 옥리에게 잡혔다가 등용되었고 손숙오孫叔敖는 바닷가에 살다가 등용되었고 백리해百里奚는 시장에서 살다가 등용되었던"[16] 역사적 사실에 주목했다. 그들은 모두 역사 속에 젖어 있고 '역사'에 의해 빚어졌다.

---

16 [宋]朱熹,「告子下」15,『孟子集注』卷12, 348쪽: "舜發於畎畝之中, 傅說舉於版築之閒, 膠鬲舉於魚鹽之中, 管夷吾舉於士, 孫敖叔舉於海, 百里奚舉於市."

주공·순·부열 등 위인의 생생한 경험은 공자와 맹자의 '체현(embodiment)'을 통해 그들의 인격 특성을 구성하는 요소가 되었다. '역사인'으로서 '자아'는 이상으로 충만해있다. '역사 경험의 퇴적으로서 자아'에 비교해서 '현실 상황의 제약 아래에 놓여있는 자아'는 인간이 '현실인'으로서 지금 이곳의 생생한 사회·경제·정치 활동에 참여하는 인간을 가리킨다. 근대 이전의 중국 역사에서 '현실인'으로서 '자아'는 전제 정치의 제약 아래에 처해 있으면서 현실 세계의 더러움에 대해 특별히 심각하게 느꼈다. 이로 보건대 2가지 '자아' 사이의 긴장은 피할 수 없다. 사실 고대 유가의 저술 중에 '고'와 '금'의 대비는 줄곧 역사 서술의 중요한 주제였다.

『논어』의 내용을 보면 공자는 늘 주대 문화에 대해 존경을 표시하는 방식으로 자신의 시대에 대한 불만을 드러냈다. 공자는 같은 시대의 지식인의 학문 태도에 불만을 가졌다. "옛날의 학자는 자기를 위해 배웠지만 지금의 학자는 남을 위해 배운다."[17] 공자는 고금의 사회 분위기의 변화에 다음처럼 말했다. "옛날의 백성들에게 3가지 병통이 있었지만 지금은 이마저도 없다. 옛날의 포부가 멀고 큰 자들은 거리낌 없이 없었지만 지금의 광자는 개망나니처럼 군다. 옛날의 긍지를 가진 자들은 원칙을 들먹였지만 지금의 긍자는 걸핏하면 성내고 싸우려 든다. 옛날의 어수룩한 자들은 솔직(순박)했지만 지금의 우자는 영악하여 속이려 든다."[18] 공자가 말하는 중에 그는 자주 '옛날'이란 말로 그의 이상을 담아내고 '지금'이라는 단어로 현실의 더럽고 쩨쩨함을 나타냈다.

'고'와 '금'의 강렬한 대비는 이상주의로 넘치는 맹자의 손에서 한 층

---

17 ｢宋｣朱熹,「憲問」25,『論語集注』卷7, 155쪽: "古之學者爲己, 今之學者爲人."
18 ｢宋｣朱熹,「陽貨」16,『論語集注』卷9, 179쪽: "古者民有三疾, 今也或是之亡也. 古之狂也肆, 今之狂也蕩. 古之矜也廉, 今之矜也忿戾. 古之愚也直, 今之愚也詐而已矣."

더 발휘되었다. 『맹자』의 책에는 다음과 같은 종류의 비교로 가득 차 있다. 그중 아래 두 단락이 비교적 두드러진 주장을 보인다.

> 1) 맹자: "하늘이 내린 벼슬로서 천작天爵이 있고 사람이 수여하는 벼슬로서 인작人爵이 있다. 사람답고 의로우며 충실하고 미더우며 선을 즐거워하기를 게을리 하지 않는 마음이 천작이다. 공경公卿과 대부大夫의 제도는 인작이다. 옛사람은 자신의 천작을 닦다보면 인작이 따라왔다. 지금의 사람은 자신의 천작을 닦아서 인작을 요구하고 이미 인작을 얻고 나면 천작을 내버리니 미혹이 심각하다. 끝내 반드시 인작도 없어질 것이다."[19]

> 2) 맹자: "오패五霸는 삼왕三王의 죄인이고 지금의 제후들은 오패의 죄인이고 지금의 대부는 지금 제후의 죄인이다."[20]

맹자는 첫 번째 인용문에서 고금의 사람들이 수양하는 목적이 다름을 비교했고 두 번째 인용문에서 고금의 정치가 다른 길로 나아가는 점에 대해 깊이 탄식했다.

순자도 자주 고금을 대비하는 서술의 맥락에서 자신의 이상 세계를 제시했다. 이 부류의 서술이 매우 많지만 하나만 실례로 들어 보겠다.

---

19 (宋)朱熹, 「告子上」 16, 『孟子集注』 卷11, 336쪽: "孟子曰, 有天爵者, 有人爵者. 仁義忠信, 樂善不倦, 此天爵也. 公卿大夫, 此人爵也. 古之人修其天爵, 而人爵從之. 今之人修其天爵, 以要人爵. 旣得人爵, 而棄其天爵, 則惑之甚者也, 終亦必亡而已矣."

20 (宋)朱熹, 「告子下」 7, 『孟子集注』 卷12, 343쪽: "孟子曰, 五霸者, 三王之罪人也. 今之諸侯, 五霸之罪人也. 今之大夫, 今之諸侯之罪人也." ‖ 오패는 춘추시대에 무력을 바탕으로 국제 질서를 주도하던 제후를 가리킨다. 구체적으로 제 환공·진 문공·진 목공·송 양공·초 장왕을 가리킨다. 삼왕은 하 우왕·상 탕왕·주 문왕처럼 덕을 중시한 군주를 가리킨다.

순자는 다음처럼 말했다.

옛날에 선왕들은 사람 사이의 분계를 마련하여 차등을 두었다. 그
러므로 어떤 이는 아름답게 차리고 어떤 이는 초라하게 차리며, 어
떤 이는 풍족하고 어떤 이는 가난하며, 어떤 이는 안락하고 어떤
이는 고생하게 하였다. 그것은 일부러 지나치게 편하고 화려하게
지내려는 것이 아니라 사람다움에 맞는 무늬를 밝히고 사람다움에
맞는 질서에 통하도록 하기 위해서이다. 따라서 옥이나 상아, 쇠붙
이에 조각을 하고 옷에 여러 가지 무늬를 수놓는 것은, 사람의 귀
하고 천한 신분을 분별하는 데에 목적이 있지 겉모양을 꾸미려는
것은 아니다. 종·북·피리·경과 금·슬·우·생의 악기는 길하고 흉
한 일을 분별하고 환락과 화합을 추구할 수 있으면 그 뿐이지 그
여분의 쾌락은 추구하지 않는다. 궁실과 누각은 더위와 습기를 피
하고 덕을 길러 신분이 가볍고 무거운 것을 분별할 수 있게 하면
그 뿐이지 그 밖의 쾌락은 추구하지 않는다. …… 지금의 세상은
그렇지 않다. 세금을 많이 거두어들여 백성들의 재물을 빼앗고, 논
밭의 세금을 무겁게 하여 백성들의 식량을 빼앗으며, 관문과 시장
의 세납을 가혹하게 하여 일을 하기 어렵게 한다. 그뿐 아니라 트
집을 잡아 허물을 들춰내고 틈을 엿보아 우롱하며 권세와 계략으
로 그들을 넘어뜨려 서로 전도되며 쇠약해지게 하는데, 백성도 모
두 왕의 행동이 더럽고 난폭하여 큰 위기를 맞고 망하게 될 것임을
분명히 알고 있다. 신하가 그의 왕을 죽이기도 하고 아랫사람이 그
의 윗사람을 죽이기도 하며, 그의 도성을 팔아넘기기도 하고 그의
절조를 배반하며, 그가 섬기는 자를 위해 목숨을 바치지 않는다.
다른 연고가 있는 것이 아니라 왕 스스로 그렇게 만들었다.[21]

순자가 공·맹처럼 고대를 이상화시켜서 말하고 있는데, 이는 그것을 지렛대로 삼아 비이상적인 현실을 이끌어가고자 했기 때문이다.

이상의 논의를 통해 고대 유가는 '역사인'으로서 '자아'와 '현실인'으로서 '자아' 사이에 거대한 간극이 존재한다는 사실에 주목했다. 그들이 여러 차례 고금의 다른 분위기를 언급했는데, 이는 '자아'의 두 가지 측면 사이에 있는 긴장에 대한 인식을 나타낸다. 우리는 '시간의 왕복성'이 바로 고대 유가 '고古'와 '금今' 사이에 있는 간극을 줄이고 '이상'과 '현실'의 모순을 극복하는 중요한 도구였다고 말할 수 있다.

셋째, 고대 중국인의 '시간' 개념 중에 '과거'와 '현재'는 기계적으로 대립하는 양극이 아니라 유기적으로 서로 삼투하는 두 가지의 시간점이다. 이것은 '시간'관념에 대한 고대 중국과 원시인의 세 번째 차이점이다.

인류학자 에드먼드 리치(Edmund R. Leach, 1910~1989)는 일찍이 원시 사회의 '시간'이 대립하는 양극(예컨대 밤과 낮, 겨울과 여름, 가뭄과 홍수, 노년과 유년, 삶과 죽음 등) 사이에서 왕복 운동을 한다고 지적했다.[22] 원시 사회의 시간 개념에서 '과거'는 '현재'의 대립물이다. 하지만 고대 중국인의 '시간' 개념은 순전히 자연적 의미의 '시간'이 아니라 일종의 인문적 의미의 '시간'이다. 이러한 인문 시간에서 '과거'·'현재'·'미래'가 표면에서 단절되어 있지만 심층에서 연속성을 가지고 있다.

21　[淸]王先謙,「富國」,『荀子集解』, 臺北: 藝文印書館, 2000, 347~352쪽: "古者先王分割而等異之也, 故使或美或惡, 或厚或薄, 或佚或樂, 或劬或勞, 非特以爲淫泰夸麗之聲, 將以明仁之文, 通仁之順也. 故爲之雕琢刻鏤, 黼黻文章, 使足以辨貴賤而已, 不求其觀. 爲之鍾鼓管磬, 琴瑟竿笙, 使足以辨吉凶, 合歡, 定和而已, 不求其餘. 爲之宮室, 臺榭, 使足以避燥濕養德, 辨輕重而已, 不求其外. …… 今之世而不然, 厚刀布之歛以奪之財, 重田野之稅以奪之食, 苛關市之征以難其事. 不然而已矣, 有掎挈伺詐權謀傾覆, 以相顚倒, 以靡敝之, 百姓曉然皆知其汙漫暴亂而將大危亡也. 是以臣或弑其君, 下或殺其上, 粥其城, 倍其節, 而不死其事者. 無它故焉, 人主自取之."

22　Edmund R. Leach, *Rethinking Anthropology*, London: The Athlone Press, 1971, pp.124~136

공자가 자공子貢(BC 520~?)을 칭찬하면서 다음처럼 말했다. "옛것을 알려주니 다가올 것을 추리할 줄 아는구나!"[23] 또 "주周나라는 이전의 은나라의 예를 이어받았으니 덜어내고 덧보탠 부분을 알 수 있다. 주나라를 이어받는 나라가 있다면 비록 백 세대가 지난 뒤라도 얼마든지 알아낼 수 있다."[24] 모두 '과거'와 '현재' 사이에 있는 연속성을 바탕으로 한 말이다.

이상으로 우리는 고대 유가의 역사 사유 속의 '시간'의 왕복성을 분석했다. 이 특성은 표면으로 보면 원시 사회의 '시간' 개념과 일종의 유사성이 있다. 실질로 보면 중국인의 '시간'은 강렬한 인문화성人文化成의 의미로 가득 차 있다. 그것은 플라톤 방식의 추상적 개념도 아니고 원시 사회에서 의식 행위를 통해 '과거'를 현재화시키는 '왕복적 시간'도 아니며 '이상'과 '현실'의 모순을 극복할 수 있는 일종의 인문적인 '시간'이다.

(2) '고古'와 '금今'의 상호 발현

고대 유가에서 '시간' 개념의 두 번째 특성은 '고古'와 '금今'의 상호 발현이다.

'고'와 '금'의 '상호 발현'은 유가가 늘 '현재'를 비판하거나 '미래'의 방향을 인도하기 위해 '과거'의 역사 경험을 돌아보는 것을 가리킨다. 그들은 늘 자신들이 주장하는 '현재'와 '미래'가 '마땅히 되어야 함(ought to be)'을 과거 역사에서 '실제로 그랬음(to be)'과 하나로 결합시키고 또 늘 '마땅히 되어야 함'의 바탕으로 '실제로 그랬음'을 논술했다. 그래서 유가의 역사 사유는 늘 '역사'와 '역사 해석자'가 상호 융합되고 상호 삼투하여 '상호 주체성'의 상태에 도달하는 것을 보여준다. 이러한 의미에

---

23 [宋]朱熹,「學而」15,『論語集注』卷1, 53쪽: "告諸往而知來者."
24 [宋]朱熹,「爲政」23,『論語集注』卷1, 59쪽: "周因於殷禮, 所損益, 可知也. 其或繼周者, 雖百世可知也."

서 '고'는 주체이자 객체가 되는데, 이는 '고'가 '금'을 빚어낼 수 있고 또 '금'의 해석을 받기 때문이다. 게다가'금' 역시 주체이자 객체가 되는데, 이는 '금'이 '고'가 퇴적되어 전전된 것이지만 '고'에 새로운 의미를 부여할 수 있다. 따라서 '고'와 '금'은 서로 의존하면서 서로 창조하고 창조되는 관계이다.

'고'와 '금'의 상호 발현에서 우리는 한 걸음 더 나아가 고대 유가적 역사 사유의 세 가지 특징을 볼 수 있다.

> 1) '회고적(retrospective)' 사유와 '전망적(prospective)' 사유 활동은 서로 밀접하여 떼어놓을 수 없다.
> 2) 1) 때문에 유가적 역사 사유에서 '과거'와 '현재' 그리고 '미래'가 서로 삼투하는 관계를 이룬다.
> 3) 1)과 2)로 말미암아 고대 유가적 역사 사유에서 '가치'와 '사실'의 상호 융합이 일어난다.

'고'와 '금'의 상호 발현은 거울을 뜻하는 '감鑑'이라는 글자에서 구체적 함의가 드러난다. 이 장의 1절에서 『시경』 「대아 탕蕩」의 "은나라의 거울은 먼 곳에 있지 않으니 하나라의 마지막에 있다네(殷鑑不遠, 在夏后之世)."와 『상서』 「소고召誥」의 "우리는 하나라를 거울로 삼아야 하고 또 은나라를 거울로 삼아야 한다(我不可不監于有夏, 亦不可不監于有殷)"는 두 단락을 인용한 적이 있다. 이 두 단락의 글자 중에 '감監' 자는 '감鑑' 자로 쓰는데, 일찍이 갑골문자에서 보이고 마치 한 사람이 동이(그릇) 옆에 서서 스스로 자신의 모습을 살핀다는 의미를 나타낸다.[25]

---

25 李孝定, 『甲骨文字集釋』 第8, 臺北: 中央研究院歷史語言研究所, 1965, 2715~2716쪽

'감監'은 원래 거울을 가리킨다. 『석문釋文』에 따르면 "감鑑은 경鏡이다(鑑, 鏡也)."『좌전』 노나라 장공莊公 21년(BC 673) 기사에서 "왕이 왕후의 반감鑿鑑을 주었다"[26]라고 하고, 『시경』「패풍邶風 백주柏舟」에서 "내 마음 거울이 아니네"[27]라고 한다. 세 곳의 예문에서 '감'은 모두 거울을 의미한다. 주준성朱駿聲(1788~1858)에 따르면 "감은 경鏡의 가차로 쓰인다. …… 경竟과 감監은 운모(모임)가 바뀐 관계이다."[28] 주준성의 설명이 더욱 그러하다. '감'의 의미는 본래 거울을 가리키다가 경계하다는 '계誡'의 의미가 파생되었다. 『광운廣韻』에서 "감은 계誡이다"[29], 『정자통正字通』에서 "고금의 성패를 고찰하여 본보기로 삼고 경계하는 것이 모두 감鑑이다"[30]라고 하는데, 모두 '감' 자의 파생된 의미를 말하고 있다.

거울을 쥐고 스스로 바라보며 살피는 동작에서 사람은 거울이 비추는 객체이면서 거울을 보는 주체이므로 사람과 거울이 모두 서로 주체가 된다. 『시경』「대아 탕」에서 "은나라의 거울은 먼 곳에 있지 않다"고 했다.[31] 그 속뜻은 한편으로 역사 경험을 눈앞의 현실을 비추는 거울로 삼을 수 있다는 것이고 다른 한편으로 현실 상황은 역사 경험이 새로운

참조.

26 楊伯峻, 『春秋左傳注』, 臺北: 源流文化事業有限公司, 1982, 218쪽: "王以后之鑿鑑予之."
27 ｢漢｣鄭玄 箋, ｢唐｣孔穎達 疏, 『毛詩注疏』, 臺北: 藝文印書館, 1960年 影印宋刊本, 74쪽: "我心匪鑑."
28 ｢淸｣朱駿聲, 『說文通訓定聲』謙部 第4, 臺北: 藝文印書館, 1979年 影印本, 189쪽: "鑑, 假借爲鏡 …… 竟監, 一聲之轉." ‖ 聲母(자음)가 같거나 비슷한 상황에서 韻母(모음)가 변하여 이루어진 글자 또는 어휘의 파생 및 분화 현상을 가리킨다. 자세한 내용은 潘悟雲, 박원기 옮김, 「「一聲之轉」과 同源詞 연구」, 『한자한문연구』 2, 2006 참조.
29 ｢宋｣陳彭年 等 修, 『廣韻』卷4, 臺北: 臺灣商務印書館, 1965年 四部叢刊 初編縮本, 130쪽-上: "鑑, 誡也."
30 ｢明｣張自烈, 『正字通』, 『四庫全書存目叢書』第198冊, 「經部 小學類」, 臺南: 莊嚴文化事業公司, 1997, 550쪽: "考觀古今成敗爲法戒者, 皆曰鑑."
31 ｢漢｣鄭玄 箋, ｢唐｣孔穎達 疏, 『毛詩注疏』, 644쪽: "殷鑑不遠."

의미를 부여한다는 것이다. '감鑑'이라는 한 글자는 중국 고대 유가 역사 사유 속의 '고古'와 '금今'이 서로 발현하는 의미를 가장 잘 보여줄 수 있다.

유가적 '시간'관 중에 '고'와 '금'이 상호 발현하는 현상을 논의할 때 한 가지 문제가 생길 수 있다. 즉 유가적 '시간'관에서 '미래'는 어떻게 생각되는가? 사실 일본의 선배 학자 구리타 나오미栗田直躬(1903~1999)는 중국 고대 사상가들이 '미래'에 대해 사고가 부족하다고 보았다. 중국의 고작에서 늘 보이듯이 '고古'와 '금今'이 명확히 나란히 열거되고 있지만 두 개념과 상응해서 '미래'를 나타내는 의미의 단어가 빠져있다. 개념으로 보면 중국 고적에서 '미래' 용어의 독립적 지위가 부족하다.[32] 여기서 살펴본 구리타의 논조는 뛰어난 식견을 보여준다.

하지만 내가 보충하고 싶은 것은 고대 중국의 사상가들이 '지나간 것을 비추어〔鑑往〕' '다가올 것을 알〔知來〕' 수 있고, '미래'와 관련된 갖가지 일어날 법한 동향은 일찍이 '과거' 속에 감춰져 있다고 생각했다. 이는 곧 공자가 말했듯이 "은나라는 이전의 하나라의 예禮를 이어받았으니 덜어내고 덧보탠 부분을 알 수 있다. 주나라는 이전의 은나라의 예를 이어받았으니 덜어내고 덧보탠 부분을 알 수 있다."는 이 '과거'의 역사적 사실로 인해 "주나라를 이어받는 나라가 있다면 비록 100세대가 지난 뒤라도 얼마든지 알아낼 수 있다."라고 하는 것과 같다.[33]

---

32 栗田直躬, 「上代シナ思想における'時'と'時間'」, 『中國思想における自然と人間』 第4章, 東京: 岩波書店, 1996, 149~187쪽.

33 〔宋〕朱熹, 「爲政」 23, 『論語集注』 卷1, 59쪽: "殷因於夏禮, 所損益, 可知也. 周因於殷禮, 所損益, 可知也. 其後繼周者, 雖百世可知也."

3. 유가적 역사 사유의 방법: '비比'와 '흥興'

이제 우리는 한 걸음 더 나아가 고대 유가가 어떤 방법을 운용하여 역사 사유를 진행했는지 고찰해보자.

이 장 제2절의 논의에서 나는 일찍이 다음을 지적했다. 고대 유가는 사람의 '자아'가 늘 역사 경험의 삼투를 받으며 '역사'와 서로 참여하게 된다. 이 때문에 '자아'는 2가지 지향을 갖는다. 1) 역사 경험의 퇴적으로서 '자아', 2) 현실 상황의 제약 아래에 놓여있는 '자아'. 고대 유가는 늘 다음을 주장한다. '자아'의 이 2가지 지향 사이에 마땅히 긴장이 존재하지 않아야 한다. 그들이 역사상의 '과거'와 사람이 생존하는 '현재' 사이는 지속되는 관계이지 단절된 관계가 아니라고 생각했기 때문이다. 그들이 이런 생각을 가진 가질까? 그들은 '시간'이 지속성과 가역성을 가졌다고 생각했기 때문이다.

공자는 하·상·주나라 등 '삼대'의 역사를 논의할 때 삼대 사이에 역사적 연속성이 있다고 보았다. 범위를 넓히면 "비록 100세대가 지난 뒤라도 얼마든지 알아낼 수 있다."[34] 맹자가 믿었던 "500년마다 반드시 훌륭한 왕이 나타난다"는 주장은 일종의 순환론적인 색채를 띠고 있지만 기본적으로 역사에 연속성이 있다는 점을 찬성하고 있다. 순자는 더욱이 "머나먼 1,000년을 보고자 하면 먼저 오늘을 래나려야 한다"고 강조했는데, '옛날과 지금은 모두 하나로 측량하기 때문이다.'[35] 역사 속의 '시간'에 연속성이 있으므로 '역사적 자아'와 '현실적 자아' 사이의 간극이 유가의 시각에서 보면 근본적으로 마땅히 존재하지 않아야 한다. 하지

---

34 [宋]朱熹, 「爲政」23, 『論語集注』卷1, 59쪽: "雖百世可知也."
35 [淸]王先謙, 「非相」, 『荀子集解』, 213~214쪽: "欲觀千歲, 則數今日. …… 古今一度."

만 문제는 "어떻게 '역사'와 '현실' 사이의 거리를 좁힐 수 있을까?"에 있다.

한 마디로 말해서 고대 유가가 역사 해석을 통해 '옛날'과 '오늘'의 거리를 좁히는 기본 방식은 곧 역사적 사건에서 역사 의미를 창조하는 것이다. 맹자에 따르면 "진정한 왕의 자취가 사라지자 『시』가 없어졌고 『시』가 없어지고 나서 『춘추』가 쓰였다. …… 『춘추』에서 기록한 사실은 제 환공과 진 문공의 일이고 기록한 글은 사관의 몫이다. 공자는 '그 안에 담긴 의리는 내가 분에 넘치게 채택했다'고 말했다."[36] 역사적 사건에 입각해서 역사적 의미를 구하기는 바로 유가적 전통 아래에서 살아가는 중국 역사가의 일관된 역사 저술 전통이다. 이 책의 제2장에서 중국의 역사 서술은 유구한 사론史論의 전통이 있다는 점을 논의했다. 이 '사론'이라는 글자가 바로 전통적인 중국의 역사가들이 역사적 사건에 입각해서 역사적 의미를 구하는 토대였다. 한 걸음 더 나아가 분석해보면 고대 유가가 역사 사고에서 의미를 창조하는 사유 방식에는 두 가지가 있다.

(1) 비比 방식의 사유 방식

중국인의 사유 방식에서 가장 중요한 것은 '비홍比興' 방식의 사유이다. '비比'는 늘 '홍興'에서 떠나지 않고 '홍'을 핵심 개념으로 삼는다. 우리는 먼저 '비比 방식의 사유 방식'을 살펴보기로 하자. '비 방식의 사유 방식'에서 '비'는 주희가 '육의六義'[37]를 해석하면서 말한 "비比는 저 사물을 가지고 이 사물에 견주는 것이다"라는 의미이다.[38] 비比는 오늘날의 말로 비교

---

36 [宋]朱熹,「離婁下」21,『孟子集注』卷8, 295쪽: "王者之迹熄而『詩』亡,『詩』亡然後『春秋』作. …… 其事則齊桓·晉文, 其文則史. 孔子曰: 其義則丘竊取之矣."

37 ‖ 육의는 『시경』에 있는 여섯 가지 문체로 賦·比·興·風·雅·頌 등을 가리킨다.

하다는 '비부比附'의 뜻인데, 유사한 사물로 가리켜서 비교하는 것이다. 이는 고대 중국인이 가장 잘 운용했던 사유 방식이다. '비 방식의 사유 방식'은 일종의 유비 추리의 사유 방법(analogical mode of thinking)이고 『묵자』「소취」에 나오는 '벽辟' 또는 '원援'의 사고 방법이다.[39]

벽辟이란 다른 사물을 들어 그것을 밝히는 것이다.[40]
원援이란 그대가 그러하다고 하니 내 어찌 홀로 그렇지 않을 수 있겠는가?[41]

이런 유비 추리의 사고 방법은 전국 시대에 가장 널리 유행했고[42] 당시 지식인이 문제를 논의할 때 늘 볼 수 있는 사고 방법이다.

이 '비 방식의 사유 방식'은 고대 유가가 역사를 논의할 때 거듭 나타난다. 『논어』에서 보인다. 자공子貢이 '일식과 월식'으로 '군자가 하는 과오'를 비유했다.[43] 공자가 '꿈에 주공을 다시 보지 못하는'[44] 일을 자신이 스스로 쇠약해지는 상징으로 삼았다. 또 자공이 공자가 백이·숙제를 '옛날의 현인이고', '인(평화)을 찾아 인(평화)을 얻었다'[45]는 평가로부터 공

38 (宋)朱熹,「詩卷第一」,『詩集傳』,『朱子全書』第1冊, 上海: 上海古籍出版社; 合肥: 安徽教育出版社, 2002, 406쪽: "比者, 以彼物比此物也."
39 吳毓江,『墨子校注』下冊, 北京: 中華書局, 1993, 642쪽.
40 『묵자』「小取」: "辟也者, 舉他物而以明之也." 他는 원래 作 자로 되어 있는데 王先謙의 주장에 따라 수정했다.
41 『묵자』「小取」: "援也者, 曰: 子然, 我奚獨不可以然也?"
42 D. C. Lau, "On Mencius' Use of the Method of Analogy in Argument," in D. C. Lau tr., Mencius, Hong Kong: The Chinese University Press, 1979; 1984, vol.II, pp.334~356. 중국 철학 속에서 철학자들은 늘 유추적인 사유 방식을 사용했다. Shu-hsien Liu(劉述先), "The Use of Analogy in Traditional Chinese Philosophy," Journal of Chinese Philosophy, vol.I, no.3 and no.4 (June-September, 1974), pp.313~338 참조.
43 (宋)朱熹,「子張」21,『論語集注』卷10, 192쪽: "君子之過也, 如日月之食焉."
44 (宋)朱熹,「述而」5,『論語集注』卷4, 94쪽: "不復夢見周公."

자가 위나라 왕을 돕지 않으리라는 점을 추론할 수 있었다. 이러한 모든 사례는 유비 추리의 사고 방법을 함축하고 있다.

이러한 사유 방식은 맹자에 이르러 한층 더 충분히 발휘되었다. 그래서 우리는 맹자를 중심으로 '비 방식의 사유 방식'이 고대의 유가적 역사 사유에서 전개되는 점을 살펴보자.

류전작(류뎬쥐에)劉殿爵(1921~2010)이 말했듯이 맹자는 유비 추리 방식으로 논증을 가장 잘 하는 사람이다.[46] 맹자는 "같은 부류는 모두 서로 비슷하다"[47]라고 했는데, '류類'는 『맹자』에서 주로 2가지 용법을 가진다. 하나는 서로 같은 종류의 속성 유비이고 다른 하나는 개념적 유비이다.[48] 이 2가지 용법은 맹자가 역사적 사실을 논할 때 모두 잘 드러난다. 『맹자』에서 3가지 실례를 들어보자.

1) 맹자: "힘을 써서 인仁을 가장하는 사람은 패자이다. 패자에게 반드시 큰 규모의 나라가 있어야 한다. 덕德으로 인을 실행하는 자는 왕자이다. 왕자에게 반드시 큰 규모의 나라가 필요로 하지 않다. 탕湯은 사방 70리의 땅으로, 문왕文王은 100리의 땅으로 왕업을 이루었다. 힘을 써서 사람을 복종시킨다면 사람이 마음으로 복종하지 않고 힘이 모자라 억지로 복종한다. 덕으로 사람을 복종시킨다면 사람이 속마음이 기뻐서 진실로 복종하니 70명의 제자가 공자에게 복종하는 경우이다. 『시』에 따르면 '서쪽에서 동쪽으로

---

45 宋)朱熹, 「述而」 15, 『論語集注』 卷4, 96쪽: "伯夷叔齊, 何人也? 曰, 古之賢人. 曰, 怨乎? 曰, 求仁而得仁. 又何怨?"

46 D. C. Lau, op. cit.

47 宋)朱熹, 「告子上」 7, 『孟子集注』 卷11, 329쪽: "凡同類者, 擧相似也."

48 '類'의 『맹자』에서 용법 분석은 黃俊傑, 『孟學思想史論(卷一)』, 臺北: 東大圖書公司, 1991, 5~12쪽 참조.

남쪽에서 북쪽으로 복종하지 않는 사람이 없다'[49]고 하는데 이것을 말한 것이다."[50]

2) 맹자: "옛날에 우 임금이 홍수를 통제하자 천하가 평온해졌고 주공이 이민족을 정벌하고 맹수를 몰아내자 백성들이 편안해졌으며 공자가 『춘추』를 완성하자 반란을 일으키는 신하와 부모를 해치는 자식이 두려워하였다. …… 나 또한 사람의 마음을 바로잡고 비뚤어진 학설을 그치게 하며 잘못된 행실을 막고 지나친 학설을 추방하여 우 임금·주공·공자 등 3성인을 계승하려 하는 것이지 어찌 변론하기를 좋아하겠는가? 나는 어쩔 할 수가 없어서 그렇게 할 뿐이다."[51]

3) 맹자: "이루離婁의 맑은 시력과 공수자公輸子의 정교한 손재주가 있어도 규구規矩, 즉 컴퍼스와 곡척을 쓰지 않으면 방형方形과 원형을 만들 수 없다. 사광師曠의 민감한 청력이 있어도 육률六律을 쓰지 아니하면 오음五音을 바로잡을 수 없다. 요·순의 도가 있어도 인정仁政을 실행하지 않으면 천하를 태평하게 다스릴 수 없다.[52]

---

49 ‖『시경』「大雅 文王有聲」에 나오는 시이다. 내용은 문왕이 사방의 백성들에게 신망을 받는 점을 나타내고 있다.

50 [宋]朱熹,「公孫丑上」3,『孟子集注』卷3, 235쪽: "孟子曰, 以力假仁者霸, 霸必有大國, 以德行仁者王, 王不待大. 湯以七十里, 文王以百里. 以力服人者, 非心服也, 力不瞻也. 以德服人者, 中心悅而誠服也, 如七十子之服孔子也.『詩』云, '自西自東, 自南自北, 無思不服.' 此之謂也."

51 [宋]朱熹,「滕文公下」9,『孟子集注』卷6, 273쪽: "孟子曰, 昔者禹抑洪水而天下平, 周公兼夷狄驅猛獸而百姓寧, 孔子成『春秋』而亂臣賊子懼. …… 我亦欲正人心, 息邪說, 距詖行, 放淫辭, 以承三聖者, 豈好辯哉? 予不得已也."

52 [宋]朱熹,「離婁上」1,『孟子集注』卷7, 275쪽: "孟子曰, 離婁之明, 公輸子之巧, 不以規矩, 不能成方員. 師曠之聰, 不以六律, 不能正五音. 堯舜之道, 不以仁政, 不能平治天下."

이상 3가지 인용문에서 첫째로 역사상으로 탕왕과 문왕이 '덕으로 사람을 복종시킴'을 '70명의 제자가 공자에게 복종함'에 비유했다. 이것이 같은 종류의 속성 유비이다. 둘째로 우 임금·주공·공자의 행을 유비하고 있다. 셋째로 이루·공수자·사광과 요·순을 서로 유비하고 있다. 전자는 난세 중에 도덕 행위의 필요성을 논증하고 후자는 모범 또는 기준의 필요성을 제시하고 있다. 양자 모두 개념적 유비라 할 수 있다.

(2) 흥興 방식의 사유 방식

'흥興 방식의 사유 방식'은 구체적인 역사적 사실에 따라 역사를 읽는 독자의 가치 의식을 환기시키는 것을 가리킨다. 유협劉勰(465~520?)이 『문심조룡』에서 "흥興은 일으킨다는 뜻이다"고 했는데,[53] 구체적 역사적 사실에 따라 가치 의식을 일깨우는 사유 방식이고 유가에서 자주 사용하는 사유 방식이다. 이는 시로 감화시키는 시교詩敎의 전통과 관계가 있다. 『논어』에 나오는 공자와 자하子夏의 대화 내용을 인용하여 설명할 수 있다.

> 자하: '어여쁘게 웃음 짓는 얼굴에 보조개, 아름다운 눈매에 새까만 눈동자. 하얀 바탕에 무늬를 곁들이는구나!' 무엇을 말하는가요?
> 공자: 그림 그리는 작업은 바탕이 마련된 다음에 이루어진다.
> 자하: 예가 본바탕을 뒤따른다는 말인가요?
> 공자: 나를 일깨워주는 자는 다름 아니라 자하로구나. 비로소 네가

---

53 [梁]劉勰, [淸]黃叔琳 校, 「比興」, 『文心雕龍注』 卷8, 臺北: 臺灣開明書局, 1975年 臺十三版, 1쪽-右: "興者, 起也."

나와 함께 『시』를 논의할 만하구나!54

마침 공자가 말했듯이 '기起'가 바로 고대 중국인들이 시를 말하는 기본
목적이다. 고대 유가의 시교詩敎 전통이 곧 미감의 경험을 통해 감정을
불러 일으켜서 인간의 도덕적 가치 의식을 일깨운다. 공자는 "『시』가
불러일으킬 수 있다."고 말했는데55 이는 곧 『시』를 읽으면서 심지를 일깨
운다는 말이다. 이 시교 전통에서 흥 방식의 사유 방식은 늘 '은유
(metaphor)'로 풍부한 의미를 담아낸다. 따라서 맹자에 따르면 "『시』를
풀이하는 사람은 글자에 매여 말의 뜻을 오해해서 안 되고 말에 매여
작자의 의도를 오해해서 안 된다. 자신의 뜻으로 작자의 본래 의도를
헤아려야 『시』를 제대로 알게 된다."56

시를 풀이하는 사람에 대해 말하자면 시는 대상적인 존재가 결코 아
니고 시는 시를 풀이하는 사람의 해석을 거친 뒤에 시를 풀이하는 사람
의 실존적 상황과 융합되어 끊임없이 새로운 뜻이 솟아나게 된다. 중국
유가의 시교 전통이 드러낸 '시'의 다의적이고 폭넓은 특성이 바로 내가
여기서 말하는 '흥 방식의 사유 방식'이라고 할 수 있다.

'흥 방식의 사유 방식'은 고대 중국인들에게서 자주 보이는 사유 방식
이다. 여기서 『좌전』에 보이는 두 단락의 실례를 인용하여 설명하고자
한다.

1) 송나라 사람이 조曹나라를 포위했는데, 이는 조나라가 복종하지

---

54 〔宋〕朱熹, 「八佾」 8, 『論語集注』 卷2, 63쪽: "子夏問曰, '巧笑倩兮, 美目盼兮, 素以爲
   絢兮.' 何謂也? 子曰, 繪事後素. 曰, 禮後乎? 子曰, 起予者商也! 始可與言『詩』已矣!"
55 〔宋〕朱熹, 「陽貨」 9, 『論語集注』 卷9, 178쪽: "『詩』, 可以興."
56 〔宋〕朱熹, 「萬章上」 4, 『孟子集注』 卷9, 306쪽: "故說『詩』者, 不以文害辭, 不以辭害志,
   以意逆志, 是爲得之."

않아 치게 되었다. 자어子魚가 송 양공襄公에게 말했다. '문왕文王
은 숭崇나라 군주의 덕행이 혼란하다는 말을 듣고 숭나라를 쳐서
30일 동안 공격하였으나 항복하지 않았다. 문왕은 군대를 물리고
교화敎化를 닦은 뒤에 다시 숭나라를 치면서 예전의 보루를 그대로
사용했지만 숭나라 사람이 항복했다. 『시』에 의하면 아내에게 본
보기가 되어 형제에게 미쳐서 집인과 나라를 다스린다. 지금 왕의
덕행에 오히려 모자란 점이 없지 않은데도 남을 치려고하니 어떻
게 될까요? 어찌 우선 안으로 자신의 덕을 반성하지 않는지요? 덕
에 모자람이 없는 뒤에 군사를 움직이지요.[57]

2) 〔북궁문자北宮文子가 대답했다.〕 …… 주紂왕이 문왕文王을 구
금한 지 7년이 되던 해에 제후들이 모두 문왕을 따라 옥사에 들어
갔다. 이에 주紂는 두려워하여 문왕을 주나라로 돌려보내니 제후들
이 문왕을 아꼈다고 할 수 있다. 문왕이 숭나라를 칠 때 두 차례
출병하자 숭나라가 항복하여 주나라의 신하가 되고 다른 만이蠻夷
족도 서로 무리를 이끌고 와서 주나라에 복종하니 문왕을 두려워
했다고 할 수 있다. 문왕의 공덕을 천하가 칭송하며 노래하고 춤추
니 문왕을 본보기로 삼았다고 할 수 있다. 문왕의 행적을 오늘에
이르기까지 본보기로 삼고 있으니 문왕을 본받는다고 할 수 있다.
위의威儀가 있기 때문이다. 그러므로 군자는 자리에서 있으면 두려
워할 만하고 베풀면 사랑할 만하며 제때에 나아가고 물러나니 법

---

57 楊伯峻, 『春秋左傳注』上冊, 僖公 19年, 臺北: 源流文化事業有限公司, 1982, 383~384쪽:
"宋人圍曹, 討不服也. 子魚言於宋公曰, 文王聞崇德亂而伐之, 軍三旬而不降. 退修敎而復
伐之, 因壘而降. 『詩』曰, '刑于寡妻, 至于兄弟, 以御于家邦.'今君德無乃猶有所闕, 而以伐
人, 若之何? 盍姑內省德乎, 無闕而後動." ‖ 시의 출처는 「대아 思齊」이다.

도가 될 만하고 주선周旋하는 것이 기준이 될 만하며 용모와 행위가 볼 만하고 일을 행함이 배울 만하며 덕행이 사람들의 본보기가 될 만하고 소리가 즐겁게 할 만하다. 동작에 예절이 있고 말에 조리가 있으며 이렇게 그 아랫사람을 다스렸기 때문에 위의가 있다고 한다.[58]

위에서 본 첫 번째 인용문에서 자어는 문왕이 숭나라를 정벌한 사실을 말하며 '덕에 모자람이 없은 뒤에 군사를 움직이지요'라는 권계를 끌어냈다. 두 번째 인용문에서 북궁문자가 문왕의 역사적 사실을 인용하여 군자에게 마땅히 위엄이 있어야 한다는 주장을 끌어냈다. 모두 역사상의 사실을 인용하여 현재 사건의 가치 판단을 일궈냈다.

이러한 '흥 방식의 사유 방식'은 『논어』『맹자』『순자』에서도 모두 흔히 볼 수 있다. 여기서 『맹자』에 보이는 실례를 들어 살펴보자.

1) 〔맹자〕: "옛적에 태왕이 여색을 좋아하여 왕비를 사랑했다. 『시』에 따르면 고공단보古公亶甫가 아침 일찍 말을 몰고 내달려서 서쪽 물가를 따라 기산岐山 아래에 이르렀다. 강姜씨 부인과 함께 와 살 곳을 살폈다. 당시에 안으로 남편이 없어 원망하는 여자가 없고 밖으로 아내가 없어 홀아비가 없었다. 왕이 여색을 좋아하더라도 백성과 함께 한다면 왕도 정치를 하는데 무슨 어려움이 있겠습니까?"[59]

---

58 楊伯峻, 『春秋左傳注』下冊, 襄公 31年, 1195쪽: "〔北宮文子〕對曰, 紂囚文王七年, 諸侯皆從之囚, 紂於是乎懼而歸之, 可謂愛之. 文王伐崇, 再駕而降爲臣, 蠻夷帥服, 可謂畏之. 文王之功, 天下誦而歌舞之, 可謂則之. 文王之行, 至今爲法, 可謂象之. 有威儀也. 故君子在位可畏, 施舍可愛, 進退可度, 周旋可則, 容止可觀, 作事可法, 德行可象, 聲氣可樂. 動作有文, 言語有章, 以臨其下, 謂之有威儀也."

59 〔宋〕朱熹, 「梁惠王下」5, 『孟子集注』卷2, 219쪽: "〔孟子曰, 昔者大王好色, 愛厥妃. 『詩』云,

2) 등滕 문공文公: "제나라 사람들이 앞으로 설薛 지역에 성을 쌓으려 하므로 나는 매우 걱정이 되는데 어떻게 하면 좋을까?" 맹자: "옛날에 태왕이 빈邠 지역에 있었을 때 이민족 적인狄人이 침략하자 그 곳을 떠나 기산 아래에 옮겨가 살았다. 그것은 이곳저곳을 살피고 고르지 않고 어찌할 수 없어서 그렇게 했다. 진실로 착한 정치를 하면 후세의 자손 중에 반드시 왕 노릇하는 자가 나온다. 군자가 왕업을 창시하여 전통을 전수하는 것은 이어갈 수 있도록 하기 위해서이다. 공을 이루는 일은 하늘에 달려 있으니 왕이 저들을 어떻게 할까? 힘써서 선한 정치를 하는 데 힘쓸 따름이다."[60]

3) 맹자: "순 임금은 농사짓다가 발탁되었고 부열은 성벽 쌓는 일을 하다가 등용되었고 교력膠鬲은 생선과 소금을 팔다가서 등용되었고 관이오(관중)는 옥리에게 잡혔다가 등용되었고 손숙오孫叔敖는 바닷가에 살다가 등용되었고 백리해百里奚는 시장에서 살다가 등용되었다. 그러므로 하늘이 앞으로 큰 임무를 어떤 사람에게 맡기려고 할 적에 반드시 먼저 그의 심지心志를 괴롭게 하고 그의 근골筋骨을 힘들게 하며 그의 사지와 피부를 굶주리게 하고 그의 몸을 궁핍하게 한다. 그가 하려는 일을 어그르뜨리고 어지럽힌다. 이것은 그의 마음을 분발시키고 성질을 참게 하여 그가 할 수 없었던 일을 해낼 수 있게 도와주기 위한 것이다. 사람은 늘 허물을 지은

'古公亶甫, 來朝走馬, 率西水滸, 至于歧下. 爰及姜女, 聿來胥宇.' 當是時也, 內無怨女, 外無曠夫. 王如好色, 與百姓同之, 於王何有?

60 [宋]朱熹, 「梁惠王下」 14, 『孟子集注』 卷2, 224쪽: "滕文公問曰, 齊人將築薛, 吾甚恐. 如之何則可?" 孟子對曰, "昔者大王居邠, 狄人侵之, 去之岐山之下居焉. 非擇而取之, 不得已也. 苟爲善, 後世子孫必有王者矣. 君子創業垂統, 爲可繼也. 若夫成功, 則天也. 君如彼何哉? 疆爲善而已矣."

뒤에 고칠 수 있다. 마음으로 힘겹게 버티고 사려를 이리저리 굴려 보고서 떨쳐 일어나며, 낯빛에 표가 나고 음성에 나타난 뒤에 깨닫 게 된다. 안으로 군주를 분발시킬 법도 있는 집과 보필하는 선비가 없고, 밖으로 적국과 외환이 없는 나라는 항상 멸망한다. 이로써 사람은 우환에 처해서 살 수 있고 안락에 빠져서 죽게 된다는 것을 알 수 있다."[61]

이상 이 세 인용문은 모두 대표적인 '홍 방식의 사유 방식'의 실례이다. 우리는 세 인용문을 자세히 분석하여 아래 몇 가지의 견해를 얻을 수 있다.

첫째, '홍 방식의 사유 방식'은 '구체성의 사유 방식'의 한 종류이다. 위의 세 인용문에서 논자가 청자의 가치 의식을 불러일으키기 위해 모두 역사상의 구체적인 사실 또는 인물을 끌어들이고 있다. 이러한 특성 에서 우리는 중국인의 사유 방식이 구체적이고 특수한 사례나 상황에서 시작하여 문제를 사고하지 추상적 논리적 추리에 호소하지 않는다는 것을 엿볼 수 있다. 중국인의 사상은 매우 활발하고 융통성이 있으며 딱딱 한 격식에 매이지 않고 뻣뻣한 이론에 구속되지 않는다. 이른바 "영양이 안전을 위해 밤에 잠을 잘 때에는 나뭇가지에 뿔을 걸어 찾을 흔적을 없애듯"[62] 형식을 뛰어넘어 자유분방하다.

---

61 [宋]朱熹,「告子下」15,『孟子集注』卷2, 348쪽: "孟子曰, 舜發於畎畝之中, 傅說擧於版築之間, 膠鬲擧於魚鹽之中, 管夷吾擧於士, 孫叔敖擧於海, 百里奚擧於市. 故天將降大任於是人也, 必先苦其心志, 勞其筋骨, 餓其體膚, 空乏其身, 行拂亂其所爲, 所以動心忍性, 曾益其所不能. 人恆過, 然後能改. 困於心, 衡於慮, 而後作. 徵於色, 發於聲, 而後喩. 入則無法家拂士, 出則無敵國外患者, 國恆亡. 然後知生於憂患而死於安樂也."

62 [宋]嚴羽,『滄浪詩話·詩辨』, 郭紹虞,『滄浪詩話校釋』, 北京: 人民出版社, 1983, 26쪽: "羚羊挂角, 無迹可求." ‖ 한국어 번역본은 김해명 옮김,『창랑시화』, 소명출판, 2001 참조.

둘째, '흥'이란 주희가 말했듯이 "흥興은 먼저 다른 사물을 말하여 읊고자 한 말을 이끌어내는 것(興者, 先言他物以引起所詠之詞也)"으로 '저것'으로 '이것'을 비유한다. 시학에서 보이는 '기흥起興'의 원칙은 늘 '가까운 것에서 먼 것에 이른다.'[63] 유가적 역사 사유 속에서 보이는 '기흥'은 '먼 것을 말하여 가까운 것을 가리키는데', 이는 옛일 가운데 오늘의 정황을 보는 '옛 것으로 지금을 풍자하는(以古諷今)' 것이다.

위의 세 가지 실례에서 보이는 '흥 방식의 사유 방식'은 모두 먼 것을 말하여 가까운 것을 가리키는데, 맹자가 태왕이 빈 지역에 살았던 지난 일을 인용하여 등 문공에게 선을 권고한다.(두 번째 인용문) 맹자가 또 순·부열 등 인물의 행사 경험을 인용하여 "사람은 우환에 있으며 살 수 있고 안락에 빠져서 죽게 된다(生於憂患而死於安樂)"는 이치를 불러일으키고자 했다.(세 번째 인용문) 이 점에서 우리는 고대 중국 유가가 역사의 '과거'와 눈앞의 '현재'를 두 동강으로 끊어져있다고 생각한 적이 없고 '고古'에서 '금今'으로 이르는 과정을 일종의 연속적 관계로 생각했다. 과거의 역사적 사실 속에 담겨진 원리는 오래될수록 더욱 새로운 깨우침을 현대인들에게 가져다 줄 수 있다.

고대 유가의 역사 사유에서 '비흥 방식의 사고 방식'은 늘 역사적 사실을 들어 당면한 상황들을 유비하고('比') 또 가치 의식을 불러 일으켰다('興'). 그들은 이 역사적 사실에서 후세 사람들의 해독을 기다리는 풍부한 '의미'가 감춰져 있다고 가정했다. 예컨대『좌전』희공僖公 19년(BC 641)에 자어子魚는 송공宋公과 대화하면서 '문왕文王은 숭崇나라 군주의 덕행이 혼란하다는 말을 듣고 숭나라를 쳤던' 역사적 사실로 송공

---

63   주자청(주쯔칭)朱自清(1898~1948)은 일찍이 이 점을 지적한 적이 있다. 朱自清,「關於興詩的意見」, 顧頡剛 編著,『古史辨』第三冊, 香港: 太平書局, 1963, 據樸社 1931年版 重印, 683~685쪽 참조.

이 내면의 덕을 살펴보고서 "덕에 모자람이 없는 뒤에 군사를 움직이자"고 권계했다. 자어가 봤을 때 "덕에 모자람이 없는 뒤에 군사를 움직이자"는 행동 원칙은 문왕이 숭나라를 정벌한 역사적 사실 중에 감춰있는데, 송나라 사람이 조나라를 포위한 목전의 사건에 대해 깨우침을 준다. 그는 이를 특별히 펼쳐내어 이 역사적 사실에 현대적 의미를 부여했던 것이다.

『맹자』「양혜왕하」 14처럼 맹자는 "옛날에 태왕이 빈 지역에 있었을 때 이민족 적인이 침략하자 그 곳을 떠나 기산 아래에 옮겨가 살았던" 역사 사실을 들어 등 문공이 선한 정치를 힘써 실행하도록 자극했다. 또한 『맹자』「고자하」 15에서 맹자는 순·부열·교력·관이오·손숙오·백리해 등 여러 인물의 경험으로 "우환에 처해서 살 수 있고 안락에 빠져서 죽게 된다"는 가치를 드러냈다. 위의 두 인용문에서 "통치자는 마땅히 선한 정치를 실행하도록 힘써야 한다"와 "우환에 처해서 살 수 있고 안락에 빠져서 죽게 된다"는 이 두 종류의 가치는 모두 밖으로 드러나 있지 않고 역사적 사실 속에 감춰져 있으며 후세 사람의 발굴과 해독을 기다리는 것이다.

여기까지 논하면서 우리는 '비유'를 기본 성질로 하는 '비흥' 방식의 사유 방식과 결부시켜 나타나는 몇 가지 특성을 귀납해 볼 수 있다.

1. 역사적 사실 또는 역사적 인물은 일종의 '기호'와 유사하여 무궁하고 끝없는 '의미'를 감추고 있고 또 담고 있다.

2. 역사를 읽는 독자만이 '기호'에 새로운 '의미'를 부여하거나 '기호' 속의 '의미'를 해독할 수 있다.

3. 역사를 읽는 독자가 '기호'에 새로운 '의미'를 부여하거나 '기호' 속 '의미'를 해독할 수 있는 것은 그들이 처한 특수한 상황의 자극이나 계발에 의지하고 있기 때문이다.

4. 고대 유가적 역사 사유의 운용

이제 우리는 다른 각도에서 고대 유가적 역사 사유의 전개 과정 중에 서로 연관된 4가지 개념을 살펴보자.

(1) 삼대三代

고대 유가적 역사 사유 속의 첫 번째 중요한 개념은 '삼대', 즉 이상적인 하·은·주이다. 고대 중국 사상사에서 '삼대'의 개념은 강렬한 '비사실성' 을 갖는다. 고대 사상가들은 늘 '삼대'의 개념을 운용하여 그들이 집어넣고 자 하는 의미를 집어넣고 '역사'에 새로운 의미를 부여하는 방식으로 '삼 대'의 역사 경험이 '현재'에 충격을 낳게 하고 '미래'를 인도하도록 기도했 다. 이런 역사 사유 방법은 고대 중국의 사상가들에게 일관되었고 '말할 때마다 요·순을 들먹이는(言必稱堯舜)' 유가에서 가장 두드러졌다. 이러한 사실은 확실히 중국 사상사에서 문명의 원시적이고 소박한 단계로서 '원 시주의(primitivism)' 사조가 있었음을 반영하고 있다고 할 수 있다.[64] 이는 좀 더 논의할 만한 가치가 있다.

『논어』의 기록에서 보면 공자 마음속의 '삼대'는 아무런 흠이 없는 황 금 시대이고 '삼대'의 역사 인물은 모두 성인 군주와 현자 재상으로 처 세가 예법에 적합했으며 도덕으로 나라를 다스렸다.

　1) 공자: "만약 누군가 주공과 같은 아름다운 재능을 가졌더라도,

---

64 '원시주의'는 인류 역사의 초기에 서광이 비치던 원시 시대의 소박한 상태로 돌아가고자 하는 것을 가리킨다. 이러한 사상은 고대 유럽 사상사에서 자주 보인다. Arthur O. Lovejoy and George Boas, *Primitivism and the Related Ideas in Antiquity*, New York: Octagon Press, 1980 참조.

가령 뽐내고 건방지며 자기 것을 지나치게 아낀다면 그 나머지는 볼만한 게 없다."[65]

2) 공자: "우뚝 솟아 있구나! 순 임금과 우 임금은 하늘 아래를 다 스리면서도 전면에 나서 지시하지 않았다네."[66]

3) 공자: "거룩하구나, 요 임금아 자기 역할을 하는 것이! 우뚝 솟아 있구나! 오직 하늘만이 거룩한데 요 임금이 본을 받는구나. 넓고도 넓구나, 백성들이 기릴 이름을 찾지 못하는구나. 우뚝 솟아있구나, 그이가 세운 공적! 환히 빛나는구나, 그이가 남긴 문물과 제도여!"[67]

4) 순 임금은 다섯 신하의 도움을 받으니 천하가 안정되었다. 무왕은 말했다. "나에게 세상을 평정할 열 명의 신하가 있다네." 공자가 말했다. "인재를 얻기 참으로 어렵다더니, 실제로 그렇지 않은가? 요·순 시대에 이처럼 인재가 많았다. 무왕의 신하 중에 부인이 끼어 있으니 남성은 아홉 명뿐이다. 주나라의 문왕은 천하의 삼분의 이를 차지하고서도 은나라를 섬겼다. 주나라의 덕(고상함)은 더 말할 나위가 없는 덕이라 할 만하다."[68]

65　[宋]朱熹,「泰伯」10,『論語集注』卷4, 105쪽: "子曰, 如有周公之才之美, 使驕且吝, 其餘不足觀也已."
66　[宋]朱熹,「泰伯」17,『論語集注』卷4, 107쪽: "子曰, 巍巍乎! 舜禹之有天下也, 而不與焉."
67　[宋]朱熹,「泰伯」18,『論語集注』卷4, 107쪽: "子曰, 大哉堯之爲君也! 巍巍乎! 唯天爲大, 唯堯則之. 蕩蕩乎! 民無能名焉. 巍巍乎! 其有成功也. 煥乎, 其有文章!"
68　[宋]朱熹,「泰伯」19,『論語集注』卷4, 107~108쪽: "舜有臣五人而天下治. 武王曰, 予有亂臣十人. 孔子曰, 才難, 不其然乎? 唐虞之際, 於斯爲盛. 有婦人焉, 九人而已. 三分天下有其二, 以服事殷. 周之德, 其可謂至德也已矣."

5) 공자: 우 임금은 내가 비판할 데가 없다네. 자신은 싸구려 음식을 먹으면서 귀신에게 온갖 정성을 다 쏟았고, 자신은 변변찮은 옷을 입으면서 의례용 의복과 관은 아름답게 꾸몄네. 또 머무는 궁실은 허름하게 지으면서 치수 사업에 온 힘을 쏟았다네. 우임금은 내가 비판할 데가 없다네.[69]

첫 번째 인용문에서 공자는 주공의 아름다운 재능을 미화하여 당시 사람들에게 '뽐내고 건방지며 자기 것을 지나치게 아껴서는 안 된다'는 가치의식을 불러일으켰다. 이때 공자가 사용한 '여如' 자는 중국 언어 중 반사실적 사유에서 가장 자주 사용되는 용어 중의 하나이다. 바로 오광명(우광밍)吳光明(1933~)이 지적한 대로 중국 언어에 반사실적 사유가 자주 '불不'·'제第'·'가假'·'령令'·'여如'·'약若'·'사使'·'종縱'·'미微' 등의 글자에서 시작된다.[70] 첫 번째 인용문이 바로 전형적인 실례이다. 두 번째 인용문에서 다섯 번째 인용문까지 공자는 삼대 인물인 요·순·우를 최대한으로 추앙하고 성인으로 흠모하는 마음을 말로 드러내고 있다. 그렇다면 공자가 진술한 삼대 인물의 행위는 과연 역사적으로 사실일까? 이것은 현대 독자들이 가장 쉽게 제기할 만한 물음이다.

관련 자료로 판단해보건대 나는 공자의 역사 사유에서 아마도 그가 이 물음이 의미 있는 문제라고 여기지 않았으리라고 보인다. 공자는 아마 '현재'를 비판하고 인도하여 '미래'를 전망하는 것이 가장 중요한 일이며 '과거'를 돌아보는 것은 반드시 '현재'와 '미래'를 위한 이바지하는

---

69 [宋]朱熹,「泰伯」20,『論語集注』卷4, 108쪽: "子曰, 禹, 吾無間然矣. 菲飮食, 而致孝乎鬼神. 惡衣服, 而致美乎黻冕. 卑宮室, 而盡力乎溝洫. 禹, 吾無間然矣."

70 Kuang-ming Wu, "Counterfactuals, Universals, and Chinese Thinking," *Tsing Hua Journal of Chinese Studies*, New Series, vol.19, no.2(Dec., 1989), pp.1~43 참조.

바탕에서만 의미를 가진다고 생각했을 것이다. 어떻게 '과거'의 역사 경험이 박물관의 미이라가 아니라 도서관에 풍부하게 소장된 책이 되어 역사를 읽는 독자로 하여금 그 속으로 들어가 고인과 손을 맞잡고 둘이 함께 걸으며 역사로부터 지혜의 영감을 길어낼 수 있을까?

공자는 '과거'를 서술하여 아마 자신이 속한 시대의 '오늘날 위정자들이 놓여 있는 위태로운'[71] 상황을 바로 잡고자 했다. 공자는 자신의 시대가 천하무도에 빠졌다고 보았고 만일 "천하에 도가 있으면 내가 세상을 바꾸려고 하지 않았을 텐데"라고 생각했다.[72] 그래서 공자의 역사적 사고에서 '삼대'를 자주 높은 수준으로 미화시켰다. 공자가 '과거' 역사로부터 '현재'를 위해 지혜의 영감을 길어내는 방법을 찾았다. 즉 '현재'의 '마땅히 그러함(所當然)'의 입장에서 '과거'의 '그렇게 되는 까닭'(所以然)을 생각하는 것이다. 이것이 곧 공자가 사유하는 방식 중 '반사실'적 사고의 한 표현이다.

이러한 '현재'의 '마땅히 그러함(所當然)'의 입장에서 '과거'의 '그렇게 되는 까닭(所以然)'을 논술하는 사고 방법은 공자에게 나타났을 뿐만 아니라 맹자·순자 심지어 다른 고대 사상가의 담론 속에서도 나타난다.

우리는 『맹자』를 통해 이야기를 시작해보자.

1) 맹자: "컴퍼스와 곡척은 방형方形과 원형의 표준이고 성인은 인류의 표준이다. 군주가 되려고 하면 군주의 도리를 다해야 하고 신하가 되려고 하면 신하의 도리를 다해야 한다. 이 두 가지는 모두

---

71 (宋)朱熹,「微子」5,『論語集注』卷9, 184쪽: "楚狂接輿歌, 而過孔子曰, …… 今之從政者殆而." 이 말은 공자가 아니라 楚狂 接輿가 한 노랫말의 일부이다.
72 (宋)朱熹,「微子」6,『論語集注』卷9, 184쪽: "天下有道, 丘不與易也." ‖ 이 말은 공자가 산속의 밭을 갈고 있는 長沮와 桀溺에게 건넸다.

요·순을 본받을 뿐이다. 순이 요를 섬기던 방법으로 왕을 섬기지 않는다면 왕에게 공경하지 않는 것이다. 요가 백성을 다스리던 방법으로 백성을 다스리지 않는다면 백성을 해치는 것이다."[73]

2) 맹자: "삼대가 천하를 얻은 길은 인仁에 있고 천하를 잃은 길은 불인不仁에 있다. 나라가 황폐하고 흥성하며 보존되고 멸망하는 것도 또한 그러하다. 천자가 인하지 아니하면 사해를 보존할 수 없고 제후가 인하지 아니하면 사직을 보전할 수 없으며 경卿과 대부大夫가 인하지 아니하면 종묘를 보존할 수 없고 선비와 서인이 인하지 아니하면 제 한 몸을 보존할 수 없다."[74]

3) 제 선왕宣王: "문왕의 동산이 사방 70리라 하는데 그런가요?" 맹자: "전傳에 그러한 이야기가 있다." 제 선왕: "그렇게 큰가요?" 맹자: "백성들은 오히려 작다고 생각했다." 제 선왕: "과인의 동산은 사방 40리이지만 백성들이 오히려 크다고 생각하니 왜 그런가요?" 맹자: "문왕의 동산은 사방 70리였지만 꼴 베고 나무하는 사람들이 거기에 들어가고 꿩을 잡고 토끼를 잡는 사람들도 거기에 들어갔으니, 백성과 함께 했다. 그러니 백성들이 작다고 생각해도 마땅하지 않을까요? 내가 처음 제나라의 국경에 이르러 나라가 크게 금지하는 법령을 물어본 뒤에 입국했다. 내가 듣기에 재나라 교

---

73 (宋)朱熹,「離婁上」2,『孟子集注』卷7, 277쪽: "孟子曰, 規矩, 方員之至也. 聖人, 人倫之至也. 欲爲君盡君道, 欲爲臣盡臣道, 二者皆法堯舜而已矣. 不以舜之所以事堯事君, 不敬其君者也. 不以堯之所以治民治民, 賊其民者也."

74 (宋)朱熹,「離婁上」3,『孟子集注』卷7, 277쪽: "孟子曰, 三代之得天下也以仁, 其失天下也以不仁. 國之所以廢興存亡者亦然. 天子不仁, 不保四海, 諸侯不仁, 不保社稷. 卿大夫不仁, 不保宗廟. 士庶人不仁, 不保四體."

외와 국경 관문 사이에 사방 40리의 동산이 있는데, 이 곳의 사슴을 잡은 사람의 죄가 사람을 죽인 죄와 같다고 하더군요. 이는 사방 40리의 동산으로 나라 가운데에 함정을 만든 꼴이다. 백성들이 크다고 생각해도 또한 마땅하지 않은가요?"[75]

위의 첫 번째 인용문에서 맹자는 당시 현실 상황을 겨냥해서 통치자가 "아주 심하게 백성에게 포학하게 굴면 제 한 몸도 죽고 나라도 망한다"는 원칙을 강조했다. 두 번째 인용문에서 맹자는 "천자가 인하지 않으면 사해를 보존할 수 없다"고 역설했다. 세 번째 인용문에서 맹자는 통치자의 좋아하는 대상이 반드시 백성과 함께 누려야 한다는 이치를 바탕으로 삼았다. 맹자는 자신의 주장을 논술할 때 삼대의 인정仁政을 전국 시대의 현실 상황과 대비시켰다. 맹자가 말한 삼대의 역사적 사실은 자신의 현실 상황에서 나타난 적이 없다. 이 점에서 우리는 '삼대'가 바로 맹자 시대에 '사실성(factuality)'의 '반사실성(counter-factuality)'으로 토론되고 있다고 말할 수 있다.

맹자는 '삼대'를 운용하여 현실과 대비했다. '삼대'는 이러한 사고 방식에서 일종의 정신적 지렛대이고 맹자는 이 지렛대를 사용하여 현실을 비판하고 이끌며 미래를 끌어내리려고 했다. 이것은 일종의 전형적인 '반사실적' 사고 방식이다. 이 점에서 우리는 중국인의 논술과 사고의 특징이 다음에 있음을 알 수 있다. 즉 중국인은 늘 "과거에 이렇게 했을 텐데"와 같은 방식으로 "현재가 마땅히 어떠해야 하는가"라는 주장을 표

75　[宋]朱熹,「梁惠王下」2,『孟子集注』卷2, 214쪽: "齊宣王問曰, 文王之囿方七十里, 有諸? 孟子對曰, 於傳有之. 曰, 若是其大乎? 曰, 民猶以爲小也. 曰, 寡人之囿方四十里, 民猶以爲大, 何也? 曰, 文王之囿方七十里, 芻蕘者往焉, 雉兔者往焉, 與民同之. 民以爲小, 不亦宜乎? 臣始至於境, 問國之大禁, 然後敢入. 臣聞郊關之內有囿方四十里, 殺其麋鹿者如殺人之罪. 則是方四十里, 爲阱於國中. 民以爲大, 不亦宜乎?"

출했다. 이때 말은 먼 듯해도 그 의미는 지극히 절실하고 가깝다. 역사 경험을 빌어 심지를 감발하게 한다. 중국 고전의 문화 생활 중에『시』가 주는 교화의 부드럽고 두터운 특성을 구체적으로 나타내고 있다.[76]

'삼대'는 순자의 역사 사유에서도 '반사실'의 정신적 지렛대 역할을 수행한다. 순자는 각종 제도의 중요성을 논증하려고 할 때 삼대 성왕이 통치할 때의 제도를 미화하고 '도道가 삼대를 벗어나는 것을 탕蕩(갈피를 잡지 못하다)이라 한다'는 점을 강조했다.[77]『순자』「왕제」의 논의를 보면 그가 묘사하는 삼대의 여러 가지 훌륭한 법제와 좋은 정치는 모두 순자 당시의 사실과 대조되는 '반사실'이다.

이상의 논의로 오직 유가만이 '삼대'를 활용하여 '반사실적 사고'를 진행하여 '현재'와 '과거' 그리고 '사실'과 '가치'의 울타리를 없애려고 했다고 이해해서 안 된다. 사실 유가를 제외하고 고대 중국인들은 늘 삼대 역사 인물의 경험으로 반사실적 사고를 진행했다.『좌전』성공成公 2년의 기사를 보면 초나라 영윤令尹 자중子重이 출병하여 제나라를 구원하기에 앞서 다음처럼 말했다. "『시』에 따르면 '많은 훌륭한 선비들이여, 문왕이 이들 덕에 편안하네.' 문왕처럼 훌륭한 왕도 많은 사람을 썼는

---

76 제3장에서 토론하는 '비흥比興 방식의 사유 방식'은 유가적 역사 사유 중에 꽤 깊이 드러나긴 하지만 이는 또한 고대 중국 문화의 특성 중에 하나이기도 하다. 이 장에서 분석하는 고대 유가의 역사 문제에 대한 사고 이외에도『좌전』에서 고대 정치가 대화의 예술을 볼 수 있다. 부드럽고 두터운 '비흥 방식의 사유 방식'의 특성을 충분히 드러내고 있다. 한편 焦循(1763~1820)은 다음처럼 말했다. "夫『詩』溫柔敦厚者也. 不質直言之, 而比興言之, 不言理而言情, 不務勝人而務感人. 自理道之說起, 人各挾其是非以逞其血氣, 激濁揚淸, 本非謬戾, 而言不本於情性, 則聽者厭倦. 至於傾軋之不已, 而忿毒之相尋, 以同爲黨, 卽以比爲爭. 甚而假宮闈廟祀儲貳之名, 動輒千百人哭於朝門, 自鳴忠孝, 以激其君之怨. 害其及身, 禍於其國, 全失乎所以事君父之道. 余讀『明史』每嘆『詩』敎之亡, 莫此爲甚." 淸)焦循, 「毛詩補疏序」, 晏炎吾 等 點校,『淸人說詩四種』, 武昌: 華中師範大學出版社, 1986, 239~240쪽 참조.

77 淸)王先謙, 「王制」,『荀子集解』, 317쪽: "道過三代謂之蕩."

데, 하물며 우리 같은 사람들이야?"[78] 이런 종류의 대화는 『좌전』 또는 『국어國語』 등의 고전 문헌 중에 가득차서 수두룩하게 널려 있는데, 이는 모두 중국 문화 속에 자주 보이는 일종의 '반사실적 사고' 경향을 드러내고 있다.

(2) 도

두 번째 개념은 역사 속의 '도' 개념이다. 제3장의 제2절에서 고대 유가 사상의 '시간'이 '왕복성'의 특성을 가지고 있다고 논의할 때 나는 일찍이 고대 유가가 인류 역사의 발전에 대해 낙관적 태도를 견지했다고 말한 적이 있다. 그들은 역사에 일종의 '이성'의 요소가 들어있고 이로 인해 역사가 '필연적으로' 빛의 방향으로 발전하리라고 생각했기 때문이다. 이런 역사 속의 '필연성'은 유가의 어휘로 말하면 바로 '도'이다.

고대 유가의 역사 사상에서 '도'는 두 가지 성질을 결합하여 하나로 만든다. 그것은 '역사적 필연성'이기도 하고 '도덕의 필연성'이기도 하다. 즉 역사 속의 영원한 원리이기도 하고 사회 정치가 작동하는 도덕 원칙이기도 하다. 맹자는 일찍이 요·순 시대의 정치 상황을 공자가 한 말로 인용하여 귀납한 이 있다. "도는 둘이다. 인仁과 불인不仁이 있을 뿐이다."[79] 유가 사상에서 역사 속의 '도'는 근대 서양 사상사에서 볼 수 있는 일종의 '자연법(natural law)'-인간의 의지에 의해 지배되지 않는 객관적 우주 원리가 아니라 인간 세계의 규칙이다. 공자는 "천하에 도가 실행되면 예악과 정벌의 권한이 천자에게서 나온다"고 했다.[80] 이것이

---

78 楊伯峻, 『春秋左傳注』上冊, 成公 2年, 807쪽: "『詩』曰, '濟濟多士, 文王以寧', 夫文王猶用衆, 況吾儕乎?"

79 (宋)朱熹, 「離婁上」2, 『孟子集注』卷7, 277쪽: "道二: 仁與不仁而已矣."

80 (宋)朱熹, 「季氏」16, 『論語集注』卷8, 171쪽: "天下有道, 則禮樂征伐自天子出."

공자의 이상 중에 역사에 마땅히 있어야 할 '도'이다.

이러한 '도'는 강렬한 인간적 특성을 포함한다. 맹자에 따르면 "인仁은 인간다움이다. 합하여 말하면 도이다."[81] 순자에 따르면 "도는 하늘의 도가 아니고 땅의 도가 아니라 인간의 도이며 군자의 도이다."[82] 모두 '도'의 인간적 특성을 강조하고 있다. 이러한 의미에서 '도'는 유가적 이상 속의 '삼대'에 크게 유행했고 '삼대' 이후에는 어두워져 잘 드러나지 않았고 심지어 자취를 감추어 버렸다. 우리는 유가의 '삼대' 개념을 토론할 때 이미 이와 같은 관점을 얻을 수 있었다. 주희는 바로 이 입장에서 역사의 발전을 평론했는데, 이 책의 제5장에서 상세하게 논의하려고 한다.

(3) 인문화성人文化成

고대 유가의 역사 사유에서 '역사는 인간이 창조한 것이다'라는 테제는 아주 중요하다. 공·맹·순자의 사상에서 '역사'는 어떤 초자연적인 의지가 인간 세상에 자신을 드러내서 펼치는 일련의 기록이 아니고 또 초자연적인 주재자로서 신이 시동을 걸어 자동으로 운전하는 기계도 아니다. 유가에서 보면 '역사'는 인간 문화로 바꾸고 일군 것(人文化成)이며 인류(특히 인류 속의 엘리트)가 창조한 것이다.

공자가 "사람이 도를 넓히지 도가 사람을 넓히지 않는다."[83]고 했는데, 이러한 관점에서 잘 이해할 수 있다. 맹자는 더 나아가 인간이 자발적으로 역사를 창조한다고 격려했다. "문왕文王을 기다리고서 분발하여

---

81 [宋]朱熹,「盡心下」16,『孟子集注』卷14, 367쪽: "仁也者, 人也. 合而言之, 道也."
82 [清]王先謙,「儒效」,『荀子集解』, 267쪽: "道者, 非天之道, 非地之道, 人之所以道也, 君子之所道也."
83 [宋]朱熹,「衛靈公」28,『論語集注』卷8, 167쪽: "人能弘道, 非道弘人."

일어나는 사람은 일반 백성이다. 호걸스러운 선비는 문왕이 없더라도 오히려 스스로 분발하여 일어난다."[84] 분발하여 일어나는 '흥興' 자는 바로 맹자학의 정신이 깃든 중요한 곳이다.[85] 순자도 '도'의 의미를 논의할 때 '도'는 인간 세상의 '도'이며 구체적인 역사 상황 속에서만 실천할 수 있게 되고, 또 '도' 자체를 객관화하여 생생하게 살아있는 사실이 되게 한다고 강렬하게 주장했다.

그러나 유구한 역사에서 순자는 '전정傳政' 또는 '전인傳人'(『순자』「비상 非相」) 등 구체적 사실이 믿을 만한 삼대라야 진정으로 '도'의 소식을 드러낼 수 있다고 보았다. 순자에 따르며 "진정한 왕의 제도에서 도는 삼대를 벗어나지 않고 법이 후왕과 다르지 않다. 도道가 삼대를 벗어나는 것을 탕蕩(갈피를 잡지 못하다)이라 하고 법이 후왕과 다르면 불아不雅(우아하지 않다)라고 한다."[86] 그는 역사 속 '도'의 소식이 삼대 성왕의 행위 가운데 가장 충분하게 드러난다고 여겼다.[87]

(4) 성왕

고대 유가의 역사 서술 중에 네 번째 역시 중요한 개념이 '성왕'이다.

---

84 ﹝宋﹞朱熹,「盡心上」10,『孟子集注』卷13, 352쪽: "待文王而後興者, 凡民也. 若夫豪傑之士, 雖無文王猶興."

85 20세기 중국의 신유가 학자 당군의(탕쥔이)唐君毅(1909~1978)는 이 점에 대해 가장 철저히 분석했다. 그는 다음처럼 말했다. "전체 맹자의 학문에 대한 정신은 …… 그 가운데 '모든 사람의 심지를 일으켜서 밑으로부터 높이 끌어올리고 위를 향해 세운 도'를 볼 수 있다. …… 간단히 말하면 잠시 그 이름을 '사람을 세우는' 도라고 할 수 있다." 唐君毅,『中國哲學原論·原道篇』卷1, 香港: 新亞書院硏究所, 1974, 121쪽. 당군의(탕쥔이)의 맹자학에 대한 이해와 당대 사상사적 의미와 관련해서 黃俊傑,『孟學思想史論(卷二)』第10章, 臺北: 中央硏究院中國文哲硏究所, 1997, 421~464쪽 참조.

86 ﹝淸﹞王先謙,「王制」,『荀子集解』, 317~318쪽: "王者之制, 道不過三代, 法不貳後王. 道過三代謂之蕩, 法貳後王謂之不雅."

87 순자 사상 속의 '도'의 의미에 관해 黃俊傑,『孟學思想史論(卷二)』第3章, 103~126쪽 참조.

'성왕'이 통치하는 '삼대'만이 인류의 황금 시대이기 때문이다. 이 이상적인 황금 시절에 올바른 '도'가 유행하고 있었다. 몇몇 '성왕'이 나와서 문명과 역사를 창조했다. 마침 맹자가 이를 묘사했다. "요 임금 때에 물이 거슬러 흘러서 온 나라 안에 넘쳤다. …… 우로 하여금 이 홍수를 다스리게 하여 우가 물길을 파서 물을 바다로 이끌었다. …… 그런 다음에 사람이 땅을 평평하게 하고 거기서 살게 되었다. …… 은나라의 마지막 왕 주왕紂王에 이르러 천하가 크게 혼란스러웠다. 주공周公이 무왕武王을 도와서 주紂를 죽이고 엄奄나라를 치고 3년에 …… 천하가 크게 기뻐하였다."[88] 그러므로 '성왕'은 세 가지 개념, 즉 '삼대'와 '도' 그리고 인문화성의 역사관을 꿰뚫는 관건이다.

공·맹·순은 모두 오직 '성왕'만이 역사 발전을 주도하는 근본적 힘이라고 긍정했다. "사람이 도를 넓히지 도가 사람을 넓히지 않는다"는 공자의 말은 이미 명백히 고대 유가가 견지한 '인위 창조설(homogenetism)'의 입장을 보여주고 있다. 맹자는 더 나아가 "옛날에 우禹 임금이 홍수를 통제하자 천하가 평온해졌고 주공이 이민족을 정벌하고 맹수를 몰아내자 백성들이 편안해졌으며 공자가 『춘추』를 완성하자 반란을 일으키는 신하와 부모를 해치는 자식이 두려워하였다."고 지적했다. 그는 또 역사상 성인의 계시를 따라 "사람의 마음을 바로잡고 비뚤어진 학설을 그치게 하며 잘못된 행실을 막고 지나친 학설을 추방하여 우 임금·주공·공자 등의 3성인을 계승하려고 한다."고 선언했다.[89]

'인위 창조설'의 입장에서 순자와 공·맹이 취한 견해는 일치한다. 순

---

88 [宋]朱熹, 「滕文公下」 9, 『孟子集注』 卷6, 271쪽: "當堯之時, 水逆行泛濫於中國 …… 使禹治之, 禹掘地而注之海, …… 然後人得平土而居之. …… 及紂之身, 天下又大亂, 周公相武王, 誅紂伐奄三年, …… 天下大悅."

89 [宋]朱熹, 「滕文公下」 9, 『孟子集注』 卷6, 273쪽: "昔者禹抑洪水而天下平, 周公兼夷狄驅猛獸而百姓寧, 孔子成『春秋』而亂臣賊子懼 …… 正人心, 息邪說, 距詖行, 放淫辭, 以承三聖者."

자 사상의 '도'는 추상적인 형이상적 본체가 아니라 인문으로 바꾸고 일구는 사회 정치의 객관적인 원칙이다. 그에 따르면 "예禮는 인간이 지키는 도의 극치이다. …… 성인은 도의 극치이다."[90] 그는 성왕이 인류 문화의 형성 과정 중에 절대적인 중요성을 갖는다고 여겼다.

문명과 역사를 창조한 영웅적 인물은 유가의 역사 서술에서 혹은 '성인聖人'으로 일컫거나 혹은 '선왕先王'으로 일컬었다. 맹자에 의하면 "성인은 인류의 표준이다. 군주가 되려고 하면 군주의 도리를 다해야 하고 신하가 되려고 하면 신하의 도리를 다해야 한다. 이 두 가지는 모두 요·순을 본받을 뿐이다. 순이 요를 섬기던 방법으로 왕을 섬기지 않는다면 왕에게 공경하지 않는 것이다. 요가 백성을 다스리던 방법으로 백성을 다스리지 않는다면 백성을 해치는 것이다."[91]

순자가 후왕을 본받자는 '법후왕法後王'을 주장했는데, 이는 주대 성왕이 실제로 했던 정치 체제를 가리킨다. 순자 역시 여러 차례 '선왕'을 말했다. 예컨대 "옛 선왕은 예를 두루 살펴서 온 천하에 두루 퍼지게 하여 행동에 합당하지 않은 것이 없었다."[92] 순자가 말한 '선왕'은 삼대와 옛날의 성왕을 가리킨 것이다.[93] 이처럼 몇몇 '성왕' 또는 '선왕'은 고대의 유가적 역사 서술 중에 중심 위치를 차지하고 있다. 그들은 역사를 추동하여 '도'를 실천하고 '삼대'의 황금 세월을 창조하기도 했다.

---

90 淸)王先謙,「禮論」,『荀子集解』, 597쪽: "禮者, 人道之極也. …… 聖人者, 道之極也."
91 宋)朱熹,「離婁上」2,『孟子集注』卷7, 277쪽: "聖人, 人倫之至也. 欲爲君盡君道, 欲爲臣盡臣道, 二者皆法堯舜而已矣. 不以舜之所以事堯事君, 不敬其君者也. 不以堯之所以治民治民, 賊其民者也."
92 淸)王先謙,「君道」,『荀子集解』, 423쪽: "古者先王審禮, 以方皇周浹於天下, 動無不當也."
93 순자의 '先王'과 '後王'의 구분에 관해 王健文,『戰國諸子的古聖王傳說及其思想史意義』, 臺北: 臺灣大學文學院, 1987, 109~113쪽 참조.

5. 결론

고대 유가의 역사 사유 내용은 풍부하여 여러 측면으로 걸쳐있는데, 제3장에서는 다만 유가적 역사 사유가 표현하는 사유 방식을 분석하고자 했다. 우리의 분석은 이렇다. 고대 유가의 역사 사유는 두 가지 두드러진 지향을 드러냈다. 첫째, 고대 유가는 늘 역사 해석을 통해 자아 해석을 진행하여 '자아'가 시공간의 흐름에 자리매김하게 했다. 유가의 '시간' 개념은 '왕복성'을 가지고 있고 '이성'의 요소가 그 과정을 꿰고 있다.

그래서 유가는 '시간' 개념으로 역사를 바라본다. 한편으로 '역사'와 '자아'가 절대로 두 동강으로 나뉘지 않는다고 본다. 다른 한편으로 '역사인'으로서 '자아'와 '현실인'으로서 '자아' 사이에 있는 간극을 마땅히 좁혀야 한다고 강조하고, 고와 금이 일관되어 천년의 시간이 한 곳에서 만나도록 한다. 유가가 고와 금의 거리를 좁히느라 역사 경험에서 현대적 의미를 창조하는 방법, 즉 '비흥比興 방식'의 사고 방법이다.

둘째, 고대 유가의 역사 사유는 일종의 '반사실적 사고 방식'의 특성을 드러냈다. 유가는 그들이 처한 현재 상황의 제반 문제를 판단할 때 늘 미화된 '삼대三代'의 경험으로 사고를 진행한다. 눈앞의 '사실'과 대조해서 말하면 유가가 창조한 '삼대'는 그들이 '반사실적 사고'를 진행하는 도구이다. 그들은 '반사실'적 색채를 띠는 '삼대'와 '사실'로서 눈앞의 상황을 대비하여 현실의 터무니없음(황당함)을 더욱 돋보이게 하였다. 이러한 '반사실적 사고'를 거쳐 유가는 회고성과 전망성의 사고 활동을 온전히 하나로 융합시키며 '가치'와 '사실'을 결합시켰다. 바로 이러한 의미에서 유가 가치 이념에 젖어 있는 전통적인 중국 사학은 비판 의식을 깊이 가진 역사학이라고 말할 수 있다.

제4장

유가적 담론 속의 역사 서술과 보편 원칙

1. 이끄는 말

4장에서 논의할 주제는 유가 담론 속의 역사적 서술과 보편 원칙의 관계이다. 이 문제는 중국 유학사에서 '한학漢學'과 '송학宋學'의 논쟁에서부터 깊이 파고들 수 있다. '한학'과 '송학'의 진영은 분명하다. 이 논쟁은 사실 청대 학자들이 학파 의식을 가지면서 생겨난 산물이다. 예컨대 강번江藩(1761~1831)은 『국조 한학 사승기國朝漢學師承記』를 지어 한학의 문호를 넓혔고 방동수方東樹(1772~1851)는 『한학 상태漢學商兌』를 써서 한학을 반박하고 송학을 힘써 높였다. 이에 한학과 송학의 논쟁은 마치 물과 불이 다투는 양상을 보였다.[1]

실제 내용을 보면 한과 송의 대립이 그렇게 심각하다고 할 수 없다. 주희가 다음처럼 밝힌 적이 있다. "한漢과 위魏의 유학자는 음독音讀을 바로 잡고 훈고에 통달하고 제도를 연구하고 명물名物을 분별하였으니 그 공이 넓다. 학자가 먼저 그 흐름을 건너지 않으면 어찌 여기에 힘을 쓸 수 있겠는가?"[2] 주희는 『사서집주四書集註』의 곳곳에 한나라의 주註

---

1 〔清〕皮錫瑞(1850~1908), 『經學歷史』, 香港: 中華書局香港分局, 1961, 313~314쪽 참조.

와 당나라의 소소疏를 인용했다.

청대 한학의 기틀을 다진 인물 중 하나인 대진戴震(1723~1777)은 송대 유가를 강하게 나무랐지만 스스로 주자학과 송명 리학에 대해 상당히 조예가 깊고 뛰어났다. 청대에서 한학과 송학의 중대한 갈림길은 경전을 해석하는 방법에 있었다. 청대 유학자 이조락李兆洛(1769~1841)은 다음처럼 주장했다. "경전 연구의 길에는 2가시가 있다. 하나는 전가專家의 길로 한 스승의 법도를 굳게 지키고 한 치라도 법도를 어기지 않는다. 당대 이전의 유학자들이 그러했다. 또 하나는 심득心得의 길로 리理에 통달하여 달리 의지하는 것이 없고 오직 자신의 안녕을 추구했다. 당대 이후의 유학자들이 그러했다."[3]

한학파의 경전 해석은 '전가'의 학문에 가까워 형성形聲·훈고訓詁·명물名物·제도制度를 특히 중시하지만 '리理'·'도道' 등의 추상적인 보편 원칙은 이야기하지 않았다. 반면에 송학파는 성명性命·천도天道를 즐겨 말하고 인륜과 일상에서 예측할 수 없는 신묘한 변화를 체득하고자 했다. 또 한학파는 유가 경전에서 오직 '도중용道中庸'의 지향만 있고 '리'·'도'·'심'·'성' 등의 보편 원칙은 모두『육경』에서 올바르고 정확한 말이 아니라고 여겼다. 반면에 송학파는 '리'·'도' 등의 보편 원칙이 모두 여러 경전에서 보이고 유학은 '극고명極高明'의 지향이 있다고 여겼다.[4] 양

---

2 〔宋〕朱熹,「語孟集義序」,『朱子文集』第8冊 卷75, 臺北: 德富文敎基金會, 2000, 3782쪽: "漢魏諸儒, 正音讀, 通訓詁, 考制度, 辨名物, 其功博矣. 學者苟不先涉其流, 則亦何以用力於此?"

3 〔淸〕李兆洛,「詒經堂續經解序」,『養一齋文集』卷3, 光緖 戊寅四年 湯成烈 重刊本, 10쪽-右: "治經之途有二: 一曰專家, 確守一師之法, 尺寸不敢違越, 唐以前諸儒類然. 一曰心得, 通之以理, 空所依傍, 惟求乎己之所安, 唐以後諸儒類然".「詒經堂續經解序」는 光緖本에서만 보이며『續修四庫全書』에서 수록된『養一齋文集』에는 이 글이 보이지 않는다.

4 ‖'도중용'과 '극고명'은『중용』27장의 "君子, 尊德性而道問學, 致廣大而盡精微, 極高明而道中庸, 溫故而知新, 敦厚以崇禮."에 나오는 말로 각각 경험과 선험을 중시하는 맥락으로 볼 수 있다.

측은 각각 자신의 견해를 갖고 있어서 일치하는 결론을 내릴 수 없었다.

4장의 주된 요지는 이렇다. 유학자의 담론에서 구체성의 역사 사실(특별히 성현과 모범 인물의 도의)의 서술과 추상성의 보편 원칙(예컨대 '도'·'리')의 입증이 서로 밀접하게 얽혀있고 상호 삼투하는 특성을 갖는다. 이 때문에 유가 담론에 보이는 '보편성'이 일종의 '구체적 보편성'이라는 점을 논증하고자 한다. 앞에서 말한 기본적 논점을 입증하기 위해 4장에서는 아래의 4가지 문제를 둘러싸고 논의를 펼치고자 한다.

(1) 유가의 역사 서술에 대한 목적은 어디에 있는가?
(2) 유가에서 서술자의 사고 논리와 역사적 사실의 내재적 논리는 긴밀히 결합되는가? 그렇지 않다면 어떤 문제가 생기는가?
(3) 유학자는 어떠한 길로 역사 서술에서 '도道'를 추구하는가? '도'를 추구하는 길에는 어떤 방법상의 문제가 있는가?
(4) 유가의 역사적 서술과 보편 원칙의 관계는 어떤 해석학적 순환을 갖는가?

4장의 제2절에서는 (1)의 문제를 논의하고 제3절과 제4절에서는 (2)와 (3)의 문제를 논의하고, 제5절에서는 (4)의 문제에 대해 견해를 제시하고자 한다. 4장의 제2절에서는 먼저 유가 경전 중에 역사적 서술은 보통 일종의 수단이고 추상적인 보편 원칙의 수립을 그 목적을 삼는데, 이 점을 밝히고자 한다. 유가의 보편 원칙은 논리적 또는 추상적 추리 과정을 거치지 않으며 구체적인 역사 경험의 서술을 통해 수립된다.

4장의 제3절과 제4절은 유가 담론에서 '역사적 서술을 통해 보편 원칙을 세우는' 2가지 방법과 거기에 숨겨진 방법론 문제를 논의한다. 4장의 제5절에서는 유가 담론에 보이는 '구체적 보편성'을 유학자들의 '추상성을 구체성에 담기' 및 '특수성에 입각해서 보편성을 논하기' 등의 특성으로 풀어내서 해석하고자 한다.

2. 유가의 역사 서술은 보편 원칙을 입증하는 수단이다

중국 사상사 속에서 유학자의 역사감은 가장 깊고 두텁다. 그들은 앞의 것을 지켜서 뒤의 것을 기다리고 옛것을 익혀 새것을 알며 지난 것을 이어가는 중에 앞날을 개척하였는데, 각 학파의 사상 인물은 나름의 특색을 갖고 있다. 유가 경전에서 역사 서술은 기본적으로 보편 원칙을 끌어내는 일종의 수단이다. (1) 유가의 역사 의식은 성현의 언행과 '삼대三代'의 덕치를 무한히 동경하는 마음에서 드러난다. (2) 유가의 역사 서술은 역사를 위한 역사가 결코 아니라 그들은 현재와 미래를 위해 역사에 종사한다. 그러므로 유가의 역사학은 일종의 도덕학과 정치학이다. (3) 유가가 역사학을 도덕학과 정치학으로 전환시키는 방법은 구체성에 입각하여 추상성을 논하고 역사적 서술에서 도덕적 명제 등 보편 원칙을 입증하는 것이다. 우리는 앞으로 이상 3가지의 주요 논점을 설명하고자 한다.

(1) 유학자의 깊고 두터운 역사 의식은 그들의 '삼대'에 대한 동경에서 드러난다. '삼대'는 중국 고대 사상가들의 이상적인 황금 시대이다. 마침 제3장에서 언급했듯이 하·상·주를 포괄하는 이 '삼대' 개념은 고대 중국 사상에서 당시(현실)의 '사실성'을 강렬히 비판하는 '반사실성'의 의미를 가지고 있다. 고대 사상가들은 늘 이 '삼대' 개념을 활용하여 그들이 집어넣고 싶은 의미를 집어넣어 '역사'에 새로운 의미를 부여하는 방식으로 역사 경험이 '현재'에 충격을 주고 '미래'를 인도하려 했다.

이러한 역사 사유 방식은 고대 중국의 사상가들을 관통하여 '말할 때마다 요·순을 들먹이면서(言必稱堯舜)' 유학자에서 가장 현저하게 나타 난다.[5] 공자는 '주공의 아름다운 재능'을 찬탄하고[6] 꿈에 주공을 만나지 못하자 이를 자신이 노쇠해지는 징후로 삼았다. 공자는 "환히 빛나는구 나, 그가 만든 문물과 제도여!"[7]라며 요 임금을 추앙하기도 했다. 공자는 또 우 임금의 품행이 '비판할 데 없다'며 경의의 뜻을 표하기도 했다.[8]

맹자는 더욱이 '사람의 본성이 선하다고 말할 때마다 요·순을 들먹이 면서'[9] '삼대'를 평화로운 세상의 모범으로 삼았다. 맹자는 "삼대가 천하 를 얻은 길은 인仁에 있고 천하를 잃은 길은 불인不仁에 있다."[10]라고 선언하고 공자의 말을 인용하여 "도는 둘이다. 인仁과 불인不仁이 있을 뿐이다"[11]라고 말했다. 이처럼 맹자는 더욱더 요·순을 군주와 신하 관계 의 전형으로 삼았다. "군주가 되려고 하면 군주의 도리를 다해야 하고 신하가 되려고 하면 신하의 도리를 다해야 한다. 이 두 가지는 모두 요· 순을 본받을 뿐이다. 순이 요를 섬기던 방법으로 왕을 섬기지 않는다면 왕에게 공경하지 않는 것이다. 요 임금이 백성을 다스리던 방법으로 백 성을 다스리지 않는다면 백성을 해치는 것이다."[12]

공·맹 이후로 역대 유학자들은 윤리 명제를 논증하거나 정치적 주장 을 제기할 때 '삼대'와 요·순 등의 성현 인물을 모범으로 삼지 않은 것이

---

5 자세한 내용은 제3장; Chun-chieh Huang, "Historical Thinking in Classical Confucianism: Historical Argumentation from the Three Dynasties," in Chun-chieh Huang and Erik Zürcher eds., *Time and Space in Chinese Culture*, Leiden: E. J. Brill, 1995, pp.72~88 참조.

6 [宋]朱熹,「泰伯」11,『論語集注』,『四書章句集注』卷4, 北京: 中華書局, 1983, 105쪽.

7 [宋]朱熹,「泰伯」19,『論語集注』卷4, 107쪽: "煥乎, 其有文章."

8 [宋]朱熹,「泰伯」21,『論語集注』卷4, 108쪽: "禹, 吾無間然."

9 [宋]朱熹,「滕文公上」1,『孟子集注』,『四書章句集注』卷5, 北京: 中華書局, 1983, 251쪽: "道性善, 言必稱堯舜."

10 [宋]朱熹,「離婁上」3,『孟子集注』卷7, 277쪽: "三代之得天下也以仁, 其失天下也以不仁."

11 [宋]朱熹,「離婁上」2,『孟子集注』卷7, 277쪽: "道二: 仁與不仁而已矣."

12 [宋]朱熹,「離婁上」2,『孟子集注』卷7, 277쪽: "欲爲君盡君道, 欲爲臣盡臣道, 二者皆法堯· 舜而已矣. 不以舜之所以事堯事君, 不敬其君者也. 不以堯之所以治民治民, 賊其民者也."

없었다. 예컨대 북송 왕안석이 신종神宗(재위 1067~1084)을 권면할 때 요·순을 본보기로 삼아야 한다고 말했다. "폐하가 참으로 요·순 임금처럼 되려면 반드시 고皐·기夔·직稷·설契과 같은 신하가 있어야 한다. 고종高宗처럼 되려면 반드시 부열과 같은 신하가 있어야 한다. …… 사흉四凶[13]을 가려내서 없애는 조치가 요·순이 왕 노릇을 하게 한 까닭이다. 만일 사흉으로 하여금 자신들의 사악함을 제멋대로 펼쳤다면 고·기·직·설이 어찌 편안히 녹봉을 먹으며 천수를 누릴 수 있을까?"[14] 왕안석이 말한 요·순과 관련된 사적은 『상서』에 나온다. "공공共工을 유주幽洲로 귀양 보내고 환두驩兜를 숭산崇山으로 몰아내고 삼묘三苗를 삼위三危로 쫓아내고 곤鯀을 우산羽山에 처형하였다. 이 네 가지 죄를 벌하니 천하가 다 복종하게 되었다."[15] 왕안석은 일련의 역사적 사실을 원용했던 것이다.

장재張載(1020~1077)도 순 임금의 모범을 정치 운용의 참고로 삼았다. 그가 다음처럼 말했다. "모든 일은 하나의 천리天理일 따름이다. 순이 16명의 재상을 세우고 사흉을 제거했는데, 요 임금이 어찌 알지 못했을까? 요 임금은 참으로 사흉의 악을 알았지만 백성이 아직 학정을 받지 않았으므로 세상 사람들이 그들을 제거하고자 하지 않았다. 요 임금은 백성의 안정을 난제로 여겼는데, 갑자기 군주를 없애면 백성이 불안하므로 사흉을 제거하지 않았다. 순 임금이 나온 뒤에야 백성이 학정을

---

13 ‖사흉은 학정을 저질러 백성들에게 고통을 주던 4명의 군주를 가리킨다. 4명은 아래에 나오는 공공 등을 가리킨다.

14 ₍元₎脫脫, 「列傳第八十六·王安石」, 『宋史』 卷327, 臺北: 鼎文書局, 1977年 新校標點本, 10543~10544쪽: "陛下誠能爲堯·舜, 則必有皐·夔·稷·契. 誠能爲高宗, 則必有傳說. …… 惟能辨四凶而誅之, 此其所以爲堯·舜也. 若使四凶得肆其讒慝, 則皐·夔·稷·契亦安肯苟食其祿以終身乎?"

15 ₍漢₎孔安國 傳, ₍唐₎孔穎達 等 正義, 「舜典」, 『尙書正義』, 臺北: 藝文印書館, 1960年 影印宋刊本, 40쪽-下: "流共工于幽洲, 放驩兜于崇山, 竄三苗于三危, 殛鯀于羽山, 四罪而天下咸服."

견디지 못하므로 사흉을 제거하게 되었다."[16] 이와 같이 송·명·청의 삼
대를 관통하는 천년에 가까운 기간 동안, 유가 제자백가의 역사나 정치
에 관한 담론에는 '삼대'의 황금 시대나 요·순 등 성현의 전범에서 출발
하지 않은 것이 없었다.

(2) 하지만 유가의 '삼대' 또는 요·순을 모범으로 삼는 역사 서술은
결코 '과거'를 위한 '과거'가 아니라 '현재'와 '미래'를 위한 '과거'이다. 이
때문에 역사 서술의 목적으로 보면 유가의 역사학은 일종의 도덕학이자
정치학이 된다.

우리는 맹자가 역사와 관련해서 이야기하는 단락에서 논의를 시작해
보자.

> 맹자: "진정한 왕의 자취가 사라지자 『시』가 없어졌고 『시』가 없
> 어지고 나서 『춘추』가 쓰였다. …… 『춘추』에서 기록한 사실은
> 제 환공과 진 문공의 일이고 기록한 글은 사관의 몫이다. 공자는
> '그 안에 담긴 의리는 내가 분에 넘치게 채택했다.'"[17]

맹자는 역사('글은 사관의 몫이다')에서 제 환공과 진 문공 등에 대한 사실
의 기술은 단지 역사 의미를 발굴하는 하나의 수단이라고 여겼다. 유가의
역사 서술에서 객관적인 역사적 사실의 가술은 유가적 역사학의 최종
목표가 아니다. 오히려 역사 서술은 도덕적 교훈을 입증하는 하나의 수단
이다. 순·부열·관이오(관중) 등 인물의 역사적 사실에 대한 맹자의 서술이

---

16 [宋]張載,「經學理窟」,『張載集』, 北京: 中華書局, 1978年 新校標點本, 256쪽: "萬事
   只一天理. 舜擧十六相, 去四凶, 堯豈不能? 堯固知四凶之惡, 然民未被其虐, 天下未
   欲去之. 堯以安民爲難, 遽去其君則民不安, 故不去, 必舜而後因民不堪而去之也."
17 [宋]朱熹,「離婁下」21,『孟子集注』卷8, 295쪽: "孟子曰, 王者之迹熄而『詩』亡, 『詩』
   亡然後『春秋』作. …… 其事則齊桓, 晉文, 其文則史. 孔子曰: 其義則丘竊取之矣."

전형적인 실례이다.

대표적인 실례를 들어 보자.

맹자: "순 임금은 농사짓다가 발탁되었고 부열은 성벽 쌓는 일을
하다가 등용되었고 교력은 생선과 소금을 팔다가서 등용되었고 관
이오(관중)는 옥리에게 잡혔다가 등용되었고 손숙오는 바닷가에 살
다가 등용되었고 백리해는 시장에서 살다가 등용되었다. 그러므로
하늘이 앞으로 큰 임무를 어떤 사람에게 맡기려고 할 적에 반드시
먼저 그의 심지心志를 괴롭게 하고 그의 근골筋骨을 힘들게 하며
그의 사지와 피부를 굶주리게 하고 그의 몸을 궁핍하게 한다. 그가
하려는 일을 어그러뜨리고 어지럽힌다. 이것은 그의 마음을 분발
시키고 성질을 참게 하여 그가 할 수 없었던 일을 해낼 수 있게
도와주기 위한 것이다. 사람은 늘 허물을 지은 뒤에 고칠 수 있다.
마음으로 힘겹게 버티고 사려를 이리저리 굴려보고서 떨쳐 일어나
며, 낯빛에 표가 나고 음성에 나타난 뒤에 깨닫게 된다. 안으로 군
주를 분발시킬 법도 있는 집과 보필하는 선비가 없고, 밖으로 적국
과 외환이 없는 나라는 항상 멸망한다. 이로써 사람은 우환에 처해
서 살 수 있고 안락에 빠져서 죽게 된다는 것을 알 수 있다."[18]

맹자의 역사 서술에서 이처럼 구체적인 몇몇 역사적 인물이 역사를 읽는
독자(예컨대 맹자)에게 중시되는데, 이는 옛 성현들의 역사적 사실 속에 "우

---

18 〔宋〕朱熹,「告子下」15,『孟子集注』卷12, 348쪽: "孟子曰, 舜發於畎畝之中, 傅說擧於版築
之間, 膠鬲擧於魚鹽之中, 管夷吾擧於士, 孫叔敖擧於海, 百里奚擧於市. 故天將降大任於是
人也, 必先苦其心志, 勞其筋骨, 餓其體膚, 空乏其身, 行拂亂其所爲, 所以動心忍性, 曾益其
所不能. 人恒過, 然後能改. 困於心, 衡於慮, 而後作. 徵於色, 發於聲, 而後喩. 入則無法家
拂士, 出則無敵國外患者, 國恒亡. 然後知生於憂患而死於安樂也."

환에 있으며 살 수 있고 안락에 빠져서 죽게 된다"라는 추상적 도덕 명제가 숨어있기 때문이다. 유가의 역사학에서 역사 서술의 목적은 바로 유가 도덕학을 세우는 데 있다.

한대의 사마천은 『사기』 「태사공자서」에서 일찍이 상대부上大夫 호수壺遂가 제기한 "옛날 공자는 왜 『춘추』를 지었는가?"라는 물음에 동중서의 말을 인용하여 다음처럼 회답한 적이 있다.[19] "주나라의 왕도가 쇠퇴하여 실행되지 않게 되니 공자가 노나라의 사구司寇가 되었지만 제후들은 그를 해치려 하고 대부들은 그의 일을 방해했다. 공자는 자신의 말이 받아들여지지 않고 도가 세상에 실행되지 않으리라는 점을 알고 .242년에 걸친 역사의 시비를 따져서 천하의 본보기로 삼으려고 했다. 이에 누구라도 잘못하면 천자도 깎아내리고 제후도 내치며 대부도 성토하여 왕도의 일이 막힘없이 진행되도록 하려고 했을 뿐이다."[20]

한대 사람의 이해에 따르면 공자의 『춘추』학은 절대로 '역사'를 위한 '역사'가 아니고 역사 서술을 통해 세상을 아름답게 하는 숙세淑世 내지 세상을 구원하는 구세救世를 하고자 했다. 사마천이 스스로 마음속으로 계승하고 있는 공자의 『춘추』학 정신은 다음에 있음을 분명히 밝혔다. "위로 삼왕의 도리를 밝히고 아래로 인간 사회의 기강을 분간하며 혐의를 구별하고 시비를 확실히 하고 망설이는 것을 결정하며 선인을 우대하고 악인을 미워하며 현자를 존중하고 어리석은 자를 낮춘다. 멸망한 나라를 다시 일으키고 끊어진 세대의 후손을 찾아 제사를 지내게 하며 모자란 곳을 메워주고 못쓰게 된 것은 다시 일으켜 세웠으니 이것이야

---

19 ‖ 사마천은 "周道衰廢"로 시작되는 글을 전개하기에 앞서 "余聞董生曰"이라며 이하의 서술이 동중서에게 들었다는 점을 밝히고 있다.

20 ｟漢｠司馬遷, 「太史公自序」, 『史記』卷130, 臺北: 藝文印書館, 1956年 據淸乾隆 武英殿刊本 景印, 1352쪽: "周道衰廢, 孔子爲魯司寇, 諸侯害之, 大夫壅之. 孔子知言之不用, 道之不行也, 是非二百四十二年之中, 以爲天下儀表, 貶天子, 退諸侯, 討大夫, 以達王事而已矣."

말로 왕도의 대강이다."[21] 이러한 도덕학이자 정치학으로서 역사학은 중국의 사학 전통에서 가장 두드러지는 특성이다.

(3) 우리는 한 걸음 더 나아가 유가의 역사 서술을 좀 더 분석해 보면 그것이 '구체성의 사유 방식'을 따르고 있다는 것을 발견할 수 있다. '구체성의 사유 방식'은 유학자가 늘 '역사에 입각하여 철학을 논의하고' 구체적이고 특수한 역사 인물의 품행에서 추상적이고 보편적인 철학 또는 도덕 명제를 입증하는 것을 가리킨다. 이러한 '구체성의 사유 방식'의 영향을 받아 유가의 철학 논증은 늘 추상 명제 또는 도덕 명제를 구체적이고 특수한 시공간의 맥락 속에 놓고 옛 성현·역사 인물 또는 과거 사적을 인용하여 증명하고 논증의 설득력을 높이는 식으로 전개되었다.

맹자는 바로 이러한 사유 방식을 가장 잘 사용한 고대의 유가이다. 인류의 역사 경험은 맹자의 사고 속에서 일종의 '기호'로 여겨졌지만 '극장'으로 여겨지지는 않았다. 맹자는 역사 인물을 역사 무대 위의 '연출자'로, 자신을 '감상자'로 나누어 보지 않았다. 그는 역사 경험을 후대인에 의해 '의미(meaning)'가 주입될 수 있는 '기호'로 보았다. 바꿔 말해서 과거의 역사 경험은 역사를 읽는 독자에게 소외된 '객관적 존재'가 아니라 역사를 읽는 독자와 '상호 주체성'을 구성하는 관계가 된다. 그러므로 맹자의 논의에서 역사 읽기는 일종의 의미 창조 활동이다.[22]

유가는 구체적인 역사 사실에서 추상적인 보편 원칙을 끌어낸다. 이런 방법을 통해 유가는 역사학을 도덕학으로 전환시킬 뿐 아니라 유가 담론 속의 '보편(universals)'이 '추상적 보편'이 아니라 일종의 '구체적 보편'이 되게 했다.

---

21 [漢]司馬遷, 「太史公自序」, 『史記』 卷130, 1352쪽: "上明三王之道, 下辨人事之紀, 別嫌疑, 明是非, 定猶豫, 善善惡惡, 賢賢賤不肖, 存亡國, 繼絶世, 補敝起廢, 王道之大者也."
22 黃俊傑, 『孟學思想史論(卷一)』, 臺北: 東大圖書公司, 1991, 13쪽.

3. 유가적 역사 서술과 보편적 원칙 사이의 긴장: 경전 속의 '도'와 성인

'역사 서술'은 서술자가 진행하는 일종의 언설이나 문자적 서술 행위이다. 이러한 서술 행위를 통해 과거의 역사 '사실'을 '재현(representation)'하게 되고 어쩔 수 없이 특수한 언어와 문법 또는 문장과 관련된다.[23] 바꿔 말해서 역사 서술은 객체로서 서술된 역사적 사실과 연관될 뿐만 아니라 주체로서 서술자와 연관된다. 이 때문에 우리는 유가의 역사 서술에서 서술된 역사적 사실의 내재적 논리와 서술자로서 유학자의 사고 논리가 서로 들어맞는지를 물을 수 있다. 이것이 아래에서 다룰 두 번째 문제이다.

유가의 수많은 역사 서술로 보면 (1) 서술된 역사적 사실과 유가 서술자의 사고 논리가 서로 모순되지 않는다면 적어도 거대한 격차를 드러내어 둘 사이를 긴장 관계로 만든다. (2) 이러한 긴장성 또는 심지어 모순성을 조성하는 주요 원인은 유학자가 역사적 서술로부터 영원불변의 '도道' 또는 '리理'를 입증하고 또 이 '도' 또는 '리'가 모두 성인의 품행 중에 모두 갖추어있다고 생각하는 데에 있다. (3) 이렇게 볼 때 유가의 역사 서술은 하나의 큰 문제를 드러내게 된다. 어떻게 역사 서술에서 추출해낸 '도' 또는 '리'의 보편적 필연성을 보증할 수 있는가? 우리는 역사 의식이 매우 풍부했던 공자와 맹자 그리고 주자를 실례로 삼아 3가지 논점을 분석하고자 한다.

(1) 유학자가 역사를 서술할 때 따르는 사고 논리는 마땅히 그렇게 되어야 하는 '응연應然' 세계의 논리이다. 이러한 논리는 유가적 담론에서 우주적 '자연自然'이기도 하고 인간사의 '필연必然'이기도 하다. 공자

---

23 Hayden White, "The Question of Narrative in Contemporay Historical Theory," *History and Theory*, vol.23, no.1, 1984, pp.1~33 참조.

가 "하늘이 무슨 말을 하는가? 사시가 번갈아 운행되고 만물이 생겨난다. 하늘이 무슨 말을 하는가?"[24]라고 말했을 때, 이는 실로 "자연적인 것은 반드시 필연적이다"라는 명제를 이미 내포하고 있다. 주희는 공자의 이 말을 다음처럼 해석했다. "'사시가 운행되고 만물이 생겨나는' 까닭은 이와 같이 하는 것이 딱 알맞아 이와 같이 하는 것으로 이것저것 따질 필요가 없다. 그리하여 천지의 도라 하는 것이다."[25] 공자의 '자연이 곧 필연이다(自然卽必然)'는 의미를 자못 도출해냈다.

공자는 '마땅히 그렇게 되어야 하는' 응연應然 세계의 사고 논리에서 출발하여 역사 서술에 종사했으므로 늘 '마땅히 그렇게 되어야 하는' 응연으로 역사의 '실제로 그렇게 되는' 실연實然을 비판하고 고와 금의 대비로 '지금'의 부족하고 잔인한 상황을 지적했다. 예컨대 공자는 동시대의 지식인이 학문하는 태도에 대해 불만스럽게 말했다. "옛날의 학자는 자기를 위해 배웠지만 지금의 학자는 남을 위해 배운다.[26] 또 공자는 고와 금 사회의 풍조 변화도 다음처럼 평론했다. "옛날의 백성들에게 3가지 병통이 있었지만 지금은 이마저도 없다. 옛날의 어수룩한 자들은 솔직(순박)했지만 지금의 우자는 영악하여 속이려 든다."[27]

공자의 언급 중에 그는 늘 '옛날'이라는 용어를 써서 그의 이상과 연결지어 '지금'으로 현실의 부족하고 잔인함을 지적했다. 이것은 중국 문화 속에 자주 드러나는 전형적인 '반사실적 사고 방식(counterfactual

---

24 〔宋〕朱熹,「陽貨」18,『論語集注』卷9, 180쪽: "天何言哉? 四時行焉, 百物生焉, 天何言哉?"
25 〔宋〕黎靖德 編,『朱子語類』卷1,「道夫錄」,『朱子全書』第14冊, 上海: 上海古籍出版社; 合肥: 安徽教育出版社, 200 1, 117쪽: "其所以四時行, 百物生'者, 蓋以其合當如此便如此, 不待思惟, 此所以爲天地之道." 공자의 '天'에 대한 주희의 해석에 관해 市川安司,「『論語集注』に見える'天'の解釋」참조.『朱子哲學論考』, 東京: 汲古書院, 1985, 113~124쪽.
26 〔宋〕朱熹,「憲問」24,『論語集注』卷7, 155쪽: "古之學者爲己, 今之學者爲人."
27 〔宋〕朱熹,「陽貨」16,『論語集注』卷9, 179쪽: "古者民有三疾, 今也或是之亡也. ……古之愚也直, 今之愚也詐而已矣."

mode of thinking)'이다.[28] 중국인은 늘 "과거에 아마 이랬으리라"는 방식으로 "지금은 마땅히 이래야 한다"는 주장을 표출하는데, 표현이 다소 멀게 느껴지지만 의미는 아주 가깝게 다가온다. 중국인은 늘 역사 경험을 빌어 심지를 드러내는데, 이러한 사유 습관은 중국 고전의 문화 생활 중 시교詩敎의 부드럽고 두터운 특성을 구체적으로 보여준다.

유학자가 마땅히 그러해야 한다는 '응연'의 사고 논리를 운용하여 실제로 그러하다는 '실연'의 역사 세계를 서술할 때 바로 거대한 이상과 현실 사이에 긴장성 또는 모순성을 마주하게 된다. 이러한 유가의 사고 논리와 현실 역사 세계의 운행 논리 사이에 존재하는 거대한 격차를 설명하는 실례가 있다면 바로 맹자가 가장 좋은 실례이다. 맹자는 공자와 마찬가지로 '삼대'와 주공 등 모범적 인물을 칭송했다. '말끝마다 요순을 일컬었다'는 말은 맹자의 '삼대'에 대한 무한한 동경을 잘 설명하고 있다.

맹자가 역사 서술에 나타난 사고 논리는 도덕 이상주의의 바탕 위에 세워진 논리이다. 그는 공자의 말을 인용하며 말했다. "공자에 의하면 도道는 둘이다. 인仁과 불인不仁이 있을 뿐이다." 자신의 백성을 심하게 학대하면 군주 자신은 시해되고 나라는 멸망하며 심하지 않으면 자신의 목숨은 위태로워지고 영토가 줄어든다. 어둡다는 '유幽'와 사납다는 '려厲'의 시호가 붙여지면 그 뒤로 효성스런 자식과 자비로운 손자가 나오더라도 100세대가 지나도 그 시호를 고칠 수 없다. 『시경』에 따르면 '은나라의 거울은 먼 곳에 있지 않으니 하나라의 마지막, 즉 걸왕桀王에 있다네'라고 한다. 이것을 말한다."[29] 맹자는 역사의 '은감殷鑑'이 나타낸

28　중국 사상 전통의 '반사실적 사고 방식'에 관해 Kuang-ming Wu, "Counterfactuals, Universals, and Chinese Thinking," *Tsing Hua Journal of Chinese Studies*, New Series, vol.19, no.2(Dec., 1989), pp.1~43 참조.

교훈은 즉 도덕에 합당한 것이 이치에 맞는 것이라고 생각했다. 또 맹자는 다시 이와 같이 말했다.

삼대가 천하를 얻은 길은 인仁에 있고 천하를 잃은 길은 불인不仁에 있다. 나라가 황폐하고 흥성하며 보존되고 멸망하는 것도 또한 그러하다. 천자가 인하지 아니하면 사해를 보존할 수 없고 제후가 인하지 아니하면 사직을 보전할 수 없으며 경卿과 대부大夫가 인하지 아니하면 종묘를 보존할 수 없고 선비와 서인이 인하지 아니하면 제 한 몸을 보존할 수 없다.[30]

역사의 현실 상황은 어떠한가? 우리는 맹자가 스스로 관찰한 말을 인용해서 살펴보고자 한다.

맹자: "오패五霸는 삼왕三王의 죄인이고 지금의 제후들은 오패의 죄인이고 지금의 대부는 지금 제후의 죄인이다."[31]

이 뿐만 아니라 맹자는 당시 "성을 빼앗느라 전쟁해서 사람을 죽여 죽인 사람이 성에 가득차고 땅을 빼앗느라 싸워서 죽인 사람이 들판에 가득한"[32] 역사 현실에 대해 매우 가슴 아파했다. 그는 '부득이하게' 광야에서

---

29   [宋]朱熹,「離婁上」2,『孟子集注』卷7, 277쪽: "孔子曰, '道二: 仁與不仁而已矣' 暴其民甚, 則身弑國亡. 不甚, 則身危國削. 名之曰'幽厲', 雖孝子慈孫, 百世不能改也.『詩』云, '殷鑒不遠, 在夏后之世', 此之謂也."

30   [宋]朱熹,「離婁上」3,『孟子集注』卷7, 277쪽: "三代之得天下也以仁, 其失天下也以不仁. 國之所以廢興存亡者亦然. 天子不仁, 不保四海. 諸侯不仁, 不保社稷. 卿大夫不仁, 不保宗廟. 士庶人不仁, 不保四體."

31   [宋]朱熹,「告子下」7,『孟子集注』卷12, 343쪽: "孟子曰, 五霸者, 三王之罪人也. 今之諸侯, 五霸之罪人也. 今之大夫, 今之諸侯之罪人也."

큰 소리를 외치며 사람의 마음을 바로잡고 비뚤어진 학설을 내쳐서 난리를 평정하여 질서 있는 세상으로 회복하고자 했다.

(2) 위에서 말했듯이 공·맹의 역사 담론에 일찍부터 존재했던 '응연應然'과 '실연實然'의 모순은 남송南宋의 위대한 유학자 주희의 역사 해석에서 더욱 온전히 드러난다. 주희의 실례는 다음처럼 가장 잘 설명해준다. 위에서 말한 모순성을 피할 수 없는 까닭은 유학자가 늘 역사 서술에서 입증한 '도'나 '리'를 사고 논리로 활용하기 때문이다. 이러한 논리는 보편적이고 시간과 공간적 요소에 제약을 받지 않는다. 주희는 이를 다음처럼 명백하게 선언했다.

> 세상일이 비록 천 갈래 만 갈래로 복잡하지만 사실 하나의 도리에 불과하다. '리일분수理一分殊'(옮긴이 주: 보편적 리는 하나이지만 개별적 리는 다양하다)라고 할 수 있다. 감통感通하는 곳에 이르면 자연히 머리와 꼬리가 서로 호응한다. 혹 여기에서 드러나서 밖에서 감응하기도 하고 혹 밖으로 와서 나를 감응시키기도 하니 모두 하나의 리理이다.[33]

주희가 보기에 초월적이며 유일한 '리'는 현실의 역사 세계의 간섭을 받지 않는다. 주희에 따르면 "만일 도가 항상 존재하는 점을 논의하면 애초에 사람이 간여할 수는 없다. 다만 이는 옛날부터 지금까지 늘 존재하여 소멸하지 않는 것이다. 비록 1,500년 동안 사람들에 의해 허물어뜨리려고

---

32 ‖「이루상」 14: "爭城以戰, 殺人盈城. 爭地以戰, 殺人盈野."
33 (宋)黎靖德 編,『朱子語類』卷136, '謨錄',『朱子全書』第18冊, 4222쪽: "世間事雖千頭萬緖, 其實只一個道理, '理一分殊'之謂也. 到感通處, 自然首尾相應. 或自此發出而感於外, 或自外來而感於我, 皆一理也." 자세한 사항은 부록2 참조.

했지만 끝내 완전히 없애지 못했다. 한·당의 이른바 어진 군주라는 인물이 언제 조금의 기력을 보태 그것을 도운 적이 있는가?"[34] 주희의 역사 사고에서 '리'는 현실 세계의 사람이나 일에 간섭을 받지 않을 뿐만 아니라 역사를 초월한다. 주희가 말했다. "사람은 다만 이 사람일 뿐이고 도는 다만 이 도일 뿐이다. 어찌 삼대와 한·당의 구별이 있겠는가?"[35]

주희의 역사 사고에서 초월적 '도'는 역사의 현실 세계의 작용을 주재하는 동력이다. 주희가 말했다. "옛날부터 지금까지 단지 일체일 뿐이다. 이를 따르면 성공하고 거스르면 실패한다. 이는 옛날의 성현만이 홀로 할 수 있는 것이 아니고 후세의 영웅호걸이라고 부르는 자도 이 리理를 버리고 성취를 이룬 자는 없었다."[36] 주희는 이러한 '리일'이 '분수'의 현실 역사 세계에 드러나는 것이 아주 자연스러운 일임을 재차 강조한다.

그는 흘러나온다는 '유출래流出來'라는 말로 위의 과정을 형용했다. "흘러나오는 것은 바로 인仁(사랑)이다. 인이 한번 움직이면 의·예·지·신도 마땅히 나오게 된다. 인이 특정 시간을 시켜서 인이 나와 작용하지도 않고 의가 특정 시간을 시켜서 의가 나와 작용하지도 않는다. 다만 이 '리'가 흘러나오면 자연히 많은 가닥이 나뉘게 된다."[37] 주희는 역시

---

34 (宋)朱熹,「答陳同甫6」,『朱子文集』第4冊 卷36, 臺北: 德富文教基金會, 2000, 1458쪽: "若論道之常存, 卻又初非人所能預, 只是此箇自是亘古亘今常在不滅之物, 雖千五百年被人作壞, 終殄滅他不得耳. 漢·唐所謂賢君, 何嘗有一分氣力扶助得他耶?"

35 (宋)朱熹,「答陳同甫8」,『朱子文集』第4冊, 卷36, 1464쪽: "夫人只是這箇人, 道只是這箇道, 豈有三代·漢·唐之別?"

36 (宋)朱熹,「答陳同甫9」,『朱子文集』第4冊 卷36, 1466쪽: "亘古亘今只是一體, 順之者成, 逆之者敗, 固非古之聖賢所能獨爲. 而後世之所謂英雄豪傑者, 亦未有能舍此理而有所建立成就者也." 이와 관련해서 자세한 사항은 제6장; Chun-chieh Huang, "Imperial Rulership in Cultural Change: Chu Hsi's Interpretation," in Frederick Brandauer and Chun-chieh Huang eds., *Imperial Rulership and Cultural Change in Traditional China*, Seattle: University of Washington Press, 1994, pp.188~205 참조.

이렇게 자연스럽게 '흘러나오는' '리'가 '삼대'의 황금 시대와 요·순 등 모범 인물의 품행 중에 충분히 체현된다고 재차 설명한다.

(3) 페르낭 브로델(Fernand Braudel, 1902~1985)이 말했듯이 역사 서술은 곧 일종의 역사 해석이며 역사 철학이다.[38] 유가의 역사 서술은 더욱이 협서협의夾敍夾議[39]의 서사 방법으로 리理와 사事가 하나로 녹아들기를 추구한다. 이러한 서사 행위 중에 의거하고 있는 '도' 또는 '리'는 각종 경전에서 입증되었지만 경전도 마찬가지로 특정한 시공간 조건의 산물이다. 이 때문에 어떻게 경전이 담고 있는 역사적 사실에서 입증한 '도'나 '리'가 보편적 필연성을 가지고 있다고 보증할 수 있는가? 이처럼 이는 하나의 문제가 된다.

유가의 역사 서술자는 늘 어떤 특수한 사건 또는 환경에서 시작하므로 시간과 공간의 특수성을 드러낸다. 그들은 어떻게 특수성으로부터 의리의 보편성을 입증하고 양자의 모순을 피할 수 있을까? 서복관(쉬푸관)이 말했듯이[40] 중국 고전에서 늘 다루는 것은 '개별(수상)'이며 후대 유학자들은 반드시 '개별(수상)'에서 경전 속 의리의 '보편(공상)'을 추출해야 한다. 이것이 방법론에서 하나의 중요한 도전이다.

한층 더 깊이 들여다보면 유학자들은 역사상 모범 인물('성인')의 품행에서 추출해낸 영원한 진리('도' 또는 '리')가 경전 속에 숨겨져 있고 또 시

---

37 ﹝宋﹞黎靖德編, 『朱子語類』 卷98, '義剛錄', 『朱子全書』 第17冊, 3321쪽: "流出來底便是仁, 仁打一動, 便是義禮智信當來. 不是要仁使時仁來用, 要義使時義來用, 只是這一箇'理'流出去, 自然有許多分別."

38 Fernand Braudel, "The Situation of History in 1950," in Sarah Matthews tr., *On History*, Chicago: University of Chicago Press, 1980, pp.6~24, esp. p.11

39 ‖ 협서협의는 일종의 서사 방법으로 한편으로 어떤 사실을 기술하면서 다른 한편으로 분석과 평론을 겸한다. 하나의 글에 다른 형식이 공존하여 변화와 흥미를 자아낼 수 있다.

40 徐復觀, 「代序」, 「如何讀馬一浮先生的書」, 馬一浮, 『爾雅臺答問』, 臺北: 廣文書局, 1973, 1~6쪽 수록. 특히 3~4쪽 참조.

공간적 요소의 제약을 받게 되므로 특수성을 지니게 된다. 바로 이 특수성으로 인해 유가의 역사 서술에서 '도'의 보편적 필연성을 입증하려면 방법론적 어려움을 맞닥뜨리게 된다. 우리는 한 걸음 더 나아가 이 문제를 더 검토해보자.

'도'는 우주 만물의 운행 논리이다. 『한비자』에 따르면 "도는 만물이 그렇게 되는 까닭이요 만물의 이치가 머무는 곳이다."[41] 즉 도가 규칙으로 이야기되고 있다. 유가 담론 중에 '도'는 규칙이기도 하면서 규범이기도 하다. 주희의 말로 표현하면 "도는 천리의 스스로 그러함"이고[42] 우주 만물의 '그렇게 되는 까닭(所以然)'이다. 또 주희에 따르면 "도는 인간 사회에서 마땅히 그렇게 해야 하는 이치"[43]이고, "도는 물아物我가 공통으로 스스로 그렇게 되는 이치"이며[44] 우주 만물이 '마땅히 그렇게 되는 것(所當然)'이라고 한다. '도'가 규칙과 규범이 되는 이중적 의미는 유가 담론에서 하나로 융합된다. 아울러 '도'의 소식消息도 오로지 경전 속에서만 들여다볼 수 있을 뿐이다. 유가의 관점으로 볼 때 도를 추구하려면 반드시 먼저 경전을 으뜸으로 쳐야 한다.

그러나 경전은 옛 성현들이 남긴 글이다. 경전 작자의 '도'에 대한 체현이 반드시 후대 독자들에게 정확하게 독해되리라고 볼 수는 없다. 『한비자』에 따르면 "책은 말이다. 말은 앎에서 나오므로 아는 자는 책을 간직하지 않는다."[45] 『장자』에 따르면 "세상에서 귀히 여기는 것은 글이

---

41 〔戰國〕韓非, 陳奇猷 校注, 「解老」, 『韓非子集釋』 卷6, 臺北: 河洛圖書出版社, 1974, 365쪽: "道者, 萬物之所然也, 萬理之所稽也."

42 〔宋〕朱熹, 『孟子集注』 卷3, 231쪽: "道者, 天理之自然."

43 〔宋〕黎靖德 編, 『朱子語類』 卷52, '端蒙錄', 『朱子全書』 第15冊, 1728쪽: "道者, 人事當然之理."

44 〔宋〕黎靖德 編, 『朱子語類』 卷52, '廣錄', 『朱子全書』 第15冊, 1727쪽: "道則是物我公共自然之理."

45 陳奇猷, 「喩老」, 『韓非子集釋』 卷7, 405~406쪽: "書者, 言也. 言生於知, 知言者不藏書."

다. 글이란 말에 지나지 않는 것이니 말이 귀한 것이 된다. 말이 귀한 것은 뜻이 있기 때문이고 뜻이란 따르는 것이 있는 것이다. 뜻이 따르는 것은 말로 전할 수 없는 것이다."[46] 한비자와 장자가 모두 인식했던 한 가지 사실은 경전 작자의 애초에 먹었던 마음이 온전히 후대의 독자에게 전해지기 어렵다는 것이다.

앞의 문제는 다시 유협劉勰(약 464~522)을 한탄하게 만들었다. 『문심조룡文心雕龍』에 따르면 "지음知音, 즉 작품을 깊이 이해하고 정확히 평가하기란 참 어렵구나! 음音이란 사실 알기 어렵고 지知는 실로 만나기 어렵다. 지음의 사람을 만나기는 천년에 한 번 있을까!"[47] 그러므로 어떻게 정확하게 경전에 대한 해석을 거쳐 경전 작자의 뜻에 접근할 수 있을까? 이것은 곧 하나의 진지한 문제가 된다. 이 방법론의 관점에서 보면 청대 학술 중 '한학'과 '송학'의 논쟁이 바로 이 문제를 해결하는 서로 다른 방법에서 나온 것이다. 우리는 다음 절에서 이 문제를 자세히 논의하려고 한다.

동중서는 다음처럼 말했다. "『춘추』는 천하에 일어난 일의 득실을 기록하여 그 일이 그렇게 된 까닭을 볼 수 있다. 이 덕분에 매우 그윽하지만 밝게 드러나고 전하지 않지만 두드러지게 보이니 살펴보지 않을 수 없다."[48] 이처럼 '도'가 구체적이고 미묘하게 경전에 기록되어 있지만 경

진기유(천치유)陳奇猷는 "知 자 아래에 마땅히 言 자가 있어야 한다. '知言者不藏書'와 '知時者無常事'는 상대적으로 쓰인 것이다"고 지적했다. 오늘날 이 견해를 따르고 있다. ∥ '知言者不藏書'를 '知者不藏書'로 보는 판본도 있다.

46 [淸]郭慶藩, 「天道」, 『莊子集釋』, 臺北: 河洛圖書出版社, 1974, 488쪽: "世之所貴道者書也, 書不過語, 語有貴也. 語之所貴者意也, 意有所隨. 意之所隨者, 不可以言傳也."

47 [梁]劉勰, [淸]黃叔琳 校, 「知音」, 『文心雕龍注』 卷10, 臺北: 臺灣開明書局, 1975, 臺十三版, 13쪽-左: "知音其難哉! 音實難知, 知實難逢, 逢其知音, 千載其一乎!"

48 [淸]蘇興, 「竹林第三」, 『春秋繁露義證』 卷2, 臺北: 河洛圖書出版社, 1974年 臺景印 淸宣統 庚戌刊本, 39쪽: "『春秋』記天下之得失, 而見所以然之故, 甚幽而明, 無傳而著, 不可不察也."

전은 특정한 시대를 배경으로 쓰인 작품이다. 그러므로 경전 속에 감춰 후대 사람에게 해독되는 '도'는 필연적으로 시공간적 요소의 제약을 받게 된다.

경전이 담고 있는 '도'의 시공간성(temporality and spatiality)과 특수성(particularity)을 설명하려면 우리는 반드시 유가의 "특수성에 입각해서 보편성을 논의하는" 사유 습관으로부터 이야기를 시작해야 한다.[49] 맹자의 역사 서술은 그 중에 대표적인 사례로 볼 수 있다. 4장의 제2절에서 인용한 『맹자』 「고자하告子下」 15의 한 단락 중에 맹자가 "하늘이 앞으로 큰 임무를 어떤 사람에게 맡기려고 할 적에 반드시 먼저 그의 심지를 괴롭게 하고 그의 근골을 힘들게 한다"는 말로 보편성의 도덕 명제를 논증하려고 할 때 그는 역사에 보이는 "순 임금은 농사짓다가 발탁되었고 부열은 성벽 쌓는 일을 하다가 등용되었다."와 같은 역사상 옛 성현의 특수한 사적들을 서술하고 '특수성'과 '구체성'으로 시작해서 '보편성'과 '추상성'을 찾아서 세웠다. 이러한 관점에서 보면 유가의 역사 서술에서 '리理'는 '사事' 속에 숨어 있고 '사'에서만 '리'의 소식을 해독할 수 있다.

위에서 논의한 관점에서 출발해서 우리는 경전에 보이는 역사 서술의 '도'가 시간과 공간적 요소에 의해 결정되는 것이므로 '도'가 시간성을 가지게 되고 또 편협성도 가지게 된다는 점을 반드시 인정해야 한다. 어떻게 경전 속의 '도'를 시공간성으로부터 보편적 필연성을 세울 수 있을까?

---

49 중국인의 이러한 사유 습관을 가장 전면적으로 분석한 사람으로 일본의 선배 학자인 나카무라 하지메中村元가 손에 꼽힌다. 中村元, 『東洋人の思惟方式』, 東京: 春秋社, 1988, 第4卷 『シナ人の思惟方法』 참조. 이 책을 간략한 번역한 영역본이 있다. Hajime Nakamura, edited by Philip P. Wiener, *Ways of Thinking of Eastern People: India, China, Tibet, Japan*, Honolulu: University of Hawaii Press, 1968, chap.17, pp.196~203

여기서 청대 유학자 장학성의 말을 인용해 보자.

'상고 시대에는 새끼로 매듭을 묶어 소통했지만 안정되었지만 후세
에는 성인이 이를 문자로 바꿔 모든 관료가 이에 따라 다스리고 모
든 백성도 이에 따라 살펴볼 수 있었다.' 문자의 용도는 안정을 위
해 관찰을 위해 있었지만 고인은 아직 이를 써서 저술한 적이 없
다. 문자로 저술을 한 것은 관료 직분의 분화, 정치와 교화의 분기
로부터 시작되었다. 공자가 "나는 말을 하고 싶지 않다"[50]고 말한
적이 있다. 말을 하고 싶지 않은 것이 말하고자 하는 말이 없다고
할 수는 없다. 맹자는 "내가 어찌 변론하기를 좋아하겠는가? 나는
어쩔 할 수가 없어서 그렇게 할 뿐이다"[51]라고 말한 적이 있다. 후
세의 붓을 잡는 사람은 문장을 지어서 앞으로 오늘을 믿고 후세에
전하려고 하는데, 공자의 말을 하고 싶지 않은 뜻과 맹자의 어찌
할 수가 없는 마음을 생각한다. 아마 말은 나에게서 나왔지만 말로
여기는 대상은 애초에 나에게서 비롯된 것이 아니다. 도는『육경』
에 담겨있고 의미가 이전에 숨은 것은 장구를 나누어 훈고로 그것
을 발명해낸다. 사물의 변화가 이후에 나온 것은『육경』에서 다 말
할 수 없으니 진실로『육경』의 취지를 간결하게 하여 때에 따라
글을 지어 대도를 밝히는 것이다.[52]

---

50 ‖이 말의 출처는「陽貨」17이다. "子曰, '予欲無言.' 子貢曰, '子如不言, 則小子何述焉?'
   子曰, '天何言哉? 四時行焉, 百物生焉, 天何言哉?'"
51 ‖이 말의 출처는「滕文公下」9이다. "豈好辯哉? 予不得已也."
52 淸章學誠,「原道下」, 葉瑛 校注,『文史通義校注』卷2, 北京: 中華書局, 1994, 139쪽:
   "上古結繩而治, 後世聖人易之以書契, 百官以治, 萬民以察. 夫文字之用, 爲治爲察, 古人未
   嘗取以爲著述也. 以文字爲著述, 起於官師之分職, 治敎之分途也. 夫子曰, 予欲無言. 欲無
   言者, 不能不有所言也. 孟子曰, 予豈好辨哉? 予不得已也. 後世載筆之士, 作爲文章, 將以
   信今而傳後, 其亦尙念欲無言之旨, 與夫不得已之情, 庶幾哉言出於我, 而所以爲言, 初非由

장학성의 뜻을 헤아리면 '도'는 한 번 고정되면 불변하는 것이 아니라 사실 시대와 함께 나아가고 시대에 따라 내용을 새롭게 한다.[53] 이러한 '도'를 갱신하는 해석 작업 중에 경전의 해석자는 사실 으뜸의 지위를 차지하게 된다. 오직 해독자만이 옛글을 새롭게 풀어낼 수 있고 경전 속의 '도'에 새로운 의미를 부여할 수 있다!

4. 경전을 해석하여 '도'를 찾는 두 가지 방법과 문제

4장 제3절의 분석을 통해 유가가 역사 서술을 통해 보편 원칙을 입증하는 과정에서 경전의 해석자가 사실 핵심의 자리를 차지하게 된다. 이는 경전 해석자만이 성인의 품행을 체현할 수 있고 숨겨진 '도'(또는 '리')를 개발해 낼 수 있기 때문이다. 해석자가 어떻게 경전 해석을 통해 '도'를 찾을 수 있을까? 유가 사상사로 보면 적어도 두 가지 방법이 존재한다. 첫째, 맹자가 말한 '보는 사람의 생각으로 지은 사람의 뜻을 헤아려야 하는(以意逆志)'[54] 경전 해석 방법이다. 해석자 개인의 생명 체험에 호소하는 것이다. 둘째, 문자의 훈고를 통해 경전의 의미를 소증疏證하는 것이다. 양자

我也. 夫道備於六經, 義蘊之匿於前者, 章句訓詁以發明之. 事變之出於後者, 六經不能言, 固貴約六經之旨, 而隨時撰述以究大道也."

53 니비슨(Nivison)은 장학성 사상 속 '道'의 진화적 성격에 대해 분석하였다. David S. Nivison, *The Life and Thought of Chang Hsüeh-ch'eng(1738-1801)*, Stanford: Stanford University Press, 1966, chap.6, pp.139~180 참조. 여영시(위잉스)는 장학성의 '道가 육경에 있다'는 말이 '道'의 추상적 관념에 관한 것이었으며 '道의 실체'를 가리킨 것이 아니었음을 지적했다. 余英時, 『論戴震與章學誠—清代中期學術思想史研究』, 香港: 龍門書店, 1976, 124~125쪽, 註13 참조.

54 ‖이 말은 「萬章上」 4의 "說詩者, 不以文害辭, 不以辭害志, 以意逆志, 是爲得之."에 나온다. 이와 관련해서 자세한 논의는 양충렬, 「孟子의 '以意逆志'說 종합적 분석」, 『중국인문학』 29, 2004 참조.

의 차이는 다음에 있다. 전자가 너무 지나치면 결국 '옛것이 오늘을 위해 이용하여(古爲今用)' 옛사람을 문초하는 방식으로 흐르는 경향을 피할 수 없게 된다. 후자는 대부분 문자주의(literalism)에 빠져 경전의 심층 의미 구조에 들어갈 수 없다. 양자의 공통점은 경전을 도구화한다는 데 있다.

유가의 경전 해석사에서 살펴보면 경전을 해석하여 '도'를 찾는 첫 번째 방법은, 경전을 해석하는 개인 생명의 체험이나 마음의 각성에 호소하여 경전 속의 '도'와 서로 오묘하게 합치하는 것이다. 이 방법은 '흥방식의 사유 방식'[55]의 바탕 위에 세워진다. 『논어』에서 공자와 자하子夏(BC 507~?)가 『시』를 읽는 방식과 관련해서 대화를 나눈 적이 있다. 공자가 "나를 일깨워주는 사람은 자하이구나! 이제야 비로소 함께 『시』를 이야기할 수 있게 되었다"라고 말했다.[56] 여기서 '기起'는 바로 경전이 그것을 읽는 사람에게 불러일으키는 감발과 흥기를 가리킨다. 또한 『문심조룡』에서 "흥興은 일으킨다는 뜻이다"는 말하는 뜻이다.[57]

유가가 이렇게 경전을 해석하여 '도'를 찾는 방법은, 부드럽고 두터움을 중시하는 『시』교의 전통에 깊이 스며들어 있다. 공자가 "『시』는 일으킬 수 있다(『詩』, 可以興)"(「양화陽貨」 8)라고 말했는데, 이는 바로 『시』에서 직접적으로 진술하지 않고 에둘러 말하여 『시』를 읽는 사람의 심지를 감발하는 데에서 볼 수 있다. 맹자는 분명히 정감으로 리理를 꿰뚫어 보는 『시』교 전통을 마음에 들어 했다. 이에 그가 말했다. "『시』를 해설하는 사람은 글자에 매여 말을 해쳐서 안 되고 말에 매여로 작자의 뜻을 해쳐서 안 된다. 보는 사람의 생각으로 지은 사람의 뜻을 헤아려야 『시』를 알게 된다."[58] 시를 마주하여 해설하는 사람으로 보면 시

---

55 제3장 「中國古代儒家歷史思維的方式及其運用」 第3節 참조.
56 ｢宋｣朱熹, 「八佾」 8, 『論語集注』 卷2, 63쪽: "起予者商也! 始可與言『詩』已矣."
57 ｢梁｣劉勰, ｢淸｣黃叔琳 校, 「比興」, 『文心雕龍注』 卷8, 1쪽-右: "興者, 起也."

는 결코 대상적인 존재가 아니라 시는 시를 해설하는 사람의 해석을 거친 뒤에 시를 해설하는 사람이 놓인 실존의 상황과 완전히 융합하여 끊임없이 새로운 의미가 쏟아나게 되는 것이다.

이처럼 선진 시대 공·맹에서 연원한 경전 해석의 방법은 송·명 유학에서 크게 발전하게 되었다. 북송의 위대한 유학자 정이程頤(1033~1107)와 학생 사이에 아래와 같은 한 단락의 대화를 나누었다.

경전의 뜻을 끝까지 밝히기 위해 무엇을 먼저 해야 할까? 정이:『논어』『맹자』두 책에서 요지(핵심)의 소재를 알 수 있으니『오경』을 볼 수 있다.『논어』『맹자』를 읽고도 모른다면 아무리 많이 읽는다 하여 무슨 소용이 있겠는가?[59]

어떻게『논어』와『맹자』를 읽을 것인가? 정이에 따르면 "학자는 마땅히『논어』『맹자』를 근본으로 삼아야 한다.『논어』『맹자』를 터득했다면『육경』은 공부하지 않고도 밝히 알 수 있다. 책을 읽는 사람은 마땅히 성인이 경전을 지은 뜻과 성인의 마음 쓰는 바탕과 성인이 성인으로 되는 길 등을 잘 살펴보아야 한다."[60]

'성인이 경전을 지은 뜻'은 어떻게 밝혀낼 수 있는가? 아래의 대화를 살펴보자.

---

58 「萬章上」4,『맹자』: "說詩者, 不以文害辭, 不以辭害志. 以意逆志, 是爲得之."
59 (宋)程頤, 「論學篇」,『河南程氏粹言』, (宋)程顥·程頤,『二程集』第4冊 卷1, 北京: 中華書局, 1981, 1204쪽: "或問, 窮經旨, 當何所先? 子曰, 於『語』·『孟』二書知其要約所在, 則可以觀五經. 讀『語』·『孟』而不知道, 所謂雖多亦奚以爲?"
60 (宋)程顥·程頤, 「伊川先生語11」,『河南程氏遺書』,『二程集』第2冊 卷25, 322쪽: "學者當以『論語』『孟子』爲本.『論語』『孟子』旣治, 則『六經』可不治而明矣. 讀書者, 當觀聖人所以作經之意, 與聖人所以用心, 與聖人所以至聖人."

"성인의 경전을 지은 뜻은 어떻게 끝까지 밝혀낼 수 있습니까?"
"의리(도의)로 깊이 파면 된다. 학자는 마땅히 먼저 『논어』 『맹자』
를 읽어야 한다. 『논어』 『맹자』를 터득하면 스스로 핵심이 되는
곳 알게 된다. 이로써 다른 경전을 보면 힘을 아주 많이 덜 수 있
다. 『논어』 『맹자』는 자로 길이를 재고 저울로 무게를 달듯이 이
에 따라 사물의 저울질하고 헤아리면 자연히 길고 짧고 가볍고 무
거움을 알 수 있다."[61]

정이가 경전을 "의리(도의)로 깊이 판다"고 했는데, 이는 경전을 읽는 독자
마음속의 가치 체계로 경전을 탐구하여 옛사람을 벗으로 삼는 것을 가리
킨다. 주희가 말했다. "내 마음에 얻은 내용은 반드시 모두 성현의 책을
살펴서 얻은 것이다."[62] 또 "『육경』을 읽을 때 다만 아직 『육경』이 없는
것처럼 하여 자기 자신에서 도리를 더듬어 찾으면 리가 쉽게 밝혀진다."[63]
이러한 종류의 경전 해석 방법은 모두 경전과 해석자가 서로 주체적인
관계에 있음을 강조하고 있다. 이러한 관계에서 경전 속의 의리 또는
'도'와 해석자의 생명이 모두 녹아 일체가 된다.

경전 해석자의 생명 체험에 호소하는 이런 경전 해석 방식은 20세기
마일부(마이푸)馬一浮(1883~1967) 등 현대 유학자의 교수법 중에 여전히
그 여파가 남아있다. 마일부(마이푸)는 복성서원復性書院을 세운 뒤에 교

---

61 ﹝宋﹞程顥·程頤, 「伊川先生語4」, 『河南程氏遺書』 卷18, 205쪽: "問, 聖人之經旨, 如何能窮
得? 曰, 以理義去推索可也. 學者先須讀『論』·『孟』, 窮得『論』·『孟』, 自有簡要約處. 以此觀
他經, 甚省力. 『論』·『孟』如丈尺權衡相似, 以此去量度事物, 自然見得長短輕量."
62 ﹝宋﹞朱熹, 「答吳晦叔十三」, 『朱子文集』 第4冊 卷42, 1832쪽: "凡吾心之所得, 必以考之聖賢
之書."
63 ﹝宋﹞黎靖德 編, 『朱子語類』 卷11, '敬仲錄', 『朱子全書』 第14冊, 345쪽: "讀『六經』時, 只如
未有『六經』, 只就自家身上討道理, 其理便易曉."

수법을 다음처럼 설명했다. "강론과 연습은 경술經術의 근원을 찾아 자신의 본성이 원래 갖고 있는 의리를 드러내어 밝히는 것으로 오늘날 철학을 연구하는 사람과 함께 놓고 이야기할 수 없다. …… 만일 오늘날 철학을 연구하는 사람이 일반적으로 지닌 객관적인 태도에 입각해서 경술을 과거 시대의 한 가지 철학 사상으로 보고 연구하면 아마 반드시 커다란 도움을 얻지 못할 것이다. …… 무슨 이유로 그러한가? 오늘날 철학이 찾는 지식은 사람의 외부에 있고 한결같이 어떻게 안배하고 조직하느냐에 맡겨두고 입장을 견지하려고 근거를 찾고 말하려고 이치에 맞출 뿐이지 자신의 본성과 아무런 관련이 없기 때문이다."[64] 마일부(마이푸)의 지론은 정이 및 주희와 일맥상통한데, 모두 경전 독해가 심신의 곳곳에 스며드는(pervasive) 총체적(holistic) 과정이라고 강조했다.

경전 해석하여 '도'를 추구하는 두 번째 방법은 문자 훈고와 명물 제도의 학문으로 경전의 의리를 밝히는 것이다. 18세기의 대진은 이러한 경전 해석 방법을 주장한 대표적 인물이다. 대진이 다음처럼 말했다. "경전을 연구하려면 먼저 글자의 뜻을 살피고 다음으로 문장의 이치에 통해야 한다. 뜻을 도를 듣고 이해하는 데 두면 반드시 의지할 것이 없어진다. …… 우리의 책읽기는 본래 후대 유학자와 이론 정립을 두고 경쟁하는 것이 아니고 마땅히 바른 마음으로 경문을 제대로 이해해야 한다. 한 글자라도 틀리게 풀이하면 말하고 하는 의미가 반드시 어긋나게 되고 이로 인해 도가 사라지게 될 것이다."[65]

64　馬一浮,「答許君」,『爾雅臺答問』卷1, 33쪽-下~34쪽-上: "所講習者要在原本經術, 發明自性本具之義理, 與今之治哲學者未可同日而語, …… 若以今日治哲學者一般所持客觀態度, 視此爲過去時代之一種哲學思想而研究之, 恐未必有深益. …… 何以故? 因其求之在外也, 一任如何安排, 如何組織, 持之有故, 言之成理, 卻與自性了無干涉."

65　清戴震,「與某書」,『戴震集』, 上海 上海古籍出版社, 2009, 187쪽: "治經先考字義, 次通文理, 志存聞道, 必空所依傍. …… 我輩讀書, 原非與後儒競立說, 宜平心體會經文, 有一字非

대진은 경전의 '도'를 구하려면 반드시 먼저 문리를 구해야 하고 문리를 구하려면 반드시 먼저 글자의 의미에 통달해야 한다고 주장했다. 그는 한 걸음 더 나아가 스스로 자신의 경험을 말했다. "나는 17세에 도를 들어 이해하는 데에 뜻을 두었다. 『육경』·공자·맹자에서 구하지 않으면 도를 얻지 못하고 자의·제도·명물을 밝히는 작업을 하지 않으면 어의에 이해할 수 있는 길이 없다. 송대 유학자들은 훈고의 학문을 비웃으며 언어와 문자를 가벼이 여기는데, 이는 마치 강을 건너고자 하면서 배의 노를 버리고 높은 산을 오르고자 하는데 계단이 없는 것과 같다."[66] 대진은 또 명백하게 아래와 같이 주장했다.

의리는 만약 경전(텍스트)을 제쳐두고 헛되이 사고와 상상에 의지한다면 사람마다 근거없이 공론을 일삼으려고 할 터인데 경학에 무슨 도움이 되겠는가! 다만 헛되이 사고와 사상에 의지하면 결국 현인과 성인의 의리에 맞지 않으니 그 다음에라야 옛 경전을 찾는다. 옛 경전을 찾지만 전해진 글이 거의 사라져서 오늘과 옛날이 현격하게 차이가 나니 그 다음에라야 옛 뜻을 찾는다. 따라서 옛 뜻이 밝혀지면 옛 경전이 분명해지고 옛 경전이 분명해지면 현인과 성인의 의리가 밝혀지고 내 마음이 [다른 사람과] 같게 느끼는 것도 이로 인해 밝혀지게 된다. 현인과 성인의 의리는 다른 것이 아니라 전장·제도에 담긴 것이다. …… 의리가 전장·제도에 있지 않으면 걸핏하면 삐딱한 학문과 그릇된 주장으로 빠져도 스스로 알지 못

　　其的解, 則於所言之意必差, 而道從此失."

66 淸,段玉裁,「戴東原先生年譜」,『戴震集』, 455쪽: "自十七歲時, 有志聞道, 謂非求之六經, 孔, 孟不得, 非從事於字義, 制度, 名物, 無由以通其語言. 宋儒譏訓詁之學, 輕語言文字, 是猶欲渡江河而棄舟楫, 欲登高而無階梯也."

하게 될 것이다.[67]

"뜻이 밝혀지면 옛 경전이 분명해지고 옛 경전이 분명해지면 현인과 성인의 의리가 밝혀진다"는 경전 해석 방법은 하나의 명제 위에 세워졌다. 즉 '도'가 언어와 문자 중에 있고 언어와 문자를 통해서만 비로소 '도'의 소식을 밝힐 수 있다.

이상의 두 가지 서로 다른 경전 해석 방법은 바로 청대 학술사에서 한학과 송학 논쟁의 핵심이다. 이 둘은 같은 점도 있고 다른 점도 있으며 각각 그 나름의 장단점을 가지고 있다. 우리는 먼저 다름에 입각해서 이야기를 시작해 보자.

첫 번째 경전 해석 방법과 두 번째 방법의 가장 큰 차이는 경전 해석자의 주체성이 어떻게 부각되느냐에 달려있다. 오로지 경전 해석자의 주체성이 밝게 비춰야만 경전 속의 의리나 '도'가 환히 드러날 수 있다고 강조한다. 반면에 경전 속의 '도'는 경전을 읽는 독자와 아무런 관련이 없는 객관적 존재가 아니므로 '도'는 경전을 읽는 자의 정신 세계에 깊숙이 스며들게 된다. 경전과 경전을 읽는 독자 사이는 심신에 깊이 스며들며 총체적이고 '잠시도 떠날 수 없는(不可須臾離也)' 상호 삼투의 관계이다.

이러한 '상호 주체성'의 경전 해석 방법은 한편으로 경전 속 '도'의 내용을 다른 시대 경전 해석자의 주체적인 조명을 받아 끊임없이 그 내용을 새롭게 하고, '시간성' 속에 있는 경전으로 하여금 '초시간성'을 가지

---

67 〔淸〕戴震, 「題惠定宇先生授經圖」, 『戴震集』, 214쪽: "夫所謂理義, 苟可以舍經而空凭胸臆, 將人人鑿空得之, 奚有於經學之云乎哉! 惟空凭胸臆之卒無當於賢人聖人之理義, 然後求之古經, 求之古經而遺文垂絕, 今古縣隔也, 然後求之故訓. 故訓明則古經明, 古經明則賢人聖人之理義明, 而我心之所同然者, 乃因之而明. 賢人聖人之理義非它, 存乎典章制度者是也. …… 理義不存乎典章制度, 勢必流入異學曲說而不自知."

게 한다.[68] 다른 한편으로 경전을 읽는 행위가 '의미를 찾는' 활동이 되게 하여 경전을 읽는 독자의 생명이 부단히 경전 속 '도'의 세례를 받아 나날이 풍성해지게 하고, 마치 "연못이 어찌 그리 맑은가? 근원에서 살아있는 물이 흘러나오기 때문이라네."(주희의 시)인 것처럼[69] 바로 이런 상태를 묘사하고 있다.

경전 해석자와 경전 사이에는 늘 동태적인 평형을 유지할 수 없다. 경전 해석자가 자신의 생활 체험이나 사상 체계로 경전의 사상 체계에 들어서려고 하면, 때로는 서로 막혀 소통되지 않아 오히려 피할 수 없이 경전 해석자의 '주체성의 긴장'이 생겨난다.

경전 해석자의 이러한 '주체성의 긴장'에 관해 우리는 주희와 왕필王弼(226~249)의 경전 해석을 예로 들어 설명할 수 있다. 주희는 평생 동안 『사서』에 관심을 두고 『대학』의 '격물궁리格物窮理'의 종지에 바탕을 두고 『사서』에 꿰뚫었다는 것은 누구나 아는 사실이다. 주희는 『논어』『맹자』를 해석하는 곳곳에 '리理'의 철학을 집어넣느라 도끼와 끌로 지나치게 다듬은 듯 오히려 부자연스럽게 된 흔적을 볼 수 있다. 가장 대표적인 사례는 그가 『맹자』「양혜왕하」 5장을 해석한 곳이다. 그는 "사람들이 모두 나(옮긴이 주: 제 선왕)더러 명당을 헐라고 한다."[70]의 내용을 해석할 때 장장 총 179자에 달하는 글자를 써서 "천리와 인욕은 행동이 같지만 실정이 다르다(天理人欲, 同行異情)"는 사상적 입장에서 출발하여 『맹자』 원전에서 보이지 않았던 의미를 개발해냈다.[71]

---

68 자세한 내용은 제1장 제1절과 제2절 참조.
69 ｛宋｝朱熹,「詩·觀書有感」,『朱子文集』第1冊 卷2, 73쪽: "問渠那得淸如許, 爲有源頭活水來."
70 ｛宋｝朱熹,「梁惠王下」5,『孟子集注』,『四書章句集注』卷2, 北京: 中華書局, 1983, 219쪽: "人皆謂我毁明堂."
71 ‖주희의 주석을 일부 소개하면 다음과 같다. "天理人欲, 同行異情. 循理而公於天下者, 聖賢之所以盡其性也. 縱欲而私於一己者, 衆人之所以滅其天也."

주희 이외에 왕필도 '주체성의 긴장'을 드러내 보인 또 다른 경전 해석자이다. 왕필이 『논어』「술이述而」의 제6장 "공자: 사람이 도에 뜻을 두다(子曰: 志於道)"[72]의 구절을 풀이하며 다음처럼 주장했다. "도는 무無(없음)를 일컫는다. 통하지 않는 것이 없고 말미암지 않는 것이 없으니 이를 비유하여 도라 한다. 도는 고요하여 형체가 없으니 형상화시킬 수도 없다."[73] 이러한 해석은 분명히 노·장 사상을 빌어 공자에 접근하고 있는데, 『논어』의 사상 세계와 거리가 아주 멀다.

공자가 '도'를 논하며 지극히 윤리적 함의를 포함한다. 증삼이 "선생님의 도는 충서忠恕일 따름이다(夫子之道, 忠恕而已矣)"라며 공자가 말한 "나의 도는 하나로 꿰뚫는다(吾道一以貫之)"에 대한 자신의 깨달음을 풀어냈다. 공자에 따르면 "군자는 기초를 다지는 데에 힘쓴다. 기초가 제대로 서면 나아갈 길이 눈앞에 생기기 때문이다. 효도와 공손은 인(사람다움)의 디딤돌이다."[74] 『논어』에 보이는 공자의 '도'를 전체적으로 살피면 참으로 왕필이 '무'로 해석하는 '도'의 함의가 있지 않다. 왕필의 『논어』 해석은 구체적으로 '해석자의 주체적 긴장'을 드러내고 있다. 탕용

---

72 ‖『논어』「述而」6: "子曰, 志於道, 據於德, 依於仁, 遊於藝."

73 漢何晏,「述而」7,『論語集解』卷7, 臺北: 藝文印書館, 景印淸嘉慶二十年 江西南昌府學刊本, 2쪽-下: "道者, 無之稱也. 無不通也, 無不由也, 況之曰道. 寂然無體, 不可爲象." 邢昺의 주석은 王弼의 말을 인용한 것이다. 형병의 『論語疏』에서 인용한 상하 문맥으로 보면, 형병이 여기에서 왕필의 '道'에 대한 해석을 인용하여 何晏의 『論語集解』에서 "道不可體, 故志之而已"라고 한 의미를 해석하고 있다. 그러므로 형병이 인용한 왕필의 말은 마땅히 '不可爲象'이다. 여기서 왕필이 '道'를 논한 말은 『論語』에 대한 해석이 아닌 것으로 의심되며 형병의 『論語疏』가 인용하여 하안의 『論語注』를 해석하고자 한 것에 불과하다. 程樹德은 『論語集釋』의 「唐以前古注」에 왕필의 견해를 수록하지 않았는데 비교적 엄격한 것으로 보인다. 그러나 탕용동(탕용퉁)湯用彤(1893~1964)의 『魏晉玄學論稿』, 臺北: 里仁書局, 1984에서 「王弼之周易與論語新義」를 수록했지만 여기서 인용한 왕필의 '不可爲象'을 여전히 『論語釋疑』의 문장으로 여겼다. 나는 탕용퉁(탕용퉁)의 견해를 취한다. 이 자료에 관해 많은 도움을 주신 장보삼(장바오싼)張寶三에게 감사를 드린다.

74 宋朱熹,「學而」2,『論語集注』卷1, 48쪽: "君子務本, 本立而道生, 孝弟也者, 其爲仁之本與."

동(탕용통)湯用彤(1893~1964)은 위진 시대 사람들의 이런 경전 해석 방법을, 언어를 빌어 뜻을 나타내는 '기언출의寄言出意', 형상과 언어를 잊는 '망상망언忘象忘言', 언어를 잊고 뜻을 얻는 '망언득의忘言得意'으로 불렀다. 이러한 방법은 모두 현학의 종지에 깊이 닿아 있고 유가와 도가의 두 학문을 회통시키고 있다.[75] 위에서 살펴본 주희와 왕필의 『논어』에 대한 해석 방법은 첫 번째와 두 번째 방법의 중요한 차이를 구체적으로 설명할 수 있다.

첫 번째 경전 해석 방식과 대조적으로 두 번째 방법은 경전 해석자 개인의 인생 역정에 호소하지 않는다. 이 때문에 경전 해석의 행위는 더 이상 '체험의 학문'이 아니게 된다. 앞에 인용한 글에서 대진은 말한 적이 있다. "옛 뜻이 밝혀지면 옛 경전이 분명해지고 옛 경전이 분명해지면 현인과 성인의 의리가 밝혀지고 내 마음이 〔다른 사람과〕 같게 느끼는 것도 이로 인해 밝혀지게 된다. 현인과 성인의 의리는 다른 것이 아니라 전장·제도에 담긴 것이다."[76] 두 번째 경전 해석 방법이 기본적으로 해석학 문제를 일종의 훈고학 문제로 보았고, 문자의 의미를 정확하게 해명해 내기만 하면 경전 속의 의미를 완전하게 풀어 낼 수 있다고 설명하는 것이다. 이 경전 해석 방식은 "문자 언어가 작자의 마음을 전달할 수 있다"는 전제 위에 세워져있다. 이 전제는 두 가지 문제를 내포

---

75 湯用彤, 『魏晉玄學論稿』, 27~29쪽. 王弼의 『論語』 주석에 관해 湯用彤, 「王弼之周易論語新義」 참조. 湯用彤, 『魏晉玄學論稿』, 87~106쪽 수록. 이 글의 영역본은 T'ang Yung-t'ung, "Wang Pi's New Interpretation of the *I Ching and Lun Yü*," tr. with notes by Walter Liebenthal, *Harvard Journal of Asiatic Studies*, vol. 10, no. 2 (September, 1947), pp.124~161. 또한 林麗眞, 『王弼老·易·論語三注分析』, 臺北: 東大圖書公司, 1988 第4章, 특히 125~127쪽 참조.

76 淸戴震, 「題惠定宇先生授經圖」, 『戴東原集』 卷11, 115쪽: "故訓明則古經明, 古經明則賢人聖人之理義明, 而我心之所同然者, 乃因之而明, 賢人聖人之理義非它, 存乎典章制度者是也."

하고 있다. (1) 언어 문자와 '실재(reality)' 사이의 관계, (2) '작자의 의도'는 표층 취지와 심층 취지라는 2층위를 가지고 있다. 우리는 다시 한 걸음 더 나아가 이 두 가지 문제를 더 자세히 분석하고자 한다.

먼저 언어와 '실재'의 관계는 현대 언어 철학의 중대한 문제 중의 하나일 뿐 아니라 중국 고대 사상가들이 일찍이 다뤘던 문제이기도 하다. 장형(장형)張亨이 말했듯이 중국 고대의 주요 철학자 중에 그들이 언어에 대해 갖는 태도가 어떠하든 간에 언어와 실재를 동일하게 본 사상은 줄곧 존재하지 않았다. 유가와 도가는 모두 언어와 '실재' 사이 필연적 관계가 있다고 인정하지 않았고 사물을 대신하는 이름이 결코 사물 자체가 아니라고 주장했다. 즉 언어를 단지 의미를 전달하는 도구로 보았다.[77] 현대 언어 철학의 관련 연구도 대부분 언어와 '실재' 사이에 등호를 그려 넣을 수 있다고 여기지 않는다. 언어 문자의 파악을 통해 경전의 사상 세계에 담긴 '실재'의 정보를 해명하리라고 기도한다면 그것은 차라리 과도히 낙관적인 견해라고 해야 할 것이다.

다음으로 경전 작자의 의도가 훈고학의 도구를 통해 밝혀질 수 있는가 하는 문제이다. 이 문제는 경전의 표층과 심층 취지와 연결되어 있다.[78] '표층 취지'는 문자의 예정隸定[79] 또는 훈고의 설명을 통해 그 함의

---

77 張亨, 「先秦思想中兩種對語言的省察」, 『思文之際論集─儒道思想的現代詮釋』, 臺北: 允晨文化實業股份有限公司, 1997, 7~35쪽 수록. 특히 30~31쪽 참조.

78 허쉬(E. D. Hirsch)는 '문헌'의 '의미(meaning)'와 '의의(significance)'를 구분했다. 전자는 어떤 '문헌(text)', 예컨대 『論語』『孟子』와 같은 경전에 담긴 사상 내용을 가리킨다. 후자는 이 '문헌'의 사상과 어떤 상황(예컨대 청대의 학술 환경) 또는 사상적 분위기(예컨대 송명 理學)의 관계를 가리킨다. E. D. Hirsch Jr., *Validity in Interpretation*, New Haven and London: Yale University Press, 1967, pp.8ff 참조. 내가 여기서 말한 '문헌'의 '취지'는 기본적으로 허쉬가 말한 'meaning'에 가까우며 'significance'가 아니다. 나는 한발 더 나아가 '심층 취지'와 '표층 취지'의 두 측면을 구분했다. ∥ 한국어 번역본은 김화자 옮김, 『문학의 해석론』, 이화여자대학교출판부, 1988 참조.

79 ∥ 隸定은 隸變과 함께 篆書가 隸書로 바뀌는 문자학의 역사와 관련이 있다. 隸定字는

를 확정할 수 있지만 '심층 취지'는 매우 많은 것들에 연관되어 있어서 적어도 다시 '말 속의 뜻〔言內之意〕'·'말 밖의 뜻〔言外之意〕'·'말 뒤의 뜻〔言後之意〕'으로 더 구분할 수 있다.[80] 이 세 층위을 가진 경전 작자의 의도는 서로 다른 정도의 수준에서 경전을 읽는 독자의 인생 역정과 생명 체험에 연관되어 있다. "현자는 문화의 핵심을 기억하고 있고 그렇지 않은 사람은 문화의 자잘한 조각을 기억하고 있다."[81] "소년의 독서는 틈새로 달을 보는 것과 같고 중년의 독서는 뜰에서 달을 바라보는 것과 같고 노년의 독서는 누대 위에서 달을 구경하는 것과 같다."[82] 이 모두 인생 경계의 높고 낮음으로 인해 각기 서로 다른 체험을 하게 되는 것을 가리킨다. 깊이를 가진 모든 경전은 위에서 언급한 '문헌'의 '심층 취지'와 반드시 연관되어 있다. 이러한 '심층 취지'는 온전히 문자 훈고를 통해 밝혀낼 수는 없다.

청대 유학자 방동수方東樹는 위에서 다룬 문제를 깊이 논의했다.

만약 의리가 옛 경전을 훈고하는 데 있다고 하면 이치에 맞지 않게 괜히 나누어 두 가지로 만들게 된다. 훈고에 바탕을 두고 옛 경전의 뜻을 구하여 옛 경전이 분명해지면 현인과 성인의 의리가 밝혀

전서의 글꼴을 추측할 수 있지만 隷變字는 전서의 글꼴을 추측할 수 없다.
80 내가 구분한 이 3측면은 존 설(John R. Searle, 1932~)의 '언어 행위 이론' 가운데 locutionary intention, illocutionary intention, perlocutionary intention 등의 세 측면과 가까운 것이다. John R. Searle, *Speech Acts: An Essay in the Philosophy of Language*, Cambridge: Cambridge University Press, 1969와 John R. Searle, "A Taxonomy of Illocutionary Acts," in K. Gunderson ed., *Language, Mind, and Knowledge*, Minneapolis: Minnesota University Press, 1975, pp.344~369 참조.
81 (宋)朱熹, 「子張」 22, 『論語集注』 卷10, 192쪽: "賢者識其大者, 不賢者識其小者."
82 (清)張潮, 『幽夢影』, 臺北: 西南書局有限公司, 1980, 16쪽: "少年讀書, 如隙中窺月. 中年讀書, 如庭中望月. 晚年讀書, 如臺上玩月." ‖ 한국어 번역본은 장조·주석수, 정민 옮김, 『내가 사랑하는 삶』, 태학사, 2001 참조.

지고 내 마음이 〔다른 사람과〕 같게 느끼는 것도 이로 인해 밝혀지게 된다.[83] 이것은 확실한 논지이다. 그러나 훈고가 의리의 본질을 터득하지 못하면 옛 경전을 오해로 이끄는 일이 실제로 많이 있다. 만약 의리를 위주로 하지 않으면 저들이(옮긴이 주: 한학파) 말하는 훈고에 어찌 오류가 없다고 믿을 수 있을까! 많은 유학자들이 경전과 글자를 해석하며 의견이 떠들썩하게 나눠 백 갈래가 된다. 나는 다른 것을 말하지 않고 정현과 허신을 들어 말하자면 서로 어그러져 진실을 잃은 경우가 많다. 하물며 두 사람보다 아래 사람들은 어떻겠는가! 종합해서 말하면 의리를 위주로 하면 결코 경전을 제쳐두어 훈고를 망치는 일이 없다. 반면에 훈고를 위주로 하면 사실 모두 의리에 합당할 수 없다. 어떻게 알 수 있는가? 의리는 때때로 언어와 문자의 바깥에 있기 때문이다. 그러므로 맹자가 다음처럼 말했다. "자신의 뜻으로 작자의 본래 의도를 헤아려야지 글자에 매여 말의 뜻을 오해해서 안 되고 말에 매여 작자의 의도를 오해해서 안 된다."[84]

---

83 ‖이 구절은 완전히 똑같지 않지만 앞서 인용하여 살펴본 대진의 「題惠定宇先生授經圖」, 『戴震集』에 나온다. 방동수는 송학파로서 대진의 주장을 일부 타당하다고 보면서 또 비판하고 있다.

84 ₍淸₎方東樹, 『漢學商兌』, ₍淸₎江藩·方東樹, 『漢學師承記(外二種)』 卷中之下, 北京: 生活·讀書·新知三聯書局, 1998, 320~321쪽: "若謂義理卽在古經訓詁, 不當歧而爲二. 本訓詁以求古經, 古經明, 而我心同然之義理以明. 此確論也. 然訓詁不得義理之眞, 致誤解古經, 實多有之. 若不以義理爲之主, 則彼所謂訓詁者, 安可恃以無差謬也! 諸儒釋經解字, 紛紜百端. 吾無論其他, 卽以鄭氏, 許氏言之, 其乖違失眞者已多矣, 而況其下焉者乎! 總而言之, 主義理者, 斷無有舍經廢訓詁之事. 主訓詁者, 實不能皆當於義理. 何以明之? 蓋義理有時實有在語言文字之外者. 故孟子曰: "以意逆志, 不以文害辭, 辭害意也." ‖ 맹자의 말은 「萬章上」 4: "故說『詩』者, 不以文害辭, 不以辭害志. 以意逆志, 是爲得之."에 나온다. 방동수의 인용문은 순서가 뒤바뀌고 문장을 생략하고 있다.

방동수는 청대 한학파를 비판하면서 쓰는 말은 날이 서있고 견지한 입장은 준엄하여 감정 싸움을 피할 수 없지만 한 단락의 인용문에서 그가 한 말은 깊이 생각해 볼만하다. "의리는 때때로 언어와 문자의 바깥에 있기 때문이다."라고 했는데, 이 말은 더욱 정밀하고 합당하다.

경전에 대한 체인은 원래부터 '말하지 않고 아는(默而識之)' 경계가 있다. 공자는 "나는 말을 하고 싶지 않다"[85]라고 탄식한 적이 있다. 장자도 여러 방식으로 비슷한 맥락의 말을 말한 적이 있다. "말하지 않아도 마음이 즐겁다",[86] "뜻을 얻으면 언어를 잊는다",[87] "무언으로 말하다. …… 평생 말하지 않더라도 말을 하지 않은 적이 없다."[88] 유마힐維摩詰도 "조용히 있고 말이 없었다"[89]와 "모든 언어의 길이 끊기다"[90]라는 경우가 있다. 이들은 모두 경전의 '심층 취지'가 결코 문자 훈고 등의 '소학小學'으로 결코 온전히 파악할 수 있는 것이 아니라는 점을 설명하고 있다.

방동수는 다음처럼 말했다. "훈고가 밝지 않으면 마땅히 소학에서 구해야 한다. 만약 대의가 밝지 않으면 사실 소학으로 다할 수 있는 것이 아니다. …… 한漢과 위魏나라의 여러 유학자들은 소학에 통달하지 않은 자는 없었다. 하지만 경전을 해석할 때 서로 어긋난 경우가 많았다. 이는 소학에 깊지 않아서 그런 것이 아니라 바로 대의에 아직 밝지 않았기 때문이다."[91] 이는 상당히 정당화될 만한 주장이다.

---

85 (宋)朱熹,「陽貨」19,『論語集注』卷9, 180쪽: "予欲無言."
86 (淸)郭慶藩,「天運」,『莊子集釋』, 臺北: 河洛圖書出版社, 1974, 507쪽: "無言而心說."
87 (淸)郭慶藩,「外物」,『莊子集釋』, 944쪽: "得意而忘言."
88 (淸)郭慶藩,「寓言」,『莊子集釋』, 949쪽: "言無言. …… 終身不言, 未嘗不言."
89 (南北朝)鳩摩羅什 譯,「入不二法門品 第9」,『維摩詰所說經』, 臺北: 新文豐出版股份有限公司, 1993, 103쪽: "默然無言."
90 (南北朝)鳩摩羅什 譯,「見阿閦佛品 第12」,『維摩詰所說經』, 126쪽: "一切言語道斷."
91 (淸)方東樹,『漢學商兌』卷中之下, 334쪽: "夫訓詁未明, 當求之小學, 是也. 若大義未明, 則實非小學所能盡. …… 漢·魏諸儒, 無不通小學. 而其釋經, 猶多乖違者, 非小學未深, 正以大義未明故也."

이런 관점에서 보면 청대 한학의 기틀을 다진 인물 중의 한 명인 대진은 후학에 비해 더욱 선명한 '구도求道'의 방향 감각을 가지고 있었다.[92] 하지만 그는 고증학이 경전 해석의 문제를 온전히 해결할 수 있는지와 관련해서 여전히 큰 논의의 여지를 남겼다. 여영시(위잉스)가 말했듯이 대진이 평생의 학술 활동에서 보인 노력은 고증학파(한학파)에게 자신의 의리지학義理之學이 견실한 고증을 초석으로 하고 있다는 점을 증명해 보이는 데에 있었다.[93] 고증학의 대진이 해석학의 문제를 훈고학의 문제로 전환하여 의리학의 대진을 위해 일하고자 했지만 위에서 말한 방법론의 곤경에 부닥치는 일을 피할 수 없었다.

위에서 언급한 첫 번째와 두 번째 경전 해석 방법은 모두 각기 서로 다른 의미와 정도에서 경전을 도구화한다는 공통점을 가지고 있다. 첫 번째 방법에서 경전이 연구할 가치가 있는 까닭은 경전에 '리理'를 담고 있다고 생각하기 때문이다. 주희가 말했다. "학자는 반드시 먼저 터득한 말로 말미암아 성인의 뜻을 구하고 성인의 뜻으로 말미암아 천지의 리에 통달하게 된다."[94] 주희가 또 말했다. "경에 풀이가 있어야 경에 통달하는 바탕이 되고, 경에 통달하면 자연히 풀이할 일이 없어지고 경을 빌어 이치에 통달할 뿐이다. 이치를 터득하면 경을 기다릴 필요가 없다."[95] 이러한 의미 맥락에서 경전은 단순히 도를 싣는 도구이고 일단 '도'를

---

92 章學誠(1783~1801)은 다음과 같이 말했다. "대진의 학문은 訓詁에 깊이 통달하고 名物과 制度를 연구하고 소이연을 터득하여 도를 밝히려고 했다(凡戴君所學, 深通訓詁, 究於名物制度, 而得其所以然, 將以明道也)."「淸」章學誠, 「書朱陸篇後」, 葉瑛 校注, 『文史通義校注』 卷3, 北京: 中華書局, 1994, 275~277쪽. 장학성의 대진에 대한 관찰은 매우 정확하다.
93 余英時, 『論戴震與章學誠 − 淸代中期學術思想史研究』, 98쪽.
94 「宋」朱熹, 「答石子重1」, 『朱子文集』 第4冊 卷42, 1832쪽: "學者必因先達之言, 以求聖人之意, 因聖人之意, 以達天地之理."
95 「宋」黎靖德 編, 『朱子語類』 卷11, '大雅錄', 『朱子全書』 第14冊, 350쪽: "經之有解, 所以通經. 經旣通, 自無事於解, 借經以通乎理耳. 理得, 則無俟乎經."

터득하게 되면 경전은 버릴 수 있다. 주희는 또 분명하게 말했다. 경전 속의 '도'가 성인에게서 구체화될 수 있다. 성인의 품행이 모두 '천리天 理'로부터 흘러나왔기 때문이다.[96] 그러므로 경전은 성인의 품행을 통해 '도'를 찾는 몃목이 되고 도구화되어진다.

두 번째 경전 해석 방법은 비록 취하는 길은 다르지만 역시 경전을 도를 싣는 책으로 보고 있다. 대진이 다음처럼 말했다.

경에서 지극한 것이 도이다. 도를 밝히는 것은 글이고 글을 이루는 것은 글자이다. 글자로 말미암아 글에 통하게 되고 글로 말미암아 도에 통하게 되는데, 반드시 조금씩 나아가는 차례가 있다. 글자를 밝히려면 여러 전서篆書를 살피고 허신의 『설문해자』를 갖춰서 3년을 들여 절목을 알아서 옛 성인이 경을 만든 처음을 차츰 알게 된다. 또 허신이 훈고에 다 밝히지 못한 점을 의심하여 친구에게 『13경 주소』를 빌려 읽었는데, 한 글자의 뜻을 알려면 마땅히 여러 경서를 꿰뚫고 육서六書를 바탕으로 한 다음에라야 확정하게 된다.[97]

우리는 대진의 경전 해석 방법에 관한 진술로부터 다음을 알아차릴 수

---

96 주희는 다음과 같이 말했다. "도는 몸이 없는 성인이고 성인은 몸을 가진 도이다. ……
도를 배우는 것은 성인을 배우는 것이고 성인을 배우는 것은 도를 배우는 것이다(道便是無
軀殼底聖人, 聖人便是有軀殼底道. …… 學道便是學聖人, 學聖人便是學道)."〔宋〕黎靖德
編, 『朱子語類』 卷130, '壽錄', 『朱子全書』 第18冊, 4059쪽. 또 다음과 같이 말했다. "성인이
일을 행하는 것은 모두 가슴 속에 천리가 자연스럽게 흘러나와 그만둘 수 없는 것이지
억지로 목적을 갖고 하는 것이 아니다(聖人行事, 皆是胸中天理自然發出來不可已者, 不可
勉强有爲爲之)."〔宋〕黎靖德 編, 『朱子語類』 卷130, '木之錄', 『朱子全書』 第18冊, 4059쪽.
97 〔清〕戴震, 「與是仲明論學書」, 『戴東原集』 卷8, 98쪽: "經之至者道也, 所以明道者其詞也,
所以成詞者字也. 由字以通其詞, 由詞以通其道, 必有漸. 求所謂字, 考諸篆書, 得許氏『說文
解字』, 三年知其節目, 漸睹古聖人制作本始. 又疑許氏於故訓未能盡, 從人假『十三經注疏』
讀之, 則知一字之義, 當貫群經, 本六書, 然後爲定."

있다. 명물 제도와 문자 훈고를 통해 경전 해석을 주장하는 대진도 경전이 '도'를 싣는 일종의 도구로 보고 있다. 장학성은 "『육예六藝』는 성인이 그릇으로 삼아 도를 담은 것이다"라고 말했다.[98] 이것이 지금까지 다룬 의미 맥락을 가리킨다.

5. 결론

유가 담론 중에 보이는 역사상의 황금 고대 또는 모범 인격에 대한 서술은 모두 보편적 도덕 원칙이나 추상 명제를 세우는 데 목적이 있다. 유가 사상에 깊이 젖어있는 역사학은 실질적으로 일종의 도덕학 또는 정치학이다. 이러한 특성의 영향 아래 유가의 역사 서술은 일종의 보편 원칙을 입증하는 수단이다. 문제가 남는다. 즉 유가 담론 중의 보편 원칙('도')과 그것의 구체화(성인과 역사에서 성인과 조우)가 또한 거대한 차이를 가지므로 양자 사이에 늘 긴장이 작용하고 있다. 이런 긴장은 여기저기에서 역사 속 '도'의 보편 필연성에 도전하고 있다.

역사 속 '도'의 진실한 의미와 그 보편적 필연성을 확인하기 위해 유학자는 개인 생명의 학문과 사유 체험에 호소하여 경전 해석학이 일종의 '체험의 학문'으로 되게 한다. 혹은 명물 제도 또는 문자 훈고의 해명을 통해 경전 속 '도'의 원시적 또는 진실한 의의를 확인하게 되므로 경전 해석학이 자의를 밝히는 훈고학으로 전환하게 된다. 만일 우리가 송명 유학자의 경전 해석이 대부분 첫 번째 방법을 선택했다고 한다면 청대 유학자가 선택한 것은 대부분 두 번째 방법이라고 할 수 있다. 청대

---

98 (清)章學誠, 「原道下」, 葉瑛 校注, 『文史通義校注』 卷2, 138쪽: "『六藝』者, 聖人卽器而存道."

학술사에서 보이는 한·송 논쟁이 사실 위에서 말한 두 가지의 서로 다른 경전 해석 방법의 논쟁이었던 셈이다.

4장의 분석을 통해 우리는 이러한 견해를 내놓을 수 있다. 청대의 한·송 논쟁에서는 사실 유가 담론 속의 역사 서술과 보편 원칙 사이에 상호 삼투성이 존재한다는 사실을 간과했다. 유가 전통에서 "사실을 기록하여 이치가 나타나게 되고 이치를 말하여 사실이 본보기가 된다."[99] 이른바 '본성과 천도天道'는 모두 구체적인 옛 성현의 품행에 깃들어 있고 경전은 바로 '도'를 담는 그릇이다.

도와 그릇이 둘이 아니라는 도기불이道器不二와 이치와 사실이 융합되는 이사원융理事圓融을 주장하는 유가 전통에서 보편적이고 추상적인 원칙은 다만 특수하고 구체적인 역사 경험에서만 찾을 수 있다. 유가 사상 전통의 '보편성'은 일종의 '구체성의 보편성'이다. 전통적인 어휘로 말하면 '경經'과 '사史'는 원래 나뉘어 둘로 되지 않는다. 오직 '경'과 '사'가 서로 관통될 때만 이치와 사실을 나란히 함께 볼 수 있다. '다식多識'에서 '일관一貫'[100]을 찾을 때 비로소 우리는 유가의 역사 담론 중의 '추상성을 구체성에 깃들이고' '특수성에 입각해서 보편성을 논하는' 핵심적 특성을 파악할 수 있다.

---

99 淸章學誠,「原道下」, 葉瑛 校注,『文史通義校注』卷2, 139쪽: "述事而理以昭焉, 言理而事以範焉."

100 ∥이 구절은「위령공」3: "子曰, 賜也, 女以予爲多學而識之者與? 對曰, 然. 非與? 曰, 非也, 予一以貫之."에 나오는 내용을 전제하고 있다. 본문의 '多識'은「위령공」3의 '多學而識之'를 줄여서 만든 조어이다.

제5장

유가적 역사 서술의 특성:
주희의 역사 서술에서 성왕의 모범

1. 이끄는 말

우리는 제4장에서 유가의 담론에서 늘 역사적 사건에 대한 서술을 통해
보편 원칙이나 도덕적 명제를 추출해내고 사실을 추상적인 역사적 원리의
구체적인 발현으로 보았다고 논의했다. 사실 유가 사상의 전통(특히 송명
유학)에서 역사 서술은 늘 철학 논증을 전개하는 중요한 길이었다.[1] 게다
가 '역사 서술'은 사건 또는 일련의 사건을 중심으로 하는 서술이 아니라
역사 인물(특히 성현 인물)의 행위와 사상을 중심으로 서술하는 것이다.

모범적 의의를 지닌 역사 인물은 유가 사상 중의 이른바 '집단 기억
(collective memory)'의 중요한 구성 부분이다. 요堯 · 순舜 · 우禹는 유학

---

[1] 나는 일전에 주희를 예로 들어 유가에서 역사 서술을 빌어 철학적 논증을 진행하는 특질에
  대해 논했다. Chun-chieh Huang, "The Philosophical Argumentation by Historical Narration
  in Sung China: The Case of Chu Hsi," in Thomas H. C. Lee ed., *The New and the Multiple:
  Sung Senses of the Past*, pp.107~124 참조. 사실 중국 고대의 철학이나 논변은 자주 역사를
  인용하여 도덕 명령에 대한 설득력을 높였다. Paul R. Goldin, "Appeals to History in Early
  Chinese Philosophy and Rhetoric," *Journal of Chinese Philosophy*, vol.35, no.1(2008),
  pp.79~96 참조.

자들에 의해 최고로 칭찬받았다. 이 세 성왕의 품행은 역대 유가(특히 송대 유학자)가 철학 논증을 제시할 때 참조하는 중요한 받침대였다. '역사에 입각해서 철학을 논하는' 유가의 사유 방식은 바로 제3장에서 말한 중국 문화에 나타나는 '구체성의 사유 방법'의 한 가지 표현이다.

이러한 특수한 유가의 서술 방식을 비교적 깊이 있게 논의하기 위해 5장에서 송대 유가의 역사 서술의 내적 구조에 들어있는 몇몇 특징에 초점을 맞추어 주희의 역사 서술에 숨겨있는 사상적 함의를 분석하고자 한다. 또 5장에서는 유가의 '역사 서술로부터 철학 명제를 제기하는' 사고 방식이 부딪치게 될 몇 가지 의문을 검토하고자 한다.

2. 송대 유가의 역사 서술에 드러난 지향점

송대(960~1279)는 문화가 번영했고[2] 사학은 더욱 왕성하게 발전했다. 송대 사람들의 역사 저작은 아주 많았고 역사 지식도 이전의 당대 사람들보다 풍부했다. 당나라의 시 중에 사용된 전고典故는 대부분 『육경』이나 『사기』에 바탕을 두었다. 송대에 이르러 인쇄술이 보급되고 서적이 유통하게 되자[3] 송대 지식인들의 역사 지식은 크게 증가했다. 송대 사회 전체에 일종의 '역사적 유추(Historical analogism)'의 분위기가 팽배하게 되었다.[4] 송대는 리학理學이 흥기했던 시대였고 주희는 더욱이 리학理學과

2　伍安祖·王晴佳, 孫衛國·秦麗 譯, 『世鑒: 中國傳統史學』, 北京: 中國人民大學出版社, 2014, 第5章, 139~168쪽 참조.

3　吉川幸次郎, 「宋人の歷史意識──『資治通鑑』の意義」, 『東洋史研究』 第24卷 第4號, 1966.3, 1~15쪽 참조.

4　Robert M. Hartwell, "Historical Analogism, Public Policy and Social Science in Eleventh- and Twelfth-Century China," *American Historical Review*, vol.76, no.3, 1971, pp.692~727

사학을 한 화로에 녹여 빚어냈다. 송대 유학자들은 늘 역사 서술을 통해 자신의 철학 명제를 내세워 '리학이 사학화'되는 현상을 낳게 되었다.[5]

송대 유학자들은 '역사에 입각해서 철학을 논하는' 서술 방식으로 인해 3가지의 두드러진 지향점을 드러내었다. 먼저 송대 유가의 역사 서술은 역사적 사건이나 일련의 사실을 주요 대상으로 여기지 않고 요·순 등 모범이 되는 역사 인물('Paradigmatic individuals')을 중심으로 논의를 전개했다. 다음으로 역사 서술을 통해 도덕 명제를 제기하는 이러한 방식은 '특수성(particularity)'에서 '보편성(universality)'으로 나아가 '모범 인물'에 대한 기억을 다시 되살려서 '모범 인물'과 관련된 행위 규범의 보편성을 세우고자 했는데, 이것은 중국 문화의 특성을 지닌 일종의 '구체적 보편성'이다. 이 때문에 송대 유학자들의 역사 서술 중의 '시간' 개념은 '초시간'의 성질을 갖게 되고 '공간'도 범위를 연장하게 되었다.

중국 유가는 역사를 해석할 때 늘 '삼대三代'(하夏·상商·주周)를 황금 시대로 여기서 '삼대'의 태평성세로 회귀하는 것을 현실을 비판하고 미래를 안내하는 유력한 무기로 삼았다.[6] 더욱 중요한 것은 송대 유가의 '삼대' 역사에 대한 서술이 실제로 요·순·우 3명의 모범 인물에게 집중되었는데, 특히 순 임금에게 집중되어 있다. 일찍이 선진 시대에 맹자는 "사람의 본성이 선하다고 말할 때마다 요·순을 들먹였다."[7] 특히 순의 사적에는 많은 유가 철학의 문제를 담고 있어서 송대 유가의 '역사에 입각해서 철학을 논하는' 가장 좋은 참조 사례가 되었다.

송대의 유가는 요·순과 같은 '모범 인물'을 중심으로 역사적 서술을

참조.

5 吳懷祺, 『中國史學思想通史: 宋遼金卷』, 合肥: 黃山書社, 2002, 15~22쪽 참조.
6 자세한 내용은 제3장 제4절에서 분석하고 논의했다.
7 (宋)朱熹, 「滕文公上」1, 『孟子集注』, 『四書章句集注』 卷5, 北京: 中華書局, 1983, 251쪽: "道性善, 言必稱堯舜."

진행했지만 그들의 역사 서술은 늘 철학적 사고를 진행하는 도구였다. 그들이 모범 인물의 사적과 경험을 각성시키고 재현했던 목적은 모범 인물의 행위 중에 나타나는 규범에 보편적 필연성이 있음을 논증하는 데 있었다. 우리는 실례를 들어 좀 더 깊이 설명하려고 한다.

북송의 개혁 정치가 왕안석王安石(1021~1086)과 송 신종神宗(재위 1067~ 1084)은 일찍이 아래에 소개된 대화를 나눈 적이 있다.

하루는 강연 자리에서 신하들이 물러가자 왕이 왕안석을 불러 자리에 앉게 했다. "경과 조용히 의논할 것이 있소." 이어서 말했다. "당 태종은 위징을 꼭 얻고 유비는 꼭 제갈량을 얻고 나서 사업을 이룰 수 있었는데 두 사람은 참으로 좀처럼 세상에 나타나지 아니할 만큼 뛰어난 인물이다." 왕안석: "폐하가 참으로 요·순과 같은 성군이 되려면 반드시 고皐·기夔·직稷·설契과 같은 현신이 있어야 하고, 참으로 고종高宗과 같은 명군이 되려면 반드시 부열과 같은 현신이 있어야 한다. 저 두 사람(옮긴이 주: 위징과 제갈량)은 모두 도를 중시하는 사람이 부끄러워한 대상인데 어찌 이야기할 만한가? 천하가 크고 백성이 많으므로 [옮긴이 주: 우리 송나라가] 100년 동안 태평을 이어오고 있으니 배우는 사람이 많지 않을 수 없다. 하지만 늘 정치를 도울 수 있는 사람이 없다고 걱정하는데, 이는 폐하가 선택한 책략이 밝지 못하고 드리는 정성이 지극하지 못했기 때문이다. 비록 고·기·직·리·부열의 현신이 있을지라도 소인들에게 눌려 기를 펴자 못하면 마음을 접고 조정을 떠날 것이다." 신종: "어느 시대에 소인이 없겠소. 요·순의 시절에도 사흉四凶같은 인물이 없을 수 없다." 왕안석: "사흉을 가려내서 없애는 조치가 요·순이 왕 노릇을 하게 한 까닭이다. 만일 사흉으로 하여금 자신들의 사악함을 제멋대로 펼쳤다면 고·기·직·설이 어찌 편안히 녹봉을 먹으며 천수를 누릴 수 있겠는가?"[8]

왕안석은 삼대를 왕도가 유행하던 시대이므로 후대의 통치자들은 마땅히 요·순을 본받아야 할 표준으로 삼고 요·순 이후로 모두 본받을 만하지 않다고 생각했다. 왕안석의 대화에 나오는 주제사흉誅除四凶, 즉 네 명의 흉악한 군주를 처형한 일은 『상서』 「순전」에 보이는 일련의 역사적 사실을 가리킨다. "공공共工을 유주幽洲로 귀양 보내고 환두驩兜를 숭산崇山으로 몰아내고 삼묘三苗를 삼위三危로 쫓아내고 곤鯀을 우산羽山에 처형하였다. 이 네 가지 죄를 벌하니 천하가 다 복종하게 되었다."[9] 역사를 거울로 삼자는 대화에서 왕안석은 신종에게 "군주는 반드시 사람을 잘 식별하여 임무를 잘 부여해야 한다"는 정치의 방도를 제안했다.

북송의 위대한 유학자 정이는 순 임금이 상벌을 시행하는 사실을 다음처럼 논의했다.

만물은 모두 하나의 천리일 뿐이다.(강조는 지은이) 나와 무슨 상관이 있는가? 이를테면 '하늘이 죄 있는 자를 토벌하여 다섯 가지 형벌로 다섯 가지 등급을 쓰라! 하늘이 덕 있는 자를 임명하여 다섯 가

---

8 [元]脫脫, 「列傳 第八十六·王安石」, 『宋史』 卷327, 臺北: 鼎文書局, 1977年 新校標點本, 10543~10544쪽: "一日講席, 群臣退, 帝留安石坐, 曰, 有欲與卿從容論議者. 因言: 唐太宗必得魏徵, 劉備必得諸葛亮, 然後可以有爲, 二子誠不世出之人也. 安石曰, 陛下誠能爲堯·舜, 則必有皐·夔·稷·契. 誠能爲高宗, 則必有傳說. 彼二子皆有道者所羞, 何足道哉? 以天下之大, 人民之衆, 百年承平, 學者不爲不多. 然常患無人可以助治者, 以陛下擇術未明, 推誠未至, 雖有皐·夔·稷·契·傳說之賢, 亦將爲小人所蔽, 卷懷而去爾. 帝曰, 何世無小人, 雖堯, 舜之時, 不能無四凶. 安石曰, 惟能辨四凶而誅之, 此其所以爲堯·舜也. 若使四凶得肆其讒慝, 則皐·夔·稷·契亦安肯苟食其祿以終身乎?"

9 [漢]孔安國 傳, [唐]孔穎達 等 正義, 『尙書正義』, 臺北: 藝文印書館, 1960年 影印宋刊本, 40쪽下: "流共工于幽洲, 放驩兜于崇山, 竄三苗于三危, 殛鯀于羽山, 四罪而天下咸服."

지 복식으로 다섯 등급을 표창하라!'[10]라고 한다. 이는 모두 자연히 마땅히 이렇게 되어야 하므로 사람이 언제 관여하는가? 관여하면 사의私意가 끼어든다. 선도 있고 악도 있는데, 선하면 마땅히 기뻐할 만하니 오복이 각각 순서를 두고서 표창하는 것과 같다. 악하면 마땅히 싫어할 만하니 그들은 스스로 리와 관계를 끊은 것이다. 오형을 5가지로 쓰는데, 어찌 그 사이에 기뻐하고 성내는 마음을 사사로이 끼어 넣을 수 있겠는가? 순 임금이 16명의 재상을 등용했는데 그 앞의 요 임금이 어찌 그들을 몰랐겠는가? 다만 그들의 선이 아직 뚜렷하게 드러나지 않았으니 스스로 내세울 수 없었다. 순 임금이 사흉을 죽였는데 요 임금이 어찌 그들을 살피지 않았겠는가? 다만 그들의 악이 아직 뚜렷하게 드러나지 않았으니 어찌 죽일 수 있었겠는가? 등용과 처형의 경우 어찌 그 사이에 조금의 터럭이 섞일 수 있겠는가? 오직 하나의 의리가 있을 뿐이니, 의에 따라서 짝할 뿐이다.[11]

정이가 이러한 역사 서술 중에 하나의 추상적인 보편 원칙을 제기했다. 즉 "세상의 모든 일은 단지 하나의 천리天理이다." 그의 논술 방식은 장재와 꽤 흡사했다.[12]

10　‖이 구절의 출처는 『서경』 「皐陶謨」이다. 정이의 인용문과 「고요모」의 순서가 다르다. 후자에는 "天命有德, 五服五章哉! 天討有罪, 五刑五用哉!"로 되어있다.

11　(宋)程頤·程顥, 「河南程氏遺書」, 『二程集』 卷6, 北京: 中華書局, 1981年 新校標點本, 3~7쪽: "萬物皆只是一個天理, 己何與焉? 至如言'天討有罪, 五刑五用哉! 天命有德, 五服五章哉!' 此都只是自然當如此, 人幾時與? 與則便是私意. 有善有惡, 善則理當喜, 如五服自有一個 次第以章顯之. 惡則理當惡(一作惡), 彼自絶於理, 故五刑五用, 曷嘗容心喜怒於其間哉? 舜 擧十六相, 堯豈不知? 只以佗善未著, 故不自擧. 舜誅四凶, 堯豈不察? 只爲佗惡未著, 那得 誅佗? 擧與誅, 曷嘗有毫髮廁於其間哉? 只有一個義理, 義之與比." ‖한국어 번역본은 이향 준 외 옮김, 『이정유서』, 발해그래픽스, 2019 참조.

12　張載는 다음과 같이 말했다. "모든 일은 하나의 天理일 따름이다. 순이 16명의 재상을

주희가 제자와 함께 순 임금이 보통 사람과 똑같이 지니고 있는 덕행의 문제를 토론한 적이 있다. 이제 한 단락의 대화를 살펴보자.

혹자: "위대한 순 임금은 선善을 보통 사람과 함께 했다는 것은 무슨 뜻인가요?" 주희: "선은 천하의 공리公理여서 원래 자신에 있건 남에게 있건 구별이 없다. 사람은 몸이 있어서 자신에게 사사로움이 없을 수 없으므로 물아, 즉 객체와 주체의 구분이 있다. 오로지 순의 마음에는 털끝만큼도 내 것이라는 사사로움이 없다. 이 때문에 공천하의 선을 선으로 여길 수 있고 무엇이 자신에게 있는지 남에게 있는지 가리지 않으므로 선을 보통 사람과 함께 한다고 할 수 있다. 자신을 버리고 남을 따르는 것은 먼저 자신을 세우려고 하지 않고 마음을 비워 천하의 공을 경청하는 것을 말하는데, 이는 선이 자신에게 있다는 것을 따지지 않는다. 다른 사람의 선을 취하기를 좋아하는 것은 다른 사람의 선을 보면 지극한 정성으로 취하기를 좋아하여 자신에게 실행하는 것을 말하는데, 이는 선이 다른 사람에게 있다는 것을 따지지 않는다. 이 두 가지는 순 임금이 선을 다른 사람과 함께 하는 요점이다. 그러나 자신을 버린다는 것〔舍己〕은 다만 사사로움을 잊고 이치에 따르는 것을 말한 것뿐이지 자신에게 불선이 있어서 버린다고 말하는 것이 아니다. 취하기를 좋아

세우고 사흉을 제거했는데, 요 임금이 어찌 알지 못했을까? 요 임금은 참으로 사흉의 악을 알았지만 백성이 아직 학정을 받지 않았으므로 세상 사람들이 그들을 제거하고자 하지 않았다. 요 임금은 백성의 안정을 난제로 여겼는데, 갑자기 군주를 없애면 백성이 불안하므로 사흉을 제거하지 않았다. 순 임금이 나온 뒤에야 백성이 학정을 견디지 못하므로 사흉을 제거하게 되었다.(萬事只一天理. 舜擧十六相, 去四凶, 堯豈不能? 堯固知四凶之惡, 然民未被其虐, 天下未欲去之. 堯以安民爲難, 遽去其君則民不安, 故不去, 必舜而後因民不堪而去之也.)"〔宋〕張載, 「經學理窟」, 『張載集』, 北京: 中華書局, 1978년 新校 標點本, 256쪽 참조.

하는 것[樂取]은 순 임금의 마음이 리와 하나가 되어 편안하게 실행하는 것이지 이롭게 보이거나 억지로 힘써 실행한다는 뜻이 아니다."[13]

주희가 이 대화에서 강조한 내용은 바로 이렇다. 순 임금의 '사사로움이 없음[無私]'이 곧 '천하의 공리公理'이다.

지금까지 논의를 종합해보면 송대 유학자들이 모범 인물의 행동거지를 재연하자고 하면서 논증하고자 했던 사항이 있다. 그것은 바로 모범 인물의 행위 규범에 보편적 유효성이 있으므로 후대 사람들이 본받을 만한 가치가 있다는 것이다.

송대 유학자들이 모범 인물을 중심으로 역사 서술을 진행하고 있는데, 여기서 우리가 발견할 수 있는 사항은 이렇다. 순 임금은 특정 시간과 공간 조건 아래에 살았던 역사 인물이지만 송대 사람들의 역사 서술에서 시공을 초월한 특성을 가지게 되었다. 이는 송대 유학자들(특히 주희)이 대부분 인류 역사의 변천 과정이 합리적인 질서 또는 궤적('도')을 따르고 있으며, 성인의 행위 경험이 바로 '도'를 준수하고 체현한 것으로 여겼기 때문이다. 주희와 진량陳亮(1143~1194)은 서찰을 주고받으면서 바로 이러한 견해를 재차 보여주고 있다.

---

13 〔宋〕朱熹, 『孟子或問』, 『四書或問』 卷3, 上海: 古籍出版社; 合肥: 安徽教育出版社, 2001, 435쪽: "或問, 大舜之善與人同, 何也? 曰, 善者天下之公理, 本無在己在人之別, 但人有身, 不能無私於己, 故有物我之分焉. 惟舜之心, 無一毫有我之私, 是以能公天下之善以爲善, 而不知其孰爲在己, 孰爲在人, 所謂善與人同也. 舍己從人, 言其不先立己, 而虛心以聽其天下之公, 蓋不知善之在己也. 樂取於人以爲善, 言其見人之善, 則至誠樂取, 而行之於身, 蓋不知善之在人也. 此二者, 善與人同之目也. 然謂之舍己者, 特言其亡私順理而已, 非謂其己有不善而舍之也. 謂之樂取者, 又以見其心與理一, 安而行之, 非有利勉之意也." ‖ 마지막 구절은 『중용』 20장: "或安而行之, 或利而行之, 勉强而行之, 及其成功 一也."의 내용을 새롭게 조어하여 인용하고 있다.

주희는 「답진동보答陳同甫8」에서 다음처럼 말했다.

사람은 단지 〔주위에 늘 보는〕 이 사람이고 도는 단지 〔인륜을 규
제하는〕 이 도인데, 어찌 삼대三代와 한·당의 구별이 있을까? 다만
유학이 제대로 전승되지 않아 요·순·우·탕·문·무 이래로 전해 내
려온 심법이 천하에 밝게 드러나지 않았다. 그래서 한·당의 군주가
비록 어쩌다가 은연 중 도리에 부합하는 때가 없는 것도 아니지만
그 시대 사람의 경우 전체의 마음은 오직 이욕에만 쏠려있었다. 그
것이 바로 요·순과 삼대가 그 자체로 요·순과 삼대가 되고, 한 고
조와 당 태종은 그 자체로 한 고조와 당 태종이 되니 끝내 서로 합
쳐져서 하나로 될 수 없다. 지금 반드시 양자에 놓인 한계를 걷어내
고 고금의 차이를 없애려면 요·순이 전승한 심법心法과 탕왕과 무
왕이 스스로 살펴서 회복하는 공부[14]를 깊이 연구하여 그것을 기준
으로 삼아 자신에게 돌이켜서 구하는 것보다 더 좋은 것이 없다.[15]

또 주희가 「답진동보答陳同甫9」에서 다음처럼 말했다.

구구한 소견을 말하자면 저는 늘 옛날부터 지금까지 하나일 따름
이라고 생각합니다. 도리를 따르는 자는 성공하고 거스르는 자는

---

14 ‖ 전자는 『서경』「大禹謨」: "人心惟危, 道心惟微, 惟精惟一, 允執厥中"을 가리키고 후자
는 『맹자』「진심하」 33: "孟子曰, 堯舜者也, 湯武反之也"를 가리킨다.
15 〔宋〕朱熹, 「答陳同甫8」, 『朱子文集』 第4冊 卷36, 臺北: 德富文教基金會, 2000, 1464쪽: "夫
人只是這箇人, 道只是這箇道, 豈有三代, 漢·唐之別? 但以儒者之學不傳, 而堯·舜·禹·湯·
文·武以來, 轉相授受之心不明於天下, 故漢唐之君雖或不能無暗合之時, 而其全體却只
在利欲上. 此其所以堯·舜·三代自堯·舜·三代·漢祖·唐宗自漢祖·唐宗, 終不能合而爲
一也. 今若必欲撤去限隔, 無古無今, 則莫若深考堯舜相傳之心法, 湯武反之之功夫, 以爲準
則而求諸身."

실패한다. 이는 옛날의 성현만이 홀로 할 수 있는 것이 아니고 후세의 영웅호걸이라고 부르는 자들도 이 리理를 버리고 성취를 이룬 경우는 없다.[16]

주희는 '요·순·삼대'의 역사 경험 중에 영원불변하고 시공을 초월하는 '도' 또는 '리'가 감춰져 있으므로, 후대 사람들이 마땅히 따라야 한다고 생각했다. 이로 인해 요·순과 같은 고대 성왕은 송대 유학자들의 역사 서술에서 시간과 공간을 초월하는 존재가 되어 보편성의 함의를 얻게 되었다. 하지만 제2장에서 이미 지적했듯이 중국 유가가 역사 서술을 통해 세운 '보편성'은 '추상적 보편성'이 아니라 성현 인물의 구체적 행위 속에서 볼 수 있는 '보편성'으로 바로 제2장과 제3장에서 말한 헤겔식의 '구체적 보편성(the concrete universals)'이라 말할 수 있다. 이러한 사고 방식은 중국 문화의 특색을 깊이 간직하고 있다.

지금까지 논의를 종합해 보면 역사 서술의 예술은 비록 1970년대 이후에서야 서양 사학계에서 사회과학의 영향을 조금씩 벗어나기 시작하여 점차 부흥의 기세를 보였다.[17] 하지만 역사 서술의 예술은 중국에서 그 역사가 유구하며 오래되면 오래될수록 쇠퇴하지 않았다. 이는 특히 유가의 사상가들이 철학 명제를 제기하는 중요한 길이 되었다.

---

16 〔宋〕朱熹,「答陳同甫9」,『朱子文集』第4冊, 卷36, 1466쪽: "然區區鄙見, 常竊以爲亘古亘今只是一體, 順之者成, 逆之者敗, 固非古之聖賢所能獨爲, 而後世之所謂英雄豪傑者, 亦未有能舍此理而得有所建立成就者也."

17 Lawrence Stone, "The Revival of Narrative: Reflections on a New Old History," in his *The Past and the Present*, London: Routledge & Kegan Paul, 1981, pp.74~76 참조.

3. 주희의 역사 서술 속에 숨어있는 사상적 함의

송대 유학자들의 역사 서술에서 오직 특수한 사실에 대한 역사 서술을 통해서만 보편의 '리理'를 추출해낼 수 있다. 이러한 '리'는 요·순·우 등의 특수한 성인의 품행에 드러나면서 그들의 행위 규범은 보편적 필연성을 가지게 되었다. 이러한 역사 속의 '리'는 역사 속의 성인과 그들의 사적을 통해서만 발견될 수 있다. 또 삼대 이래로 인심이 타락하고 역사가 쇠퇴해졌는데, 옛 역사의 연구를 통해 '리'를 발굴해내는 것이 절대적으로 필요하게 되었다.

한 걸음 더 나아가 성인의 '마음'과 보통 사람으로서 우리의 '마음'에는 동질성이 있다. 고대 성인의 품행을 연구하는 것만이 '리'가 우리의 '마음' 속에 충분하게 존재하는 사실이 인정될 수 있다. '리'가 사람의 '마음' 속에 내재되어 있고 또 역사적 '사실' 위에 더욱 드러난다는 이 사실도 고대의 성인에 의해서만 확인될 수 있다. 주희의 역사학은 송대 유학자들에게 가장 대표성을 가지고 있으므로[18] 5장과 6장에서 모두 주희의 사학에 초점을 맞추어 논의를 진행하고자 한다.

송대 유학자들이 역사 서술을 할 때 드러나는 가장 중요한 사상적 명제는 이렇다. 보편의 '리'는 특수한 '사건', 특히 고대 성인의 품행에서 볼 수 있다는 것이다. 우리는 송대 유학자 중에 역사를 가장 중시한 주희를 실례로 들어 논의하고자 한다.

주희는 「임오응조봉사壬午應詔封事」에서 다음처럼 말했다.

옛날에 거룩하고 현명한 제왕의 학문은 반드시 격물格物과 치지致

18　주자 사학 사상의 통론성 저작은 湯勤福, 『朱熹的史學思想』, 濟南: 齊魯書社, 2000 참조.

知로 사물의 변화를 끝까지 밝혔다. 어떤 사물이 사람의 앞에 닥치더라도 의리가 있는 것은 아무리 작은 일이라도 다 비추어 마음과 눈에 밝게 드러나 털끝만큼의 은밀함도 내버려두지 않게 하니, 그렇게 되면 자연히 뜻이 진실하고 마음이 바르게 되어 천하의 일에 대응하는 것이 마치 하나 둘을 세고 흑백을 분별하는 것처럼 간명해집니다. 만일 배우지 않거나 혹은 배우더라도 이것을 위주로 하지 않으면 내외와 본말이 뒤죽박죽되어 어긋나니, 비록 총명하고 슬기로운 자질과 효성·우애·공경·검약의 덕을 가졌다 하더라도 그 지혜는 선을 분명히 하지 못하고 식견은 이치를 끝까지 밝히지 못하여 마침내 천하의 치란에 도움이 되지 않을 것입니다. …… 치지와 격물은 요·순이 말한 [심법 중] '정일精一'의 공부에, 정심正心과 성의誠意는 요·순이 말한 [심법 중] '집중執中'의 공부에 해당됩니다.[19]

주희는 또 「답장흠부2」에서 다음처럼 말했다.

유학자의 학문에 가장 중요한 요점은 바로 이치를 탐구하는 궁리窮理를 우선으로 삼는 것이다. 하나의 사물에는 하나의 이치가 있다. 반드시 이것을 먼저 밝힌 다음에야 마음에서 드러날 경우 경중과 장단이 각각의 기준이 있게 된다. …… 만약 여기서 우선 자신이

19　[宋]朱熹,「壬午應詔封事」,『朱子文集』第2冊 卷11, 347쪽: "是以古者聖帝明王之學, 必將格物致知, 以極夫事物之變, 使事物之過乎前者, 義理所存, 纖微畢照, 瞭然乎心目之間, 不容毫髮之隱, 則自然意誠心正. 而所以應天下之務者, 若數一二, 辨黑白矣. 苟惟不學, 與學焉而不主乎此, 則內外本末顚倒繆戾, 雖有聰明睿智之資, 孝友恭儉之德, 而智不足以明善, 識不足窮理, 終亦無補乎天下之治亂矣. …… 蓋致知格物者, 堯·舜所謂 '精一'也. 正心誠意者, 堯, 舜所謂 '執中'也."

알고 있는 지식을 끝까지 넓히지 않고 마음이 가는 바가 이와 같은 것만 보고 마음이 가는 바가 이와 같은 것만 알아서 데면데면하게 아무런 기준도 없다면 마음에 보존된 것도 드러나는 것도 어떻게 이치에 맞겠는가?[20]

이상 두 인용문에서는 분명히 다음의 내용을 보여준다. 주희의 생각에 따르면 사물 속에 잠재된 '리理'를 발굴하기 위해서 사물을 하나하나 연구할 만한 가치가 있는 것이다. 그 목적은 이 '리'를 파악하여 천하를 제대로 다스리는 것이다. 어떻게 해야 사물을 연구하여 '리'를 찾아낼 수 있는가? 주희는 역사를 연구하려면 반드시 역사 속 성인의 사적을 탐구해야 하고 또 성인의 관점을 취해 사람을 분별하고 세상을 비평해야 한다고 생각했다.

주희는 정이의 말을 인용하여 다음처럼 말했다. "역사를 읽을 때 반드시 성현이 남긴 안정과 혼란의 기틀과 현인과 군자의 출사와 은거, 나아감과 물러남을 살피야 하는데, 이것이 곧 격물이다."[21] 바꿔 말해서 역사를 연구하는 올바른 방법은 역사상의 옛 성현이 나라를 다스리고 백성의 문제를 풀어주는 핵심과 그들이 세상에서 몸가짐을 취하고 일을 하던 방법을 찾아내는 데 있지 역사 사료를 두루뭉술하게 긁어모아 주희가 말한 '몸 밖의 외물[皮外物事]'을 만드는 데 있지 않다.[22]

---

20 [宋]朱熹, 「答張欽夫2」, 『朱子文集』 第3冊 卷30, 1156쪽: "儒者之學, 大要以窮理爲先, 蓋凡 一物有一理, 須先明此, 然後心之所發, 輕重長短, 各有準則. …… 若不於此先致其知, 但見 其所以爲心者如此, 識其所以爲心者如此, 泛然而無所準則, 則其所存所發, 亦何自而中於 理乎?"
21 [宋]朱熹, 呂祖謙 編, 『近思錄』 卷3, 楊家駱 主編, 『近思錄集解·北溪字義』, 臺北: 世界 書局, 1996, 124쪽: "讀史須見聖賢所存治亂之機, 賢人君子出處進退, 便是格物."
22 [宋]黎靖德 編, 『朱子語類』 卷11, '偰錄', 『朱子全書』 第14冊, 上海: 上海古籍出版社; 合肥: 安徽教育出版社, 2002, 347쪽.

그래서 주희는 경전 읽기를 사서 읽기보다 먼저 해야 한다고 여겼다. 그는 다음처럼 경전 읽기의 중요성을 역설했다.

> 경서 읽기와 사서 읽기는 같지 않다. 사서는 몸 밖의 사물[皮外物事][23]로 그다지 긴요하지 않아 메모해서 다른 사람에게 물어볼 수 있다. 만약 경서에 의문이 있으면 이것은 자신에게 꼭 풀어야 하는 절박한 병통(문제)이다. 사람이 몸에 병이 들면 통증을 잊고자 하나 그럴 수 없는 것과 같다. 어찌 경서 읽기를 사서 보기에 견주어 의문이 들면 종이에 적을 수 있는가?[24]

주희는 '경經'이 '사史'보다 중요한 이유를 이렇게 봤다. 역사를 읽는 목적이 '사건(사실)'에 입각해서 '이치'를 밝혀내는 데 있다. 역사적 사실의 규명은 단지 수단일 뿐 역사적 이치의 추출이야말로 목적이다. 추출된 뒤의 '리'는 주로 경서에서 볼 수 있으므로 '경'이 '사'보다 앞에 있는 것이다.

'역사' 읽기는 '리'를 찾기 위한 것이고 '리'는 모두 경전 속에 담겨있다. 그러면 직접 경서를 읽으면 그것으로 충분하지 왜 하필 역사를 읽으란 말인가? '역사'를 읽는 이유는 또 어디에 있는가? 이 문제의 해답은 이렇다. 역사적 사건(특히 성인이 실행한 일)이 없다면 '리'를 찾을 곳이 없다. 성현이 실행한 일의 자취를 통해서만 비로소 '리'의 함의를 정확하

---

23 ∥皮外物과 皮外物事는 주희가 즐겨 사용하는 용어는 아니다. 주희가 독서법을 이야기할 때 몸에 영향을 주는 '경서'에 대비해서 '사서'를 '피외물사'로 말하므로 몸 밖 또는 몸 가죽 밖의 외물의 뜻으로 볼 수 있다. 이때 皮는 彼의 맥락으로 보면 '피외물'은 '저 밖의 사물'의 뜻을 나타낸다. 결국 양자는 心에 대비되는 外物의 뜻으로 가치상으로 무가치하다는 의미 맥락이다.

24 〔宋〕黎靖德 編, 『朱子語類』 卷11, 189쪽, '僴錄', 『朱子全書』 第14冊, 347쪽: "看經書與看史書不同: 史是皮外物事, 沒緊要, 可以箚記問人. 若是經書有疑, 這個是切己病痛. 如人負痛在身, 欲斯須忘去而不可得. 豈可比之看史, 遇有疑, 則記之紙邪!"

게 밝혀낼 수 있다.

주희가 「답진동보答陳同甫8」에서 다음처럼 말했다.

사람은 단지 〔주위에 늘 보는〕 이 사람이고 도는 단지 〔인륜을 규
제하는〕 이 도인데, 어찌 삼대三代와 한·당의 구별이 있을까? 다만
유학이 제대로 전승되지 않아 요堯·순舜·우禹·탕湯·문文·무武 이
래로 전해 내려온 심법이 천하에 밝게 드러나지 않았다. 그래서
한·당의 군주가 비록 어쩌다가 은연 중 도리에 부합하는 때가 없는
것도 아니지만 그 시대 사람의 경우 전체의 마음은 오직 이욕에만
쏠려있었다. 그것이 바로 요·순과 삼대가 그 자체로 요·순과 삼대
가 되고, 한 고조와 당 태종은 그 자체로 한 고조와 당 태종이 되니
끝내 서로 합쳐져서 하나로 될 수 없다.[25]

주희의 뜻에 따르면 '요·순·삼대'의 역사적 사실에 대한 규명은 '요·순이
전해준 심법心法'의 근본 경로를 깊이 파악하는 일이다. 바꿔 말해서 요·순
삼대의 구체적인 역사적 사건을 떠나게 되면 역사 속의 추상적이고 보편적
인 '리'(여기서 '요순이 전해준 심법'을 가리킨다)가 어두워져 드러나지 않
게 된다. 그래서 요·순과 삼대의 역사에 대한 탐구는 빠트릴 수가 없다.

주희는 「중용장구서中庸章句序」에서 이 점에 대해 더 진일보한 의견
을 보여줬다. 그의 말을 살펴보자.

---

25 〔宋〕朱熹, 「答陳同甫8」, 『朱子文集』第4冊 卷36, 臺北: 德富文教基金會, 2000, 1464쪽: "夫
人只是這箇人, 道只是這箇道, 豈有三代, 漢·唐之別? 但以儒者之學不傳, 而堯·舜·禹·湯·
文·武以來, 轉相授受之心不明於天下, 故漢唐之君雖或不能無暗合之時, 而其全體却只
在利欲上. 此其所以堯·舜·三代自堯·舜·三代·漢祖·唐宗自漢祖·唐宗, 終不能合而爲
一也. 今若必欲撤去限隔, 無古無今, 則莫若深考堯舜相傳之心法, 湯武反之之功夫, 以爲準
則而求諸身."

상고 시대에 성신이 하늘의 뜻을 이어 기준을 세우면서 도통의 전수가 유래를 갖게 되었다. …… 이로부터 성인과 성인이 서로 이어서 나타났다. 예컨대 성탕·문·무와 같은 성군과 고요·이윤·부열·주공·소공의 현신이 모두 이에 따라 도통의 전수를 접했다. 우리 선생님(옮긴이 주: 공자)은 비록 현실에서 어울리는 지위를 얻지 못했지만 지나간 성인을 잇고 다가올 후학의 길을 열어주었으니 그 공업이 도리어 요·순보다 낫다. 그러나 이런 시대를 맞이하여 공자의 보고 그 진면목을 알아본 사람은 오직 안연과 증삼이고 그들이 종통을 이었다. 증삼이 두 세대를 전수하여 우리 선생님의 손자인 자사를 다시 얻게 되었지만 성인과 거리가 멀어지면서 이단이 일어났다.[26]

이 단락에서 주희는 '도통道統'이 성현의 구전口傳을 통해 끊어지지 않는다고 주장했다. 주희는 성현을 통해서만 후대 사람이 '도' 또는 '리'의 진정한 소식을 파악할 수 있다고 여겼다.

위에서 인용한 「중용장구서中庸章句序」에서 우리는 이어서 아래의 세 가지를 다시 추론할 수 있다. (1) 우주 사이에 유행하는 '리'는 우리의 '마음' 속에 충분히 갖추어져있다. (2) 옛 성현이 전수해준 말씀은 우리로 하여금 다음을 명료하게 깨닫게 한다. '리'는 성인에 의해서만 구체화될 수 있다. (3) 개인의 번영과 몰락, 국가의 흥성과 멸망에서 우주의 존폐에 이르기까지 모든 것은 성현이 서로 전수해온 '리'가 각각의 개인

---

26 〔宋〕朱熹,『中庸章句』,『四書章句集注』, 北京: 中華書局, 1983, 14~15쪽: "蓋自上古聖神繼天立極, 而道統之傳有自來矣. …… 自是以來, 聖聖相承. 若成湯·文·武之爲君, 皋陶·伊·傅·周·召之爲臣, 旣皆以此而接夫道統之傳, 若吾夫子, 則雖不得其位, 而所以繼往聖, 開來學, 其功反有賢於堯舜者. 然當是時, 見而知之者, 惟顏氏, 曾氏之傳得其宗. 及曾氏之再傳, 而復得夫子之孫子思, 則去聖遠而異端起矣."

의 행위에 구체화되는 것에 달려있다. 그러므로 우리는 성인을 떠나서 '리'를 찾을 수 없다.

위의 논의를 따르면 '리理'는 '사事' 가운데 드러나기도 하고 사람의 '마음' 속에 드러나기도 한다. 이 두 가지 테제를 얼핏 이해하면 어떤 이는 수많은 사물 속에 있는 '리'가 다원적이고 다변할 것이라고 생각할 수도 있지만 사실 그렇지 않다. 주희의 명언 '리일분수'의 테제가 확실히 보여주듯이 '리'는 결코 잡다한 것이 아니고 통일적이다. 주희의 뜻은 이렇다. 무수한 사물이나 사람의 '마음'은 소박한 상태 속에서 모두 천'리'를 담고(간직하고) 있다. 주희는 '흘러나온다〔流出來〕'는 말로 '인仁'·'의義'·'예禮'·'지智'·'신信' 중의 '리'가 드러나는 것을 형용했다.[27] 진영첩(천룽제)陳榮捷(1901~1994)는 달이 세상의 모든 강에 비취는 상태에서 보이는 '되비추다〔反照〕'[28]는 말로 만사 만물 속의 '리'가 드러나는 현상을 형용했다.

주희가 '리일'과 '분수'를 다음처럼 설명했다.

> 건乾을 아버지라 하고 곤坤을 어머니라 하는데, 이것이 리일理一이다. 건곤은 천하 모든 사람의 부모이다. 부모는 한 몸의 부모로 그 직분이 다를 수밖에 없다. 그러므로 "모든 백성은 나의 형제자매요 모든 사물은 나의 짝이다"[29]라는 말은 천하의 부모를 두고 하는 말로 리일理一에 해당된다. 여기서 '민'은 참으로 현실에서 나와 같은 한 부모에게서 난 형제와 자매로 생각하는 것이 아니다. '물'도 참

---

27 〔宋〕黎靖德 編, 『朱子語類』 卷98, '義剛錄', 『朱子全書』 第17冊, 3321쪽.

28 陳榮捷, 『朱熹』, 臺北: 東大圖書公司, 1990, 64쪽.

29 ‖이 구절은 張載의 「西銘」에 나오며 우주 가족의 특성과 규모를 잘 묘사하고 있다. 8글자를 4글자로 줄여서 民胞物與라고 할 수 있다. 인류는 동포이고 만물은 벗이라는 사해동포주의를 잘 나타내고 있다.

으로 나와 같은 종류에 속한다고 생각하는 것이 아니다. 이것은 한 몸의 부모의 관점에서 말하므로 분수分殊에 해당된다.[30]

주희가 또 '리일분수'를 다음처럼 설명했다.

세상일이 비록 천 갈래 만 갈래로 복잡하지만 사실 하나의 도리에 불과하다. '리일분수理一分殊'(옮긴이 주: 보편적 리는 하나이지만 개별적 리는 다양하다)라고 할 수 있다.[31]

세상의 '리'가 다만 하나이고 또 '옛날부터 지금까지 늘 불멸한 것'이다.[32] 그래서 역사 속의 옛 성현이 실행한 사적을 고찰하는 것이 곧 '리'를 해독하는 가장 좋은 길이 된다.

4. '역사에 입각해서 리理를 구하는' 방법에 대한 물음과 대답

우리가 말하는 송대 유학자들의 '역사에 입각해서 리를 구한다'는 서술 방법은 일종의 중국적 문화 특성을 지닌 '구체적 사유 방식'의 표현이다. 이러한 표현 방식은 쉽게 하나의 의문이 제기될 수 있다. 역사 서술을

30　(宋)朱熹,「與郭沖晦2」,『朱子文集』第4冊 卷37, 1517~1518쪽: "蓋乾之爲父, 坤之爲母, 所謂理一者也. 然乾坤者, 天下之父母也. 父母者, 一身之父母也, 則其分不得而不殊也. 故以 "民爲同胞, 物爲吾與"者, 自其天下之父母者言之, 所謂理一者也. 然謂之'民', 則非眞以爲 吾之同胞, 謂之'物', 則非眞以爲我之同類矣, 此自其一身之父母者言之, 所謂分殊者也."

31　(宋)黎靖德 編,『朱子語類』卷136, '謨錄',『朱子全書』第18冊, 4222쪽: "世間事雖千頭萬緒, 其實只一個道理, '理一分殊'之謂也."

32　(宋)朱熹,「答陳同甫6」,『朱子文集』第4冊 卷36, 1458쪽. 주희의 '리일분수'설에 관해 부록 2에서 자세하게 다룬다.

하는 목적이 역사적 사실 속의 '리'를 흡수하는 데 있다면 일단 역사 속의 '리'가 발견되거나 추출된 뒤에 우리가 다시금 역사상의 성인이나 삼대의 역사 경험을 연구할 필요가 없지 않은가?

마침 주희가 역사를 '몸 밖의 외물〔皮外物事〕'로 말했듯이[33] 우리가 일단 역사 속의 '리'를 획득하면 역사적 사실은 헌신짝처럼 버릴 수도 있고 강을 건너고서 다리를 끊어버릴 수 있다. 요·순·우와 같은 삼대의 성왕은 모두 역사상의 존재(인물)이고 당연히 버릴 목록 중에 들어있다. 역사가들이 구하는 것은 '리'이고 '리'만이 인간을 분별하고 세상을 비평하는 기준이다. 그러면 이미 '리'를 얻었다면 구태여 왜 역사를 읽어야 하는가? 고기를 잡은 뒤에 통발을 잊어버려도 그만이다.

이상의 의문은 확실히 나름대로 주장할 이유도 있고 이야기할 논리가 있으며 성립이 될 만한 이론적 근거가 존재한다. 그러나 이 의문은 주희의 역사 사상의 '리일분수' 개념의 설명을 통해 씻어낼 수 있다.

우리는 제5장에서 주희의 중국 역사에 대한 해석을 논의할 때 다음을 지적한 적이 있다. 즉 주희의 사상에서 '리'는 우주 자연의 규칙이기도 하고 인간 행위의 규범이기도 하여 두 가지가 하나로 녹아있다. 주희의 역사 해석은 '리' 철학에 좌우되므로 자연스럽게 '사실 판단'과 '도덕 판단'을 합쳐서 하나로 만들게 된다. 아울러 '리'는 일원적이고 시공을 초월한다. 그래서 '리'는 주희가 역사 변천을 해석하는 유일한 추상적 기준이 된다. 모든 구체적인 역사적 사실의 출현은 단지 긍정 또는 부정의 방식으로 '리'의 영원한 특성을 설명하거나 입증하게 된다. 이렇게 볼 때 '리'는 역사적 사실을 초월하는 일종의 '이상'이며 주희가 역사를 해석하고 비판하는 일종의 '정신적 지렛대'이다.[34]

---

33 〔宋〕黎靖德 編, 『朱子語類』 卷11, '僩錄' 『朱子全書』 第14冊, 347쪽.

주희의 역사 사상에서 '리'는 내재성과 초월성의 두 가지 성질을 함께 가진다. '리'는 역사 사적과 역사 사실 속에 내재되어 있기도 하고 역사 사실을 초월해 있기도 하다. '리'가 역사 사실에 내재된 계기로 말하면 '리'는 역사 사실을 떠나서 결코 존재할 수 없다. '리'가 역사 사실을 초월해 있는 계기로 말하면 '리'가 구체적 역사 사실 위에 존재하므로 역사 사실에 대해 비판의 기능을 발휘할 수 있다.

우리는 먼저 역사의 '리理'가 역사의 '사事'에 내재하는 계기를 논의해보자. 송대 유가의 역사 서술 중에는 특별히 요·순 등의 모범 인물이 서로 전수해온 '인심人心'과 '도심道心'의 차이를 강조하고 있다. 『위고문상서僞古文尚書』[35]에는 "인심은 위태롭고 도심은 미약하니 오직 순수하고 한결같이 하여 진실로 중용을 잡으라(人心惟危, 道心惟微, 惟精惟一, 允執厥中)"는 말이 나오는데, 이는 송·명대 리학자들이 아주 중요시했다. 이 테제는 실제 주희를 통해 널리 퍼졌다. 주희의 「중용장구서中庸章句序」를 살펴보자.

일찍이 논의했듯이 마음의 허령虛靈과 지각知覺은 하나일 뿐이다. 인심人心과 도심道心의 차이가 있다는 것은 어떤 때에 형기形氣의 사사로움에서 나오고 어떤 때에 성명의 올바름에 근원하여 지각한 것이 다르기 때문이다. 어떤 때에 위태로워 편안하지 못하고 어떤

---

34 자세한 내용은 제7장과 Chun-chieh Huang, "Imperial Rulership in Cultural History: Chu Hsi's Interpretation," in Brandauer and Huang eds., *Imperial Rulership and Cultural Change in Traditional China*, Seattle: University of Washington Press, 1994, pp.188~205 참조.

35 ‖ 이 구절은 『서경』 「大禹謨」에 나온다. 「대우모」는 『서경』의 두 판본 중 『今文尚書』에 없고 『古文尚書』에만 실려 있다. 뒤에 『고문상서』가 梅賾의 위작으로 밝혀지게 되자 가짜라는 뜻의 僞 자를 『古文尚書』에 붙여서 『위고문상서』라고 부르게 되었다.

때에 미묘하여 보기(알기)가 어렵다. 그러나 사람은 이 형체를 갖지 않은 이가 없으므로 비록 가장 지혜로운 상지上智도 인심이 없을 수 없고 또한 이러한 본성을 갖지 않은 이가 없으므로 비록 가장 어리석은 하우下愚도 도심이 없을 수가 없다. 이 두 가지가 방촌(마음)의 사이에 섞여 있지만 그것을 다스리는 방법을 알지 못하면 위태로운 것은 더욱 위태로워지고 은미한 것은 더욱 은미해져서, 천리의 공정성이 마침내 인심의 사사로움을 이기지 못할 것이다. 정(순수)은 두 가지의 사이를 살펴 뒤섞이지 않게 하고 일(한결같음)은 본심의 올바름을 지켜 잃지 않게 한다. 이에 종사하여 조금도 멈추는 일이 없고 반드시 도심으로 하여금 늘 한 몸의 주인이 되게 하고 인심이 늘 그 명령을 따르게 하면 곧 위태로운 것이 편안해지고 은미한 것이 뚜렷해져서, 활동과 정지 그리고 말과 행위가 자연히 지나치거나 미치지 못하는 잘못이 없게 된다. 요·순·우는 천하의 큰 성인이다. 천하를 서로 전수하는 것은 천하의 큰일이다. 천하의 큰 성인이 천하의 큰일을 실행하며 서로 주고받을 때 간곡히 훈계하는 것이 이것에 지나지 않았다. 천하의 리가 어찌 여기에 더할 수 있겠는가?[36]

주희는 요·순이 서로 전수해온 '16자심전十六字心傳'을 탐구하는데, 그중

---

36 (宋)朱熹,『中庸章句』, 14쪽: "蓋嘗論之, 心之虛靈知覺, 一而已矣, 而以爲有人心·道心之異者, 則以其或生於形氣之私, 或原於性命之正, 而所以爲知覺者不同, 是以或危殆而不安, 或微妙而難見耳. 然人莫不有是形, 故雖上智不能無人心, 亦莫不有是性, 故雖下愚不能無道心. 二者雜於方寸之間, 而不知所以治之, 則危者愈危, 微者愈微, 而天理之公卒無以勝夫人欲之私矣. 精則察夫二者之間而不雜也, 一則守其本心之正而不離也. 從事於斯, 無少間斷, 必使道心常爲一身之主, 而人心每聽命焉, 則危者安, 微者著, 而動靜云爲自無過不及之差矣. 夫堯·舜·禹, 天下之大聖也. 以天下相傳, 天下之大事也. 以天下之大聖, 行天下之大事, 而其授受之際, 丁寧告戒, 不過如此. 則天下之理, 豈有以加於此哉?"

에 '역사 서술'과 '가치 판단'은 하나로 꿰어 있다. 주희는 요·순과 같은 모범 인물이 전승하고 믿는 16자의 행위 원칙이 역사적으로 실제로 그러한 '실연實然'일 뿐만 아니라 후대 사람들이 마땅히 따라야 할 '응연應然'이라 생각했다. 주희는 「답진동보서答陳同甫書」라는 편지글에서도 이것이 요·순·공자·맹자 등 성인들이 서로 전수해온 행위 원칙임을 긍정하고 있다.

이른바 "인심은 위태롭고 도심은 미약하니 오직 순수하고 한결같이 하여 진실로 중용을 잡으라"는 테제는 요·순·우가 서로 전수한 비밀스런 가르침이다. 사람은 태어나면서부터 형체의 사사로움에 매이게 되므로 진실로 인심이 없을 수 없다. 반면에 사람은 반드시 천지의 바른 기운을 얻으므로 또 도심이 없을 수 없다. 일상의 삶에서 인심과 도심 2가지는 함께 움직이면서 번갈아 이기기도 하고 지기도 한다. 그래서 한 몸의 시비와 득실 그리고 천하의 치란과 안위는 모두 이와 연관된다. 이 때문에 정밀하게 선택을 하여 인심이 도심에 뒤섞이지 않도록 하고 일관되게 지켜서 천리가 인욕으로 흐르지 않도록 해야 한다. 그렇게 하면 하는 일 중에 한 가지라도 중용을 얻지 못할 것이 없고 천하와 국가 어디에 무엇을 처리해도 합당하지 않은 경우가 없다.[37]

---

37 〔宋〕朱熹, 「答陳同甫8」, 『朱子文集』 第4冊 卷36, 1461~1462쪽: "所謂'人心惟危, 道心惟微, 惟精惟一, 允執厥中'者, 堯·舜·禹相傳之密旨也. 夫人自有生而梏於形體之私, 則固不能無人心矣. 然而必有得乎天地之正, 則又不能無道心矣. 日用之間, 二者並行, 迭爲勝負, 而一身之是非得失, 天下之治亂安危, 莫不係焉. 是以欲其擇之精, 而不使人心得以雜乎道心. 欲其守之一, 而不使天理得以流於人欲, 則凡其所行無一事不得其中, 而於天下國家無所處而不當."

성인들이 서로 전수해온 행위 원칙 또는 '리'는 구체적인 역사적 사건과 성현의 행위 속에서만 해독될 수 있다. 주희의 역사 서술에 드러나는 것이 바로 제2장에서 이야기한 '구체적 보편성(the concrete universals)'이다. 이 '보편성'이 '구체성' 위에 세워지는데, 우리는 이러한 사고 방식이 지극히 중국 문화의 특성을 지니고 있다고 말할 수 있다.

이어서 우리는 다시 역사의 '리(원칙)'가 역사의 '사(사실)'를 초월하는 계기에서 살펴보자. 주희가 말했다. "만일 도가 항상 존재하는 점을 논의하면 애초에 사람이 간여할 수는 없다. 다만 이는 옛날부터 지금까지 늘 존재하여 소멸하지 않는 것이다. 비록 1,500년 동안 사람들에 의해 허물어뜨리려고 했지만 끝내 완전히 없애지 못했다. 한·당의 어진 군주는 언제 조금의 기력을 보태 그것을 도운 적이 있는가?"[38] 이처럼 주희는 초월성을 가진 '리'가 영원하고 불멸한다고 생각했다.

주희가 또 말했다. "고금의 변화는 한쪽이 정점에 이르면 반드시 다른 쪽으로 되돌아온다. 마치 밤낮이 서로 낳고 더위와 추위가 서로 바뀌는 것과 같은데, 이는 리에 따라 마땅히 그렇게 되지 인간의 힘으로 어찌 할 수 있는 일이 아니다. 삼대가 서로 이어가면서 서로 답습하며 바꾸지 않는 것이 있고 서로 덜고 더하는 손익으로 늘 있지 못하는 것도 있다. 오직 성인만이 리가 있는 곳을 알아서 상황에 따라 답습하기도 하고 혁신하기도 한다."[39] 주희가 생각하기에 '리'의 운행은 사실 인간의 힘으로 관여할 수 있는 것이 아니고 이른바 '성인'도 단지 묵묵히 '리'를

---

[38] ﹝宋﹞朱熹, 「答陳同甫6」, 『朱子文集』 第4冊 卷36, 1458쪽: "若論道之常存, 却又初非人所能預. 只是此箇自是亘古亘今常在不滅之物, 雖千五百年被人作壞, 終殄滅他不得耳. 漢·唐所謂賢君, 何嘗有一分力氣扶助得他耶?"

[39] ﹝宋﹞朱熹, 「古史餘論」, 『朱子文集』 第7冊 卷72, 3639쪽: "若夫古今之變, 極而必反, 如晝夜之相生, 寒暑之相代, 乃理之當然, 非人力之可爲者也. 是以三代相承, 有相因襲而不得變者, 有相損益而不可常者. 然亦唯聖人爲能察其理之所在而因革之."

관찰하여 호응하며 일을 실행할 뿐이다.

위에서 말했듯이 주희의 역사 서술 속의 '리'는 역사적 인물과 사실에 내재되기도 하고 초월하기도 한다. '리'와 '사'의 사이는 서로 떨어지지도 않고 달라붙지도 않는 관계가 있다. 그래서 주희의 '역사에 입각해서 이치를 구하는' 역사 서술 방법이 이론상의 정당성을 얻게 된다. 많은 역사 인물과 역사적 사실 중에 주희는 특별히 요·순·우 등의 성인을 중시했다.

송대의 '집단 기억' 속의 모범 인물은 "마음이 리와 하나가 되어 편안하게 실행하지만"[40] 보통 사람은 몸이 있기 때문에 "자신에게 사사로움이 없을 수 없으므로 물아, 즉 객체와 주체의 구분이 있다."[41] 그러므로 성인이 한 행사를 서술하여 성인의 '마음'과 하나가 된 '이치'를 탐구하는 것이 절대적으로 필요한 것이다. 마침 주희가 말했듯이 "도는 몸이 없는 성인이고 성인은 몸을 가진 도이다. …… 도를 배우는 것은 성인을 배우는 것이고 성인을 배우는 것은 도를 배우는 것이다."[42] 고대의 성왕은 '도' 또는 '리'가 구체화된 것이다. '도' 또는 '리'의 함의를 파악하기 위해 반드시 성왕의 행사를 깊이 연구해서 '사건에 입각해서 이치를 말하게' 해야 한다. 이러한 사고 맥락에서 역사 서술은 철학 명제를 제기하는 중요한 경로가 된다.

여기까지 논의하면서 필연적으로 하나의 문제를 짜내게 된다. 즉 경학과 사학 중에 어느 쪽이 먼저이고 어느 것이 나중인가? 송대의 유가는 일반적으로 모두 경經이 사史보다 먼저라고 주장했다. 비록 주희는

---

40 〔宋〕朱熹, 『孟子或問』 卷3, 435쪽: "其心與理一, 安而行之."
41 〔宋〕朱熹, 『孟子或問』 卷3, 435쪽: "不能無私於己, 故有物我之分."
42 〔宋〕黎靖德 編, 『朱子語類』 卷130, '燾錄', 『朱子全書』 第18冊, 4059쪽: "道便是無軀殼底聖人, 聖人便是有軀殼底道. …… 學道便是學聖人, 學聖人便是學道."

경서를 업신여기고 역사를 연구하는 방식을 반대했지만 소철蘇轍의 『고사古史』를 칭찬했다.[43] 그러나 주희는 "역사는 몸 밖의 외물〔皮外物事〕로 그다지 긴요하지 않다"[44]고 주장했다. 그는 분명히 경서를 사서 앞에 두었다.

경학이 앞이고 사학이 나중이라는 선경후사先經後史를 내세우는 송대 유가의 주장은 18세기 청대에 이르러 유학자 장학성이 '육경개사六經皆史'설을 제기하면서 완전히 뒤집어졌다. 여영시(위잉스)余英時가 말했듯이 장학성의 '육경개사'설은 '도道'가 역사의 진행 과정에 끊임없이 드러난다고 주장했다. 이 때문에 『육경』은 고대에서 '도'의 소식을 드러낼 뿐이므로 삼대 이후에 '도'의 함의는 삼대 이후의 '역사'에서 구할 수밖에 없다.[45] 장학성의 '육경개사'설은 '경학'과 '사학'의 우선 순위를 뒤집었다. 1,800년대 이후부터 경학 연구의 '역사화(historicization)'[46]는 이미 지식인들의 공통된 인식이 되었다. 사고관신四庫館臣[47]이 이 문제와 관

---

43 錢穆, 『朱子新學案』(五), 『錢賓四先生全集』, 臺北: 聯經出版公司, 1998, 第15冊, 128~129쪽. ‖주희는 蘇轍의 『古史』에 대한 논평문인 「古史餘論」을 썼다. 두 사람의 차이에 대해 이정환, 「주희 도덕철학에 있어서 객관적 규범의 외적 권위와 도덕적 자율성의 화해—「古史餘論」에 대한 분석을 중심으로」, 『인문과학』 46, 2010 참조.

44 (宋)黎靖德 編, 『朱子語類』 卷11, 「側錄」, 『朱子全書』 第14冊, 347쪽: "史是皮外物, 沒緊要."

45 余英時, 『論戴震與章學誠 – 淸代中期學術思想史研究』, 香港: 龍門書店, 1976, 52쪽.

46 Benjamin A. Elman, "The Historicization of Classical Learning in Ming-Ch'ing China," in Q. Edward Wang and Georg G. Iggers eds., *Turning Points in Historiography: A Cross-Cultural Perspective*, Rochester: University of Rochester Press, 2002, pp.101~146 참조.

47 ‖『四庫全書』는 淸代 乾隆 연간에 조정에서 기획하여 편찬한 대규모의 총서이다. 건륭 37년(1772) 청 조정에서는 중국 역대의 전적들을 모두 모아 총서로 엮어내는 대규모의 편찬 사업을 계획하고 흩어져 있는 책들을 모아들이라는 명령을 내렸다. 이듬해에 四庫全書館이 설립되었고, 于敏中 등이 總裁를 맡고 紀昀 등이 總纂官을 맡아 360명에 달하는 관신들이 10년 동안 작업을 하여 총서를 완성하였다. 관신들이 옮겨 적은 正本은 모두 7부로서 7개의 누각에 나누어 저장했다. 보관 장소는 자금성의 文淵閣, 奉天(지금의 瀋陽) 고궁에 있는 文溯閣, 圓明園의 文源閣, 熱河 避暑山莊의 文津閣, 鎭江의 文宗閣, 揚州의 文彙閣, 杭州의 文瀾閣 등이다. 당윤희, 「淸代 四庫館臣의 儒學 사상 고찰: 『四庫全書總目』의 子部 儒家類를 중심으로」, 『동아문화』 50, 2014 참조.

련해서 결론지어 말했다.

　사서가 지켜야 할 원칙을 보면 사실의 기술은 간략하게 하고 고증
은 자세하게 하는 것이다. 『춘추』보다 간략한 것이 없고 『좌전』보
다 자세한 것은 없다. 『노사魯史』[48]의 기록 방식은 한 가지 사건의
시말을 모두 실으면 성인(공자)이 그 시말을 보고 시비를 가린 뒤에
한 글자의 포폄을 결정할 수 있게 된다. 이것이 사서를 지어 고증
을 돕는 것이다. 좌구명이 사실을 기록하여 『좌전』을 써니 후인이
그 시말을 보고 시비를 가린 뒤에 한 글자로 포폄하는 맥락을 알
수 있었다. 이것이 사서를 읽으며 고증을 돕는 것이다. 만일 사적
이 없으면 성인이라도 『춘추』를 지을 수 없다. 만일 사적을 모른다
면 성인이 『춘추』를 읽을지라도 어떻게 포폄할지 모르게 된다. 유
학자들이 큰소리치기를 좋아하고 걸핏하면 전傳을 버리고 경經을
찾아야한다고 말한다. 이러한 주장은 반드시 통용될 수 없다. 혹 통
용된다고 하더라도 반드시 사사로이 여러 가지 전을 구하고서 전
을 버린다고 속여 말하는 것이다.[49]

위 인용문에서 '사'가 '경'에 앞서며 역사를 버리면 의리義理도 사라지게
된다고 주장하고 있다. 이는 18세기 이래로 중국의 학계가 '경학'과 '사학'

48　∥『노사』는 노나라의 역사서와 『춘추』의 별칭으로 쓰인다. 여기서 전자의 맥락으로 본다.
49　淸紀昀 總纂, 『四庫全書總目提要』第2冊, 臺北: 臺灣商務印書館, 1971, 1쪽(총971쪽):
　　"史之爲道, 撰述欲其簡, 考證則欲其詳. 莫簡於『春秋』, 莫詳於『左傳』. 『魯史』所錄,
　　具載一事之始末, 聖人觀其始末, 得其是非, 而後能定以一字之褒貶. 此作史之資考證也. 丘
　　明錄以爲傳, 後人觀其始末, 得其是非, 而後能知一字之所以褒貶. 此讀史之資考證也. 苟無
　　事蹟, 雖聖人不能作『春秋』. 苟不知其事蹟, 雖以聖人讀『春秋』, 不知所以褒貶. 儒者好爲大
　　言, 動曰舍傳以求經. 此其說必不通. 其或通者, 則必私求諸傳, 詐稱舍傳云爾." ∥ 이 내용은
　　『四庫全書總目提要』「史部總叙」의 제일 앞부분에 나오는 내용이다.

중에 어느 것이 먼저이고 어느 것이 나중인지에 대한 일반적인 견해를
잘 보여주고 있다.

5. 결론

5장은 송대 유가와 주희의 역사 서술에서 성왕의 모범을 실례로 들어
유가가 역사 서술을 철학 명제를 제기하는 경로로 삼았다는 점을 분석했
다. 우리는 송대 유학자가 장재나 이정(정호와 정이) 또는 주희를 막론하고
요·순의 사적을 서술할 때 모두 유가 공동체의 맥락에서 서술하고 있다는
점을 발견할 수 있다. 그들은 요 임금의 주제사흉誅除四凶이 '천리'를 드러
냈다고 서술했다.[50] 그들은 순 임금의 '선을 보통 사람과 함께 실행하기〔善
與人同〕'가 '천하에 두루 통하는 보편적 리(天下公理)'의 보편적 필연성을
체현했다고 긍정했다.[51] 그들은 요·순·삼대와 한·당대가 모두 옛날에서
지금까지 영속하는 '도'에 속한다는 점을 논증했다.[52] '천리天理'·'공리公
理'·'도道'·'기氣' 내지 '인심人心'·'도심道心' 등[53] 여러 가지 개념은 모두
송대 유가가 받들었던 핵심 가치였다. 송대 유가는 유학 공동체의 구성원
입장으로 요·순 등의 모범 인물을 유가의 '공통 기억'으로 삼고 역사 서술
을 진행했다.[54]

---

50 〔宋〕程頤·程顥,「河南程氏遺書」,『二程集』卷6, 3~7쪽;〔宋〕張載,「經學理窟」,『張載集』,
    256쪽.
51 〔宋〕朱熹,『孟子或問』卷3, 435쪽.
52 〔宋〕朱熹,『孟子或問』卷3, 435;「答陳同甫6」,『朱子文集』第4冊 卷36, 1458쪽.
53 〔宋〕朱熹,「答陳同甫8」,『朱子文集』第4冊 卷36, 1461~1462쪽.
54 프랑스 사회학자 모리스 알박스(Maurice Halbwachs, 1877~1945)는 일전에 '집단 기억'이
    무리 속에서 강화되며, 무리의 일원으로서 개체는 기억을 진행한다고 언급했다. 이 견해는
    매우 식견이 돋보이는 것이다. Maurice Halbwachs, The Collective Memory, tr. and with

송대 유가의 "역사 서술에서 철학 명제를 제기한다"는 이러한 사고 방법은 사실 유구한 전통을 가지고 있다. 제1장에서 말했듯이 중국의 역사 의식은 시간 의식을 핵심으로 한다. 그래서 중국 고대 사상가들은 '시간' 문제를 모두 깊이 반성했다. 공자가 물가에서 탄식하며 시간이 빨리 지나가버리므로 인간의 자강불식을 격려했는데, 이는 참으로 자연 시간에 인문적 의미를 부여하는 것이다.

맹자는 더욱이 줄곧 사실을 인용하여 자신의 사상 명제를 증명했다. 예컨대 맹자는 이루離婁 등 역사 인물의 '규구規矩'·'육률六律'을 들어 '인정仁政'이 '평치천하平治天下'를 이루는 데 중요하다는 점을 논증했다.[55] 삼대의 사실을 바탕으로 "천자가 인(사람다움)하지 못하면 사해를 보존하지 못한다(天子不仁, 不保四海)"는 테제를 뒷받침했다.[56] 노 목공 繆公과 자사子思의 역사 사실로 제후를 만나지 않는 의미를 설명했다.[57] 순·부열·교력·관이오(관중)·손숙오·백리해의 사실로 "우환에 처해서 살 수 있고 안락에 빠져서 죽게 된다"는 도리를 설명했다.[58]

중국 유가는 늘 추상적인 언행을 높이치지 않았고 사실을 떠나서 이 치를 말하지 않았다. 이 때문에 그들이 논의하는 '리'는 실리實理이지 공 리空理 또는 허리虛理가 아니다. 전목(첸무)이 말했듯이 "주희는 스스로

---

an introduction by Mary Douglas, New York: Harper-Colophon Books, 1950, p.48 참조.

55 ‖ 이 구절은 아래의 내용을 바탕으로 논지를 전개하고 있다. 「이루상」 1: "孟子曰, 離婁之 明, 公輸子之巧, 不以規矩, 不能成方員. 師曠之聰, 不以六律, 不能正五音. 堯舜之道, 不以 仁政, 不能平治天下."

56 ‖ 이 구절은 아래의 내용을 바탕으로 논지를 전개하고 있다. 「이루상」 3: "孟子曰, 三代之 得天下也以仁, 其失天下也以不仁. 國之所以廢興存亡者亦然. 天子不仁, 不保四海. 諸侯不 仁, 不保社稷. 卿大夫不仁, 不保宗廟. 士庶人不仁, 不保四體."

57 ‖ 이 구절은 아래의 내용을 바탕으로 논지를 전개하고 있다. 「만장하」 6: "繆公之於子思 也, 亟問, 亟餽鼎肉, 子思不悅. 於卒也, 摽使者出諸大門之外, 北面稽首再拜而不受, 曰, 今而後知君之犬馬畜伋. 蓋自是臺無餽也. 悅賢不能擧, 又不能養也, 可謂悅賢乎?"

58 黃俊傑, 『孟學思想史論(卷一)』, 臺北: 東大圖書公司, 1991, 13쪽.

일종의 순수한 유학 전통의 사학관을 지녔다. …… 주희가 역사를 논하는 각 부분을 자세히 읽으면 사실의 정황에 부합하고 이치를 밝히고 변화에 능했다."[59] 송대 유가와 주희의 역사 서술은 바로 선진 유가의 '구체성의 사유 방식'의 유구한 전통을 계속하여 확대 발전시킨 것이고 성왕의 모범 중에 '구체적 보편성'을 논증하여[60] 중국 문화의 특성을 드러내었다.

마지막으로 송대의 유가가 사실을 바탕으로 철학 명제를 제기하는 역사 서술은 본질적으로 뤼센(Jörn Rüsen)이 말한 '예증식 서술(exemplary narrative)'에 가깝다고 말할 수 있다. '예증식 서술'은 전통식(traditional), 진화식(evolutionary) 또는 비판식(critical)의 서술 방식과 다르다. 예증식 역사 서술 속의 '시간'은 일종의 인문 정신이다. 그 특징은 구체적인 역사적 사실 또는 개별 사안에서 추상적 행위 규칙을 주장하고 나아가 행위 규칙의 보편적 필연성을 논술하는 것이다.[61] 우리는 유가 전통 속에서 '보편성'이 '특수성' 속에 깊이 뿌리 박혀있고 '추상성'도 '구체성' 위에 세워졌다고 말할 수 있다.

---

59 錢穆, 『朱子新學案』(五), 『錢賓四先生全集』第15冊, 臺北: 聯經出版公司, 1998: "朱子自是抱持一番純儒學傳統之史學觀者. …… 細讀朱子論史各節, 切合事情, 明理達變, 殆可雪迂闊之譏." 인용문은 38쪽에 보인다

60 이와 관련해서 제2장 28번 주석 및 Chun-chieh Huang and Erik Zürcher eds., *Time and Space in Chinese Culture*, pp.3~16 참조.

61 Jörn Rüsen, "Historical Narration: Foundation, Types, Reason," *History and Theory*, XXVI:4 (1987), pp.87~97; 胡昌智, 『歷史知識與社會變遷』, 臺北: 聯經出版公司, 1988, 148~160쪽.

제6장

유가적 역사 해석의 이론적 기초:
주희의 중국 역사에 대한 해석

1. 이끄는 말

우리는 제3장에서 중국 고대의 유가적 역사 사유 중에 '시간'이 '왕복성'을 지니고 있고 또 '고古'와 '금今'의 대비되는 긴장에서 양자의 상호 발현이 완성되며, 그렇게 하는 구체적인 방법이 바로 '비比'와 '흥興'의 사유 방식을 운용하는 것으로 분석했다. 제4장에서는 역사 사유가 '사실 판단'에서 '도덕 판단'을 추출해내고 '역사 서술'과 '보편 원칙'을 녹여 하나로 하는 것임을 분석했다.

이제 우리는 리학理學을 집대성한 남송의 위대한 유학자 주희가 중국 역대의 왕조 정치와 문화 변천을 어떻게 해석하는지를 중심으로 주희 사상 체계에서 핵심 관념인 리理의 함의와 주희 역사 해석에서 리가 어떻게 구체화되는지 분석하려고 한다. 나는 6장에서 다음의 내용을 논증하고자 한다. 즉 주희가 중국 역사의 발전에 대해 제기한 해석이 그의 철학 체계 속의 내재적 요구에서 바탕을 두고 있다는 것이다. '리'라는 개념은 주희의 역사 해석을 이끌어가고 또 주희 역사관의 근본적 기초가 되었다. 이러한 사실은 12세기 리학이 중국 전통 사학에 얼마나 스며들고 젖어들었는지를 구체적으로 보여준다.

리학과 사학의 융합은 역사 해석을 위해 극복하기 어려운 이론적 곤경을 낳았다. 그것은 주희의 역사 해석 중에 '초월성(transcendence)'과 '역사성(historicity)' 사이에 영속적인 긴장 관계가 존재한다는 것이다. 이러한 긴장 관계는 주희가 중국 역사상 '악(evil)'의 문제에 대해 포괄적인 논의를 제기할 수 없게 했다. 주희의 역사 해석 중에 이러한 한계성은 내재성과 초월성을 동시에 지니는 이중 성격의 '리' 개념 속에 깊이 자리하고 있다.

주희의 역사 해석에서 '리'는 일종의 자연 원리(principle)일 뿐 아니라 더욱이 도덕 규범(norm)이다. 일종의 존재론(ontological)적 '사실(실연實然)'일 뿐 아니라 더욱이 윤리적 또는 도덕적 '당위(응연應然)'이다. 주희는 그의 역사 해석에서 실제로 '사실 판단'과 '가치 판단'을 하나의 화로에 녹여서 요리한다. 이리하여 '역사'는 제반 도덕 원칙의 체현(manifestation)이 되고 역사상의 영웅은 역사 속 '리'를 파악할 수 있는 인물이 된다. 그러므로 주희의 사학은 사람의 '마음'이 '리'를 인식하는 문제로 귀결되는데, 그 독창성과 한계성이 바로 여기에 있다.

2. 중국 역사의 시대 구분: 정치와 문화의 특성

(1) 숭고적崇古的 역사관[1] – 진나라의 통일을 분수령으로 삼다

주희는 중국 역사에 대해 일련의 체계적인 해석을 내놓았다. 이 일련의

---

1 내가 이 글의 초고에서 '퇴화하는 역사관'이라고 했던 것을 채진풍(차이전펑)蔡振豐과 토론을 거쳐 '숭고적 역사관'이라고 수정하게 되었다. 이에 채진풍(차이전펑)에게 감사를 표한다.

해석은 '숭고적 역사관'이라 부를 만하다. 그 요점은 아래의 몇 가지 사항을 포함하고 있다.

1. 중국 역사의 발전은 진시황(재위 BC 246~210)의 중국 통일을 분수령으로 한다.
2. 진·한 시대 통일 제국 출현 이전의 '삼대'(夏·商·周)는 중국 역사의 황금 시대이고 진 이후에 정치와 문화가 모두 타락해갔다.
3. 역사의 양대 단계의 차이는 '도'(또는 '리')의 유무에 있다. 삼대에는 '천리天理'가 유행했고 진한 이후로 '인욕人欲'이 걷잡을 수 없이 넘쳐나서 문화가 타락했다.

우리는 순서대로 위에 주장한 각 사항의 논점을 논의하고자 한다.

BC 221년 "여섯 나라가 끝나고 온 세상은 하나가 되면서(六王畢, 四海一)"[2], 중국 역사상 첫 번째 통일 대제국이 역사의 지평선 위로 떠올랐다. 주희가 제기한 '숭고적 역사관'은 바로 진시황을 중국 역사 발전의 분수령으로 삼았다. 주희는 "진·한 이래로 마땅히 두 단락으로 보아야 한다"고 주장했다.[3] '삼대'와 진·한 시대 이후는 역사 발전의 각기 다른 두 단계를 나타낸다. 그렇게 보는 주요 원인 중에 하나는 "진·한 이래로 학문의 연마가 밝지 않고 세상의 군주들은 오로지 자신의 재주와 지식으로 공업을 세웠지만 아무도 덕을 밝히는 명덕明德과 백성을 새롭게 하는 신민新民의 사업을 알지 못했다"[4]는 데에 있다. 주희는 진한 이후

---

2 ‖이 구절은 杜牧의 「阿房宮賦」에 나온다.
3 [宋]黎靖德 編, 『朱子語類』 卷47, '僴錄', 『朱子全書』 第15冊, 上海: 上海古籍出版社; 合肥: 安徽敎育出版社, 2002, 1628쪽: "自秦漢而下, 須用作兩節看."
4 [宋]黎靖德 編, 『朱子語類』 卷13, '卓錄', 『朱子全書』 第14冊, 396쪽: "自秦漢以來, 講學不明. 世之人君, 固有因其才智做得功業, 然無人知明德·新民之事."

의 역사와 대조적으로 "옛날과 가까울수록 옛 뜻이 많으며"[5] 여러 가지의 '좋은 방법과 아름다운 의도'[6]가 모두 삼대에 존재했다고 생각했다. 그리고 진·한의 통일 대제국 출현 이후로 중국 역사는 점차 타락하게 되었다.

(2) 제왕 정치의 발전

주희의 '숭고적 역사관'에서 삼대와 진·한 이후의 정치 상황과 문화 생활은 어떤 점에서 다른가?

먼저 우리는 주희가 인지한 역사의 두 단계가 가진 정치 상황의 차이를 분석하고자 한다. 주희는 삼대와 진·한 이후의 정치에 두 가지 가장 주요한 차이가 있다고 생각했다. 1) 삼대의 군주는 모두 대공大公을 마음에 두고 오로지 천리에 따라 정치를 했다. 반면에 진·한 이후의 군주는 마음에 사리私利를 두고 인욕이 유행하도록 내버려두었다. 2) 삼대 군주와 신하의 관계는 아주 친근했지만 진·한 이후에는 군주와 신하가 서로 시기했다. 우리는 순서대로 위의 두 논점을 논증하고자 한다.

주희는 중국 역사상 군주 정치에 대한 자신의 주장을 피력했는데, 가장 주된 관점은 자신과 동시대 인물인 공리학파 진량에게 답하는 편지에 잘 나타나 있다. 주희는 다음처럼 말했다.

노형(진량)이 한 고조와 당 태종이 한 행적을 보고 마음을 살펴보면 그것이 과연 의리에서 나왔을까? 아니면 사욕에서 나왔을까? 또 사악함에서 나왔을까? 아니면 올바름에서 나왔을까? 한 고조는 사

5 (宋)黎靖德 編, 『朱子語類』 卷134, '升卿錄', 『朱子全書』 第18冊, 4178쪽: "去古愈近, 便古意愈多."
6 (宋)黎靖德 編, 『朱子語類』 卷134, '升卿錄', 『朱子全書』 第18冊, 4178쪽: "良法美意."

욕의 정도가 그렇게 심각하지 않지만 그렇다고 아예 없다고 할 수는 없다. 당 태종의 마음은 내가 생각하기로 아마도 한 차례의 생각조차 인욕에서 나오지 않은 경우가 없다. 다만 그는 인仁을 가장하고 의義를 빌려서 자신의 사욕을 실행했지만 당시 그와 다투던 자들은 재능과 지능이 그만 못한 데다가 또 인의仁義의 탈을 쓴 줄조차도 몰랐다. 당 태종은 이런 일에 탁월하여 성공을 할 수 있었을 뿐이다. 만일 국가를 건립하고 오랫동안 대물림을 하였다고 해서 '천리의 올바름을 얻었다'고 말하면 이는 바로 성패만 가지고 시비를 논정하는 셈이다. 이러면 다만 짐승을 많이 잡는 점만을 취하고 규정을 따르지 않고 한 사냥이 올바름에서 나오지 않았다는 점을 부끄러워하지 않는 것이다. 1,500년 동안 바로 집에 이렇게 앉아서 틈이 난 곳을 얽어 막고 뚫어진 곳을 잡아 당겨서 때우는 임시변통으로 시일을 보냈다. 그 사이 비록 소강小康 시기가 없었던 것은 아니지만 요·순·삼왕·주공·공자가 전수한 도는 하루라도 이 천지에 온전히 실행된 적이 없다. 만일 도가 항상 존재하는 점에서 논의하면 애초에 사람이 간여할 수는 없다. 다만 이는 옛날부터 지금까지 늘 존재하여 소멸하지 않는 것이다. 비록 1,500년 동안 사람들에 의해 허물어뜨리려고 했지만 끝내 완전히 없애지 못했다.[7]

---

7 [宋]朱熹, 「答陳同甫6」, 『朱子文集』 第4冊 卷36, 臺北: 德富文教基金會, 2000, 1457~1458쪽: "老兄視漢高帝·唐太宗之所爲, 而察其心, 果出於義耶? 出於利耶? 出於邪耶? 正耶? 若高帝則私意分數猶未甚熾, 然已不可謂之無. 太宗之心, 則吾恐其無一念之不出於人欲也. 直以其能假仁借義以行其私, 而當時與之爭者才能知術旣出其下, 又不知有仁義之可借, 是以彼善於此而得以成其功耳. 若以其能建立國家, 傳世久遠, 便謂其得天理之正, 此正是以成敗論是非, 但取其獲禽之多, 而不羞其詭遇之不出於正也. 千五百年之間, 正坐如此, 所以只是架漏牽補, 過了時日. 其間雖或不無小康, 而堯·舜·三王·周公·孔子所傳之道, 未嘗一日得行於天地之間也. 若論道之常存, 却又初非人所能預. 只是此箇自是亘古亘今常在不滅之物, 雖千五百年被人作壞, 終殄滅他不得耳." 주희와 진량은 서신을 주고받으며 논변을 벌였는데 이에 관해 牟宗三, 『政道與治道』, 臺北: 廣文書局, 1961, 255~269쪽; 劉述先, 『朱子哲學思想的形成與

주희는 진량에게 답한 여섯 번째 편지에서 "1,500년 동안 …… 틈이 난 곳을 얽어 막고 뚫어진 곳을 잡아 당겨서 때우는 임시변통으로 시일을 보냈다. …… 요·순·삼왕·주공·공자가 전수한 도는 하루라도 이 천지에 온전히 실행해진 적이 없다"라고 말했는데, 이 단락의 이야기는 참으로 세상을 깜짝 놀라게 할 만한 논단이다. 주희는 『주자어류』[8] 『사서집주四書集注』 『사서혹문四書或問』[9]에서 이러한 기본적인 견해를 한 걸음 더 나아가 논의했다. 주희는 하·상·주 삼대의 통치자들이 천리를 마음에 두어 털끝만큼의 사욕도 없었다고 생각했다.

(1) 요·순은 천성天性이 모두 온전하여 수양하고 익힐 필요가 없었다.[10]

(2) 혹자: "순과 우임금의 양위에 대해 물었다." 주희: "내가 일찍

發展』, 臺北: 臺灣學生書局, 1982, 355~394; Hoyt Cleveland Tillman, *Utilitarian Confuician-ism: Ch'en Liang's Challenge to Chu Hsi*, Cambridge, Mass.: Harvard University Press, 1982, pp.157~165 참조.

8 전목(쳰무)은 『朱子語類』의 가치를 가장 적절하게 말한 적이 있다. "『朱子語類』는 朱熹의 50세 이후 만년에 도달한 학문 사상의 집합체이며 자유롭게 문답하여 생동적이고 매우 자세하다. …… 주자학을 연구하여 깊은 산속에서 보물을 얻고자 한다면 『주자어류』를 결단코 소홀히 할 수 없다." 錢穆, 『朱子新學案』(一), 『錢賓四先生全集』 第12冊, 臺北: 聯經出版公司, 1998, 259쪽.

9 주희는 스스로 『論孟或問』의 가치가 『四書集注』와 비교할 수 없다고 했다. 그는 「答張元德 7」의 서신에서 다음과 같이 말했다. "『論孟集注』後改定處多, 逐與『或問』不甚相應, 又無功夫修得『或問』, 故不曾傳出. 今莫若且就正經上玩味, 有未通處, 參考『集注』, 更自思索爲佳, 不可特此未定之書, 便以爲是也."(『朱子文集』 第6冊 卷62, 3068쪽 참조) 주희는 스스로 『사서집주』가 『사서혹문』보다 낫다고 여겼는데, 이는 義理의 원숙함을 들어 말한 것이다. 주희는 『사서집주』를 쓰면서 수시로 고쳤고 스스로도 『사서집주』에 대해 비교적 만족스러워했다. 6장에서 논의하는 주희의 역사 해석에 있어서 『四書或問』 중에 문답 방식으로 된 다량의 사료가 남아 있는데 주희의 역사 인물과 역사 사실에 대한 의견을 보여줄 수 있는 것으로 매우 높은 사료적 가치를 가지고 있다. 그러므로 6장에서 주희의 역사관을 논의하면서 『주자어류』 이외에도 다량의 『사서혹문』의 자료를 증거로 삼는다.

10 〔宋〕朱熹, 『四書章句集注』, 北京: 中華書局, 1983, 358쪽: "堯舜天性渾全, 不假修習."

이 스승에게 들으니 성인은 일찍이 천하를 차지하려는 하는 마음을 품은 적이 없다. 순이나 우나 익益은 자신의 왕이 나이 들어도 명령을 받들어 제 일을 수행할 뿐이고 왕의 자리를 대신하려고 한 적이 없다. 자신의 왕이 죽자 총재를 맡아 백관을 거느리고 방상方喪의 예[11]를 수행할 뿐이지 왕통의 대를 이으려고 한 적이 없다. 3년의 상례가 끝나자 권한을 돌려주어 왕을 잇게 하고 고향으로 돌아갈 때를 보고했다. 이때 자리를 떠나 피하는 것이 예의 정도이고 일의 마땅함이다. 그러나 자리를 떠나가서도 마음은 한결같이 천하가 나를 놓아주지 않을까 걱정했다. 순·우이 왕이 된 것은 천명과 인심에 몰려서 그렇게 되었지 자신이 자리를 얻으려고 하지 않았다."[12]

(3) 혹자: "위대한 순 임금은 선善을 보통 사람과 함께 했다는 것은 무슨 뜻인가요?" 주희: "선은 천하의 공리公理여서 원래 자신에 있건 남에게 있건 구별이 없다. 사람은 몸이 있어서 자신에게 사사로움이 없을 수 없으므로 물아, 즉 객체와 주체의 구분이 있다. 오로지 순의 마음에는 털끝만큼도 내 것이라는 사사로움이 없다. 이 때문에 공천하의 선을 선으로 여길 수 있고 무엇이 자신에게 있는지

---

11 ‖ 方喪의 예는 어버이를 섬기는 상례는 군주의 상례를 치르는 것을 가리킨다. 이때 方은 비기다, 견주다의 뜻이다. 이와 관련해서 『예기』 「檀弓上」: "事君有犯而無隱, 左右就養有方, 服勤至死, 方喪三年."에 관련 내용이 나온다. 이에 대해 鄭玄은 "方喪, 資於事父."로 풀이하고 孔穎達은 "方謂比方也. 有比方父喪禮以喪君, 故云資於事父. 資, 取也, 取事父之喪禮以喪君."으로 풀이했다.

12 [宋]朱熹, 『孟子或問』, 『四書或問』 卷9, 上海: 上海古籍出版社; 合肥: 安徽教育出版社, 2001, 468~469쪽: "或問, 舜·禹避位之說. …… [朱子曰, 愚嘗聞之師曰, 聖人未嘗有取天下之心也. 舜也·禹也·益也, 於其君之老也, 奉命以行其事而已, 未嘗攝其位也. 於其君之終也, 位冢宰, 總百官, 以行方喪之禮而已, 未嘗繼其統也. 及夫三年之喪畢, 則當還政嗣君, 而告歸之時也. 於是去而避之, 亦禮之常而事之宜耳. 然其避去也, 其心固惟恐天下之不吾釋也, 舜·禹蓋迫於天命人心而不獲己者."

남에게 있는지 가리지 않으므로 선을 보통 사람과 함께 한다고 할 수 있다."[13]

(4) 문왕의 마음은 천리에 다른 것이 조금도 섞이지 않고 고르니 인욕을 극복하기를 기다리지 않고도 자연히 밝다.[14]

이상 네 인용문의 자료에서 다음을 알 수 있다. 주희는 요·순·우·주 문왕 등 삼대의 통치자들이 모두 성왕이어서 '천성이 모두 온전하고'(인용문 1번) "마음이 리와 하나가 되어 편안하게 실행한다."[15] 이 성왕들의 통치하던 시대는 중국 역사의 황금 시대였다. 주희의 옛 역사관 속에는 많은 문제들이 서로 연관되어 있다. 예컨대 요·순 등 성왕의 '심心'은 어떻게 '리理'와 합쳐져 하나가 되는가? '리'는 규범(norm) 의미의 '리'인가? 아니면 원리(principle) 의미의 '리'인가? 이러한 문제는 모두 주희 철학의 함의와 서로 관련되어 있다. 앞으로 제3절과 제4절에서 논의하려고 한다.

'삼대三代'로 대표되는 황금 시대와 달리 주희는 진·한 통일 제국의 출현 이후로 중국의 정치가 타락하여 통치자들이 모두 사심을 제멋대로 사용하고 인욕이 흘러넘쳤다고 생각했다.

주희가 진·한 이후의 통치자들을 다음처럼 비판했다.

(1) 한 고조는 사심의 정도가 적었지만 당 태종은 모두 인을 가장하고 의를 빌려서 자신의 사욕을 채웠다.[16]

---

13 (宋)朱熹, 『孟子或問』 卷3, 435쪽: "或問, 大舜之善與人同, 何也? 曰, 善者天下之公理, 本無在己在人之別, 但人有身, 不能無私於己, 故有物我之分焉. 惟舜之心, 無一毫有我之私, 是以能公天下之善以爲善, 而不知其孰爲在己, 孰爲在人, 所謂善與人同也."

14 (宋)朱熹, 『大學或問』, 『四書或問』, 上海: 上海古籍出版社; 合肥: 安徽敎育出版社, 2001, 12쪽: "文王之心, 渾然天理, 亦無待於克之而自明矣."

15 (宋)朱熹, 『孟子或問』 卷3, 435쪽: "其心與理一, 安而行之."

(2) 한 고조가 정공丁公을 참수하고 계포季布를 풀어주었는데,[17] 이
는 진실한 마음으로 대의를 펼쳤다기보다 단지 사사로운 뜻이었다.
계포가 살려준 까닭은 천하에 공신을 보여주고자 한 데에 있다. 이
때에 공신이 많았으므로 계포를 함부로 죽일 수 없었다. 대의를 밝
히려고 했다면 진평陳平·한신韓信·경포黥布는 모두 항우의 신하였
지만 한신과 경포가 어찌 모반하기를 기다렸다가 죽였을까?[18]

(3) 한 문제와 당 태종이 백성의 살림을 부유하게 했지만 가르쳐서
인륜을 지키는 데에는 미치지 못했으니 어찌 자신의 백성을 교화
시켜서 인仁에 일관하게 할 수 있었겠는가? 두 황제의 통치를 보면
문제가 뛰어나지만 가의賈誼의 눈물을 흘리며 탄식한 말로 보건
대[19] 당시의 풍속을 볼 수 있다. 게다가 태종은 「관저關雎」 「인지麟
趾」의 뜻[20]이 거의 없었는데 어찌 주나라 성왕成王과 강왕康王에

---

16 (宋)黎靖德 編, 『朱子語類』 卷135, '若海錄', 『朱子全書』 第18冊, 4192쪽: "漢高祖私意分數
少, 唐太宗一切假仁借義以行其私."

17 ∥丁公은 項羽의 부하이고 계포의 외삼촌이다. 항우가 齊 지역을 공격할 때 유방이 초를
공격하자 항우가 발길을 되돌려 유방을 대패시킨다. 정공은 도망가는 유방을 정공이 더
이상 추격하지 않고 그의 목숨을 구해준다. 자신이 은혜가 있다고 생각한 정공은 나중에
유방을 찾아가나 주군 항우에게 불충한 정공을 유방은 목을 베 버린다. 季布는 항우의
부하 명장으로 여러 차례 유방군과 싸우며 유방을 괴롭혔다. 해하 전투가 끝난 뒤에 유방은
계포를 현상금 수배했다. 주가는 계포를 거두고자 한나라 개국 공신인 하후영을 찾아가
계포의 구명을 부탁했다. 이에 유방은 그를 용서하고 낭중에 임명한다.

18 (宋)黎靖德 編, 『朱子語類』 卷135, '壽昌錄', 『朱子全書』 第18冊, 4194쪽: "(漢)高祖斬丁公·
赦季布, 非誠心欲伸大義, 特私意耳. 季布所以生, 蓋欲示天下功臣. 是時功臣多, 故
不敢殺季布. 旣是明大義, 陳平·信·布皆項羽之臣, 信·布何待反而誅之?"

19 ∥가의는 시문에 뛰어나고 제자백가에 정통하여 문제의 총애를 받아 약관으로 최연소
박사가 되었다. 1년 만에 太中大夫가 되어 秦나라 때부터 내려온 율령·관제·예악 등의
제도를 개정하고 전한의 관제를 정비하기 위한 많은 의견을 상주하였다. 하지만 그는
周勃 등 당시 고관들의 시기로 長沙王의 太傅로 좌천되었다. 가의는 자신의 불우한 운명을
屈原에 비유하여 「鵩鳥賦」와 「弔屈原賦」를 지었으며, 『楚辭』에 수록된 「惜誓」도 그의
작품으로 알려졌다. 여기서 탄식은 가의가 문제의 인정을 받아 승승장구하다가 고관의
시기로 곤경에 처하는 상황을 가리킨다.

20 ∥「관저」 「인지」는 『詩經』의 첫 편 周南의 첫 장과 끝 장 이름으로 「관저」는 君子가

비교해서 만의 하나라도 가까울 수 있겠는가?[21]

(4) 한 선제宣帝가 스스로 말하여 한 왕실은 왕도와 패도를 섞어서 통치했다고 했는데, 이는 스스로 알고 한 것이 분명하다. 마침내 제도로서 당연하다고 생각하여 유자들을 쓸 수 없다고 내쫓았는데, 그가 얼마나 잘못되었는지를 볼 수 있다.[22]

(5) 한 무제가 노래와 여색에 빠져 후궁에 연회를 벌이고 노느라고 어버이와 자식이 서로 가깝지 않아 훗날 여태자戻太子의 정변[23]을 초래했다. 이 역시 남편과 아내가 유별하지 못하고 어버이와 자식이 친밀하지 못한 하나의 증거이다.[24]

이상의 자료로 보면 주희는 한 제국이 한 고조 유방(재위 BC 206~195) 이후부터 한 무제(재위 BC 140~87)에 이르기까지 모두 사리사욕만을 채우는 무리라고 여겼다.

淑女를 배필로 삼아 잘 어울리는 것을 말하고, 「인지」는 군자와 숙녀가 배필이 된 결과 자손들이 훌륭하게 된 것을 말한다. 당 태종은 아버지 李淵(고조)을 도와 수나라를 멸망시키고 당나라를 건국했다. 그는 태자인 형 건성과 동생 원길을 죽이고(玄武門의 變) 태자가 되어 피로 얼룩진 황좌에 올랐다. 그의 치세는 연호를 따 '정관의 치'라고 일컬어지며 중국 역사상 가장 찬란한 문화를 꽃피운 시기로 여겨진다. 주희는 형제와 동생을 죽이고 황제가 된 사건을 『시경』의 「관저」, 「인지」의 내용과 대비하고 있다.

21 [宋]朱熹, 『論語或問』, 『四書或問』 卷13, 上海: 上海古籍出版社; 合肥: 安徽教育出版社, 2001, 311~312쪽: "漢文帝·唐太宗能富其民則有之, 至於教則猶未及也, 又安能使其化民而一於仁乎? 二帝之治, 文帝爲優, 然以賈誼流涕太息之言觀之, 則當時之風俗可見, 而況太宗略無「關雎」「麟趾」之意, 又豈足以庶幾成·康之萬一耶?"

22 [宋]朱熹, 『孟子或問』 卷1, 419쪽: "故漢宣帝自言漢家雜用王霸, 其自知也明矣. 但遂以爲制度之當然, 而斥儒者爲不可用, 則其見之謬耳."

23 ‖ 水衡都尉 江充은 평소 강직한 성격의 戻太子를 싫어했는데 무당과 짜고 태자가 역모를 꾸민다는 고변을 하자 태자는 자신의 보호를 위해 정변을 일으켰다가 실패했고 이로 인해 그의 모후 衛皇后가 자살하게 되었다.

24 [宋]朱熹, 「答林易簡」, 『朱子文集』 第7冊, 卷64, 3209쪽: "漢武帝溺於聲色, 游燕後宮, 父子不親, 遂致戻太子之變, 此亦夫婦無別而父子不親之一證."

주희의 눈에는 태평성세를 누리며 역사서에 빛나던 당 제국(618~907)의 통치자도 사리사욕을 채우는 무리였다. 주희가 「답진동보答陳同甫6」에서 다음처럼 말했다.

당 태종의 마음은 제가 생각하기로 아마도 한 차례의 생각조차 인욕에서 나오지 않은 경우가 없다. 다만 그는 인仁을 가장하고 의義를 빌려서 자신의 사욕을 실행했지만 당시 그와 다투던 자들은 재능과 지능이 그만 못한데다가 또 인의仁義의 탈을 쓴 줄조차도 몰랐다. 당 태종은 이런 일에 탁월하여 성공을 할 수 있었을 뿐이다.[25]

당 태종의 정치 업적은 줄곧 전통 사가들의 칭찬을 받아 '정관의 치세(貞觀之治)'라고도 불리었다. 오히려 주희는 그의 마음이 올바르지 않고 한 생각도 사욕에서 나오지 않는 경우가 없다고 주장했다. 이는 모두 주희의 이상과 너무 멀리 떨어져 있었다. 『논어혹문論語或問』에서 주희는 당 태종을 비판하며 다음처럼 말했다. "한 문제와 당 태종이 백성의 살림을 부유하게 했지만 가르쳐서 인륜을 지키는 데에는 미치지 못했으니 어찌 자신의 백성을 교화시켜서 인仁에 일관하게 할 수 있었겠는가? 두 황제의 통치를 보면 문제가 뛰어나지만 가의賈誼의 눈물을 흘리며 탄식한 말로 보건대 당시의 풍속을 볼 수 있다. 게다가 태종은 「관저關雎」 「인지麟趾」의 뜻이 거의 없었는데 어찌 주나라 성왕成王과 강왕康王에 비교해서 만의 하나라도 가까울 수 있겠는가?"[26] 주희는 후대 사람들에 치세로 칭찬받는

25 (宋)朱熹, 「答陳同甫6」, 『朱子文集』 第4冊 卷36, 1458쪽: "(唐)太宗之心, 則吾恐其無一念之不出於人欲也. 直以其能假仁借義以行其私, 而當時與之爭者才能知術旣出其下, 又不知有仁義之可借, 是以彼善於此而得以成其功耳."

26 (宋)朱熹, 『論語或問』 卷13, 311~312쪽: "(漢)文帝, (唐)太宗能富其民則有之, 至於敎則猶未及也, 又安能使其化民而一於仁乎? 二帝之治, 文帝爲優, 然以賈誼流涕太息之言觀之, 則當

당 태종도 이렇게 비판했는데, 당대의 그 나머지 제왕들이야 더 논할 필요가 없다.

삼대와 진한 이후 제왕들의 심술心術에는 공공과 사私의 차이와 천리天理와 인욕人欲의 구별이 있다. 주희는 한 걸음 더 나아가 군주와 신하의 관계가 역사의 양대 단계에서 역시 하늘과 땅의 차이였고 그러한 전환의 핵심이 바로 진시황이라고 주장했다.

『주자어류』 권134에는 진시황을 주제로 하는 대화가 아래처럼 수록되어 있다.

> 황인경黃仁卿: "진시황이 변법을 실시한 뒤로 후세의 군주는 모두 그것을 바꿀 수 없었다. 무엇 때문인가요?" 주희: "진의 법은 모조리 존군비신尊君卑臣의 사안이므로 후세가 고치려고 하지 않았다. 예컨대 삼황三皇은 '황'이라 부르고 오제五帝는 '제'라 부르며 삼왕三王은 '왕'이라 불렀는데, 진은 두 가지를 아울러서 '황제'로 불렀다. 다만 이러한 일을 후세가 어떻게 고치려고 하겠는가!"[27]

주희는 역사를 논의하며 대단한 식견을 보였는데, 진 제국 정치의 본질이 '존군비신尊君卑臣'의 네 글자에 있다고 단순 명쾌하게 지적하여 따끔하게 정곡을 찔렀다. 주희는 한 발 더 나아가 '존군비신'의 전제 체제 아래에서 진·한 이후의 군주와 신하 관계는 삼대의 시절처럼 양자가 서로 가깝게 지내고 의기가 투합할 수가 없었다고 주장했다. 주희는 일찍이 제자에게

時之風俗可見, 而況太宗略無「關雎」「麟趾」之意, 又豈足以庶幾成, 康之萬一耶?"

27 [宋]黎靖德 編, 『朱子語類』 卷134, '銖錄', 『朱子全書』 第18冊, 4189쪽: "黃仁卿問, 自秦始皇變法之後, 後世人君皆不能易之, 何也? [朱子曰, 秦之法, 盡是尊君卑臣之事, 所以後世不肯變. 且如三皇稱'皇', 五帝稱'帝', 三王稱'王', 秦則兼'皇帝'之號. 只此一事, 後世如何肯變!"

춘추 시대의 상황을 다음처럼 말한 적이 있다. "군주와 신하 사이의 직분이 친밀하여 정감은 저절로 서로 버릴 수 없었지만 모두 의리를 깨달았던 것은 아니다. 옛날에는 군주와 신하가 모두 편안하여 서로 가깝게 지내서 천하에는 천하의 군신이 있고, 한 나라에는 한 나라의 군신이 있고, 한 집안에는 한 집의 군신이 있었다. 진·한 이래로 이런 관계가 모두 아득하게 끊어졌다. 오늘날 사인은 대략 군신의 직분을 알 뿐이다. 만약 농부의 경우 서울에 가려면 수 천리를 움직여야 하는데 그가 무슨 군신 관계를 알겠는가!"[28]

한 고조 때 숙손통·叔孫通(BC?~ca.194)은 조정의 의법을 정하는 일을 했는데,[29] 이는 주희가 보기에 '존군비신'의 전제 체제를 부추기는 것에 불과했다. "숙손통은 면체綿蕝의 조정 의례[30]를 만들었는데, 그 효과는 신하들이 무서워 벌벌 떨게 하고 감히 떠들썩하게 굴며 실례를 범한 자가 없게 만들었다. 이를 삼대의 연향燕享과 비교해보면 신하들의 기상이 크게 다르니 다만 진나라 사람들의 존군비신의 법제일 뿐이다."[31]

---

28 (宋)黎靖德 編, 『朱子語類』 卷134, '義剛錄', 『朱子全書』 第18冊, 4180쪽: "君臣之分密, 其情自不能相舍, 非是皆曉義理. 古時君臣都易得相親, 天下有天下之君臣, 一國有一國之君臣, 一家有一家之君臣. 自秦·漢以來, 便都邈絶. 今世如士人, 猶略知有君臣之分. 若是田夫, 去京師動數千里, 它曉得甚麽君臣!" 오늘날 학자들은 주희가 말한 진 이후 중국의 '尊君卑臣'의 정치적 전통에 대해 나름의 담론을 내놓았다. 蕭公權과 余英時는 모두 중국의 전제 체제의 '陽儒陰法'을 다루는 전문의 글을 썼다. 蕭公權, 「法家思想與專制政體」, 『迹園文錄』, 臺北: 聯經出版公司, 1983, 75~90쪽; 余英時, 「'君尊臣卑'下的君權與相權－'反智論與中國政治傳統'餘論」, 『歷史與思想』, 臺北: 聯經出版公司, 1976, 47~76쪽.

29 ∥숙손통이 제정한 조정 의례와 관련해서 김용천, 「前漢 禮學 形成에 관한 小考」, 『중국고중세사연구』 16, 2006 참조.

30 ∥면체는 야외에서 禮를 익히느라 연습할 때 설치는 시설물로 면은 繩을 꼬아 줄을 띠고 체는 띠를 묶어 위치를 표시하는 것이다.

31 (宋)黎靖德 編, 『朱子語類』 卷135, '人傑錄', 『朱子全書』 第18冊, 4196쪽: "叔孫通爲綿蕝之儀, 其效至於群臣震恐, 無敢喧嘩失禮者. 比之三代燕享群臣氣象便大不同, 蓋只是秦人尊君卑臣之法." 徐復觀은 전제 체제에 있는 지식인이 느끼는 중압감에 대해 뛰어난 분석을 했다. 徐復觀, 「封建政治社會的崩潰及典型專制政治的成立」, 『周秦漢政治社會結構之硏

이상의 논의를 보면 주희가 진한 이후의 제왕 정치를 두 가지 견해로 정리했는데, 이들은 서로 관계를 가지고 있. 주희가 보기에 진한 이후의 제왕들은 모두 사심을 제멋대로 사용했고 인욕이 넘쳐났다. 그러므로 '존군비신'의 체제가 자연스런 귀결이 되었고 군주와 신하 관계의 긴장이 필연적 결말이 되었다.

(3) 문화의 변천

이제 우리는 이어서 주희의 역사 해석 중에 역대의 문화가 어떻게 변천했는지 논의하고자 한다.

기본적으로 주희가 중국 역사에서 문화 변천을 바라보는 관점은 '숭고적 역사관'에서 확대되어 나온다. 주희가 생각하기에 중국 문화의 가장 완벽한 시대는 삼대三代이고 더욱이 공자는 최고봉으로서 고대 문화를 집대성해냈다. 진·한 통일 제국 이후 중국 문화는 나날이 비열해졌는데, 주요 원인이 진·한 시대부터 학문을 연마하는 자가 없어져 도가 어두워지고 문화가 그에 따라 몰락하게 되었다. 아래의 논의에서 나는 사료를 인용하여 상술한 논점을 논증하고 주희의 문화 사관 속에 들어 있는 몇몇 문제를 분석하려고 한다.

주희의 중국 고대 문화에 대한 견해는 주로 진량(1143~1194)에게 답했던 편지(특히 8번째 편지) 속에 표현되어 있다.[32] 주희는 기본적으로 삼대의 문화는 비교적 순수하고 '도심道心'과 '천리天理'가 유행하던 시대라고 생각했다. 삼대의 문화 전승과 유행은 더욱이 요·순·우·공자·안연·증자·자사·맹자 등과 같은 문화 영웅에게 맡겨졌다. 진의 통일 이후에

究』, 臺北: 臺灣學生書局, 1975, 63~162쪽; 黃俊傑, 『東亞儒學視域中的徐復觀及其思想』, 臺北: 臺大出版中心, 2009, 47~52쪽 참조.

32 ﹝宋﹞朱熹, 「答陳同甫8」, 『朱子文集』 第4冊 卷36, 1460~1465쪽.

제6장 유가적 역사 해석의 이론적 기초: 주희의 중국 역사에 대한 해석 243

문화는 나쁜 쪽으로 타락하기 시작했고 "예악禮樂이 2,000년간 쇠퇴했다."[33] 진·한 이후의 중국은 '인욕'이 넘쳐나던 시대였다.

주희가 생각하기에 진한 이전의 중국 문화사에서 가장 중요한 인물은 공자였다. 주희의 『사서집주』『사서혹문』으로 보면 주희의 마음속에 공자는 덕과 지를 겸비한 완벽한 성인이었다. 공자는 좋은 때를 만나지 못해 정치의 뜻을 펼치지 못하고 교육 사업에 종사하게 되었다. 그의 덕업이 "순舜과 우禹에 부끄럽지 않았지만 또 그를 천거해 줄 천자天子가 없어서 천하를 차지하여 다스리지 못했다."[34] 그는 "비록 자리를 얻지 못했지만 과거의 성인을 계승하고 미래의 학문을 열어주었으니, 그의 공업이 오히려 요·순보다 훌륭하다."[35] 공자의 공적으로 보면 그가 후세에 미친 영향은 천자의 자리에 올라 도를 수행했던 요·순을 훨씬 넘어섰다. 주희는 차이를 좀 더 자세히 말했다. "정자程子에 따르면 성인의 측면에서 차이가 없지만 공적의 측면에서 차이가 있다. 공자가 요·순보다 낫다는 것은 공적을 말한다. 요·순이 천하를 다스리고 공자는 도를 넓혀서 만세에 가르침을 주었다. 요·순의 도가 공자를 만나지 못했다면 후세가 어디에 기대겠는가?"[36] 주희가 공자를 얼마나 추앙하는지 언어의 표현에 흘러넘친다.

우리는 주희가 공자를 칭송했던 말을 자세히 풀어보면 아래의 두 가지 점을 발견할 수 있다. 첫째, 주희는 공자의 덕업을 논하면서 '덕德'과

---

33 [宋]黎靖德 編, 『朱子語類』卷84, '必大錄', 『朱子全書』第17冊, 2876쪽: "禮樂廢壞二千餘年."
34 [宋]朱熹, 「萬章章句上」, 『孟子集注』, 『四書章句集注』卷9, 北京: 中華書局, 1983, 309쪽: "雖無愧於舜禹, 而無天子薦之者, 故不有天下."
35 [宋]朱熹, 「中庸章句序」, 『四書章句集注』, 北京: 中華書局, 1983, 15쪽: "雖不得其位, 而所以繼往聖, 開來學, 其功反有賢於堯舜者."
36 [宋]朱熹, 「公孫丑章句上」, 『孟子集注』卷3, 234쪽: "程子曰, '語聖則不異, 事功則有異. 夫子賢於堯舜, 語事功也. 蓋堯舜治天下, 夫子又推其道以垂教萬世. 堯舜之道, 非得孔子, 則後世亦何所據哉?'"

'위位' 사이의 긴장성에 꽤 주의했다. 주희는 공자가 어질기는 하나 자리를 얻지 못하여 도를 수행하지 못했다고 수차례 언급했다. 공자는 후학을 길러내고 발전시켜 과거의 성인을 계승하고 미래를 열었으니 그의 공업이 오히려 요순보다 앞섰다. 주희는 '덕'의 중요성이 '위'에 앞선다고 생각했다. 주희는 의도적으로 덕행과 학술에 입각하여 정치를 끌어올리려고 했지 덕행과 학술이 정치를 따라 타락한다고 생각하지 않았다. 둘째, 주희는 공자가 현실 정치에 나아가고 물러날 때 특히 시중時中의 의미를 중시했다는 점을 논의했다. 주희에 의하면 "공자는 출사하거나 은거하고 오래 있거나 빨리 떠나는 것이 각각의 상황마다 합당하여, 대개 세 명의 성인[37]이 된 까닭을 아우르면서 때에 맞게 드러나니 세 사람이 하나의 덕으로 이름난 것과 같지 않다."[38] 또 주희는 공자의 행동거지가 한결같이 중용에 의거하여 세상에 은둔하여 세상이 알아주지 않아도 후회하지 않았으니 성인의 전형이라고 생각했다.[39]

그런데 통일 제국의 출현한 뒤로 문화의 국면이 완전히 변모했다. 주희는 진·한 이후에 문화가 타락한 주된 원인이 학술이 밝게 펼쳐지지 않은 데에 있다고 생각했다.

이와 관련해서 주희는 아래에서 다음처럼 말했다.

진·한 이래로 학문의 연마가 밝지 않고 세상의 군주들은 오로지 자

---

37 ∥이 구절은 맹자가 「萬章下」 1에서 聖人으로 伯夷·伊尹·柳下惠·공자 등 네 사람의 특성을 논의하면서 공자의 탁월성을 이야기하는 맥락을 나타낸다. 특히 공자의 위대성은 "可以速而速, 可以久而久, 可以處而處, 可以仕而仕, 孔子也."에 드러난다. 이 때문에 맹자는 네 사람의 특성을 "孟子曰, 伯夷, 聖之淸者也. 伊尹, 聖之任者也. 柳下惠, 聖之和者也. 孔子, 聖之時者也."로 분류하고 있다.

38 ﹝宋﹞朱熹,「萬章章句下」,『孟子集注』卷10, 315쪽: "孔子仕·止·久·速, 各當其可, 蓋兼三子之所以聖者而時出之, 非如三子之可以一德名也."

39 ﹝宋﹞朱熹,『中庸章句』第11章, 22쪽.

신의 재주와 지식으로 공업을 세웠지만 아무도 덕을 밝히는 명덕明 德과 백성을 새롭게 하는 신민新民의 사업을 알지 못했다. 군주의 도리는 간간히 한두 가지가 있으나 스승의 도리는 끊어져서 조금 도 없었다.[40]

주희는 문화의 발전이 학술을 기초로 해야 한다고 생각했다. 이 논점과 그의 마음속에서 학술과 덕행의 본보기가 되는 공자의 역사적 이미지는 서로 통용되는 것이다.

주희가 숭고적 역사관으로 중국 역사상의 정치와 문화를 해석할 때 우리는 반드시 풀어야 할 두 가지 문제를 마주하게 된다. 첫 번째 문제 는 이렇다. 「서론」 제2절에서 우리는 주희가 맹자와 소옹邵雍과 함께 순환 사관에 가까운 것을 주장하지만 실질적으로 '문文'과 '질質'의 교체 론이라고 이야기한 적이 있다. 그러면 양자(옮긴이 주: 숭고적 사관과 문·질 교체론) 사이에 모순은 있는가? 내가 생각하기에 주희의 '문'·'질' 교체론과 그가 중국 역사를 해석할 때 제시하는 숭고崇古 사관은 서로 모순되지 않는다. 주희의 '문'·'질' 교체 사관은 일종의 거시적 역사 관 점이다. 우주가 운동 변화하고 안정과 혼란이 서로 맞물리는 현상을 살 펴보면 "다만 사람들이 더 말할 나위 없을 정도로 도가 없어지면 한꺼번 에 쌓였다가 한 차례 뒤섞여서 사람과 사물이 모두 없어지고 다시 새롭 게 생겨나는"[41] 것이다. 이와 달리 주희가 중국 역사를 해석할 때 드러 나는 숭고적 사관은 일종의 미시적 역사 관점이다. 주희의 경우 미시적

40 [宋]黎靖德 編, 『朱子語類』 卷13, '卓錄', 『朱子全書』 第14冊, 396쪽: "自秦·漢以來, 講學不明. 世之人君, 固有因其才智做得功業, 然無人知明德·新民之事. 君道間有得其一二, 而師道則絶無矣."
41 [宋]黎靖德 編, 『朱子語類』 卷1, '揚錄', 『朱子全書』 第14冊, 121쪽: "只是相將人無道極了, 便一齊打合, 混沌一番, 人物都盡, 又重新起."

관점 중에 역사의 '불합리성'은 거시적 관점에서 역사의 '합리성'으로 볼 수 있다.

그런데 주희가 중국 문화사의 발전을 해석할 때 '자유(freedom)'와 '필연(necessity)'의 문제가 숨어있다. 이것이 두 번째 문제이다. 주희는 문화의 흥성과 쇠퇴가 전환되는 상황에 대해 논의를 한 적이 있다. 그는 다음처럼 말했다.

주나라 말에 문화가 매우 성행했기 때문에 진나라가 일어나자 문화가 반드시 낮아지게 되었다. 주나라는 이렇게 유약했기 때문에 진나라는 반드시 강성하게 변했다. 주나라는 이렇게 섬세하고 치밀하기 때문에 진나라가 일어나자 줄곧 간단하고 무정하며 감정 내키는 대로 즉시 행동했다. 모두 사세事勢가 반드시 바뀌는 것이다. 하지만 진나라의 변화는 너무 지나쳤다. 진은 이렇게 포학했기 때문에 한나라가 일어나자 반드시 관대해졌다. 그러므로 "오직 패공沛公(유방)은 본래 너그럽고 나이가 많다"[42]라고 말했다. 진나라는 봉건제의 폐해를 살펴 군현으로 고치니 황제의 종족도 힘이 일제히 약해졌다. 한나라에 이르러 동성을 제후왕으로 많이 분봉하니 한계를 넘어서게 되었다. 가의는 이미 그 폐해를 걱정했고 조착晁錯은 봉지의 규모를 줄이는 삭번削藩을 제기했으며, 주보언主父偃은 마침내 가의의 말을 좇아 무제의 제후왕에게 시행하여 마음대로 약화시켰다. 한나라 무제 이래로 위나라 말까지 종실이 힘을 쓰지 못하게 되어 이때에 이르러 절정에 달했다. 진晉나라 무제가 일어나서 종실의 힘을 전부 사용했다. 모두 사세에 의한 일로 어찌할

---

42 ‖ 이 구절은 『사기』 「高祖本紀」에 나온다.

수 없는 것이다.[43]

위의 인용문 중에 주희는 섬세한 주나라 문화에서 살벌한 진나라 문화로
전환이 '사세의 필연적 변화'로 보고, 한漢과 진晉의 국면 전환도 "모두
사세에 의한 일로 어찌할 수 없는 것"으로 보았다. 그렇다면 주희는 역사
의 결정론을 믿는가? 주희는 역사에서 정치와 문화의 변천이 인간을 벗어
난 어떤 외재적인 힘의 지배를 받는다고 생각하는가?

　우리가 방금 던진 의문은 나름대로 성립될 만한 이유를 가지고 있다.
우리는 다시 아래의 두 단락의 자료를 더 살펴보도록 하자. 주희는 다음
처럼 말했다.

　(1) 고금의 변화는 한쪽이 정점에 이르면 반드시 다른 쪽으로 되돌
　아온다. 마치 밤낮이 서로 낳고 더위와 추위가 서로 바뀌는 것과
　같은데, 이는 리에 따라 마땅히 그렇게 되지 인간의 힘으로 어찌
　할 수 있는 일이 아니다. 삼대가 서로 이어가면서 서로 답습하며
　바꾸지 않는 것이 있고 서로 덜고 더하는 손익으로 늘 있지 못하는
　것도 있다. 오직 성인만이 리가 있는 곳을 알아서 상황에 따라 답
　습하기도 하고 혁신하기도 한다.[44]

---

43 ﹝宋﹞黎靖德 編, 『朱子語類』 卷24, '賀孫錄', 『朱子全書』 第14冊, 869쪽: "周末文極盛, 故秦興
　　必降殺了. 周恁地柔弱, 故秦必變爲强戾. 周恁地纖悉周緻, 故秦興, 一向簡易無情, 直情徑
　　行, 皆事勢之必變. 但秦變得過了. 秦既恁地暴虐, 漢興, 定是寬大. 故云, '獨沛公素寬大長
　　者.' 秦既鑒封建之弊, 改爲郡縣, 雖其宗族, 一齊削弱. 至漢, 遂大封同姓, 莫不過制. 賈誼已
　　慮其害, 晁錯遂削一番, 主父偃遂以誼之說施之武帝諸侯王, 只管削弱. 自武帝以下, 直至魏
　　末, 無非剗削宗室, 至此可謂極矣. 晉武起, 盡用宗室, 皆是因其事勢, 不得不然."
44 ﹝宋﹞朱熹, 「古史餘論」, 『朱子文集』 第7冊 卷72, 3639쪽: "若夫古今之變, 極而必反, 如晝夜
　　之相生, 寒暑之相代, 乃理之當然, 非人力之可爲者也. 是以三代相承, 有相因襲而不得變者,
　　有相損益而不可常者. 然亦唯聖人爲能察其理之所在而因革之."

(2) 사물이 오래되면 자연히 해지고 망가지는 폐해가 생겨난다. 진·한 이래로 이기二氣와 오행五行이 비교적 혼탁해져서 태고太古 시절의 청명하고 순수한 상태만 못했다. 그리고 중성中星[45]은 요 임 금의 시절부터 지금에 이르기까지 50도의 차이가 난다. 진·한 이래 로 폐해가 나타났다. 후한의 광무제光武帝가 일어나서부터 조금 정 리되었지만 그 뒤에 다시 좋지 않게 되었다. 또 당 태종이 일어나 서 조금 정리되었지만 그 뒤에 다시 좋지 않게 되었다. 끝내 태고 의 시절과 같을 수가 없었다.[46]

주희는 역사의 교체와 변천이 "리에 따라 마땅히 그렇게 되지 인간의 힘으로 어찌 할 수 있는 일이 아니고"(1번 인용문), 또 "사물이 오래되면 자연히 해지고 망가지는 폐해가 생겨난다"(2번 인용문)라고 말했다. 이렇게 보면 필연적으로 한 가지 문제가 튀어나오게 된다. 즉 인간은 역사의 변천 중에 결국 역사 변천의 방향을 결정하는 행위 주체인가? 아니면 역사의 객관적 형세에 지배당하는 객체인가?

주희가 중국 역사를 해석하며 말하는 관련된 자료를 종합하여 판단할 때 나는 주희가 여전히 기본적으로 인간이 자유의지를 가졌다고 보는 인문주의자라고 믿는다. 그는 물론 역사의 객관적 틀이나 힘을 중시했 지만(그가 말한 '세' 또는 '자연의 이치 형세'),[47] 그는 인간의 자유 의지가 역사

---

45 ‖중성은 二十八宿 중 해가 질 때와 돋을 때 정남쪽 하늘에 보이는 별을 가리킨다.

46 ﹝宋﹞黎靖德 編, 『朱子語類』 卷134, '夔孫錄', 『朱子全書』 第18冊, 4178쪽: "物久自有弊壞, 秦·漢而下, 二氣五行自是較昏濁, 不如太古之淸明淳粹. 且如中星, 自堯時至今已自差五十 度了. 秦·漢而下, 自是弊壞. 得個光武起, 整得略略地, 後又不好了. 又得個唐太宗起來, 整 得略略地, 後又不好了. 終不能如太古."

47 ﹝宋﹞黎靖德 編, 『朱子語類』 卷139, '義剛錄', 『朱子全書』 第18冊, 4296쪽. 주희는 당 태종을 다음과 같이 논평했다. "且以唐太宗之聰明英特, 號爲身兼將相, 然猶必使天下之事, 關由 宰相, 審熟便安, 然後施行. 蓋謂理勢之當然, 有不可得而易者."(『朱子文集』 第2冊

의 '세勢'를 마음껏 부릴 수 있고 인간이 스스로 역사를 창조하는 주체라는 점을 더욱 강조했다. 『논어혹문』과 『맹자혹문』의 두 단락의 글이 이 견해를 지지해준다.

(1) 어떤 자는 무왕武王이 가까운 사람을 소홀히 여기지 않고 먼 사람을 잊지 않은 것이 인(사랑)이 아니라 형세상 어찌 할 수 없어서 그랬다는데 정말인가요? 주희: "이는 세속 사람이 이해를 따지는 사사로운 마음으로 성인을 엿보려는 말이다. 성인의 마음은 보통 사람과 달라서 완전히 공정하고 올바르며 두루 미치고 끝까지 밀고 나가지만 기울어지지도 치우치지도 않는다. 아무리 천하가 광대하고 만물이 많다고 할지라도 각각을 자신의 한 몸과 달리 보지 않는다. 사람의 지병·가려움·병·통증 등 모르는 것이 없고 손으로 만지고 가려움을 긁어주는 일이 미치지 못하는 곳이 없다."[48]
(2) 이와 같으면 다스림은 시사時事가 때마침 그러한 것이며 자신을 공손히 한 효과가 아니라고 하는데 어떻습니까? 주희: "시사가

___

卷12, 401쪽) 여기서 '理勢之當然'은 '自然之理勢'와 같은 뜻이다. 주희의 역사 사상에서 '勢'의 개념에 대한 논의는 三浦國雄, 「氣數と氣勢－朱熹の歷史意識」, 『東洋史硏究』 第42卷 第4號, 1984.3, 29~52쪽 참조. 주희의 사학에 관해 錢穆, 『朱子新學案』(五), 『錢賓四先生全集』 第15冊, 1~130쪽; 高森良人, 「朱熹の歷史觀」, 『東方學』 第7號, 1953, 1~12쪽; 麓保孝, 『朱熹の歷史論』, 諸橋轍次 編, 『朱子學入門』, 東京: 明德出版社, 1974, 357~366쪽 참조. 프랑스 학자 줄리앙(François Jullien, 1951~)은 중국 사상 속의 '勢'의 개념을 논의하며, 중국 사상가들은 聖人이 '勢'에 대해 引導 작용을 한다고 주장하는데 그는 이점을 지나치게 소홀히 여긴 것 같다. François Jullien, *The Propensity of Things: Toward a History of Efficacy in China,*, translated by Janet Lloyd, New York: Zone Books, 1995 참조.

48 [宋]朱熹, 『孟子或問』 卷8, 461~462쪽: "曰, 或者有謂武王之不泄邇, 不忘遠, 非仁也, 勢不得不然也, 信乎? [朱子曰, 此以世俗計較利害之私心, 窺度聖人者之言也. 聖人之心, 所以異於衆人者, 以其大公至正, 周流貫徹, 無所偏倚, 雖以天下之大, 萬物之多, 而視之無異於一身爾. 是以其於人之痾癢疾痛, 無有不知, 而所以撫摩而抑搔之者, 無有不及."

때마침 그러하고 순 임금이 또 자신을 공손히 하여 자리 매김하므로 다스림이 더욱더 오래되어도 교체되지 않았다. 후세의 왕은 아무 일이 없을 때에도 성인이 자신을 공손히 하는 도리를 알지 못하여 게으르고 방자하며 방탕하며 술독에 빠지니, 아무 일도 없는 것은 재앙과 난리 등 많은 일을 만드는 매개이다."[49]

위에서 첫 번째 인용문 중에 주희는 주 무왕이 신중하게 정치를 시행했던 까닭이 '세勢'에 몰려 부득이하게 한 것이 아니고 무왕의 마음이 '대공지정大公至正'한 데에 있다고 주장했다. 두 번째 인용문에서 주희는 순 임금의 정치가 밝고 깨끗했던 것이 물론 시기가 적당히 무르익기도 했지만 더욱 중요한 것은 순 자신의 도덕 수양의 성취에 있다고 생각했다.

주희가 이 두 인용문에서 강조했던 것은 이렇다. 역사 발전을 주재하는 가장 근본적 힘은 인간에게 있고 인간 이외의 사회 경제 구조나 자연 환경에 있지 않다는 것이다. 주희는 이러한 인문주의적 입장을 충실히 견지했던 편이다. 예컨대 주희와 제자들이 관중關中 지역의 객관적 형세가 주周와 진秦의 홍기에 유리하게 작용할 가능성이 있음을 토론한 적이 있다. 이때 그는 "이것 역시 사람이 하는 데 달려있다. 형세는 모름지기 사람과 어울려야 한다"고 재차 강조했다.[50] 주희는 제자들과 한대漢代의 당고黨錮의 화禍가 발생했던 원인을 논의할 때에도 당시 무리를 이끌 만한 인물(지도자)이 부족해서 소인이 정권을 잡을 수 있었다는

---

49 [宋]朱熹,『論語或問』卷15, 345쪽: "曰, 若是, 則其治也, 乃時事之適然, 而非恭己之效也, 奈何? [朱子曰, 因其時事之適然也, 而舜又恭己以臨之, 是以其治益以長久而不替也. 若後世之君, 當無事之時, 而不知聖人恭己之道, 則必怠惰放肆, 宴安鴆毒, 而其所謂無事者, 乃所以爲禍亂多事之媒也."

50 [宋]黎靖德 編,『朱子語類』卷134, '廣錄'秦錄',『朱子全書』第18冊, 4186쪽: "此亦在人做. …… 形勝也須是要人相副."

점을 지적했다.[51] 이 종류의 역사 판단에서 우리는 다음을 추론할 수 있다. 즉 주희는 역사 발전에서 인간의 주체적 지위를 충분히 강조했다. 결국 주희는 역사 결정론(Historical determinism)을 받아들일 수 없었다.

3. 주희 역사 해석의 이론적 기초 및 그 문제

(1) 이론적 기초-'리일분수理一分殊'
우리는 2절에서 분석한 주희의 역사관에는 실제로 바탕으로 볼 수 있는 일련의 이론이 있다. 일련의 이론에서 핵심 관념이 바로 '리일분수理一分殊'이다. 주희는 여러 가지 경우로 '리일분수'를 풀이했지만 아래에 인용할 단락의 글이 매우 대표적인 것이다. 주희는 다음처럼 말했다.

> 세상일이 비록 천 갈래 만 갈래로 복잡하지만 사실 하나의 도리에 불과하다. '리일분수理一分殊'라고 할 수 있다. 감통感通하는 곳에 이르면 자연히 머리와 꼬리가 서로 호응한다. 혹 여기에서 드러나서 밖에서 감응하기도 하고 혹 밖으로 와서 나를 감응시키기도 하니 모두 하나의 리理이다.[52]

주희의 뜻을 자세히 풀어보면 그는 역사의 변화 발전이 단일한 '리理'의 주재로 일어나며 여러 가지의 역사적 사실은 단지 이 '리'가 '사'에서 각기

---

51 ｢宋｣黎靖德 編, 『朱子語類』 卷135, '賀孫錄', 『朱子全書』 第18冊, 4206~4207쪽.
52 ｢宋｣黎靖德 編, 『朱子語類』 卷136, '讜錄', 『朱子全書』 第18冊, 4222쪽: "世間事雖千頭萬緖, 其實只一個道理, '理一分殊'之謂也. 到感通處, 自然首尾相應. 或自此發出而感於外, 或自外來而感於我, 皆一理也." 주희의 '理一分殊'설에 관해 자세한 논의는 부록 2 참조.

다르게 나타나는 형식일 뿐이라고 생각했다. 역사 속 '리'(주희는 어떤 때 '도道'라고 부른다)의 성질에 관해 주희는 「답진동보答陳同甫6」에서 한 걸음 더 나아가 설명했다.

> 만일 도가 항상 존재하는 점에서 논의하면 애초에 사람이 간여할 수는 없다. 다만 이는 옛날부터 지금까지 늘 존재하여 소멸하지 않는 것이다. 비록 1,500년 동안 사람들에 의해 허물어뜨리려고 했지만 끝내 완전히 없애지 못했다. 한·당의 이른바 어진 군주라는 인물이 언제 조금의 기력을 보태 그것을 도운 적이 있는가?[53]

주희는 「답진동보答陳同甫8」에서 또 다음처럼 말했다.

> 사람은 단지 [주위에 늘 보는] 이 사람이고 도는 단지 [인륜을 규제하는] 이 도인데, 어찌 삼대三代와 한·당의 구별이 있을까? 다만 유학이 제대로 전승되지 않아 요·순·우·탕·문·무 이래로 전해 내려온 심법이 천하에 밝게 드러나지 않았다. 그래서 한·당의 군주가 비록 어쩌다가 은연 중 도리에 부합하는 때가 없는 것도 아니지만 그 시대 사람의 경우 전체의 마음은 오직 이욕에만 쏠려있었다. 그것이 바로 요·순과 삼대가 그 자체로 요·순과 삼대가 되고, 한 고조와 당 태종은 그 자체로 한 고조와 당 태종이 되니 끝내 서로 합쳐져서 하나로 될 수 없다. 지금 반드시 양자에 놓인 한계를 걷어내고 고금의 차이를 없애려면 요·순이 전승한 심법心法과 탕왕과 무

---

53 〔宋〕朱熹, 「答陳同甫6」, 『朱子文集』 第4冊 卷36, 1458쪽: "若論道之常存, 却又初非人所能預, 只是此箇自是亘古亘今常在不滅之物, 雖千五百年被人作壞, 終殄滅他不得耳. 漢, 唐所謂賢君, 何嘗有一分氣力扶助得他耶?"

왕이 스스로 살펴서 회복하는 공부[54]를 깊이 연구하여 그것을 기준으로 삼아 자신에게 돌이켜서 구하는 것보다 더 좋은 것이 없다.[55]

주희는 「답진동보答陳同甫9」에서 또 다음처럼 말했다.

구구한 소견을 말하자면 저는 늘 옛날부터 지금까지 하나일 따름이라고 생각합니다. 도리를 따르는 자는 성공하고 거스르는 자는 실패한다. 이는 옛날의 성현만이 홀로 할 수 있는 것이 아니고 후세의 영웅호걸이라고 부르는 자들도 이 리理를 버리고 성취를 이룬 경우는 없다.[56]

위에서 살펴본 세 인용문의 내용을 귀납해보면 우리는 주희 마음속에 있는 역사 속의 '리'(또는 '도')는 아래의 몇 가지 특징을 지니고 있다는 점을 분명하게 발견할 수 있다. 1) '리'(또는 '도')는 일원적이다. 2) '리'는 무수히 많은 구체적인 역사 사실 속에서 각기 다른 방식으로 드러난다. 3) '리'는 시간과 공간을 초월하는 존재이고 영원불멸한다. 4) '리'는 연속 또는 발전은 성현 마음의 각성과 인도를 기다린다. 5) 역사 속의 '리'는 이중의 특성을 갖는데, '리'는 원리이자 규범이며 '소이연所以然'이자 '소당

---

54 ‖ 전자는 『서경』「大禹謨」: "人心惟危, 道心惟微, 惟精惟一, 允執厥中"을 가리키고 후자는 『맹자』「진심하」33: "孟子曰, 堯舜者也, 湯武反之也"를 가리킨다.

55 〔宋〕朱熹, 「答陳同甫8」, 『朱子文集』 第4冊 卷36, 1464쪽: "夫人只是這箇人, 道只是這箇道, 豈有三代·漢·唐之別? 但以儒者之學不傳, 而堯·舜·禹·湯·文·武以來, 轉相授受之心不明於天下, 故漢唐之君雖或不能無暗合之時, 而其全體却只在利欲上. 此其所以堯·舜·三代自堯·舜·三代·漢祖·唐宗自漢祖·唐宗, 終不能合而爲一也. 今若必欲撤去限隔, 無古無今, 則莫若深考堯·舜相傳之心法, 湯·武反之之功夫, 以爲準則而求諸身."

56 〔宋〕朱熹, 「答陳同甫9」, 『朱子文集』 第4冊 卷36, 1466쪽: "然區區鄙見, 常竊以爲亘古亘今只是一體, 順之者成, 逆之者敗, 固非古之聖賢所能獨爲, 而後世之所謂英雄豪傑者, 亦未有能舍此理而得有所建立成就者也."

연所當然'이다.

위의 다섯 가지 특성 중에 다섯 번째가 가장 핵심으로 주희의 역사 해석 중에 가장 높은 자리를 차지하며 다른 4가지와 밀접한 관계를 가진다. 주희의 철학 사상 중에 '리'는 우주 자연의 원리이자 인간 행위의 규범이기도 하며 양자는 하나로 융합된다. 이런 이유로 주희의 역사 해석은 '리' 철학이 주도하면서 자연스럽게 '사실 판단'과 '도덕 판단'을 하나로 합하게 된다. 그리고 '리'는 일원적이고(1) 시공을 초월하므로(3) 주희가 역사 변천을 해석하는 유일한 추상적 기준이 된다. 모든 구체적인 역사 사실의 출현은 단지 긍정 혹은 부정의 방식으로 '리'의 영원한 특성을 설명하거나 증명하게 된다. 이로 보건대 '리'는 역사 사실의 위에 초월해 있는 일종의 '이상'이 되고 주희가 역사를 해석하고 비판하는 일종의 '정신적 지렛대'가 된다.

이렇게 하여 주희의 역사 해석은 일정한 정도의 '비역사적(ahistorical)'이고 '반역사적(anti-historical)'인 성격을 얻게 되었다. 주희는 시시때때로 일종의 '초시간적인(supra-temporal)' 도덕적 입장을 취하여 시간성(temporal)을 가지는 역사 사실을 해석했다. 제1장에서 논의한 중국 전통의 역사 사유 중 '시간' 개념과 감춰진 '초시간성'이 주희의 역사관 속에서 가장 선명한 방식으로 나타난다. 주희가 역대 왕조의 흥성과 쇠퇴 및 문화 변천의 갖가지 역사 사실을 해석하는데, 그 목적은 단지 자신의 마음속에 영원하고 유일하며 또 원리이자 규범인 '리理'(또는 '도')를 드러내는 데에 있다.

주희가 『자치통감강목資治通鑑綱目』 『이락연원록伊洛淵源錄』 『팔조명신언행록八朝名臣言行錄』 등의 사서를 편찬했고 『주자어류』에도 주희와 문인들이 역대의 사실을 토론한 다량의 대화 내용이 들어있지만 역사 사실에 대한 논의 자체는 주희가 역사를 읽는 목적이 결코 아니고 도덕 명제나 보편 원칙을 추출하거나 증명하는 수단에 불과할 뿐이다. 주희가 생각하는 사학 본질을 말하면 역사 지식은 도덕적 목적을 위해 이바지하고 역사학의 독립 자주성은 이로 말미암아 어둡게 드러나서 선명하지 않다. 주희의 학문 세계에서 사학의 지위는 끝내 경학에 미치지 못했다.

주희의 역사 해석에서 '리'가 '원리'와 '규범'을 겸비하는 특성을 보이는데, 이는 주희 사상의 다른 측면과 온전히 서로 호응한다. 예를 들어 말하면 주희는 40세가 되는 해(1173년)에 「인설仁說」이란 짧은 논문을 썼다. 여기서 "천지는 만물을 낳는 것을 자신의 마음으로 삼는다. 사람과 사물이 생겨나서 각자 천지의 마음을 얻어서 자신의 마음으로 삼는다. 그러므로 마음의 덕을 말하면 모두 포괄하고 관통하여 갖추지 않는 것이 없지만 한마디로 말하면 인仁일 따름이다. …… 이 마음은 어떤 마음인가? 천지에 있어서 온통 만물을 낳는 마음이고 사람에 있어서 온화하게 주위 사람을 사랑하고 사물을 이롭게 하는 마음이다. 이 마음은 '사덕四德'을 포함하고 '사단四端'을 꿰뚫는다."[57] 이 단락의 글 가운데 주희는 '인仁'이 우주와 인간을 관통하는 존재라고 여겼다. 이처럼 그는 존재론과 도덕론을 명확하게 하나로 관통시키고 있다.

『맹자』「공손추상公孫丑上」 2의 해석은 주희 사상에서 존재론과 도

---

57 [宋]朱熹,「仁說」,『朱子文集』第7冊 卷67, 3390~3391쪽: "天地以生物爲心者也. 而人物之生, 又各得夫天地之心以爲心者也. 故語心之德, 雖其總攝貫通, 無所不備, 然一言以蔽之, 則曰仁而已矣. …… 此心何心也? 在天地, 則块然生物之心. 在人, 則溫然愛人利物之心, 包'四德'而貫'四端'者也." '仁說'에 관한 토론은 劉述先,「朱子的仁說·太極觀念與道德問題的再省察-參加國際朱子會議歸來記感」,『史學評論』第5期, 1983.1, 173~188쪽 참조. 이밖에도 佐藤仁,「朱子的仁說」,『史學評論』第5期, 1983, 115~131쪽; Sato Hitosh, "Chu Hsi's, Treatise on *Jen*," in Wing-tsit Chan ed,, *Chu Hsi and Neo-Confucianism*, Honolulu: University of Hawaii Press, 1986, pp.212~227; 陳榮捷,「論朱子的仁說」,『朱學論集』, 臺北: 臺灣學生書局, 1982, 37~68쪽; 李明輝,『四端與七情: 關於道德情感的比較哲學探討』, 臺北: 臺大出版中心, 2005, 86쪽 참조.

덕론이 하나로 관통하는 경향을 충분히 설명할 수 있는 다른 실례이다. 그 내용은 다음과 같다. "그러한 기는 의義나 도道와 짝하는데, 이것이 없으면 굶주리게 된다."[58] 이 한 문장에 대한 그의 해석이다. 주희는 48세 (1181)에 저술한 『맹자집주』에서 '도道' 자를 '천리의 스스로 그러함'[59]이라 해석했다. 주희는 또 『주자어류』에서 '도는 인간 사회의 마땅히 그러해야 하는 이치'[60], '도는 물아物我 모두에게 공통되며 자연스러운 이치'[61]라고 풀이했다. 주희의 논의 중에 '천리의 스스로 그러함'과 '인간 사회의 마땅히 그러해야 하는 이치'는 근본적으로 똑같고 서로 호환 가능한 것이다. 주희의 '물아 모두에게 공통되며 자연스러운 이치'라는 말은 주희 사상에서 존재론과 도덕론이 합일되는 경향을 더욱 구체적이고 미묘하게 잘 보여준다. 위에서 언급한 두 가지 실례는 모두 주희의 역사 해석에서 '리'의 이중적 성격과 서로 잘 호응하고 또 주희 사상의 일관된 특성이다.

(2) 이론적 문제

우리는 주희의 역사 해석의 이론적 기초를 자세히 밝히면 다음을 발견할 수 있다. 즉 주희는 '리理'를 중심으로 하여 역대 왕조의 정치와 문화 흥성과 쇠퇴를 해석할 때 다음의 두 가지 이론상의 문제를 떠안고 있다.

(1) 주희의 역사 해석에 따르면 역사 속의 '리理'는 원리이자 규범이며 이 유일한 '리'는 또한 영원불멸한 것이다. 그렇다면 역사상으로 정치가

---

58 〔宋〕朱熹, 『孟子集注』 卷3, 231쪽: "其爲氣也, 配義與道, 無是, 餒也."
59 〔宋〕朱熹, 『孟子集注』 卷3, 231쪽: "天理之自然."
60 〔宋〕黎靖德 編, 『朱子語類』 卷52, '端蒙錄', 『朱子全書』 第15冊, 1728쪽: "道者, 人事當然之理."
61 〔宋〕黎靖德 編, 『朱子語類』 卷52, '廣錄', 『朱子全書』 第15冊, 1727쪽. 주희의 『孟子』 「公孫丑上」 2에 대한 해석에 관해 黃俊傑, 『孟學思想史論(卷二)』 第5章, 臺北: 中央研究院中國文哲研究所, 1997, 191~252쪽 참조: "道則是物我公共自然之理."

암흑과 같고 문화가 혼탁한 시대를 어떻게 설명할 것인가? 바꿔 말해서 역사상의 수많은 시대 중에 '리'와 '사事'가 완전히 합일되지 않고 '리'가 없는 일이 드물지 않게 자주 보이며 소인이 정권을 잡고 군자가 실권하며 정치는 지저분하고 문화가 암담한 시절이 있다. 주희는 이런 역사 사실의 어두운 측면을 어떻게 설명할 수 있을까?

(2) 주희는 '리'의 해명과 연속의 책임을 소수의 문화적 영웅(예컨대 요·순·우·주공·공자)에게 맡긴다. 이렇게 되면 '역사'는 소수 영웅적인 인물의 '전기'가 되어 광대한 군중이 공동으로 만들어낸 기록이 아니다. 주희의 이러한 영웅 사관은 필연적으로 다음과 같은 한 가지 심각한 문제에 직면하게 된다. 만일 역사상의 영웅적인 인물, 예컨대 정치상의 성군聖君과 현상賢相 또는 문화상의 석학과 대유大儒가 제 때에 출현하여 기울어진 상황을 회복시킬 수 없다면, 어떻게 역사가 '이치'에 합치되는 궤도로 계속 나아가도록 보증할 수 있는가?

우리는 먼저 첫 번째 문제에서부터 토론해보자. 주희는 역사를 논평하며 지극히 엄격하고 세밀하여 객관적 사실에 맞는지 조사하고 연구하는 것을 중시한다. 예컨대 그는 『논어혹문』에서 미자微子와 관련된 역사 사실을 논의할 때 『사기』 「은본기殷本紀」 「주본기周本紀」 「송세가宋世家」에서 다루는 미자의 사적이 각각 달라서 같지 않자 마땅히 「은본기」를 비교적 역사 사실에 접근하는 걸로 봐야 한다고 주장했다.[62] 주희는 또 『죽서기년竹書紀年』의 기록을 근거로 『사기』에서 위魏 혜왕惠王·양왕襄王·애왕哀王이 생존한 연대의 오류를 수정했다.[63] 주희는 증명할 사료가 부족한 역사 사실에 대해 의문이 가면 결정을 보류하는 태도

62 〔宋〕朱熹, 『論語或問』 卷18, 387~388쪽.
63 〔宋〕朱熹, 『孟子或問』 卷9, 469쪽.

를 유지했다. 예컨대 제자가 자신에게 좌구명左丘明이『춘추』를 전수했
는지 묻자 주희는 '지금으로서 아직 알 수 없다'는 말로 제자에게 회답
했다.[64] 그는 참혹한 전쟁 이야기를 다음처럼 생각했다. "장평長平 전쟁
이 끝나고 40만 명을 구덩이를 파서 생매장했다는 이야기에 대해 사마
천은 믿기에 충분하지 않다고 말했다. …… 모두 사서의 지나친 말이
다."[65] 이는 모두 주희가 역사를 연구하며 주의 깊고 세밀하게 사실을
추구했음을 볼 수 있다.

상술한 실사구시의 역사 연구 태도에 근거하여 물론 주희는 자신이
정의한 '리'에 부합하지 않지만 역사에서 발생한 많은 사실을 무시할 수
없었다. 예컨대 동한東漢(25~220)의 당고의 화, 북송 왕안석王安石(1021~
1086)의 변법과 그로 인해 초래된 신구 당쟁 등이 있다. 이러한 종류의
역사 사실에 대해 주희는 모두 도덕 관점에서 일련의 해석을 내놓았다.
그는 특별히 '리'와 '사'이 서로 부합하지 않은 역사 사실의 발생 원인을
밝히면서 역사 속 당사자의 심술이 바르지 않거나 또는 시대에 정인正人
과 군자君子가 부족하여 생겨났다는 점을 강조했다. 아래 두 단락의 대
화는 위에 다른 논의에 해당되는 전형적인 대표 사례라고 할 수 있다.

(1) 기원器遠에게 군거君擧[66]가 후한의 당고의 화를 설명했는데 어
떤가요? 기원: "애초에 일이 여기까지 이른 까닭을 말하면 많은 높

---

64 [宋]朱熹,『論語或問』卷5, 210쪽.
65 [宋]黎靖德 編,『朱子語類』卷134, '德明錄',『朱子全書』第18冊, 4184쪽: "長平坑殺四十萬
    人, 史遷言不足信. …… 皆史之溢言." ‖ 장평 전쟁은 秦과 趙나라가 벌였던 싸움이다.
    진의 白起 장군은 장평에서 대승을 거둔 뒤에 포로로 잡은 남녀노소 40만 명을 생매장했다
    고 한다. 이 이야기는 역사서에 전쟁의 참혹성을 나타내는 이야기로 널리 알려져 있다.
66 ‖ 군거는 陳傅良(1137~1203)의 자이다. 진부량은 호가 止齋로 보통 止齋先生으로 불린다.
    그는 남송 정치가·사상가·교육자로 經世致用을 강조하는 永嘉學派에 속하고 性理의 空談
    을 반대했다. 그는 陳亮과 함께 세상에서 '二陳'으로 불리기도 했다.

은 관직과 중요한 자리를 환관에게 맡기고 많은 유생을 한산하고 쓸모없는 자리에 맡겨 이렇게 격렬히 일어나게 되었다." 주희: "이 때에 많은 훌륭한 상서尙書들은 환관에 붙지 않았고 유생들은 다만 사람을 얻지 못했다. 많은 절의를 주장하는 선비들은 단지 자신의 자리에서 마땅히 말할 논의가 아니었는데 말했던 터라 의당 화를 입기에 충분한 것이었다. 내가 늘 말하듯이 다만 위에 한 사람이 부족해서 그렇다. 만약 위에 좋은 한 사람이 있다면 이쪽 절의 있는 사람을 쓰고 저쪽 소인을 도려내어 큰일에 좋은 세상을 만들 수 있다. 단지 한 차례 국면을 전환시키는 절정일 뿐이다."[67]

(2) 근래 왕개보王介甫(왕안석)의 경우 학문이 오묘하여 유학자이면서 노老·불佛 사이를 드나들고 정사는 요·순·삼대와 어깨를 나란히 하려고 한다. 반면 등용하는 인물은 모두 소인들로 경박하고 막돼먹은 소인을 한 곳에 모아놓으니 그 불행이 오늘에까지 영향을 끼치고 있다. 그가 처음부터 이민족에게 길을 열어주어 중화를 어지럽히고 '동물을 몰아서 사람을 잡아먹히게 하려는' 의도를 가졌겠는가? 다만 본원(뿌리)이 바르지 않고 의리가 밝지 않아 마지막에 기어이 이 지경에 이른 것이다.[68]

---

67 [宋]黎靖德 編, 『朱子語類』 卷135, '賀孫錄', 『朱子全書』 第18冊, 4206~4207쪽: "器遠問, 君擧說漢黨錮如何? 曰, 也只說當初所以致此, 止緣將許多達官要位付之宦官, 將許多儒生付之閑散無用之地, 所以激起得如此. 曰, 這時許多好官尙書, 也不是付宦官, 也是儒生, 只是不得人. 許多節義之士, 固是非其位之所當言, 宜足以致禍. 某常說, 只是上面欠一個人. 若上有一個好人, 用這一邊節義, 剔去那一邊小人, 大故成一個好世界. 只是一轉關子."

68 [宋]黎靖德 編, 『朱子語類』 卷55, '偶數', 『朱子全書』 第15冊, 1807쪽: "近世王介甫, 其學問高妙, 出入於老·佛之間, 其政事欲與堯·舜·三代爭衡. 然所用者盡是小人, 聚天輕薄無賴小人作一處, 以至遺禍至今. 他初間也何嘗有啓狄亂華, 「率獸食人」之意? 只是本原不正, 義理不明, 其終必至於是耳."

이상 두 인용문의 역사 해석 중에 주희는 당고의 화가 후한 말년에 발생한 까닭을 다음처럼 생각했다. 즉 "다만 위에 한 사람이 부족해서 그렇고" "만약 위에 좋은 한 사람이 있다면" '좋은 세상'을 만들 수 있을 것이라 보았다. 주희는 또 왕안석 변법의 실패가 소인을 임용하여 일어났고 왕안석이 "본원이 바르지 않고 의리가 밝지 않아" "마지막에 기어이 이 지경에 이르렀다"고 말했다. 주희의 해석에 따르면 후한 말년 환관과 신흥 사족의 두 집단은 복잡하게 얽히고설킨 정치 투쟁을 벌였는데, 이는 도덕적 본보기가 부족하여 초래된 것이라고 간주되었다. 사실 후한의 당고에는 한대 역사에서 '내조內朝'와 '외조外朝'의 구조적 모순,[69] 관학 교육의 발전과 태학생 정원의 증가 등 제도의 요소가 많지만 이 모두 주희에게 소홀히 취급되었다.

이와 같은 정황은 주희의 왕안석 변법에 대한 해석에서도 그대로 나타난다. 중당中唐 이래로 중국 사회 경제의 중심이 남쪽으로 옮겨가고, 중국 남쪽의 흥기, 북송 이래로 학계의 사학과 경학의 대항, 그리고 북송 정계에서 남쪽과 북쪽 출신 정치 인물 사이의 권력 투쟁 등은 경학과 사회 그리고 정치 구조에 영향을 미치는 요소들이지만 주희는 이들을 모두 건너뛰어 버렸다. 이 때문에 우리는 다음의 문제를 발견할 수 있다. 즉 주희의 역사 해석 체계가 중국 역사에서 늘 보이는 '리'와 '사'의 분리라는 역사 사실을 충분하고 효과적인 설명을 할 수 없고 역사적 '악惡'의 기원에 대해 충분한 '해석력(explanatory power)'을 가진 논증을 내놓을 수도 없다.

이러한 이론적 결함은 두 번째 문제와 밀접한 관련이 있고 서로 그 심각성을 배가시킨다. 이어서 우리는 앞에서 제기한 두 번째 문제를 살

---

69 ‖ 한대의 내조와 외조 갈등과 관련해서 송영배, 『중국사회사상사』, 사회평론, 2012 참조.

펴보고자 한다.

문제는 이렇다. "역사가 계속해서 '리'의 궤도를 따라갈 수 있다고 어떻게 보증할 수 있는가?" 이 문제에 대한 주희의 대답은 오직 역사상 성현의 출현에 의지하는 것이다. 오직 성현만이 '리'의 함의를 파악할 수 있고 역사의 발전을 끌어갈 수 있다.

주희는 이와 관련해서 다음처럼 말했다.

> 옛날과 지금의 변화는 한쪽이 정점에 이르면 반드시 다른 쪽으로 되돌아온다. 마치 밤낮이 서로 낳고 더위와 추위가 서로 바뀌는 것과 같은데, 이는 리에 따라 마땅히 그렇게 되지 인간의 힘으로 어찌 할 수 있는 일이 아니다. 삼대가 서로 이어가면서 서로 답습하며 바꾸지 않는 것이 있고 서로 덜고 더하는 손익損益으로 늘 있지 못하는 것도 있다. **오직 성인만이 리가 있는 곳을 살펴서 상황에 따라 답습하기도 하고 혁신하기도 하여**(강조는 지은이) 사람의 기강을 100세에 전하여 문제가 생기지 않게 할 수 있다. 그렇지 않으면 기강이 극에 이르러 여기저기 마구 무너져서 추세가 있는 곳을 뒤쫓더라도 바꾸어야할 선과 악이 무엇인지 알 수가 없다. 예컨대 주나라의 쇠퇴기에 문식이 절정에 이르러 폐해가 생겨나니 이것은 마땅히 변해야 할 때였다. 그러나 성왕이 나타나지 않아 주나라의 방식을 바꾸고 하나라의 방식을 활용하며 충직성으로 폐해를 막고 극복할 수가 없었다. 이는 공자·동중서·사마천 등이 한 말과 같다.[70] 이런 까닭에 문식이 날로 더욱 성해지고 예절이 날로 더욱 번

---

70 ‖ 이는 역사가 일정한 주기로 문식과 소박, 즉 文과 質로 교체되는 특성을 나타낸다. 동중서는 이를 '三代改制質文'으로 이론화했다. 이와 관련해서 신정근, 『동중서: 중화주의의 개막』, 태학사, 2004 참조. 공자와 사마천은 동중서처럼 명시적으로 역사와 문·질의

잡해져 보통 사람들의 인정에 감당할 수 없게 되었다. 결국 규범을 어기기 시작하며 거짓을 만들어 그쪽으로 달려가고 오래 지속되자 더 이상 감당할 수 없을 정도로 심해졌다. 이에 마침내 매사 염증 내고 게으르고 간략하게 하고 소홀히 여기면서 허물어지는 현상이 사방에서 여기저기 생겨나게 되었다.[71]

주희의 역사 해석 중에 왕조 정치의 우열이나 문화의 성쇠는 완전히 성인이 "리가 있는 곳을 살펴서 상황에 따라 답습하기도 하고 혁신하기도 하는" 것에 의해 결정된다. 주희는 모든 역사의 변화가 인간의 마음으로 귀결되며 특히 통치자의 마음가짐은 역사 변천의 관건이라고 생각했다. 주희는 이와 관련해서 다음처럼 말했다.

천하의 일이라면 그 근본이 한 사람에게 있으며 한 사람의 몸이라 면 그 주관이 한 마음에 있습니다. 그러므로 인주人主의 마음이 한 결같이 올바르면 천하의 일이 바르지 않은 것이 없다. 인주의 마음 이 한결같이 간사하면 천하의 일이 간사하지 않은 것이 없다.[72]

교체를 연결짓지 않았지만 각각 그러한 내용을 말하고 있다.

71 (宋)朱熹, 「古史餘論」, 『朱子文集』 第7冊 卷72, 3639쪽: "若夫古今之變, 極而必反, 如晝夜 之相生, 寒暑之相代, 乃理之當然, 非人力之可爲者也. 是以三代相承, 有相因襲而不得變者, 有相損益而不可常者. 然亦唯聖人爲能察其理之所在而因革之, 是以人綱人紀得以傳之百 世而無弊. 不然, 則亦將因其旣極而橫潰四出, 要以趨其勢之所便, 而其所變之善惡, 則有不 可知者矣. 若周之衰, 文極而弊, 此當變之時也. 而聖王不作, 莫有能變周用夏, 救僿以忠, 如孔子·董生·太史之言者. 是以文日益勝, 禮日益繁, 使常人之情有所不能堪者. 於是始違 則作僞以赴之, 至於久而不堪之甚, 則遂厭倦簡忽, 而有橫潰四出之患."

72 (宋)朱熹, 「己酉擬上封事」, 『朱子文集』 第2冊 卷12, 394쪽: "天下之事, 其本在於一人, 而一 人之身其主在於一心, 故人主之心一正, 則天下之事無有不正. 人主之心一邪, 則天下之事 無有不邪."

위에서 인용한 단락의 내용은 '관념론(idealism)'의 입장을 짙게 보여주고 있다. 그는 외재적 객관 세계이 모두 인간의 '마음'과 서로 연관되거나 합치되는 것(mind-correlative 또는 mind-correlated)으로 여겼다. 주희는 역사 변천에서 '리'의 실천은 소수의 엘리트(특히 통치자)에 의해 보증할 수 있다고 힘써 강조했다. 그는 진회秦檜(1090~1155)의 죽음[73]과 송 효종 孝宗(1162~1189)의 즉위가 역사상 '크게 사업을 벌이는 큰 기회'라고 생각 했다.[74]

주희는 역사의 변천을 인간의 심술에 귀결시켰는데, 여기에 자연히 인문 정신의 깊은 함의가 들어있다. 주희가 역사 인물에 대해 도덕 판단을 내렸다. 왜냐하면 역사의 행위자가 '자유 의지(free will)'를 가지므로 반드시 자신의 행위에 최후의 책임을 져야 한다고 긍정하기 때문이다. 주희는 인간의 의지가 사회 경제와 정치 체제의 한계를 돌파할 수 있다고 굳게 믿었다.

예컨대 주희가 제자에게 북송 섭조흡葉祖洽(1046~1117)[75]의 인품이 저속하다고 언급한 적이 있었다. 이때 주희의 제자는 섭조흡의 과거 제도 순위가 일등이었고 관직에 열성의 다해 지금에 이르렀다고 생각했다. 주희는 그가 스스로 심지가 없었기 때문에 반드시 자신의 졸렬한

---

73 ‖ 진회는 1131년 이후 24년간 재상의 자리에 있으면서 정권 유지를 위해 '문자의 옥'을 일으켜 반대파를 탄압했고 이로 인해 민족주의·이상주의를 내세운 후세의 朱子學派로부터는 비난을 받았다. 그의 손에 옥사한 岳飛가 민족의 영웅으로 존경받는 데 반하여, 그에게는 간신이라는 낙인이 찍혔다. 진회는 남침을 거듭하는 金軍에 대처하여 협상을 주장했다. 그는 철저한 항전을 주장하는 군벌이나 명분론·攘夷論의 입장에서 失地 회복을 주창하는 이상주의 관료 등의 여론을 누르고, 1142년 淮河·秦嶺 산맥을 잇는 선을 국경으로 하여, 금과 남송이 남북으로 나누어 영유하기로 합의했다. 그 조건으로 송나라는 금나라에 대하여 굴욕적인 신하의 禮를 취하고(뒤에 叔姪의 관계로 고침), 歲幣를 바쳤다.
74 [宋]黎靖德 編,『朱子語類』卷133, '揚錄',『朱子全書』第18冊, 4162쪽: "大有爲之大機會"
75 ‖ 섭조흡은 북송 신구 당파가 대립할 때 줄곧 신법당의 입장에 서서 왕안석의 변혁을 지지했다.

행실에 책임을 져야 한다고 생각했다.[76] 주희는 늘 동기로 역사 인물을 평가했다. 그는 한 고조가 한 몇몇 선행, 예컨대 약법삼장約法三章이나 의제義帝를 위해 초상을 치른 것은 칭찬할 만한 하지 못하다고 보았는데, 모두 고조가 어떤 의도를 가지고 했기 때문이다.[77] 종합해보면 주희는 기본적으로 인간은 역사의 주인이며 사회의 경제 정치 구조의 노예가 아니라고 생각했다.

그런데 주희의 역사 해석에서 인간의 '자유'에 대한 긍정은 한계성을 가지고 있다. 주희가 긍정한 것은 기본적으로 이사야 벌린(Isaiah Berlin, 1909~1997)이 말한 '적극적 자유('positive liberty')'[78]이다. 주희는 사람이 심지心志를 일으켜 '스스로 주재자가 되도록(이사야 벌린은 "self-mastery"라 칭함)' 인정하고 격려했기 때문이다. 반면 그는 이사야 벌린이 이야기 한 '소극적 자유'에 대해 상대적으로 소홀히 했다. 바꿔 말해서 주희가 긍정한 것은 'freedom of'의 문제이고 'freedom from'의 문제는 비교적 덜 강조했다. 그렇다고 우리는 주희가 완전히 개인이 '스스로 주재자가 되도록' 할 수 있는 자유의 여러 가지 제도적 설립을 중시하지 않았다고 말할 수는 없다. 사실 주희는 지방에 사창社倉을 건립하기도 했고 향약鄕約을 추진했는데, 모두 주희가 인민의 경제 생활과 사회 생활의 제도적 기초를 중시했다고 말할 수 있다.[79]

3절의 분석을 종합해보면 주희가 '리일분수'의 이론에서 출발하여 일련의 역사 해석 체계를 제시했는데, 아래에서 이야기하듯 최소한 무시

---

76 (宋)黎靖德 編, 『朱子語類』 卷130, '儒用錄', 『朱子全書』 第18冊, 4049쪽.
77 (宋)黎靖德 編, 『朱子語類』 卷135, '至錄', '祖道錄', 『朱子全書』 第18冊, 4192~4193쪽.
78 Isaiah Berlin, *Four Essays on Liberty*, Oxford: Oxford University Press, 1969; 1977, pp.121~154
79 이 점을 제시해주신 장군장(장쿤쟝)張崑將에게 감사를 드린다. ‖ 사창법의 의의와 관련해서 이동희, 「주자의 社倉法이 주는 사회복지학적 시사점」, 『유교사상연구』 29, 2007 참조.

할 수 없는 몇 가지 결함을 가지고 있다. 1) 역사 발전에서 시간이 오래 가고 영향이 깊은 구조적 요소와 역사의 행위자 이외의 객관적인 제도를 소홀히 한다. 2) 무의식적으로 일정한 '도덕 환원론(moral reductionism)'에 빠져 사회 정치나 경제 영역을 모두 도덕 영역의 연장으로 보며 사회의 정치 경제의 운영 논리가 모두 도덕 논리에 의해 지배되고 있다. 3) 역사 변천의 힘을 소수의 도덕적 성인이나 정치적 통치자에게 맡겨서 역사 발전 과정에서 광대한 일반 군중이 만드는 작용을 소홀히 한다.

이상의 세 가지 이론상의 문제는 모두 주희가 사람의 의지에 '자주성'이 있어서 객관적 구조의 간섭을 받지 않다고 인정한 데 근원이 있다. 주희의 역사 해석이 아직 한 가지 사실을 주목하지 못했다. 즉 사람은 본래 '자주성'을 가지고 있지만 '역사'도 일단 발전하고 나서 일정한 '자주성'을 갖게 되면, 종종 역사 속의 개인이 자신의 의지로 역사의 방향을 바꾸거나 고칠 수 있는 것이 아니다. 주희는 역사가 발전하는 과정에서도 일정한 자주성을 형성할 수 있는 문제를 지나치게 소홀히 대했다.

4. 주희의 역사 해석에서 현실적 고려

(1) 전제 정치의 압력

이제 우리는 주희가 중국 역대의 왕조 정치와 문화 변천을 해석할 때 직면하게 된 현실적 상황과 그의 현실에 대한 고려가 어디에 있었는지 더 분석해 보자.

주희가 중국 역사를 해석할 때는 전제 정권의 거대한 압력을 받는 처지에 놓여 있었다. 주희는 남송의 국력이 날로 저무는 시대에 살았다.

밖으로 강적 금나라의 위협으로 조정은 무릎을 꿇고 화해를 청하고 안으로 권신 한탁주韓侂冑(1151~1202)[80]가 권력을 휘둘러 국가 정치가 날로 나빠졌으며 국가 재정은 곤란에 빠져 인민의 세금 부담은 날로 가중되었다.[81] 주희는 일생 정치에 참여한 시간이 그리 길지 않다.[82] 『송사宋史』「주희전朱熹傳」에 따르면 "외직에 나간 것은 아홉 차례 근무 평가를 받았고 내직에 출사한 것이 겨우 40일이다."[83] 주희는 필생의 기력을 교육 사업에 쏟아 부었다. 그가 세운 서원의 숫자에서 그 대단함을 볼 수 있다. 그 중 백록동白鹿洞 서원이 가장 유명하다.[84] 내가 여기서 특별히 강조하고 싶은 것은 주희가 전제 정권의 극렬한 압력을 받으면서도

---

80 ‖ 한탁주는 寧宗 옹립에 공을 세우고 외척으로서 정계에 등장했지만 우승상 趙汝愚와 대립하여, 그를 讒言하여 지방으로 유배 보내고, 그가 추천한 朱熹와 그 학파를 僞學으로 몰아 추방함으로써 '慶元의 黨禁'을 일으켰다. 이 후 14년간 정권을 자의로 전단하였으며, 1206년 권세 확장을 위하여 金 토벌군을 일으켰다가 실패하자 문책을 받고 史彌遠에게 살해당하였으며, 그 首級은 금나라로 보내졌다.
81 여영시(위잉스)가 지은 『朱熹的歷史世界: 宋代士大夫政治文化的硏究』, 臺北: 允晨文化出版事業公司, 2003. 2권은 주희 및 그 시대에 대해 가장 철저하고 깊이 있게 다룬 연구 저작이다. ‖ 한국어 번역본은 이원석 옮김, 『주희의 역사세계』상하, 글항아리, 2015 참조.
82 주희의 정치 참여에 관해 Conrad M. Schirokauer, "Chu Hsi's Political Career: A Study in Ambivalence," in Arthur F. Wright and Denis Twitchett eds., Confucian Personalities, Stanford: Stanford University Press, 1962, pp.162~188 참조. 주희 시대의 사회 경제적 상황에 관한 토론은 Brian McKnight, "Chu Hsi and His World," in Wing-tsit Chan ed., Chu Hsi and Neo-Confucianism, Honolulu: University of Hawaii Press, 1986, pp.408~436 참조; 주희의 전기에 관해 Wing-tsit Chan, "Biography of Chu Hsi," in Wing-tsit Chan ed., Chu Hsi and Neo-Confucianism, pp.595~602 참조.
83 [元]脫脫, 「列傳第188 朱熹」, 『宋史』卷429, 北京: 中華書局, 1977年 新校標點本, 12767쪽: "仕於外者僅九考, 立朝纔四十日"
84 주희는 남송의 孝宗 淳熙6년(1179) 10월에 백록동 서원을 중건하기 시작하여 1180년3월에 완성했다. [淸]王懋竑, 『朱子年譜』卷2上, 臺北: 臺灣商務印書館, 1971, 81~82쪽. 주희와 백록동 서원에 관한 연구는 陳榮捷, 「朱子與書院」, 『朱子新探索』, 臺北: 臺灣學生書局, 1988, 478~518쪽; Thomas H. C. Lee, "Chu Hsi, Academies and the Tradition of Private Chiang-hsüeh," Chinese Studies, vol.2, no.1(June, 1984), pp.301~329 참조. ‖ 최근 주희 평전의 결정판이라고 할 적이 소개되었다. 속경남(수징난)束景南, 김태완 옮김, 『주자평전』상하, 역사비평사, 2015 참조.

서 조금의 두려움도 없이 그의 이상이 깃든 교육 사업에 종사했다. 『주자어류』와『주자문집』에는 정치의 압력에서 생겨난 상당히 많은 자료들을 보존하고 있다.

(1) 지금부터 여러 분들이 질문한 것에 조목별로 대답하는데, 마땅히 깊이 생각하고 바르게 논의하여, 문답할 즈음에 살피고 특별히 유의해야 한다. 조정의 일이라면 재야 사람이 마땅히 말할 것은 아니다. 스승과 제자가 서로 사이좋게 교류하는 성의가 문자 사이에 자주 드러나서는 안 된다. 그대들은 삼가라![85]

(2)「조충간[86]행장趙忠簡行狀」은 그의 자제가 선생에게 지어주기를 부탁했으나 선생이 허락하지 않아 의구심이 들었는데 선생님의 뜻이 어디에 있는지 모르겠다. 주희: "이러한 문자의 이로움과 해로움은 만약 진실하지 못하면 조정에서 혹 사람이 나와 뒤질지도 모르니 마음이 편하지 않다."[87]

(3) 어떤 사람이 선생님에게 학생을 집으로 돌아가게 하고 문을 닫고 일을 줄여 화를 피하라고 권유했다. 주희: "화禍와 복福이 사람에게 찾아오는 것은 명命이다."[88]

---

85 ﹝宋﹞朱熹,「策試牓喩」,『朱子文集』第8冊 卷74, 3712쪽: "自今諸生條對所問, 宜湛思正論, 於答問之際, 審加意焉. 若夫朝廷之事, 則非草茅所宜言, 而師生相與之誠意, 亦不當數見於文字之間也. 二三子愼之!"

86 ‖조충간은 남송 문인이자 재상을 지낸 정치인 趙鼎(1085~1147)이다. 충간은 조정의 시호이다. 조정은 재상 시절에 진회와 대립했고 외직에 나가서도 진회로부터 위협을 받았다. 그는 南宋을 중흥을 이끈 賢相의 우두머리로 평가받는데, 李綱·胡銓·李光과 함께 남송의 四名臣으로 불린다.

87 ﹝宋﹞黎靖德 編,『朱子語類』卷131, '枅錄',『朱子全書』第18冊, 4101쪽: 問:「趙忠簡行狀」, 他家子弟欲屬筆於先生, 先生不許, 莫不以爲疑, 不知先生之意安在?" "曰, 這般文字利害, 若有不實, 朝廷或來取索, 則爲不便."

88 ﹝宋﹞黎靖德 編,『朱子語類』卷107, '廣錄',『朱子全書』第17冊, 3501쪽: "或勸先生散了學徒,

(4) 주희: "만일 우리가 모두 스스로 지킬 수 없으면 다만 그렇게 해 나갈 뿐이고, 일이 이르면 그대로 맡길 뿐이다. 사람이 화를 피하고자 해도 끝내 피할 수 없다."[89]

(5) 지금 나더러 화를 피하라는 말을 하는데 물론 이는 나를 사랑해서 한 것이지만 내가 만 길의 낭떠러지가 벽같이 우뚝 서 있다면 어찌 우리 도의 빛을 위해 도움이 되지 않겠는가?[90]

위에서 살펴본 다섯 인용문의 사료는 주희가 당시 정치 압력을 받으며 처한 위태로운 상황을 재차 증명하고 있다. 주희는 한편으로 학생들에게 권계하여 "조정의 일이라면 재야 사람이 마땅히 말할 것은 아니다"(1)라고 권고하고 다른 한편으로 "화와 복이 사람에게 찾아오는 것은 명이다"(3)라며 스스로 위로하고 "화를 피하고자 해도 끝내 피할 수 없다"(4)라고 스스로 믿었다. 주희가 비록 신중하고 조심하면서 함부로 다른 이를 위해 「행장行狀」을 쓰지 않아 "조정에서 혹 사람이 나와 뒤질지도 모르니 마음이 편하지 않다"(2)는 상황을 피하고자 했지만 스스로 '만 길의 낭떠러지가 벽같이 우뚝 서 있다', '우리 도의 빛을 위하여'(5) 스스로 힘쓰기도 했다.

경원 당금慶元黨禁 때에 주희는 이런 정치적 압력에 대해 어떤 때에 화를 내며 불편한 마음을 그대로 표현했다. "내가 글을 써서 스스로 변론한 적이 없고 시를 써서 누구를 비웃고 헐뜯은 적도 없으며 단지 친구들과 옛 책을 강론하고 익히면서 이 도리를 말했을 뿐이다. 나더러 가르

閉戶省事以避禍者. 先生曰, "禍福之來, 命也."

89 [宋]黎靖德 編,『朱子語類』卷107, '德明錄',『朱子全書』第17冊, 3501쪽: "先生曰, 如某輩皆不能保, 只是做將去, 事到則盡付之. 人欲避禍, 終不能避."

90 [宋]黎靖德 編,『朱子語類』卷107, '閎祖錄',『朱子全書』第17冊, 3501쪽: "今爲辟禍之說者, 固出於相愛, 然得某壁立萬仞, 豈不益爲吾道之光?"

치지도 못하게 한다면 도대체 무슨 일을 하란 말인가?"[91] 주희는 정치
압력을 받으며 비분강개하고 굴복하지 않는 절개를 보였는데, 이는 모
두 이와 같은 단락의 말로 종이에 생생하게 잘 드러나 있다. 이것은 주
희가 역대 왕조의 정치를 평론하고 역대 문화의 변천을 분석할 때 그가
마주했던 실제 역사 상황이었다.

(2) 현실에 대한 고려

위에서 서술한 전제 압력을 받는 역사 상황에 처해서 주희는 중국의 역사
에 독특한 해석을 내놓았는데, 자연히 그 나름의 의도가 들어있다. 주희가
역사 해석에서 현실에 어떻게 마음을 쓰는지 더 깊이 탐구하기 위해 우리
는 반드시 그가 송대 정치를 어떻게 바라보는지 그의 주장을 분석해야
한다.

대체로 말해서 주희는 자기 자신이 처한 송대 정치를 아주 낮게 평가
했고 대단한 불만을 가졌다. 주희가 생각하기에 그가 처한 송대는 "위로
하늘의 마음이 편치 않아 기근이 거듭되고 아래로 백성의 힘이 이미 고
갈되었지만 세금 징수가 매우 다급했다. 이로 인해 도적이 여기저기서
일어나고 백성의 마음도 이리저리 흔들렸다."[92] 바야흐로 암흑의 시대였
다. 북송에서 도적의 발생은 사실 정부 조치가 타당하지 않았기 때문이
다. "마침내 살던 곳을 떠나 도적이 되었지만 그러려는 본마음이 아니었
다."[93] 남송 정부는 "백성에게 가져가는 것이 너무 무겁고"[94] 중앙에 권
련이 집중되었지만 지역은 "주군州郡이 하나같이 모두 힘겹고 약해졌

---

91 [宋]黎靖德 編, 『朱子語類』 卷107, '人傑錄', 『朱子全書』 第17冊, 3501쪽: "某又不曾
    上書自辯, 又不曾作詩謗訕, 只是與朋友講習古書, 說這道理. 更不教做, 卻做何事."
92 [宋]朱熹, 「與陳侍郎書」, 『朱子文集』 第3冊, 卷24, 905~906쪽.
93 [宋]黎靖德 編, 『朱子語類』 卷130, '儒用錄', 『朱子全書』 第18冊, 4081쪽.
94 [宋]黎靖德 編, 『朱子語類』 卷133, '廣錄', 『朱子全書』 第18冊, 4151쪽.

다."[95] 전체로 보면 송대 정치의 큰 병은 제도의 잘못에서 말미암은 것도 있고 사람으로 말미암은 것도 있는데, 모두 깊고 심각한 병의 소굴이었다.

우리는 주희가 자신이 처한 시대에 대해 내심 실망하고서 이로 인해 비판적 태도를 지니게 되었다는 점을 명료하게 알게 되었다. 나아가 그가 고대의 정치와 문화를 미화하여 '삼대'를 중국 역사의 황금 시대로 삼았는데, 이는 사실 현실에 대한 나름의 저의라고 이해할 수 있다. 한 마디로 말해 주희는 '역사'를 위해 '역사'를 쓴 것이 아니고 '현재'를 위해 '역사'를 썼다. 그가 미화했던 '삼대'에 자신의 이상에 담고 또한 '삼대'를 정신적 지렛대로 삼아 현실을 비판하고 인도하여 바로잡아 고치려 했던 것이다.

주희가 세운 '삼대'의 역사 도상(이미지)은 객관적인 성립 기초를 가지고 있는가? 이것은 더 탐구해볼 만한 가치가 있는 문제이다.

먼저 내가 제기하고자 하는 문제가 있다. 하지만 문제를 제기하는 방법이 일종의 가설 위에 세워져 있다. 인류의 역사 경험은 '객관적'이고 경직된 '과거'로 여겨지고 역사 사실은 역사를 읽는 독자에게 상대적으로 '대상적' 존재로 여겨지므로 역사가의 분석을 기다리고 있다. 이는 역사에서 제왕·장군·재상과 옛 성현들 또는 패주하는 적을 추격하고 말이 울고 사람이 고함치는 시끌시끌한 전쟁의 역사 등 모두 마치 박물관의 미이라와 같이 역사가의 해부를 기다리고 있다. 역사가의 역사 사실에 대한 해부는 일종의 주체가 객체를 통제하는 행위이다.

이러한 역사관은 주희의 역사관과 서로 거리가 아주 멀다. 주희가 보기에 역사 연구는 절대로 '객관' 사실의 재구성에 그치는 것이 아니다.

---

95 〔宋〕黎靖德 編, 『朱子語類』 卷24, '賀孫錄', 『朱子全書』 第14冊, 869쪽.

역사 연구의 목적은 가치 의식을 깨우치고 배양하는 데에 있다. 이러한 인식은 반드시 주희의 사학과 경학의 관계를 어떻게 보느냐는 주장과 연결되어 있다.

주희의 마음속에 경학의 가치와 지위는 사학보다 아주 높이 자리하고 있다. 이 점은 전목(첸무)이 일찍이 제기한 적이 있는데,[96] 나는 여기서 간략하게 설명하고자 한다. 주희가 생각하기에 경서는 가치 의식이 창조적으로 발현되고 저장되는 곳이므로 책읽기는 반드시 경서를 먼저 읽고 사서를 뒤에 읽는 순서로 한다. 그래야만 저수지에 물이 가득 찬 뒤에 물을 밭의 곡식에 댈 수 있는 것과 같다.[97] 주희는 역사를 읽는 독자가 반드시 먼저 경서 중에서 '성현이 자신을 갈고 닦아 사람을 다스리는 수기치인修己治人의 요점을 찾아야'[98] 한다. 그 다음에야 경서 속에 갈무리된 가치 기준에 따라 고금에 걸친 역사 사실의 시비를 평가할 수 있다.

이상의 신념을 바탕으로 주희는 다음처럼 말했다. "경서 읽기와 사서 읽기는 같지 않다. 사서는 몸 밖의 외물〔皮外物事〕로 그다지 긴요하지 않아 메모해서 다른 사람에게 물어볼 수 있다. 만약 경서에 의문이 있으면 이것은 자신에게 꼭 풀어야 하는 절박한 병통(문제)이다. 사람이 몸에 병이 들면 통증을 잊고자 하나 그럴 수 없는 것과 같다. 어찌 경서 읽기를 사서 보기에 견주어 의문이 들면 종이에 적을 수 있는가?"[99] 주희가

---

96 錢穆, 『朱子新學案』(五), 『錢賓四先生全集』第15冊, 120~123쪽; 高森良人, 「朱子の歷史觀」, 『東方學』第7輯, 1953, 1~12쪽 참조.

97 〔宋〕黎靖德 編, 『朱子語類』卷11, '廣錄', 『朱子全書』第14冊, 353쪽.

98 〔宋〕朱熹, 「答梁文叔1」, 『朱子文集』第5冊 卷44, 1954; 「答呂伯恭8」: "蓋爲學之序, 爲己而後可以及人, 達理然後可以制事, 故程夫子教人先讀『論』『孟』, 次及諸經, 然後看史, 其序不可亂也."(학문을 하는 순서는 위기를 한 다음에 다른 사람에게 나아가고 이치를 터득한 다음에 일을 처리한다. 따라서 정자는 사람을 가르칠 때 먼저 『논어』『맹자』를 읽게 하고 다음으로 다른 경서를 읽고 그 다음에 사서를 보게 했으니 그 순서는 헝클어트릴 수가 없다.) 이도 같은 이념을 나타내고 있다. 『朱子文集』第4冊 卷35, 1403쪽: "求聖賢脩己治人之要."

이렇게 논의하는 이유가 있을 것이다. 가장 중요한 이유는 역사 연구든 역사 교육이든 따지지 않고 역사 사실의 해명과 가치의 각성 이 둘은 서로 나뉠 수 없고 전자는 후자에 도달하는 수단이라는 데 있다.

주희는 역사 연구가 절대로 일종의 순수 지식을 얻는 활동은 아니다. 비록 주희가 스스로 역사를 논의하고 역사를 고찰하면서 모두 고신考信, 즉 객관 사실에 들어맞는지 조사 연구를 중시했지만 주희는 역사 독자와 역사 경험 사이가 기계적인 관계가 아니라 유기적으로 서로 삼투하는 관계라고 생각했다. 이러한 관계에서 인간은 한편으로 역사에 의해 빚어지지만 다른 한편으로 역사의 새로운 방향을 창조할 수 있다. 주희의 사상에서 역사 경험은 절대로 박물관이 아니라 도서관이다. 사람은 드넓은 역사의 바다에서 유유히 함양할 수 있으며 옛 사람의 손을 잡고 옛 사람과 함께 거닐 수 있다. 인간과 역사는 '상호 주체성'의 경계에 도달하게 된다.

주희가 가치 의식의 계발을 역사 연구의 최종 목표로 삼았다는 점을 이해하면 우리는 합리적으로 다음의 사항을 추측할 수 있다. 즉 주희의 마음속에 자신이 고도로 이상화한 '삼대'의 역사 도상(이미지)이 역사의 '실정'에 '부합'하는가라는 문제는 그에게 그리 중요하지 않다. 주희는 심지어 이러한 문제를 토론할 필요가 없다고 여겼을 수 있다. '삼대'의 역사 경험은 토론할 가치가 있다면 '삼대'의 역사 경험에 지극히 보배로운 가치 이념을 담고 있기 때문이다. 이 가치 이념은 자신이 처한 시대의 더러운 현실을 바로잡고 당시 현실의 이기利器를 끌어올릴 수 있다.

종합해보면 주희가 중국 역대 왕조의 정치와 문화 변천을 해석하는

---

99 〔宋〕黎靖德 編,『朱子語類』卷11, '㒖錄',『朱子全書』第14冊, 347쪽: "看經書與看史書不同: 史是皮外物事, 沒緊要, 可以箚記問人. 若是經書有疑, 這個是切己病痛. 如人負痛在身, 欲 斯須忘去而不可得. 豈可比之看史, 遇有疑, 則記之紙邪!"

틀 안에 '리일분수'라는 이론적 기초가 들어있을 뿐만 아니라 현실에 대한 고심이 들어있다. 주희는 중국의 역사 경험을 해석하는 것으로 충분하다고 생각하지 않고 그는 더욱더 '과거'를 해석하여 '현재'를 변화시키고자 했다.

5. 결론

6장의 논의로 우리가 다음을 발견할 수 있었다. 주희는 진의 통일을 분수령으로 하는 '숭고적 역사관'을 제기했고 사실 그의 '리일분수'의 철학을 이론적 기초로 삼았다. 주희는 기본적으로 역사 사실을 영원하고 유일한 '리'가 인간 세상에 드러난 것으로 보았다. 주희 철학 속의 '리'는 원리이자 규범이기도 하므로 그의 역사 해석 체계는 역사상 '리'에 위배되는 여러 가지의 역사 사실에 대해 해석력이 강하고 포괄적인 논의를 제기하기가 쉽지 않았다.

주희는 소수의 엘리트만이 '리'의 함의를 파악하여 역사의 발전을 인도할 수 있다고 믿었다. 이 때문에 주희의 역사관은 강렬한 엘리트주의(elitism)의 색채를 띨 수밖에 없다. 우리는 또 주희가 처한 시대가 그에게 가한 정치적 압력에서 출발하여 주희는 자신이 처한 시대를 어떻게 바라보는지 논의했다. 그 결과 주희는 송대의 정치와 문화를 하나같이 모두 낮게 평가했다는 점을 발견할 수 있다.

주희가 '삼대'의 역사를 이상화하여 황금의 고대로 만들었다. 그렇게 중요한 의도는 아마 고금의 대비를 통해 이상화된 '삼대'를 현실을 비판하고 인도하는 정신적 지렛대로 삼는 데에 있었다.

겉으로 보면 주희의 역사관은 진·한 이후 중국의 정치와 문화가 날로 뒤떨어지고 소극적이며 비관적인 논조로 가득 찼다고 여겼다. 우리가 한 층 더 깊이 생각해보면 주희의 역사 해석은 표면의 부정 속에 사실 긍정의 이상을 담아내고 있다는 점을 발견할 수 있다. 주희는 역대 왕조의 정치와 인물을 해석할 때 성패로 시비를 논의하지 않고 또 성패로 영웅을 논하지 않았다. 그는 도덕 판단과 역사 판단을 하나의 화로에 녹여내서 이른바 '생명과 이성의 통일'을 찾고자 했다.[100] 주희는 역사 해석을 진행할 때 도덕 이상을 견지하여 역사 현실을 비판하고 역사 해석을 통해 도덕의 '당위(응연應然)'를 현실의 '사실(실연實然)'으로 전환시키려 노력했다.

다음으로 주희의 역사관에는 제2장 제2절에서 언급했듯이 10세기 리학이 일어난 뒤에 사학 연구에 새로운 바람을 조성한 충격을 부분적으로 볼 수 있다. 주희와 몇몇 리학자들은 리학의 관점을 역사 연구로 끌고 들어와 '리'를 철학 기초로 삼는 일련의 역사 해석을 내놓았다. 이런 리학자들의 역사관에는 리학과 사학의 긴장을 담고 있어서 해소되기가 쉽지 않다.

송대는 중국 사학의 황금 시대였고 송대 사람들의 역사 저작은 수량의 측면에서 이전 현인을 뛰어넘었고[101] 그들의 역사 지식도 매우 풍부했다. 송대 사회 전체에 일종의 '역사적 유추(Historical analogism)'의 분위기가 팽배하게 되었다.[102] 송대는 리학이 흥기했던 시대였고 주희는

---

100 车宗三, 『政道與治道』, 臺北: 廣文書局, 1961, 263~266쪽.
101 고국항(가오궈항)高國杭은 『宋史』「藝文志」와 『隋書』「經籍志」에 수록된 史部의 書目을 비교한 결과 송대 사서의 부수가 『수서』「경적지」에 보이는 사서보다 두 배 반이 더 많다. 그리고 『四庫全書總目提要』에 수록된 史部書는 총 564부 21,950권인데 그중에 송대 사람의 저작이 總部 수량의 삼분의 일과 총 권수의 사분의 일 이상을 차지했다. 高國杭, 「宋代史學及其在中國史學史上的地位」, 『中國歷史文獻研究集刊』 第4集, 長沙: 岳麓書社, 1983, 126~135쪽 참조. 통계 자료는 127쪽에 나온다.
102 Robert M. Hartwell, "Historical Analogism, Public Policy and Social Science in Eleventh-

더욱이 리학을 집대성한 인물이다.[103] 주희는 학문을 하는 패기가 웅대하여 리학과 사학을 융합하여 하나로 만드는 데 노력했고 일련의 역사 해석을 내놓았다. 그러나 우리의 분석으로 보면 주희는 '리일분수'의 리학 관점을 끌어다 이리저리 얽힌 복잡한 역사를 해석하면서 오히려 '리'가 '사' 위에 있다고 주장하지 않을 수 없었고 초시간적 도덕 이상으로 시공의 맥락에서 발생한 역사 사실을 해석했다. 주희가 수행한 역사 해석의 특수하고 독창적 견지가 바로 여기에 있고 그의 한계 역시 바로 여기에 있다.

---

and Twelfth-Century China," *American Historical Review*, vol.76, no.3, 1971, pp.692~727 참조.

103 陳榮捷, 『朱子新探索』, 臺北: 臺灣學生書局, 1988; Wing-tsit Chan, "Chu Hsi's Completion of Neo-Confucianism," in *Etudes Song in Memoriam Etienne Balazs*, Editées Par Francoise Aubin, Serie II, #I, Paris: Mouton & Co. and Ecole Practique de Haute Etude, 1973; Wing-tsit Chan, *Chu Hsi: Life and Thought*, Hong Kong: The Chinese University Press, 1987; Wing-tsit Chan ed., *Chu Hsi and Neo-Confucianism*, Honolulu: University of Hawaii Press, 1986 참조.

제3부

중국적 역사 사유의 현대적 전환

제7장

전목(첸무) 사학 속의 '국사'관과 유가 사상

1. 이끄는 말

우리는 각 장의 서술에서 중국 전통 사학의 '시간성'은 '초시간성'을 품고 있다는 점을 논의했다. 전통적 사학자들은 '역사적 사실'에 입각해서 '역사적 이치'를 찾았다. 유가 사상에 젖어 있는 사학자들이 '역사 서술'에 종사하는 것은 사실 도덕 철학의 수립을 목적으로 삼았다. 중국의 사학자들은 '사실 판단'과 '가치 판단'을 하나로 융합했는데, 역사 속 인간의 자유 의지를 긍정하고 역사적 사실을 사실 있는 그대로 써서 세상을 다스리거나 심지어 세상을 구하는 것을 사학의 최고 목표로 삼았다.

앞에서 말한 항목에 말한 중국 사학의 특성은 모두 유가 사상과 서로 겹치는 부분이 있다. 이렇게 유구하고 두터운 역사를 가진 사학 전통은 20세기에 들어선 뒤에도 여전히 강인한 생명력을 드러내며, 20세기 중국이 역사가 변천하는 국면에서 마주한 도전에 대응하여 옛것을 지키면서도 새로운 것을 창조해냈다. 전목(첸무) 사학은 바로 현대 중국 사학의 특출한 인재로 꼽힌다. 전목(첸무) 사학에도 강렬한 유가 사상의 요소가 드러나 있다.

전목(첸무)은 20세기 중국 학술계의 거장이다.[1] 그의 저술이 풍부하고 업적이 선현을 뛰어넘어 학문 연구가 사부四部까지 두루 아울렀는데, 특히 사학의 명인이며 탁월한 일대종사이다. 전목(첸무) 일생의 저작은 모두 중국 문화의 가치를 널리 선양했다. 여영시(위잉스)가 그를 애도하며 지은 시 중 "평생 고국을 위해 혼을 되살리다(一生爲故國招魂)."[2]는 구절이 있는데, 이는 확실히 전목(첸무) 필생의 위대한 연구 업적을 적절히 묘사했다고 할 수 있다.

전목(첸무)의 사학 세계는 뜰이 넓고 나타난 현상과 미묘한 본체 사이가 구별이 없으며 미시적 논증과 거시적 시야가 하나로 잘 녹아있다. 초기의 『유향유흠 부자 연보劉向歆父子年譜』(1929), 『선진 제자 계년先秦諸子繫年』(1935)부터 『국사 대강國史大綱』(1940), 『중국의 역사 정신中國歷史精神』(1948), 『국사 신론國史新論』(1951), 『중국 역대 정치의 득실中國歷代政治得失』(1952), 『중국 사학의 발미中國史學發微』(1987) 등 각각의 책에서 일관되게 중국 역사의 특수성을 강조했고 아울러 중국 역사의 지식을 다시 세워 오늘날 중국인의 민족 자긍심을 일깨우고 혼란스러운 20세기에 굳건하게 우뚝 서게 했다. 전목(첸무) 사학의 가장

---

1   ‖ 전목(첸무)의 책 중에 한국어로 번역된 경우는 다음과 같다. 김준권 옮김, 『강좌 중국정치 제도사』, 한국학술정보(주), 2005; 이윤화 옮김, 『전목선생의 사학 명저 강의』, 신서원, 2006; 전목(첸무) 강의, 섭룡(예룽)葉龍 기록·정리, 유병례·윤현숙 옮김, 『전목의 중국 문학사』, 뿌리와이파리, 2018 참조
2   余英時, 「一生爲故國招魂－敬悼錢賓四師」, 『猶記風吹水上鱗 錢穆與現代中國學術』, 臺北: 三民書局, 1991, 17~30쪽. 錢穆에 관한 전기는 羅義俊, 「錢穆先生傳略」, 『晉陽學刊』 1986年 第4期, 36~44쪽 참조. 이 글의 초고는 1982년 7월 6일에 완성되었는데, 사정으로 인해 압수되었다가 1986년 3월 25일에서야 축소하여 인쇄할 수 있었다. 글에서 전목(첸무)이 "사상 방법론에서 분명한 유물주의의 특징이나 경향을 보였다."(44쪽)고 말했는데, 마음속으로부터 우러나온 진실한 말이 아닐 수도 있다. 郭齊勇·汪榮群, 『錢穆評傳』, 南昌: 百花洲文藝出版社, 1995. 전목(첸무)의 저작에 관한 소개에 관해 李木妙, 「國史大師錢穆敎授生平及其著述」, 『新亞學報』 第17卷, 1994.8, 1~184쪽 참조. 1995년 5월 11~13일에 홍콩중문대학 新亞書院에서 개최한 『錢賓四先生百齡紀念會學術硏討會』에서 발표된 많은 논문에서 모두 전목(첸무)의 학술에 관해 언급했다. 『紀念錢穆先生逝世十週年國際學術硏討會論文集』, 臺北: 臺灣大學中文系, 2001 참조.

큰 특징은 역사를 '과학적 역사(scientific history)'가 아니라 '민족적 서사시(national epic)'로 보았다는 데 있다. 이러한 '민족' 사관은 그의 불후의 명작 『국사 대강』 속에 구체적으로 드러나 있다.[3]

7장의 주제는 전목(첸무) 사학의 '국사國史'관을 분석하고 전통 사학 사상의 현대적 전환과 전목(첸무) 사학 속의 유가 사상을 논의하는 데에 있다. 우리는 먼저 '국사'관의 의미와 그 역사적 배경을 살펴보고, 더 나아가 전목(첸무) '국사'관 속의 사학 방법론 및 그것이 그려내는 중국 역사의 특수성을 분석하며, 아울러 동시대의 학자 서복관(쉬푸관)徐復觀과 서로 비교하려고 한다. 또한 전목(첸무) 사학이 20세기 중국 사학의 역사에서 가지는 의미를 논의하고 같은 시대의 부사년(푸스녠)傅斯年과 대비해보고자 한다. 이 글의 마지막에서는 전목(첸무) 사학 속의 유가 요소를 살펴보려고 한다.

2. 전목(첸무) '국사'관의 함의 및 그 역사 배경

전목(첸무) 사학 사상 중에 '국사' 개념은 매우 중요한 구성 부분이다. '국사'라는 개념의 의미 맥락은 역사 경험을 민족 투쟁의 서사시로 보려고 한다. 전목(첸무)은 '국사'를 연구하고 읽는 목적이 애국 정서를 배양하고 과거를 거울삼아 미래를 내다보며 민족의 미래를 위해 방향을 안내하는 데 있음을 강조했다. 그가 견지한 이 정리와 이치가 서로 어우러진 '국사'관은 19세기 이래의 역사적 산물로 그 나름의 시대적 배경이 있다. 우리는

---

3   ‖ 이와 관련해서 자세한 내용은 김택중, 「錢穆의 『國史大綱』 저술동기」, 『한국사학사학보』 12, 2005 참조.

이상의 견해를 좀 더 상세히 밝혀보자.

전목(첸무)의 사학 세계에서 '국사'는 절대로 지나가 버려서 역사를 읽는 독자의 생명과 아무런 관련이 없는 역사적 소재나 사실이 아니라 피와 눈물이 뒤섞여있는 민족의 형성·발전·좌절 및 부흥의 과정이다. 이러한 역사 경험을 기술한 역사 지식은 일종의 '민족 서사시'로 웅장하여 감격적이고 눈물겹다. 전목(첸무)은 『국사 대강』의 「서문〔引論〕」에서 '역사 지식'과 '역사 소재'의 차이를 엄격하게 구분했다. 그는 민족 국가가 지나온 모든 활동이 '역사'이다. 즉 문헌의 기록이 널리 퍼져서 오늘날까지 전해진 것은 역사의 소재라 말할 수 있고 오늘날 필요한 역사의 지식이라고 할 수 없다.

소재가 쌓여서 점점 많아지고 지식은 시대에 맞게 새로워진다. 전목(첸무)은 다음처럼 말했다. "역사 지식은 시간에 따라 변화하고 자신이 속한 시대의 여러 가지 문제와 밀접한 연관을 갖는다. 역사 지식은 옛것을 거울로 삼아 오늘을 알 수 있게 한다. 역사 소재는 선인의 기록이다. 선인은 훗날의 일을 모르기 때문에 기록한 것이 반드시 일일이 후인이 알고자 하는 바에 어울린다고는 할 수 없다."[4] 그는 이 관점에서 출발하여 20세기 중국은 비록 세계에서 가장 풍부한 '역사 소재'를 가지고 있지만 중국인은 오히려 '역사 지식'이 가장 부족한 민족이라고 지적했다. 이러한 상황을 조성한 원인은 주로 20세기 중국 사학계이 병적 상태에 놓여있던 데에 있다. 전목(첸무)은 당시 중국 사학의 유파를 다음처럼 평론했다.

---

4 錢穆, 『國史大綱』, 「引論」, 『錢賓四先生全集』第27冊, 臺北: 聯經出版公司, 1998, 22쪽: "歷史知識, 隨時變遷, 應與當身現代種種問題, 有親切之聯絡. 歷史知識, 貴能鑒古而知今. 至於歷史材料, 則爲前人所記錄, 前人不知後事, 故其所記, 未必一一有當於後人之所欲知." 아래 인용되는 전목(첸무)의 저작은 모두 『錢賓四先生全集』본을 사용한다.

중국의 근대 사학을 간략히 논의하면 세 개의 유파로 나눠 서술할
수 있다. 첫째, 전통파(기송파記誦派라고도 함)이고 둘째, 혁신파(선전파
宣傳派라고도 함) 셋째, 과학파(고정파考訂派[5]라고도 함)이다. '전통파'는 암
송을 중심으로 하고 전장 제도를 숙지하며 과거의 성현의 언행을
많이 외우고 간혹 여러 판본의 교감과 집보輯補의 작업을 한다. 이
유파는 청대 중엽 이래의 서양 세력이 아직 중국에 들어오지 않았
을 때의 옛날 규범을 따른다. 다음은 '혁신파'인데 청대의 말기에
일어났고 공업에 뜻이 있고 사회의 혁신에 다급한 지식인들이 제
창했다. 마지막은 '과학파'인데 '과학적 방법으로 국가의 문화 학술
을 정리하자'는 조류를 타고 일어났다. 이 유파와 전통파는 같이
역사 재료의 방면에 기울었고 방법이 서로 비교적 가까웠다. 과학
파의 박학함이 다소 미치지 못하는 분야가 있지만 정밀함은 때로
지나치다. 두 유파의 역사 연구는 모두 계통이 부족하고 의의가 없
으며 순전히 일종의 서적과 문자의 학문으로 당시 현실과 아무런
관련이 없다. 과학파는 차라리 '기송記誦'의 일파라고 하는 게 나을
듯한데 전장 제도를 숙지하고 과거 성현의 언행을 많이 외우고 역
사 사실에 박식하고 인간사에 조금은 가깝다. 〔무엇을 밝혀내면〕
설령 세상에 무익하더라도 자신들에게 유익하다. '고정파考訂派'는
'과학적 방법'이라는 미명에 흔들려 종종 역사 사실을 다양하게 쪼
개고 갈라내서 아주 국부적이고 협소한 영역을 규명한다. 살아있
는 인간사를 죽은 재료로 바꿔놓는다. 역사 연구는 마치 암석을 연
구하고 전력을 연구하는 것처럼 선인의 전체적인 활동에 없고 조

---

5 ‖부사년(푸스녠)의 입장으로 우리나라 학계에서 통용되는 말로 옮기면 실증파로 부를 수
있다.

상들의 문화 정신에도 막연하게 여기고 마음을 쓰지 않는다. 저들은 오로지 실증을 숭상하고 새로운 신발견을 칭찬하며 객관을 외치며 한 몸을 이루는 전체 역사에 뜻이 없고 자기 민족과 국가의 문화 성취를 따지지 않는다.[6]

전목(첸무)은 20세기 중국 사학의 3대 유파 모두에게 아쉬운 점이 있다고 생각했다. 그 이유는 당시 사학 연구의 대부분은 현실의 삶과 별다른 관계가 없었기 때문이다. 전목(첸무)은 "사학 연구는 일종의 사학자의 심정과 포부를 지녀야 한다. 만약 국가와 민족에 관심이 없고 군중의 장기적 변화에 관심이 없으면서 그렇게 역사를 배운다면 마치 사람이 동물과 식물을 좋아하지 않으면서 생물을 배우는 것과 같고 숫자와 도형을 좋아하지 않으면서 기하학과 수학을 배우는 것과 같다. 이렇게 역사를 배우면 고작 연혁을 이야기하고 옛일을 말할 수 있을 뿐 더욱이 '사학 정신'은 없다고 말할 수 있다."[7]

그는 역사 지식과 삶의 현실은 떨어질 수 없으며 전자는 후자를 끌어

---

6 錢穆, 『國史大綱』(上), 『錢賓四先生全集』第27冊, 24쪽: "略論中國近世史學, 可分三派述之. 一曰傳統派(亦可謂記誦派), 二曰革新派(亦可謂宣傳派), 三曰科學派(亦可謂考訂派). 傳統派主於記誦, 熟諳典章制度, 多識前言往行, 亦間爲校勘輯補. 此派乃承前淸中葉以來西洋勢力未入中國時之舊規模者也. 其次曰'革新派', 則起於淸之季世, 爲有志功業, 急於革新之士所提倡. 最後曰'科學派', 乃承'以科學方法整理國故'之潮流而起. 此派與傳統派, 同偏於歷史材料方面, 路徑較近. 博洽有所不逮, 而精密時或過之. 二派之治史, 同缺乏系統, 無意義, 乃純爲一種書本文字之學, 與當身現實無預. 無寧以'記誦'一派, 猶因熟諳典章制度, 多識前言往行, 博洽史實, 稍近人事. 縱若無補於世, 亦將有益於己. 至'考訂派'則震於'科學方法'之美名, 往往割裂史實, 爲局部窄狹之追究. 以活的人事, 換爲死的材料. 治史譬如治岩礦, 治電力, 旣無以見前人整段之活動, 亦於先民文化精神, 漠然無所用其情. 彼惟尙實證, 夸創獲, 號客觀, 旣無意於成體之全史, 亦不論自己民族國家之文化成績也."
7 錢穆, 『史學導言』, 『錢賓四先生全集』第32冊, 70쪽: "治史學, 要有一種史學家之心情, 與史學家之抱負. 若不關心國家民族, 不關心大群人長時期演變, 如此來學歷史, 如一人不愛鳥獸草木而學生物, 不愛數字圖形而學幾何與算學. 如此來學歷史, 最多只能談掌故, 說舊事, 更無『史學精神』可言."

올리는 동력이라고 여겼다. 전목(쳰무)은 또 말했다. "역사는 곧 인생이다. 한번 가면 돌아오지 않고 시간과 더불어 새로워진다."[8] 그리고 또 말했다. "역사는 인생의 기록이며 또한 인생의 실제 모습이다. 인생은 역사의 장차 그렇게 될 방연方然이고 역사는 인생의 이미 그러한 기연旣然이다."[9] 역사 지식이 반드시 삶의 현실과 합쳐져서 하나가 되어야 한다면 고난의 20세기 중국인은 어떤 통사通史의 지식을 필요로 하는가? 전목(쳰무)은 새로운 시대의 통사는 반드시 다음의 두 가지 조건을 만족시켜야 한다고 말했다.

하나는 반드시 우리 국가와 민족의 과거 문화가 변화한 진상을 사람들에게 명백하게 보여줘서 중국의 과거 정치·사회·문화·사상의 갖은 변화를 이해하는 데에 뜻 있는 사람이 반드시 요구하는 지식이어야 한다. 또 하나는 옛 역사 체계 가운데 중국의 복잡하여 풀기 어려운 갖은 문제들을 비춰줘서 현실을 혁신하는 데에 뜻 있는 사람들이 반드시 갖춰야 할 지식이어야 한다. 전자는 국가와 민족의 영원한 생명 원천을 적극적으로 찾아 전체 역사가 추동하는 정신이 기대는 것이다. 후자는 국가와 민족의 최근에 보이는 병통의 증후를 소극적으로 지적하여 현재를 고치는 방안을 바탕으로 한다. 이러한 새로운 통사의 가장 주요한 임무는 국사의 참모습을 국민의 앞에 전파하여 우리 선조가 국가와 민족에게 다한 책임을 환히 알게 하여 자연히 마음으로 느껴서 지난날을 생각하게 하며 그것을 아끼고 보호할 도타운 뜻을 떨쳐내서 일으키게 한다.[10]

8　錢穆,「中國史學發微」,「錢賓四先生全集」第32冊, 313쪽: "歷史卽人生, 一往不復, 與時俱新."
9　錢穆,「中國史學發微」,「錢賓四先生全集」第32冊, 221쪽: "歷史乃人生之記載, 亦卽人生之寫照. 人生乃歷史之方然, 歷史則人生之旣然."

전목(첸무)이 위에서 언급한 '국사'의 두 가지 조건 중에 첫 번째는 '국사'로 국민의 정체성을 창조하고, 민족 모두에게 방향감을 제시하며 국민의 생활 방식에 이론적 기초를 부여한다. 전목(첸무)이 생각하기에 '역사'는 국가가 흔들릴 때에 무한함 힘을 발휘하여 국가의 앞길을 이끌고 국가의 발전을 규제하는데, 그렇지 않으면 역사는 학문이 되지 못하고 인류도 아예 역사적 진전을 거둘 수 없으리라고 생각했다. 중국은 근 백 년 동안 격한 변화를 겪었는데 불행히도 이 시기의 중국인은 중국 역사에 대한 인식이 매우 부족했다. 이 때문에 그는 새 시대의 수요에 주력하고 옛 역사의 진상을 연구하며 당시 중국 국내의 모든 문제에 대해 근본으로 거슬러 올라가 역사의 계시를 제시해주기를 바랐다.[11] 전목(첸무) 마음속의 '국사'는 사실 중국인 전체 '문화 정체성'에 공통으로 적용되는 핵심이었다.

전목(첸무)이 말한 '국사'의 두 번째 조건은 '국사'의 경험을 민족 미래 발전을 인도하는 나침판으로 삼는 것이다. 전목(첸무)은 노년에 20세기 중국의 격동을 회고하며 다음처럼 말했다. "한편으로 외환에 연루되는 것도 있지만 또 다른 한편으로 사실 내란으로부터 발생된 것도 많았다. 대외적으로 힘들지만 사실 대내적으로 아무런 방도가 없다. 내가 말하건대 오늘날 우리 중국인과 중국이 스스로 구원하는 방법은 사실 신구 지식을 아울러 받아들이고 나란히 쓰며 서로 돕고 서로 이루어져야만 구제할 수 있다. 한편으로 세계의 새로운 추세에 순응하여 새로운 세계

10　錢穆, 『國史大綱』(上), 29~30쪽: "一者必能將我國家民族已往文化演進之眞相, 明白示人, 爲一般有志認識中國已往政治, 社會·文化·思想種種演變者所必要之智識. 二者應能於舊史統貫中映照出現中國種種複雜難解之問題, 爲一般有志革新現實者所必備之參考. 前者在積極的求出國家民族永久生命之泉源, 爲全部歷史所由推動之精神所寄. 後者在消極的指出國家民族最近病痛之證候, 爲改進當前之方案所本. 此種新通史, 其最主要之任務, 尤在將國史眞態, 傳播於國人之前, 使曉然了解於我先民對於國家民族所已盡之責任, 而油然興其慨想, 奮發愛惜保護之摯意也."

11　錢穆, 「自序」, 『國史新論』, 『錢賓四先生全集』 第29冊, 3쪽.

지식을 널리 수용하여 대처할 때 바탕으로 삼아야 한다. 다른 한편으로 자기 역사 문화의 전통으로 중국인이 중국인답게 해야 하고 중국이 중국답게 하는 근본적 기초가 되어야 하고, 특히 개성을 가지고 자신을 돌이켜 해답을 찾아 자아의 인식을 갖춰야 한다. 그런 뒤에 병에 맞는 약을 구하고 증상에 따라 처방을 내릴 수 있다."[12] 전목(첸무)이 계승하고 널리 알린 것은 바로 전통적인 중국의 '사학은 세상을 다스리는 바탕'이라는 전통이다. 그는 '국사'로 국혼을 깨워 당시 중국인이 심지를 일으켜서 스스로 주체가 되기를 희망했다.

위에서 살펴본 두 가지 논점, 즉 '국사'를 '문화 정체성'의 지표로 삼기와 '국사'를 미래를 이끄는 나침판으로 삼기는 20세기 중국의 위기가 나날이 심각해지는 역사 맥락 속에서 모두 강렬한 민족주의의 색채를 가득 지니게 되었다. 전목(첸무)는 '국사'로 국혼을 일깨운다는 했는데, 그 의미는 서로 다른 '집단 기억(collective memory)'으로 인해 '자민족'과 '타민족'을 엄밀히 구분하고, 역사 지식으로 하여금 국민 의지와 애국 정서를 공고히 해주는 도구가 되게 하는 데에 있다.

민족주의의 정서를 바탕으로 하는 이러한 '국사'관은, 한편으로 근대 이전의 중국 사학이 왕조를 시대 구분의 기초로 삼던 구사학에 맞서서 분명히 하나의 대혁명이라 할 수 있다. 다른 한편으로 19세기 유럽 사학의 '민족사'관과 호응하는 면이 있다.

여영시(위잉스)가 말했듯이 '국사(national history)' 개념은 약 20세기

---

12 錢穆, 「序二」, 『從中國歷史來看中國民族性及中國文化』, 『錢賓四先生全集』 第40冊, 7쪽:
  "一方面固是牽於外患, 而另一方面實多發自內亂. 不僅對外維艱, 實亦對內無方. 竊謂今日
  我中國人及中國自救之道, 實應新舊知識兼采並用, 相輔相成, 始得有濟. 一面在順應世界
  新潮流, 廣收新世界知識以資對付. 一面亦當於自己歷史文化傳統使中國人之成其爲中國
  人, 與夫中國之成其爲中國之根本基礎, 及其特有個性, 反身求之, 有一番自我之認識, 然後
  能因病求藥, 對症下方."

초에 일본을 거쳐 중국 사학계로 들어왔다. 이는 대부분 전통적인 중국의 '천하'관이 와해되면서 많은 중국 사학자들이 중국을 현대 세계 속 많은 국가들 중 한 나라라는 것을 깨닫기 시작한 것이다. 당시 일본에 체류 중이던 양계초(량치차오)梁啓超(1873~1929)·장병린(장빙린)章炳麟(1869~1936)·류사배(류스페이)劉師培(1884~1919) 등은 모두 중국 사학의 '왕조사' 전통을 비판하고 새로운 통사를 저술하여 '국사'에 새로운 의미를 부여하고자 했는데, 양계초(량치차오)가 내세운 '신사학'을 그 으뜸으로 꼽힌다.[13]

양계초(량치차오)는 전통 사학이 가진 네 가지 중요한 병폐를 비판했다. (1) 왕조가 있는 줄 알지만 국가가 있는 줄 모른다. (2) 개인이 있는 줄 알지만 대중이 있는 줄 모른다. (3) 과거의 자취가 있는 줄 알지만 오늘의 사무가 있는 줄 모른다. (4) 사실이 있는 줄 알지만 이상이 있는 줄 모른다.[14] 그중 **"왕조가 있는 줄 알지만 국가가 있는 줄 모른다**(강조는

---

13 Ying-shih Yü, "Changing Conceptions of National History in Twentieth-Century China," in Erik Lönnroch et al. eds., *Conceptions of National History: Proceedings of Nobel Symposium* 78, Berlin and New York: Walter de Gruyter, 1994, pp.155~174 참조.

14 梁啓超, 「新史學」, 『飮冰室文集』, 臺北: 新興書局, 1955 新一版, 96~105쪽. 양계초(량치차오)의 「新史學」은 일본 사학자 우키타 가즈타미浮田和民(1859~1946)의 계발과 영향을 자못 받았다. 鄔國義, 「梁啓超新史學思想探源─代序言」, 〔日〕浮田和民 講述, 李浩生 等 譯, 鄔國義 編校, 『史學通論四種合刊』, 上海: 華東師範大學出版社, 2007, 1~52쪽 참조. 이효천(리샤오첸)李孝遷은 일찍이 梁啓超의 『新史學』 사상의 근원을 상세히 고찰하여 다음처럼 주장했다. "『新史學』 제2절 『史學之界說』은 우키타 가즈타미의 『史學原論』을 참고했고, 제3절 『歷史與人種之關係』는 다카야마 린지로高山林次郎의 『世界文明史』에서 제재를 골라잡았다."(李孝遷, 第4章 梁啓超新史學思想之考源, 『西方史學在中國的傳播(1882~1949)』, 上海: 華東師大出版社, 2007, 168쪽 참조.) 그러나 이효천(리샤오첸)은 양계초(량치차오)가 일본인의 사학 저작을 참고했다고 해서, 그 사실이 그가 중국 신사학 이론의 창시자라는 지위를 흔들지 못한다고 강조했다. 상소명(상샤오밍)尚小明은 『新史學』이 『史學原論』을 온전히 이식했다는 주장을 펼쳤는데, 이효천(리샤오첸)은 그 주장에 동의하지 않았다.(尚小明, 「論浮田和民『史學通論』與梁啓超新史學思想的關係」, 『史學月刊』 第5期, 2003 참조). 황극무(황커우)黃克武는 양계초(량치차오)의 사상이 유·불 전통 사상 속에 젖어있으면서 그의 사학은 서양의 사학 관념을 들여와서 중국 전통 학문과

지은이)"는 말은 특히 방향을 가리키는 지표의 의미를 갖는다. 20세기 초 중국 사학자들은 모두 전통에서 조정을 중심하는 '황제 교과서'[15]식의 역사 서술에 대해 매우 불만족스러워했고 '국가'를 주체로 하는 새로운 역사 저작을 쓰려는 마음이 있었다.

전목(첸무)의 『국사 대강』은 바로 20세기 중국 '신사학'의 조류가 영향을 주던 시기에 완성된 거작이다. 그는 몹시 혼란스러운 20세기 중국에서 **한 가문과 한 성씨의 왕조가 필요한 것이 아닌 전체 국민을 위한 중국 통사**(강조는 지은이)를 쓰고자 했다. 그러므로 그는 『국사 대강』의 첫 페이지에 『국사 대강』을 읽는 독자가 가져야 할 신념을 명시했다.

1. 어떠한 나라의 국민이든지 특히 평준 이상의 지식 수준을 가졌다고 자평하는 국민이라면 자국의 과거 역사에 대해 마땅히 대략적으로 알아야 한다.

2. 자국의 과거 역사에 대해 대략적으로 아는 자는 특히 반드시 자국의 과거 역사에 대해 온정과 경의를 지녀야 한다.

3. 자국의 과거 역사에 대해 온정과 경의를 가진 자는 적어도 자국의 과거 역사에 대해 극단적인 허무주의를 품지 않을 것이다. 또한 적어도 현재 우리가 과거 역사의 최고 정점에 서 있다고 느끼지 않을 것이며 우리가 가진 여러 가지 죄악과 약점을 모두 고인의 책임으로 떠넘기지 않을 것이다.

4. 각각의 나라에서 반드시 이상의 조건을 구비하는 국민의 숫자가

융합시켜 하나로 만들었다고 주장했다. 黃克武, 「梁啓超與中國現代史學的追尋」, 『中央研究院近代史研究所集刊』 第41期, 2003.9, 181~213쪽 참조.

15 이것은 양계초(량치차오)의 전통 역사 서적에 대한 비판이다. 梁啓超, 『中國歷史研究法』, 臺北: 臺灣中華書局, 1936 初版; 1970 臺七版, 3쪽 참조.

늘어날수록 그 나라가 앞으로 발전할 희망이 다시 생기는 것이다.[16]

이러한 통사 이념은 '국國'과 '국민國民'의 입장에서 자국의 역사를 돌아보 도록 강조했는데, 이는 왕조를 단위로 하는 전통 사학의 사관과 달라서 천지가 찢어지는 듯한 굉음에 사람들이 놀라는 대혁명과 같았다. 중화민 국 28년(1939)에 전목(첸무)이 『국사 대강』을 쓴 뒤에 아직 뜻이 완전히 전달되지 않았다고 생각한 듯 운남(윈난)雲南 의량(이량)宜良에서 별도로 『국사 만화國史漫話』의 장문을 썼다. 여기서 그는 국사 규모의 방대하고 시대에 맞춰 나아가며 잘 변하여 나날이 새로워지고, 국사의 유구하여 자연과 짝이 되고, 국사는 분열을 일시적 변고로 보고 통일을 정상으로 보는 특성을 재차 강조하며 간절히 뜻을 전했다.[17]

이처럼 '국사'를 '민족 서사시'로 보는 신사학은 사실 19세기 유럽 대 륙의 사학 사조에 매우 긴밀하게 상응하였는데, 프랑스의 사학자 쥘 미 슐레(Jules Michelet, 1798~1874)를 그 사조의 대표로 볼 수 있다. 미슐레 는 『로마사』 『프랑스사』(1833~1843, 총6권) 『프랑스 혁명사』(1847~1853, 총7권) 『민중』(1846) 등을 저술했다. 미슐레는 1846년에 저술한 『민중』 에서 다음처럼 선포했다. "이 책은 그저 한 권의 책이 아니라 바로 나 자신이다. 그러므로 내가 좀 과장되게 재차 이 책은 당신(독자)이기도 하 다고 확인하더라도 허락해 달라. …… 이 책을 받아 주시오! 나의 민중

16 錢穆, 『國史大綱』(上), 19쪽: "一. 當信任何一國之國民, 尤其是自稱知識在水平線以上之 國民, 對其本國已往歷史, 應該略有所知. 二. 所爲對其本國已往歷史略有所知, 尤必附隨一 種對其本國已往歷史之溫情與敬意. 三. 所爲對其本國已往歷史有一種溫情與敬意者, 至少 不會對其本國已往歷史抱一種偏激的虛無主義. 亦至少不會感到現在我們是站在已往歷史 最高之頂點, 而將我們當身種種罪惡與弱點, 一切諉卸於古人. 四. 當信每一國必待其國民 備具上列諸條件者比數漸多, 其國家乃再有向前發展之希望."
17 錢穆, 『國史漫話』, 『錢賓四先生全集』 第32冊, 1~30쪽.

이여, 이 책은 당신이기도 하고 나이기도 하기 때문이다."[18] 미슐레의 이
편지 전문은 격력한 민족의 정서로 가득 차 있다. 미슐레가 부르짖은
'프랑스 정신, 내 조국의 이념!'[19]과 전목(첸무)의 애국 정서는 동서양에서
서로 눈부시게 빛났다.

이렇게 '국사'를 '민족 서사시'로 보는 유럽의 신사학은 사실 19세기
낭만주의(Romanticism) 사조, 특히 낭만주의 사조에서 국가를 유기체로
보는 유기체론(organism)에서 연유한다. 유럽 근대 사상사에서 낭만주
의자는 대부분 민족 혹은 민족 국가가 사회 조직의 최고 형태이고 개인
은 국가의 협조를 받으며 자신의 잠재력을 가장 잘 발휘할 수 있는데,
이때 국가가 문화의 지도자가 된다고 생각했다.

낭만주의자는 '국가'를 특수한 성격을 가진 방대한 개체라고 형용했고
다른 국가 민족과 현저한 차이가 있다(반드시 다른 국가 민족과 대립하는 것은
아니다)고 보았다. 이에 낭만주의의 개체주의는 정치 영역에서 순식간에 민
족주의로 모습을 바꾸었다. 독일 철학자 피히테(Johann Gottlieb Fichete,
1762~1814)는 프랑스가 독일을 패배시킨 뒤 1807~1808년에 「독일 국
민에게 고함」[20]이라는 강연에서 '민족의 개성'을 강조했고 민족 관념을
정치 영역과 역사 연구로 끌어들였다.[21]

전목(첸무)을 대표로 하는 20세기 중국 사학계의 '국사'관은 유럽 사학

---

18 이것은 미슐레(Michelet)가 1846년 1월 24일 친구인 께네(Edgar Quine)에게 보낸 편지
  내용이다. Fritz Stern ed. with introduction, *The Varieties of History: From Voltaire to
  the Present*, New York: Meridian Books, 1956, pp.109~119, 인용문은 p.109에 나온다.
19 위와 같음.
20 ‖「독일 국민에게 고함」은 피히테가 1807년에서 1808년 사이에 프랑스군 점령 하에 놓인
  베를린에서 강의한 내용을 모아 엮은 책이다. 프로이센이 나폴레옹군에 패하여 강화 조약
  을 맺을 때 독일의 국민적 재생과 민족 의식의 고양을 호소하였다. 한국어 번역본은 황문수
  옮김, 『독일 국민에게 고함』, 범우, 2019 참조.
21 이상의 논점은 Franklin L. Baumer, 李日章 譯, 『西方近代思想史』, 臺北: 聯經出版公司,
  1988, 340~342쪽 참조.

계의 '민족사'관과 마찬가지로 역사 지식을 민족 의식을 떨치고 애국 정서를 강화하는 도구로 삼았지만 양자 사이에는 근본적인 차이가 있다. 유럽 사학의 '민족사'관은 19세기의 낭만주의 사조와 거기에서 파생된 민족주의와 깊은 관계가 있다. 하지만 중국 사학계의 '국사'관은 19세기 중엽 이후 서양 제국주의자가 중국을 침략하여 중국의 위기가 나날이 심해지는 역사 배경에서 격앙된 민족주의 정서의 영향을 받아 '국사'를 구국의 수단으로 삼은 것이다. 전목(첸무)은 학생들에게 자신은 "역사 연구를 9·18사변[22] 이후부터 시작했고 목적은 국가와 민족에게 아직도 희망이 있는지를 연구하는 데에 있다"라고 말한 적이 있다.[23]

전목(첸무) 사상 중에 '국사'를 세우는 위업은 사실 쓰러져가는 정세를 원래의 상태로 회복시키려는 급박감이 있었다. 이러한 종족과 나라의 보존을 목적으로 한 문화 민족주의는 방어적인 민족주의로 다른 나라의 영역을 침략하고 다른 나라의 인민을 노예로 삼는 것을 목적으로 하는 공격적인 근대 서양의 민족주의와 완전히 다르다. 전목(첸무) '국사'관 중의 민족주의는 당시 영국학자 스미스(Anthony D. Smith, 1939~)가 말한 '역사적 민족 상징주의(Historical ethno-symbolism)' 식의 민족주의로 볼 수 있다.[24] 이것이 중시하는 것은 종족과 민족주의의 내재적 세계의 구축이다.

---

22 ‖9·18사변은 일본이 만주를 침략하기 위해 1931년 9월 18일 瀋陽 부근의 柳條溝에서 철도를 폭파하고 이를 중국군의 소행이라며 중국군에게 포격을 가한 사건으로 滿洲事變이라고도 한다. 이후 일본은 만주 지역의 패권을 차지하게 된다.

23 인용문은 吳沛瀾, 「憶賓四師」, 中國人民政治協商會議江蘇省無錫縣委員會 編, 『錢穆紀念文集』, 上海: 上海人民出版社, 1992, 52쪽: "研究歷史是從九一八事變後開始的, 目的是要探究國家民族還有沒有希望."

24 Anthony D. Smith, *Nationalism: Theory, Ideology, History*, Cambridge: Polity Press, 2010, pp.60~63 참조.

3. 전목(첸무) '국사'관 속의 사학 방법론

전목(첸무) 사학 중에 '국사'의 저술에는 '주체와 객체의 융합'을 특징하는 사학 방법론이 들어있다. 이것은 역사 연구자와 역사 사실 사이의 정서와 이치가 한데 어우러지는 것을 강조한다. 그러므로 전목(첸무)은 '국사'를 쓰면서 특히 '국사'의 특수한 '정신'을 그려내는 작업을 중시했다. 그는 '국사'의 특수한 정신이 특히 본토(황하 유역)에서 기원한 중국 문화에 있으므로 서양의 역사 문화와 크게 다르다고 보았다. 중국 전통의 정치는 '사인士人 정치'이지 청말 이래로 일반인들이 말하는 '전제 정치'가 아니고 또 '국사'는 평화 속에서 진전할 수 있다고 생각했다. 우리는 이 두 가지 논점을 상세하게 풀어보자.

먼저 우리는 전목(첸무) 사학에 주체와 객체가 서로 어우러지는 취지의 방법론이 있다는 점을 지적하고자 한다. 전목(첸무)은 '국사'를 읽으려면 반드시 자국의 과거 역사에 대한 일종의 '온정과 경의'에 근거해야 한다고 주장했다.[25] 그는 역사 지식이 시간에 따라 변하므로 반드시 역사를 읽는 독자가 당면한 여러 가지 문제와 연계시켜야 한다고 강조했다. "역사 지식은 과거를 거울삼아 오늘을 아는 것을 중시한다. …… 나라의 국민이 국가에 깊은 애정을 가지려면 반드시 먼저 국민은 국가의 과거 역사에 대한 깊은 인식을 가져야 한다. 나라의 국민이 국가의 현실에 대해 진실한 의견을 개진하려면 반드시 먼저 국민은 국가의 과거 역사에 대해 진실한 이해를 가져야 한다. 오늘날 우리에게 필요한 역사 지식은 바로 여기에 있다."[26]

---

25 錢穆, 『國史大綱』(上), 22~23쪽: "歷史知識, 貴能鑑古而知今, …… 欲其國民對國家有深厚之愛情, 必先使其國民對國家已往歷史有深厚的認識. 欲其國民對國家當前有眞實之改進, 必先使其國民對國家已往歷史有眞實之了解. 我人今日所需之歷史知識, 其要在此."

고와 금을 잇는 관점에서 전목(첸무)은 역사를 연구하는 '의의'를 강조하였다.

근래 사람은 학문을 연구할 때 하나같이 자료와 방법에 치중한다. 하지만 학문을 하려면 먼저 의의가 있어야 한다는 점을 알아야 한다. 의의가 같지 않으면 마땅히 사용하는 자료와 그 자료를 운용하는 방법도 그에 따라 같지 않게 된다. 예컨대 역사의 경우 자료가 무궁하지만 만일 역사를 전공하는 사람이 먼저 의미를 정하지 않고 오로지 방법에만 주목하여 일련의 방법을 이용하여 무궁한 자료를 이리저리 몰고 다니면 역사 연구는 제멋대로 굴며 그칠 줄 모르게 되고 더욱이 말할 만한 아무런 의미가 없게 된다.[27]

위에서 논의한 글 중에 '의의'는 중요도에서 연구 방법과 자료를 뛰어넘거나 앞선다. 전목(첸무)은 또 말했다. "먼저 역사를 연구하는 의의를 결정한 다음에 이 의의에서부터 연구 방법을 말하게 된다. …… 역사 연구에서 가장 주의해야 할 것은 바로 역사 배후에 간직되면서 완성된 문화이다. …… 하나하나의 주제는 공통 대상이 되는 문화 체계에서 각각의 지위가 다르고 분량이 다르므로 마땅히 중시하는 자료나 연구 방법도 그에 따라 다르다."[28] 전목(첸무)은 『중국 역사 연구법』에서 다음을 강조했다. 즉 반

---

26 錢穆, 『國史大綱』(上), 22~23쪽.
27 錢穆, 「序」, 『中國歷史研究法』, 『錢賓四先生全集』 第31冊, 3쪽: "近人治學, 都知注重材料與方法. 但做學問, 當知先應有一番意義. 意義不同, 則所應採用之材料與其運用材料之方法, 亦將隨而不同. 卽如歷史, 材料無窮, 若使治史者沒有先決定一番意義, 專一注重在方法上, 專用一套方法來駕馭此無窮之材料, 將使歷史研究漫無止境, 而亦更無意義可言."
28 錢穆, 「序」, 『中國歷史研究法』, 3~4쪽: "先決定一研究歷史之意義, 然後再從此一意義來講研究方法. …… 研究歷史, 所最應注意者, 乃爲在此歷史背後所蘊藏而完成之文化. …… 每一分題, 在其共通對象文化大體系之下, 各自地位不同, 分量不同, 其所應著重之材料與

드시 먼저 역사를 연구하는 '의의'를 파악했다는 전제 아래에서 비로소 연구 방법의 강구와 사료 비판의 작업을 논의할 수 있다. 전목(첸무)은 『국사 대강』에서 역사를 읽는 독자에게 "자국의 역사에 대한 온정과 경의"를 특별히 강조한 까닭은 기본적으로 앞에서 말한 '의의'라는 개념과 떨어질 수가 없다.

전목(첸무)은 자신이 강조한 '국사' 연구에서 '의의' 용어를 분명하게 정의를 하지 않았다. 하지만 우리는 『국사 대강』과 기타 관련 저술에서 다음을 추측해 낼 수 있다. 즉 전목(첸무)이 말한 '의의'는 역사를 읽는 독자의 주체성 또는 역사를 읽는 독자가 처한 시대의 '역사성'[29]을 가지고 과거의 역사 경험이 창조해낸 '의의'를 비추는 것이다. 이러한 '의의'는 사마천 이후의 중국의 사학가들이 '일가지언一家之言'으로 '고금의 변화'를 아우르는 전통과 일맥상통한다.

전목(첸무)이 강조한 사항은 역사 연구와 눈앞 현실 사이의 관련성(relevance)이다. 역사를 읽는 독자는 마땅히 시대의 문제를 품고서 역사의 세계로 들어가야 하고 역사에게 해답을 찾아야 한다. 이것은 '주체와 객체가 서로 융화되는' 연구 방법이며 이러한 방법으로 저술한 '국사'는 절대로 싸늘하게 해부를 기다리는 미이라가 아니라 생생하게 살아있는 역사의 노인이며 현대의 역사 독자는 그와 대화하며 그에게 민족이 겪는 고난의 유래를 묻고 민족이 나아갈 미래 향방을 찾을 수 있다. 이러한 방법으로 서술한 '국사' 저술은 반드시 '정서와 이치가 서로 융화된' 정리교융—情理交融의 작품이다.

이처럼 '정서와 이치가 서로 융화'된 '국사' 저작은 자기 민족의 역사

其研究方法亦隨而不同."
29 이것은 전목(첸무)이 『國史大綱』(下), 『錢賓四先生全集』 第28冊, 1026쪽에서 사용한 용어이다.

경험의 특수성을 강조한다. 전목(첸무)은 중국의 역사를 논한 많은 저술에서 일관되게 '국사'의 특수성을 강조했다.

> 문화와 역사의 특징은 '이어지고' '지속된다.' 이어짐과 지속은 나름의 개성을 형성하여 바뀔 없기 때문이다. 개성을 지녀서 바꿀 수 없다는 것은 생명이 있고 정신이 있다고 말할 수 있다. 한 민족의 문화와 역사의 생명과 정신은 모두 그 민족이 처한 특수한 환경, 맞닥뜨린 특수한 문제, 들인 특수한 노력, 거두어들인 특수한 성적으로 말미암아 특수한 구조(틀)를 갖추게 된다. 한 민족 본래의 정치 제도는 그 민족 문화 구조의 전부에 녹아있어 저절로 나름의 역사성을 가진다. 이른바 '역사성'이란 바로 사실 문제의 계속과 변화 발전에 의해 나타난다.[30]

전목(첸무)이 인용문에서 말한 '역사성'은 구체적이고 특수한 시공간의 맥락에서 발전해온 민족적 성격을 지닌 제도나 문화를 가리킨다. 전목(첸무)은 『국사 대강』의 서론[引論]에서 다음을 특별히 강조했다. "국사를 연구하는 첫 번째 임무는 국가와 민족의 내부에서 독특한 정신의 소재를 찾는 데에 있다."[31] 그리고 다른 글에서도 재차 강조했다. "역사에는 특수성·변이성 그리고 전통성이 있다."[32] 국사의 독특한 정신을 찾으려면 중국과

---

30 錢穆, 『國史大綱』(下), 1026~1027쪽: "文化與歷史之特徵, 曰'連綿', 曰'持續'. 惟其連綿與持續, 故以形成個性而見爲不可移易. 惟其有個性而不可移易, 故亦謂之有生命, 有精神. 一民族文化與歷史之生命與精神, 皆由其民族所處特殊之環境, 所遭特殊之問題, 所用特殊之努力, 所得特殊之成績, 而成一種特殊之機構. 一民族所自有之政治制度, 亦包融於其民族之全部文化機構中而自有其歷史性. 所謂'歷史性'者, 正謂其依事實上問題之繼續而演進."
31 錢穆, 「引論」, 『國史大綱』, 32쪽: "治國史之第一任務, 在能於國家民族之內部自身, 求得其獨特精神之所在."
32 錢穆, 『中國歷史研究法』, 2쪽: "歷史有特殊性·變異性與傳統性."

서구 문화의 정신을 비교하여 엄밀히 구분한 뒤에 중국 민족의 정신과 문화를 부각시키는 작업보다 더 나은 것은 없다. 『국사 대강』은 수차례 중국의 역사 사실을 서양 역사의 발전과 비교하면서 중국 역사의 정신을 부각시켰다.

예를 들어 전목(첸무)에 따르면 정치 측면에서 중국은 영국의 대헌장과 국회가 없고 프랑스의 인권 대혁명이 없었기 때문에 중국의 근대 지식인들이 중국이야말로 진나라 이래의 2,000년 동안 전제 암흑의 역사였다라고 말해왔다. 사상 측면에서 중국 역사에는 문예 부흥 운동과 같은 신흥 문학을 볼 수 없고 마틴 루터(Martin Luther, 1483~1546)가 일으킨 종교 혁명 또한 볼 수 없으므로 중국 지식인들은 참으로 극진히 중국이야말로 진나라 이래로 하나의 사상에 속박되어 왔다고 말해왔다. 경제 측면에서 중국에는 콜럼버스(Christopher Columbus, 1451~1506)가 없기 때문에 중국 지식인들은 중국이야말로 진나라 이래로 2,000년간 봉건 제도의 아래 깊이 잠들어 끝없는 밤이 지속되었다고 말해왔다.[33]

전목(첸무)은 민국 이래의 혁명파 사학자들이 "국사의 진실을 찾는 일에 게을리 하고 다른 사람의 의견을 취하는 일에 용맹하여(懶於尋國史之眞, 勇於據他人之說)" "맥락도 없이 무조건 모방하면서" 중국이 진나라 이래 2,000년 동안 정치는 오직 전제 암흑만 있고 사상은 유학의 일파에 한정되었으며 경제는 봉건 경제에 있어 발전했다고 말하지만 큰 변화가 없다는 식으로 오해했다는 점을 통렬히 지적했다. 전목(첸무)이 '국사'를 저술한 주요한 방법은 바로 '같음을 찾고' 또 '다름을 찾는' 데에 있었다. 같음과 다름을 찾는 주요한 목적은 역사의 '변화'를 살피는 데에 있다.

이와 관련해 전목(첸무)의 말을 들어보자. "여러 가지 다름 중에서 하

---

33 錢穆, 「引論」, 『國史大綱』, 31~32쪽.

나의 같음을 보는 것은 곧 하나의 같음 중에서 여러 가지 다름을 내오는 것이다. 전체 역사의 끊임없는 변동 속에는 완연한 발전 과정이 있다. 전진을 추동하는 점에서 보면 이는 민족 정신이며 민족 생명의 원천이다. 전도에 도달하는 점에서 보면 민족 문화이며 민족 문화의 발전이 누적된 성적이다."[34] 같음과 다름을 찾고 '국사'의 독특한 민족 정신을 부각시키기 위해 전목(첸무)은 중국과 서구 문화를 비교하는 방법을 사용하여 국사의 특수성을 그려냈다.『국사 대강』『국사 만화』와 전목(첸무)이 중국 역사의 정신을 논술한 다양의 저술은 자주 거시적 비교의 관점을 취했다.

실례를 들어 말하면 전목(첸무)은 중국과 서구 역사 발전의 차이를 다음처럼 비유했다. "중국사는 한 편의 시와 같고 서양사는 한 편의 연극과 같다." "서양사는 여러 세트로 나누어 하드 코트에서 벌이는 멋진 테니스 경기와 같고 중국사는 소리가 높아졌다 낮아졌다 하는 한 편의 거문고 선율과 같다." "로마는 방 한 칸에 걸린 큰 등으로 사면의 벽을 비추는 것과 같고 진한은 방의 사면에 걸린 여러 등이 서로 비추는 것과 같다. 그러므로 로마는 큰 등이 부서지면 방 전체가 어두워지지만 진한은 등이 모두 부서지지 않으면 빛은 완전히 소멸되지 않는다. 이로 인해 로마 민족의 찬란함은 한때이지만 중국 문화의 찬란함은 천고에 빛난다."[35]

또한 그는 중국과 서구 문화 발전의 차이를 다음처럼 비유했다. "서

---

34 錢穆, 「引論」, 『國史大綱』, 33쪽: "於諸異中見一同, 卽於一同中出諸異. 全史之不斷變動, 其中宛然有一進程. 自其推動向前而言, 是爲其民族精神, 爲其民族生命之泉源. 自其到達前程而言, 是謂其民族文化, 爲其民族文化發展所積累之成績."

35 錢穆, 「引論」, 『國史大綱』, 35~36쪽: "中國史如一首詩, 西洋史如一本劇", "西洋史正如幾幕精采的硬地網球賽, 中國史則直是一片琴韻悠揚也", "羅馬如於一室中懸巨燈, 光耀四壁, 秦漢則室之四周, 遍懸諸燈, 交射互映, 故羅馬碎其巨燈, 全室卽暗, 秦漢則燈不俱壞, 光不全絶. 因此羅馬民族震鑠於一時, 而中國文化則輝映千古."

양의 유형은 산산조각으로 분립되어있으면서 병존하기 때문에 항상 힘의 투쟁에 힘쓰고 자신의 주위와 경쟁한다. 동양의 유형은 덩어리 단결하고 협조하기 때문에 항상 정리의 융합에 힘쓰고 오로지 중심을 위주로 화목에 집중한다."[36] 전목(첸무)은 중국과 서구 문화 체계 구조의 차이를 다음처럼 논의했다. "대체로 서양 문화에서 비교적 중요한 것은 종교와 과학이고 중국 문화에서 비교적 중요한 것은 도덕과 예술이다. 종교와 과학의 두 영역은 하나의 공통점이 있는데, 모두 대외적이다. …… 모두 사람의 바깥에 치중한다. 반면 도덕과 예술은 모두 인생 방면에 속한 것으로 인생 자체에 내재된 것이다."[37]

중국과 서구가 역사의 시대 구분을 비교하면서 전목(첸무)은 서양 역사의 구분법으로 중국의 역사를 규정하는 방식에 대해 단호히 반대했다. "서양사는 분할할 수 있지만 중국사는 분할할 수 없다. …… 서양사는 전체적으로 상고·중고·근대의 세 시기로 나뉜다. 상고사는 그리스와 로마 시대를 가리키고 중고사는 봉건 시대를 가리키며 근대사는 근현대 국가가 생겨난 이후를 가리킨다. 그러나 중국인이 역사를 말할 때는 늘 왕조 단위로 나누며 단대사라고 칭한다."[38] 전목(첸무)에 따르면 중국 서주의 봉건 제도와 서양의 봉건 제도가 다르다. 중국은 위에서 아래로의 '봉건 정치의 통일'로 나타나지만 서양은 하나의 통일된 정권이 없

---

36 錢穆, 「引論」, 『國史大綱』, 47쪽: "西方之一型, 於破碎中爲分立而並存, 故常務於力的鬥爭, 而競爲四圍之鬥. 東方之一型, 於整塊中爲團聚, 爲相協, 故常務於情的融合, 而專爲中心之翕."

37 錢穆, 『從中國歷史來看中國民族及中國文化』, 111쪽: "大槪西方文化比較重要的是宗敎與科學, 而中國文化比較重要的是道德與藝術; 宗敎與科學兩部門, 有一共同點, 都是對外的, …… 都在人的外面. 而道德與藝術都屬人生方面, 是內在於人生本體的."

38 錢穆, 『中國歷史硏究法』, 3~4쪽: "西洋史是可分割, 中國史不可分割 …… 西洋史總分上古·中古和近代三時期. 上古史指的是希臘和羅馬時期, 中古史指的是封建時期, 近代史指的是現代國家興起以後. 但中國人講歷史常據朝代分, 稱之爲斷代史."

고 소귀족과 대귀족 사이에 종속 관계가 있다.[39]

전목(첸무)은 중국과 서구 사상가의 차이를 다음처럼 논술했다. "서양 역사에서 이른바 정치 사상가은 반드시 실제 정치에 직접 참여하지 않고 종종 여러 책의 이론을 근거로 정치에 대한 이상과 포부를 드러냈다. 예컨대 고대 그리스의 플라톤, 근대 유럽의 루소와 몽테스키외 등이 모두 그렇다. …… 중국은 진나라 이후의 역사상 위대한 학자는 대부분 직접 정치의 무대에 올라 실천적인 정치가의 모습을 보여주었다."[40]

전목(첸무)이 가려낸 '국사'의 특수성은 하나에 그치지 않는다. 그는 『국사 대강』에서 '국사'의 특수성을 정성스레 보여주어 깊고 오묘한 도리가 많지만 우리는 여기서 세 가지 실례를 들어 개괄적으로 살펴보고자 한다.

첫째, 전목(첸무)은 중국 문화의 기원이 본토라는 것을 강조했다. 그는

---

39 錢穆, 『中國歷史硏究法』, 22~23쪽.

40 錢穆, 『中國歷史硏究法』, 34~35쪽: "在西方歷史上, 所謂政治思想家, 他們未必親身參與實際政治, 往往只憑著著書立說來發揮其對於政治上的理想與抱負. 如古代希臘之柏拉圖, 如近代歐洲之盧梭, 孟德斯鳩等人皆是. …… 中國自秦以下歷史偉大學人, 多半是親身登上了政治舞台, 表現爲一個實踐的政治家." 전목(첸무)은 중국사의 특수성을 특별히 강조했는데, 당시 몇몇 사학가들의 의견과 서로 호응하는 면이 있다. 류이징(류이징)柳詒徵(1880~1956)은 『國史要義』를 저술하여 다음과 같이 말했다. "우리 나라는 농업, 가족, 사대부 문화와 대일통의 국가를 바탕으로 세워졌다. 다른 민족은 목축 수렵, 해상 무역, 무사, 종교, 도시를 바탕으로 하여 각각 다른 나라와 병립하여 우리와 크게 다르다. 근원을 찾아 그에 따라 변화하면 각자 어떤 경계에 이르러 다른 점이 있다. 급히 보면 혹 옛것을 그대로 따라 앞으로 나아가지 못하는 듯하고 시대에 뒤떨어져서 합당한 게 없어 보이고 넓고 아득하여 요령을 터득하지 못할 수도 있다. 깊게 살피면 진보하는 경계가 사실 많다 (예컨대 영토의 확장, 인종의 혼합, 물산의 정제, 문예의 심화 등). 하지만 그 본원은 둘이 아니다. 근세는 이전의 송·명을 계승하고 송·명은 그 이전의 한·당을 계승하고 한·당은 그 이전의 주·진을 계승했다. 간략함에서 번잡함으로 나아가고 혹 번잡함에서 간략함으로 나아가는데, 이는 진실로 소수의 성인과 철인이 기틀을 세우고 전통을 물려주면 다수의 백성을 거쳐 선택되었다. 이는 사마천이 역사를 연구하면서 천인 관계를 밝히는 데에 끝까지 매달렸던 이유이다." 柳詒徵, 『國史要義』, 臺北: 臺灣中華書局, 1962 臺一版, 238~239쪽.

중국 역사의 기원을 서술할 때 중국 민족과 중국 문화가 본토에서 기원하여 외부에서 온 것이 아니라는 점을 매우 강조했다. 그는 이와 관련처럼 다음처럼 말했다. "한 민족 문화의 전통은 모두 그 민족으로 자체적으로 수 세대, 수십 세대, 수백 세대 전승하면서 피땀을 흘리고 살을 보태서 키워서 비로소 민족 문화의 꽃을 피워내고 민족 문화의 결실을 맺게 되었으니 밖에서 교묘하게 훔쳐 와서 일군 것이 결코 아니다."[41] 그는 20세기 초 이래로 유행한 '중국 문화의 서양 유래설'에 대해 더욱 분명하게 반박했다.[42]

전목(쳰무)은 중국 역사의 특수성을 서술할 때 중국 문화가 본토에서 발원한 점을 특별히 강조했는데, 사실 특정한 역사 배경이 있으며 또한 특정한 대상을 겨냥하여 언급했던 것이다. 이는 '부자(공자)가 까닭이 있어서 그렇게 말했다(夫子有爲言之)'[43]는 식이다. 여기서 역사 배경이란 이렇다. 즉 청말 이래로 중국 지식인들이 민족의 자긍심을 다 잃어버리고 '중화 민족의 서양 유래설'이 중국 지식인들에게 널리 받아들여졌다. '중화 민족의 서양 유래설'은 19세기 말 많은 유럽 학자들의 공통된 인식으로 특히 프랑스 학자 드 라꾸뻬리(Terrien de LaCouperie, 1844~1894)가 가장 유명하다. 라꾸뻬리는 전문 저술에서 "고대 중국에서 문화가 형성될 때 서아시아 고대 문명의 성분이 들어있다"라고 서술했다.[44] 그는

---

41 錢穆, 『國史大綱』(上), 57쪽: "一民族文化之傳統, 皆由其民族自身遞傳數世, 數十世, 數百世血液所澆灌, 精肉所培壅, 而始得開此民族文化之花, 結此民族文化之果, 非可以自外巧取偸竊而得."

42 錢穆, 『國史大綱』(上), 第1章, 7쪽. 17세기 이후 서양의 학자들이 '중국 문화의 서양 도래설'을 강하게 주장했는데, 다음의 몇몇 서로 다른 견해를 포함한다. (1) 이집트설, (2) 바빌론설, (3) 인도설, (4) 중동아시아설. 陳星燦, 『中史前考古學研究, 1895~1949』, 北京: 生活·讀書·新知三聯書店, 1997, 30~34쪽 참조.

43 ‖이 구절은 『예기』 「檀弓上」에 有子와 曾子가 孔子의 말을 두고 해명하는 맥락에서 쓰이는데, 어떤 발언이 액면 그대로 보면 타당하지 않지만 그렇게 말하는 속뜻이 따로 있으리라 짐작할 때 즐겨 사용한다.

중국 문화가 외부에서 전파된 것이지 자주적으로 발전된 것이 결코 아니라고 강하게 주장했다.[45]

라꾸뻬리는 19세기 인류학계의 '문화 전파론'의 영향을 크게 받아 심지어 자신의 책 안에 고대 중국이 외부에서 들어왔다는 문화 연표를 만들어 넣기까지 했다.[46] 라꾸뻬리의 주장은 19세기말 20세기 초에 많은 중국 학자들에 의해 의심하지 않고 받아들여졌다. 예컨대 류사배(류스페이)劉師培(1884~1919)는 중화 민국 초기에 지은 『중국 역사 교과서中國歷史敎科書』에서 라꾸뻬리의 주장에 호응하여 다음과 같이 썼다. "한족이 처음 일어난 것은 칼데아에서 시작되었는데, 옛 책에 태제泰帝·태고泰古로 불렸으며 이는 칼데아의 음이 변한 것이다. 그 이후에 곤륜崑崙을 넘어 대하大夏를 거치고 서쪽에서 왕래하다 중토中土(중국)에 터를 잡게 되었다."[47]

류사배(류스페이)의 주장은 당시 중국 지식층의 분위기를 대표한다. 양계초(량치차오)는 다음과 같이 말했다. 「중국 민족의 역사적 관찰」을 쓸 때 "우리 중국의 주된 민족은 염황의 후손으로 불리는데, 과연 중국에 기원을 둔 거주민인가? 아니면 다른 지역에서 옮겨온 것인가? 만약 이식된 것이면 최초의 조국은 어디에 있는가? 이 부제는 지금까지 정론이 없다. 나의 경우 조상의 서래설은 가정의 전제라고 생각한다."[48] 진한장

---

44 Terrien de LaCouperie, *Western Origin of the Early Chinese Civilization from 2300 B.C. to 200 A.D.*, Osnabruck, Ottozeller, 1966, Reprint of the edition of 1894.

45 라꾸뻬리(LaCouperie) 책의 부제는 "Chapters on the elements derived from the old civilizations of West Asia in the formation of the ancient Chinese culture"이다. 라꾸뻬리는 제6장과 제7장에서 BC 775년에서 220년 사이에 아시리아-바빌론·페르시아·인도·이집트·그리스 등 여러 지역으로부터 중국에 들어온 문화 요소를 논의했다.

46 Terrien de LaCouperie, *op. cit.*, pp.273~279

47 劉師培, 『中國歷史敎科書』, 『劉申叔先生遺書(四)』第1冊, 臺北: 京華書局, 1970, 1쪽: "漢族初興, 肇基迦克底亞, 古籍稱泰帝, 泰古, 卽迦克底之轉音, 厥後踰越崑崙, 經過大夏, 自西徂來, 以卜居於中土."

(천한장)陳漢章(1863~1938)은『중국 통사中國通史』에서 중국의 팔괘는 바로 바빌론의 설형 문자라고 여겼다.[49] 류이징(류이징)柳詒徵(1880~1956)은『중국 문화사中國文化史』를 써서 제1장에서 '중국 인종의 기원'을 논의했다.[50] 이런 갖은 논의는 모두 당시 지식인들의 민족 자긍심을 잃어버린 상황을 반영할 수 있다.

전목(첸무)은『국사 대강』을 쓸 때 중국 민족과 중국 문화가 본토에서 기원한 점을 특별히 거듭 서술했는데, 이는 사실 위에서 설명한 특정 배경을 고려하여 말한 것이다. 중국 문화가 서양 또는 본토에서 기원했느냐와 관련된 문제는 20세기 전반 중국 지식인을 곤혹스럽게 만들었다. 당시 고고학의 증거가 부족하여 의견이 분분하여 하나로 일치된 결론을 내릴 수 없었다.

진성찬(천싱찬)陳星燦이 이 문제를 연구하고서 다음과 같이 주장했다. "사실 중국 문화의 서양 유래설과 본토설은 학술적으로 엇비슷하게 천박하여 모두 믿을 만한 고고학적 증거가 없다. 상술한 중국 문화의 기원 문제는 아무런 결과가 없는 논쟁인데 이는 이미 사람들이 억지로 갖다 붙이는 식의 방법을 포기하고 실제적인 증거를 찾으러 나섰다는 점을 분명히 보여준다."[51] 최근 수십 년 고고학 성과가 누적되면서 일부 학자들이 중국 문화의 일부 요소의 본토 기원설을 강조하게 되었다.[52] 하지

---

48 梁啓超,「歷史上中國民族之觀察」,『國史研究六篇』, 臺北: 臺灣中華書局, 1961 臺二版, 1 쪽: "我中國主族, 卽所謂炎黃遺冑者, 其果爲中國原始之住民? 抑由他方移植而來? 若由移植, 其最初祖國在何地? 此事至今未有定論. 吾則頗祖西來之說, 卽以之爲假定前提."

49 見柳詒徵,『中國文化史』, 揚州: 江蘇廣陵古籍刻印社, 1992年 據前國立中央大學排印本影印, 13쪽-上.

50 柳詒徵,『中國文化史』, 第1章, 10~16쪽.

51 陳星燦,『中國史前考古學硏究, 1895~1949』, 35쪽 참조: "實際上, 中國文化西來說與本土說在學術上差不多一樣淺薄, 都沒有可靠的考古學上的證據. 上述中國文化起源的毫無結果的爭論, 已經昭示人們放棄那種穿鑿附會的辦法, 去尋找實物上的證據."

52 하내(샤나이)夏鼐(1910~1985)는 일찍이 최근 수십 년간의 고고학 성과를 종합하여 다음과

만 중화민국 초기부터 일본과 항전 시대까지 이 문제는 여전히 많은 사람에게 의혹으로 남아 있었다. 전목(쳰무)은 항전 시기에 쓴『국사 대강』에서 특별히 이 문제에 대해 의혹을 말끔히 떨어버린 것이다.

둘째, 전목(쳰무)은 중국 전통 정치는 일종의 '사인士人 정치'이지 전제 정치가 아니라고 강력하게 주장했다. 전목(쳰무)은 청말 이래 중국 지식인은 대부분 중국 전통 정치가 일관되게 전제 정치라고 주장해왔다고 지적했다. 그는 이러한 견해에 맞서 중국 역사의 특수성을 내세웠다. 즉 전통적인 중국 정치는 '사인 정치'이지 전체 정치가 아니라고 반박했다. 전목(쳰무)은『국사 대강』의「서론〔引論〕」에서 다음과 같이 말했다.

논자들은 또 중국 정치 제도에 민권이 없고 헌법이 없다고 의심하지만 민권에도 각자 나름대로 나타내는 방식과 기구가 있다. 이러한 방식을 따라서 기구를 보전할 수 있으면 이것이 나라를 세운 큰 헌법이니 〔고정관념에〕 얽매여 구할 필요는 없다. 중국은 진나라 이래로 넓은 영토와 많은 백성의 큰 나라이므로 예컨대 유럽 근대에 실행해진 민선 대표제도(옮긴이 주: 예컨대 국회)는 우리 선조들이 운영할 수 없었다. 그러나 국가로 대대로 주기에 따라 시험(과거)을 실시하여 각 지역의 우수한 평민을 평균적으로 선발하여 정

같이 말했다. "우리는 고고학적 증거를 바탕으로 하여 중국이 비록 완전히 외부 세계와 격리된 것은 아니지만 중국 문명은 중국의 땅에서 태어나 자라났다. 중국 문명에는 그 나름의 개성이 있고 그 나름의 특수한 풍격과 특징이 있다. 중국의 신석기 시대의 중요한 문화 중에는 이미 중국 특색의 문화 요소를 갖고 있었다. 중국 문명의 형성 과정은 이 요소들의 바탕 위에서 발전한 것이다." 夏鼐,『中國文明的起源』, 臺北: 滄浪出版社, 1986, 第3章「中國文明的起源」, 104쪽. Ping-ti Ho, *The Cradle of the East: An Inquiry into the Indigenous Origins of Techniques and Ideas of Neolithic and Early Historic China, 5000-1000 B.C.*, Hong Kong: Chinese University of Hong Kong; Chicago: University of Chicago Press, 1975 참조.

치 참여의 기회를 얻게 했다. 또한 객관적인 복무 성적의 규정을 세워 관료 직급의 승진과 좌천 기준으로 삼았으니 아래의 뜻이 위에 전달하는 길이 원래 없는 것은 아니었다. 만청晩淸의 혁명파는 민권 헌법으로 만청 정부를 뒤집어엎는 선전 도구로 삼았는데 진실로 효과가 있었다. 만약 이것을 중국 역사의 진면목으로 여긴다면 진 나라 이래로 중국은 오로지 전제 암흑만 있게 되어 '백성은 권리가 없고 나라에는 헌법이 없는' 상태가 이미 2,000년이나 지났다고 하게 되니 알맹이도 없고 사실이 없는 이야기가 된다. 중화민국 이래로 제기된 시민이 선거로 대표를 뽑는 민선 대의의 새로운 제도는 결국 국가 정세에 맞지 않아서 한 때도 제대로 시행될 수 없었다. 역대로 전승된 '고시考試(과거)'와 '전선銓選(면접)' 제도는 정부 기강을 유지하는 양대 골간인데, 전제 정치라는 암흑의 오명을 쓰고 모두 사라졌다. 그러므로 모든 관계의 부패 혼란이 서로 이어서 일어나 오늘까지 위태롭게 되었다. 이러한 현상은 국사의 진상에 밝지도 않은 채 제멋대로 파괴하고 가벼운 말로 개혁을 외치면서 받아 먹은 나쁜 열매이다.[53]

전목(첸무)은 중국 역사에서 "민권에도 각자 나름대로 나타내는 방식과

---

53 錢穆, 『國史大綱』(上), 37~38쪽: "談者又疑中國政制無民權, 無憲法, 然民權亦各自有其所以表達之方式與機構, 能遵循此種方式而保全其機構, 此卽立國之大憲大法, 不必泥以求也. 中國自秦以來, 旣爲一廣土衆民之大邦, 如歐西近代所行民選代議士制度, 乃爲吾先民所弗能操縱. 然誠使國家能歷年擧行考試, 平均選拔各地優秀平民, 使得有參政之機會. 又立一客觀的服務成績規程, 以爲官位進退之準則, 則下情上達, 本非無路. 晚淸革命派, 以民權憲法爲推翻滿淸政府之一種宣傳, 固有效矣. 若遂認此種中國歷史眞相, 謂自秦以來, 中國惟有專制黑暗, 若謂民無權, 國無法」者已二千年之久, 則顯爲不情不實之談. 民國以來, 所謂民選代議之新制度, 終以不切國情, 一時未能切實推行. 而歷古相傳'考試'與'銓選'之制度, 爲維持政府紀綱之兩大骨幹者, 乃亦隨專制黑暗之惡名而俱滅. 於是一切官場之腐敗混亂, 胥乘而起, 至今爲厲. 此不明國史眞相, 妄肆破壞, 輕言改革所應食之惡果也."

기구가 있다"면서 중국의 역대 정치를 모두 전제로 볼 수 없다고 생각했다. 이러한 견해는 1946년 간행된 「중국정치와 중국문화中國政治與中國文化」의 글에서 더욱 잘 발휘하고 있다.

이제 분명히 말하면 중국의 전통 정치는 사실 일종의 '사인士人 정치'이다. 바꿔 말하면 '현능賢能 정치'라고 할 수 있다. 사인은 민중 가운데 비교적 현명하고 능력 있는 자이기 때문이다. 제왕이 있는 것은 국가의 통일을 나타낸다. 정부는 사인으로 구성되는데, 이것은 정부의 민주를 나타낸다. 정부는 이미 귀족 정권이 아니고 또 군인 정권과 부자 정권이 아니고 더더욱 제왕 일인의 전제 정권은 아니기 때문에 이러한 정치는 자연히 반드시 그 이름을 민주 정치라 해야 할 것이다. 만약 반드시 서양의 민주 정치와 다르다는 점을 말해야 한다면 잠시 '동양식의 민주' 또는 '중국식의 민주'라 해도 안 될 것은 없다.[54]

전목(첸무)이 쓴 『국사 대강』은 전체적으로 상술한 관점에 입각하여 중국

---

54 錢穆, 『世界局勢與中國文化』, 『錢賓四先生全集』 第43冊, 「中國政治與中國文化」, 240~241쪽: "今明白言之, 中國傳統政治, 實乃一種'士人政治'. 換言之, 亦可謂之'賢能政治', 因士人卽比較屬於民衆中之賢能者. 有帝王, 乃表示其國家之統一. 而政府則由士人組成, 此卽表示政府之民主. 因政府旣非貴族政權, 又非軍人政權與富人政權, 更非帝王一人所專制, 則此種政治, 自必名之爲民主政治矣. 若必謂其與西方民主政治不同, 則姑謂之'東方式的民主'或中國式的民主', 亦無不可." 전목(첸무)은 1952년에 출판한 『中國歷代政治得失』에서 다음과 같이 말했다. "신해혁명(1911) 전후로 혁명을 선전하면서 진나라 이후의 정치 전통을 '전제 암흑'의 4글자로 단번에 말살해버렸다. 이 때문에 전통 정치에 무관심하게 되고 더욱이 전통 문화에 대한 오해를 가중시켰다." 序」, 『中國歷代政治得失』, 『錢賓四先生全集』 第31冊, 7쪽 참조. 1983년에 전목(첸무)은 「中國歷史精神」의 장편의 글에서 중국 역사의 士人 政府의 중요성을 재차 강조했다. 錢穆, 『中國史學發微』, 『錢賓四先生全集』 第32冊, 119~158쪽.

역사를 관통하여 하나의 새로운 해석을 제내놓았다.『국사 대강』제2편에서 춘추전국 시대를 논술하며 '민간의 자유로운 학술의 흥기'에 대해 특별히 집중적으로 다루었고(6장), '사기士氣 고조', '귀족의 양현養賢' 등 각 항목에서 역사 발전을 재차 밝혔다. 제3편에서는 진·한 시대의 '사인 정부의 출현'(8장의 제6절), '사족의 새로운 지위'(10장)를 모두 매우 강조했다. 제6편은 양송兩宋을 논의하며 특히 '사대부의 자각과 정치 혁신 운동'(32장)을 집중적으로 분석했다. 제7편에서는 원나라의 건립을 '폭풍우가 내리다'(35장)라고 부르고, 명대 역사를 논의하며 전통 정치의 군주 독재에서 사인이 당한 박해에 대해 비판했고, 송·원·명 삼대의 '사회의 자유로운 강학의 부흥'(41장)에 대해 분량을 늘려 서술했다. 청대의 '협의의 부족 정권 아래에 놓인 사기士氣가 받은 억압'(44장)에 대해 애석한 심정을 이길 수 없어 했고, '정치와 학술이 갈라진 뒤의 변화'(44장의 제3절)'에 대해서도 깊은 안타까움을 드러냈다.

　호창지(후창즈)胡昌智가 말했듯이『국사 대강』에서 관심을 둔 대상은 학술 사상과 정치 조직이었다. 이 두 요소가 책 전부를 관통하고 있고 학술 사상은 더욱이 정치 활동과 제도 연혁의 결정적 요소였다. 정치는 단지 학술 사상의 외재적 표현이며 학술 이상을 실현하는 도구일 뿐이다. 게다가 정치는 학술 사상의 발전을 추진하는 학자가 의지하여 살아가는 외재적 구실이다. 학자의 정치 활동은 그들이 농農·공工·상商·군軍 등의 직업으로 흘러들지 않고 지속적으로 정치에 종사할 수 있도록 최후에 기댈 수 있는 학술 사상의 일이다.[55]

　전목(첸무)이 보기에 중국 역사의 특수성은 바로 다음에 있다. 즉 전통

---

55 胡昌智,『歷史知識與社會變遷』, 臺北: 聯經出版公司, 1988, 242쪽. 그리고 黃克武,「錢穆
　　的學術思想與政治見解」,『國立臺灣師範大學歷史學報』第15期, 1987. 6, 393~412쪽 참조.

정치가 사인 정치이고 정부는 현명하고 능력 있는 사인들로 구성되므로 제왕이 독재할 수 없으므로 마땅히 '민주 정치'라고 해야 한다. 전목(쳰무)이 위에 밝힌 견해는 마침내 일생 동안 일관되게 주장해온 지론이 되었다. 비록 그는 역사 지식으로 '국민이 국가에 대해 품는 깊은 애정'[56]을 일깨우려고 심혈을 기울여서 연구하여 훌륭한 경지에 이르렀지만, 그의 지론은 중국 정치사에 대한 일종의 객관적 판단으로 삼기에는 동시대 학자들의 질문을 피할 수 없었다. 장가삼(장쟈썬)張嘉森(1887~1969)은 일찍이 전문 서적을 써서 전목(쳰무)의 주장을 반박한 적이 있다.[57]

소공권(샤오궁취안)蕭公權(1897~1981)은 더욱 날카롭고 핵심을 찌르는 비판을 하였다. 소공권(샤오궁취안)은 먼저 '전제專制'는 두 차원의 의미를 가지고 있다고 지적했다. 첫째, 중제衆制의 민치 정치 체제와 대조하여 지배 권력이 한 사람에게 속하는 것을 전제라 한다. 둘째, 법치法治의 정부와 대조하여 지배 권력이 법률의 제한을 받지 않는 것을 전제라 한다. 이러한 두 가지 의미로 보면 중국의 2,000년 역사는 진·한을 거쳐 명·청까지 2,000년간 전제 정치가 비록 작용에 있어 장점과 단점이 일정하지 않지만 본질상 시종일관했고 아울러 대세로 보면 얕은 데서 깊은 곳으로 점점 그 정도가 심해졌고 약점도 점차 드러났다.

군권 제한이라는 관점에서 볼 때 중국 역사상의 왕권은 종교·법률과

---

56 錢穆, 『國史大綱』(上), 22쪽.
57 張君勱, 『中國專制君主政制之評議』, 臺北: 弘文館, 1986. ∥ 장가삼(장쟈썬)은 본명이고 그의 자인 장군매(장쥔마이)張君勱로 널리 알려져 있고 영미에서는 카썬창(Carsun Chang)으로 알려져 있다. 그는 학자 겸 정치가로 일본·독일·영국에서 유학한 뒤에 각 대학의 교수 등을 역임하였고 베르그송 철학의 소개자이며 헌법학자로도 알려졌다. 중·일 전쟁 중 국가 사회주의파의 영수로서 국민 참정회 참정원이 되었으며 반공활동으로 장석(장제스) 정권에 협력하였다. 종전 후 샌프란시스코 강화회의에 중국대표의 일원으로 참석했고 이어 타이완 정부의 총통부 資政이 되었으나 곧 장개석(장제스)과 결별하고 1948년 미국으로 건너가 저술에 전념했다. 현재 우리나라에는 그의 저작 중 번역물로 김용섭 옮김, 『한유에서 주희까지: 중국근세유가철학』, 형설출판사, 1991이 있다.

제도의 제제를 받았다. 하지만 종교·법률과 제도도 군주를 제약하여 그들이 완전히 남의 의견을 받아들이지 않고 자기의 고집대로만 못하게 했을지라도 중국 역사의 대세로 보면 세 가지 제재의 효력은 사실상 오랫동안 중대한 힘을 발휘하지 못했고 전제 정치 체제의 근본을 흔들 수 없었다. 역사의 대세로 봤을 때 소공권(샤오공췐)은 진한부터 명·청까지 2,000년간의 정치 체제가 비록 군주의 멍청함과 현명함과 국가의 흥성과 쇠퇴에 따라 효용의 측면에서 작은 변동이 있었지만 근본 정신과 원칙은 시종일관되었다고 여겼다. 기어코 신해혁명(1911)이 일어날 때까지 기다려서야 비로소 전제 정치는 새로운 민주 정치 체제가 등장하면서 소멸하게 되었다.[58] 소공권(샤오궁취안)의 논지는 논증에 명확하고 공평 타당하므로 우리는 여기서 그의 논점을 종합적으로 서술하고 더 많은 말은 불필요할 듯하다.

전목(쳰무)이 그려낸 중국사의 특수성은 당시 학계의 커다란 논쟁을 일으켰다. 그 중 서복관(쉬푸관)(1904~1982)의 지론은 전목(쳰무)과 매우 첨예하게 대립하였다. 서복관(쉬푸관)은 전목(쳰무)이 주장한 유가의 군권에 대한 제한에 동의하였지만 아래와 같이 날카롭게 다음을 지적했다.

유가가 인륜을 책임지는 이상 당연히 정치에 책임을 져야 한다. 그러나 역사 조건의 한계로 인해 유가의 정치 사상이 아무리 정밀하고 순수한 이론이 있다고 하더라도 이러한 이론은 늘 통치자의 입장에서 실현되었고 피통치자의 입장에서 실현하고자 쟁취했던 것은 모자랐다. 정치의 주체성이 처음부터 끝까지 확립되지 않아 민본에서 민주로 나아갈 수 없었다. 따라서 통치자의 독소를 줄이는

---

58 蕭公權, 「中國君主政權的實質」, 『憲政與民主』, 臺北: 聯經出版公司, 1982, 171~182쪽.

작용만 했고 근본적으로 통치자의 독소를 근본적으로 해결하는 작용이 없었다. 반대로 일찍이 참주僭主에 의해 좋은 점을 빌리기에 쉬웠다.[59]

서북관(쉬푸관)과 전목(첸무)은 모두 중국 역사와 문화의 가치를 널리 떨치고자 하는 마음이 있었다. 전목(첸무)은 비교적 부드러운 편이고 서복관(쉬푸관)은 비교적 날카로운 편이여서 두 사람의 역사를 논하는 풍격이 달랐다. 중국 역사에서 전제 정치 체제 문제에 대해 전목(첸무)은 기본적으로 유가의 왕권 제약에 주목하여 '전제'라는 명사 하나로 복잡한 중국의 역사 경험을 간단하게 포괄할 수 없다고 설명했다.

여영시(위잉스)가 전목(첸무)의 주장에 대해 아래와 같이 말했다.

반복적으로 연구한 결과에 따르면 나의 생각에 전목(첸무)이 강조한 것은 사실 유가의 궁극적인 정치 이론이 왕권을 조장했기보다 왕권을 제한했다라고 하는 것이 낫다는 것이다. 유가 이론을 바탕으로 하여 수립된 과거科擧·간의諫議·봉박封駁[60] 등의 제도는 모두

---

59 徐復觀,「儒家精神之基本性格及其限定與新生」,『儒家政治思想與民主自由人權』, 臺北: 八十年代出版社, 1979, 66쪽: "儒家旣對人倫負責, 當然要對政治負責. 但因歷史條件的限制, 儒家的政治思想, 儘管有其精純的理論. 可是, 這種理論, 總是站在統治者的立場去求實現, 而缺少站在被統治者的立場去爭取實現, 因之, 政治的主體性始終沒有建立起來, 未能由民本而走向民主, 所以只有減輕統治者毒素的作用, 而沒有根本解決統治者毒素的作用, 反嘗易爲僭主所假借." 이 이외에 서복관(쉬푸관)은「良知的迷惘—錢穆先生的史學」이라는 글을 썼는데 전목(첸무)이 중국 역사에 專制가 없었다는 주장을 비판했다. 서복관(쉬푸관)은 漢代가 전제 정부였다고 보았고 전목(첸무)이 西漢에서 宣帝·元帝·成帝 시대까지 '士人 政府'라고 보는 것을 비판하고 마땅히 '환관 외척 정부'로 봐야 한다고 생각했다. 또한 전목(첸무)은 중국에 '封建 社會'가 있었다는 것을 반대했는데, 이에 대해 周代가 곧 '봉건 정치와 사회'였다고 주장했다. 이글은 徐復觀,『儒家政治思想與民主自由人權』, 161~170쪽에 수록되었다. 서복관(쉬푸관)의 중국 전제 정치 체제에 대한 분석에 관해 黃俊傑,『東亞儒學視域中的徐復觀及其思想』, 臺北: 臺大出版中心, 2009, 48~52쪽 참조.

'사士'권權을 통해 '민民'권權을 쟁취한 의미를 가지고 있다. ……
전목(첸무)은 유가 사상이 규제하는 상황에서 중국 행정 관리의 선발
이 일찍이 과거 제도를 통해 어떠한 특권 계급(귀족이나 부자)이 장악
할 수도 없고 황제도 임의로 지정할 수도 없는 객관적이고 공개적인
기준을 세웠다고 생각했다. 이런 의미에서 그는 자연히 '봉건'이나
'전제'에 대한 지나치게 단순화된 논단을 받아들일 수 없었다.[61]

전목(첸무)의 논점에 대한 여영시(위잉스)의 자세한 해명은 전목(첸무)의 본
의가 어디에 있는지 밝혀줄 수 있다. 내가 여기서 조금 더 보충하고자
하는 사항이 있다. 즉 전목(첸무)이 『국사 대강』에서 말한 '현능한 사인
정부'에는 세 가지 의미가 담겨 있는 점이다. 첫째, 당나라 중엽 이전의
문벌 사인 정부가 있다. 둘째, 당나라 중엽 이후의 과거로 선발한 사인
정부가 있다. 셋째, 송나라 이후에 등장한 재야의 강학 사인講學士人의
정부에 대한 감독이 있다. 전목(첸무)은 북조 이후의 문벌 사인 정부에
상당한 '온정과 경의'를 품었고 과거科擧 사인 정부에는 자못 완곡한 불만
을 가지고 있었다. 전목(첸무)이 중시한 것은 특히 재야 강학 사인이 정부
를 감독하는 역할이었다.[62]

---

60 ‖간의와 봉박은 신하가 군주의 언행과 결정에 이의를 제기한다는 점에서 같다. 하지만
　간의는 현직에 있을 때 직무상으로 하는 방식이고 봉박은 현직이 있지 않아도 상서로
　잘못을 따지는 형식이다.

61 余英時, 「錢穆與新儒家」, 『猶記風吹水上鱗』, 50~51쪽: "據我反覆推究的結果, 我以爲錢賓
　四所强調的其實是說: 儒家的終極政治理論與其說是助長君權, 毋寧說是限制君權. 基於
　儒家理論而建立的科擧·諫議·封駁等制度都有通過'士'權以爭'民'權的涵義. …… 錢
　賓四認爲在儒家思想的指引之下, 中國行政官吏的選拔早已通過科擧制度而建立了客觀而
　公開的標準, 旣非任何一個特權階級(如貴族或富人)所能把持, 也不是皇帝所能任意指派
　的. 在這個意義上, 他自然無法接受'封建'或'專制'那種過於簡化的論斷."

62 전목(첸무)은 『중국 역사 연구법』에서 2,000년 동안 중국 '士人의 변화가 다섯 시기를
　거쳤다고 논의했다. (1) 춘추시대 말의 游士 시기, (2) 양한의 郎吏 시기, (3) 위진남북조의

먼저 전목(첸무)은 『국사 대강』에서 다음과 같이 말했다. "종교·귀족·학술 이 세 가지는 늘 서로 합해져 있어서 서로 떨어지지 않았다."[63] 사인은 이 세 가지에 모두 꿰뚫었다. 그는 또 말했다. "후한 이래로 사족 문벌은 위진남북조 시대의 지위를 말하면 아마 변용된 봉건이라고 할 수 있다."[64] 전목(첸무)은 비록 그것을 '변용된 봉건'이라고 불렀지만 '북방의 문벌' 제1절에서 남북조의 문벌을 다음처럼 종합적으로 서술했다.

요컨대 문벌은 당시에 남과 북을 막론하고 난류 중에 섬이 흩어져 있는 것 같고 암흑 중에 등불이 깜빡이는 것과 같았다. 북쪽에서 흉노족을 동화시키고 남쪽에서 사문斯文(유가)을 크게 넓혔다. 이러한 성과는 모두 당시 문벌의 공로이다. 진실로 변용된 봉건 세력과 허무한 노·장의 청담淸談으로 편협하게 비난하고 공격해서 안 될 것이다.[65]

『국사 대강』에서 전목(첸무)은 북쪽의 문벌 사인에 대해 상당히 긍정적인 태도를 가졌다. 그는 수·당이 건국하면서 창립한 제도와 개국 공신이 모두 북쪽의 문벌 사인이고, 부병제府兵制는 서위西魏·북조北周의 관롱집단關隴集團[66]의 인사들로부터 비롯되었으며, 조용조법租庸調法은 북위北

九品中正 시기, (4) 당대의 科擧 시기, (5) 송대 이후의 進士 시기. 錢穆, 『中國歷史研究法』, 45~49쪽 참조.

63 錢穆, 「引論」, 『國史大綱』, 39쪽: "宗敎貴族學術三者, 常相合而不相離."
64 錢穆, 『國史大綱』(上), 331쪽: "東漢以來的士族門第, 他們在魏晉南北朝時代的地位, 幾乎是變相的封建了."
65 錢穆, 『國史大綱』(上), 347쪽: "要之, 門第之在當時, 無論南北, 不啻如亂流中島嶼散列, 黑暗中燈炬閃耀. 北方之同化胡族, 南方之宏擴斯文. 斯皆當時門第之功. 固不當僅以變相之封建勢力, 虛無莊老淸談, 作爲偏狹之抨擊."
66 ‖이와 관련해서 이계명, 『서위·북주·수당의 관료적 문벌사족 연구』, 전남대학교출판부, 2017 참조.

魏 이안세李安世가 제창한 균전제均田制에서 변화 발전된 것이라고 지적했다. 전목(첸무)은 "당대의 조용조 제도와 부병 제도로 고대의 사회가 끝이 났다. 당대의 정부 조직과 과거제는 후대의 정부를 새롭게 열었다"고 주장했다.[67] 또한 "당 중엽 이후 중국의 절대적인 변화는 남북의 경제 문화가 옮겨진 것이다. 또 하나의 변화는 사회에서 귀족 문벌이 점차 약해졌다는 것이다"라고 주장했다.[68]

만약 사인 정부를 구분한다면 문벌 사인은 당 중엽 이전 정부의 권력을 움직인 핵심을 대표하고, 과거 사인은 당 중엽 이후 정부의 권력을 움직인 핵심을 대표한다고 할 수 있다. 전목(첸무)은 문벌의 쇠락을 논의한 뒤에 사회의 세 가지 새로운 형상을 거론했다. 첫째, '학술 문화의 전파가 더욱 광범위해졌다.' 둘째, '정치권의 해방이 더욱 보편화되었다.' 셋째, '사회 계급이 더 사라졌다.'[69] 전목(첸무)은 특히 두 번째 '더욱 보편화된 정치권 해방'에 입각해서 귀족 문벌이 없어진 결과가 중앙에서 '군존신비君尊臣卑' 현상이 두드러지고 지방의 주군州郡에서 '관존민비官尊民卑'의 현상이 두드러지게 되었다고 설명했다.

그는 [다소 역설적으로 보이는] 위의 현상을 다음처럼 좀 더 자세히 풀이했다. "첫째, 정치에서 귀족 문벌이 없어지므로 오직 하나의 왕실이 100~200년 동안 끊어지지 않고 이어지고 정부의 관리는 위로 재상부터 아래로 말단 관료까지 대부분 맨땅에서 출세하여 고립무원의 상황에 있었다. 이와 대조적으로 군존신비의 현상은 더욱 강화되었다. 둘째도 같은 관계로 인해 개별 주군과 개별 지역에 유서 깊은 대가족의 가문이

---

67 錢穆, 『國史大綱』(上), 476쪽: "唐代的租庸調制和府兵制, 結束了古代的社會. 其政府組織和科擧制, 則開創了後代的政府."
68 錢穆, 『國史大綱』(下), 884쪽: "唐中葉以後, 中國一個絶大的變遷, 便是南北經濟文化之轉移. 另一個變遷, 則是社會上貴族門第之逐漸衰弱."
69 錢穆, 『國史大綱』(下), 884~885쪽. 「引論」, 46쪽에서도 비슷한 의견을 보이고 있다.

없어졌으므로 관존민비의 현상이 더욱 강화되었다."[70] 이것은 전목(첸무)이 중시하는 귀족 문벌이 대일통의 왕조의 지배를 받으면서 군권을 제약하는 기능을 보유하고 문벌 귀족 사이에 정치적 합종연횡의 힘으로 군권에 대항할 수 있다는 점을 충분히 설명해준다.

전목(첸무)은 남북조와 수당의 문벌 귀족의 발전을 두 갈래로 구분했다. 하나는 사회에서 가정과 사회의 각종 예법 및 국가와 정부의 전장제도를 강구하여 공업을 세우고 가문을 보호하는 것이다. 다른 하나는 불교를 신봉하여 출가를 중시하거나 또는 도가를 따르며 장생을 중시하는 것이다.[71] 전목(첸무)은 두 가지 길의 뒷면에 모두 일종의 '협의의 귀족적 기질(냄새)'이 들어있다고 말했지만 그가 중시한 문벌 귀족은 속세에 생활하지 출가하지 않았다.

전목(첸무)은 명대의 한림원이 세운 '서길사庶吉士'[72] 제도를 언급하며 정치적 인재의 배양에 대해 사라진 문벌 귀족 교육의 정치적 기능에 투영시켰다. 그래서 그는 "귀족 문벌의 교육이 사라진 이래로 국가 학교 교육이 확실하게 효과를 내기 이전에는 이러한 한림원의 서길사 제도가 사실 정치적 인재의 배양에 매우 중요한 것이다"라고 말했다.[73] 전목(첸무)은 『중국 역대 정치 득실』에서 이 부분에도 간절한 뜻을 드러내었다. 종합해보면 전목(첸무)은 귀족 문벌 사인의 정치적 기능에 대해 확실히 '온정과 경의'를 품었다고 할 수 있다.

---

70 錢穆, 『國史大綱』(下), 892쪽: "第一是政治上沒有了貴族門第, 單有一個王室綿延一二百年不斷, 而政府中官吏, 上自宰相, 下至庶僚, 大都由平地特起, 孤立無援, 相形之下, 益顯君尊臣卑之象. 第二因同樣關係, 各州郡各地方, 因無故家大族之存在, 亦益顯官尊民卑之象."
71 錢穆, 『國史大綱』(下), 893~894쪽.
72 ‖서길사는 명나라 때 진사에 합격한 사람 가운데 문학이나 서예 방면에서 우수한 사람을 골라 임명하였다. 처음에 각 관서에 두었다가 후에 한림원에 예속되었다.
73 錢穆, 『國史大綱』(下), 773쪽: "在貴族門第的教育消失以後, 在國家學校教育未能切實有效以前, 此種翰林院教習庶吉士的制度, 實在對於政治人才之培養, 極爲重要."

다음으로 전목(쳰무)은 문벌 사인과 과거 사인을 가지고 비교해서 논의했다. 특히 정권이 개방된 이후에 과거 사인 정부가 만들어낸 사회 현상에 주목했다. "귀족 문벌의 특권 계층이 점차 없어지고 정권과 관작이 점차 공개되고 해방되면서 관료 가 팽창하는 비대증을 초래했다."[74] 전목(쳰무)은 당·송·명대 과거 사인의 당쟁과 개혁 변법을 논의할 때 모두 "정권이 무제한으로 해방되는 동시에 정권 조직 또한 무제한으로 확대되었다"는 관점을 가지고, 쓸모없는 벼슬아치의 존재는 과거 사인이 만들어낸 결점과 폐단이라 하였다. 범중엄范仲淹의 변법에서 "출척, 즉 관직의 강등과 승진을 분명히 하고〔明黜陟〕 인재 등용을 정확하게 하는 것〔精貢擧〕"을 가장 중시했다.[75] 왕안석의 변법에 대해 전목(쳰무)은 특히 '학교를 일으키고 과거 제도를 개혁'한 점에 주목했다.[76]

전목(쳰무)은 또 특별히 명대의 학교 공거貢擧 제도를 좋은 제도라고 평가했다. 다만 태평한 나날이 오래되어 과거 진사는 날로 중시되고 학교 공거는 날로 경시되어 과거의 본뜻이 사라지고 점차 팔고八股로 변질되어 명대 사인과 관료의 병통인 '학문의 공허함'을 초래했다.[77] 종합

---

74 錢穆, 『國史大綱』(上), 486쪽.
75 ‖범중엄의 개혁은 慶歷新政 또는 慶歷變法을 가리킨다. 북종 인종의 경력 3년(1043)과 4년(1044) 사이에 정권의 안정을 꾀하며 인종은 여러 차례 범중엄에게 급히 처리해야 할 국가 대사에 대해 자문을 구했다. 조정에서 물러나온 범중엄은 심사숙고한 끝에 다음 열 가지 큰일을 꼽았다. 이것이 바로 十事疏이다. 구체적인 내용은 다음과 같다. 첫째, 관리의 승진 제도를 엄격하게 시행할 것. 둘째, 요행수를 억제할 것. 셋째, 과거 제도를 엄격하게 시행할 것. 넷째, 지방 장관을 잘 선택할 것. 다섯째, 公田을 고르게 할 것. 여섯째, 농업과 누에치기 생산을 중시할 것. 일곱째, 군과 장비를 잘 정돈할 것. 여덟째, 조정의 은택과 신의를 제대로 갖출 것. 아홉째, 조정의 명령을 신중하게 하달할 것. 열째, 부역을 줄일 것. 경력신정이 시행되자 짧은 시간에 정치 국면이 확 달라졌고 관료 기구는 다듬어졌다. 가문에 의지해 관직에 나아가던 이들이 엄격하게 제한을 받았고 경력에만 의지해 승진하던 관례를 대신해서 업적과 품격에 대한 조항이 추가되었다. 특별한 재능이 있는 사람은 파격적으로 발탁되었다.
76 錢穆, 『國史大綱』(下), 670쪽.
77 錢穆, 『國史大綱』(下), 778~784쪽.

하자면 전목(첸무)은 비록 과거를 통한 선비(인재) 채용이 정권과 계층의 개방을 불러왔다고 생각했고 학교 교육으로 과거를 통한 인재 등용을 대신한 역사 발전과 중도의 좌절 현상에 시종 주목했다. 이 때문에 과거를 통해 생겨난 사인 정부에 대해 과거를 통한 인재 등용을 학교 교육으로 전환해야 한다는 태도를 일관되게 가졌다.

다음으로 전목(첸무)은 송대 이후 문벌 귀족이 약해진 이후의 사회는 특별히 다른 새로운 세력이 정부를 감독하고 민중을 돕는 것이 필요하다고 여겼다.[78] 이 관점은 『국사 대강』 제41장의 「송명 학술의 주요 정신」 「송명 학자의 강학講學 사업」과 「송명 학자가 주관한 사회 사업」 등 세 개의 절에서 충분한 논의를 확인할 수 있다. 이러한 사인은 세속을 멀리 떠나 강호에 산다고 할지라도 나랏일과 민생 복지를 걱정했다. 전목(첸무)은 사인이 현실 정치를 비판하고 민간 교육의 기능에 힘쓴 점을 높이 샀다.

종합하면 전목(첸무)은 중국의 전통 정치는 '사인 정치'이지 전제 정치가 아니라는 주장을 견지했다. 이는 중국의 역사에 대한 객관적 판단일 뿐 아니라 다가올 중국의 미래 정치가 앞으로 나아갈 기대이기도 했다.

셋째, 전목(첸무)은 중국 역사가 늘 평화 상태에서 진전한다는 점을 강조했다. 전목(첸무)이 지적한 중국 역사의 세 번째 '정신'은 평화를 높이는 데에 있지 투쟁을 높이는 데에 있지 않다.

전목(첸무)은 이와 관련해서 다음처럼 말했다.

그렇다면 중국 사회가 진나라 이래로 진보한 점이 어디에 있는가? 역시 경제 지역이 점차로 확대되고 문화 전파가 점차로 널리 보급

---

78 錢穆, 『國史大綱』(下), 893쪽.

되며 정치 기회가 점차로 평등해진 데에 있다. 진보 과정의 느림과 빠름을 막론하고 이 방향을 향해 변화 발전은 명백하여 의심할 것이 없다. 만약 분명하게 경계를 그어 가리킬 수 있다면 국사가 평화 상태에서 진전한다는 나의 말은 사실 우리 선조가 나라를 세운 제도와 서로 잘 어울리며 또한 우리 민족 문화의 특징이 있는 곳이다.[79]

전목(쳰무)은 중국과 서구 역사를 비교하여 다음처럼 말했다.

로마는 하나의 중심으로 그 세력을 사방으로 뻗어나갔다. 유럽·아시아·아프리카 세 대륙의 땅은 특별히 강력한 하나의 중심에 의해 정복되어 통치를 받게 되었다. 이 중심은 여전히 귀족과 평민의 차별을 두었다. 일단 이 중심의 상층 귀족이 점차 부패하고 이민족이 침입하자 예리한 칼날로 명치를 찌르는 것처럼 제국 전부가 와해되어버렸다. 이것이 로마가 나라를 세운 형태이다. 진·한 통일 정부는 하나의 중심 지점의 세력으로 사방을 정복하지 않았고 사실 사방의 뛰어난 세력들이 공동으로 참여하여 하나의 중앙을 만들었다. 이 사방의 주위도 계급의 구분이 없었다. 뛰어난 세력은 늘 사회 전체 가운데 자유롭게 드러내며 활발하게 뒤바뀌었다. 이 때문에 건국의 사업은 중앙의 창립에 달려있지 사방의 정복에 달려있지 않다. 로마는 방 한 칸에 걸린 큰 등으로 사면의 벽을 비추는 것과 같고 진한은 방의 사면에 걸린 여러 등이 서로 비추는 것과

79 錢穆,「引論」,『國史大綱』, 46쪽: "然則中國社會, 自秦以下, 其進步何在? 曰: 亦在於經濟地域之逐次擴大, 文化傳播之逐次普及, 與夫政治機會之逐次平等而已. 其進程之遲速不論, 而其朝此方向演進, 則明白無可疑者. 若謂其淸楚界線可指, 此卽我所謂國史於和平中得進展, 實與我先民立國規模相副相稱, 亦卽我民族文化特徵所在也."

같다. 그러므로 로마는 큰 등이 부서지면 방 전체가 어두워지지만 진한은 등이 모두 부서지지 않으면 빛은 완전히 소멸되지 않는다. 이로 인해 로마 민족의 찬란함은 한때이지만 중국 문화의 찬란함은 천고에 빛난다.[80]

전목(첸무)은 중국사의 특수성이 사방의 힘을 통합하는 데 있지 하나의 중심이 무력으로 사방을 정복하는 데 있지 않다고 생각했다. 이러한 주장은 비록 중국 역사에 대한 새로운 해석이지만 일본과 항전으로 인한 군사가 흥기해야 하는 역사 배경에서 사실 전 국민의 단결을 호소한 의도가 담겨 있다.

4. 전목(첸무) '국사'관의 중국 현대 사학사적 의미

이제 우리는 한 걸음 더 나아가 다음의 주제를 검토해보자. 즉 전목(첸무)의 '국사'관이 중국의 현대 사학사에서 어떠한 의미를 가지고 있을까? 나는 4절에서 전목(첸무)의 국사관 중에 주체와 객체가 서로 융화되는 주객교융主客交融'을 특징으로 하는 사학 방법이 20세기 중국 사학계의 '사료史料(실증) 학파'와 강렬한 대비를 이루면서 전통 사학의 연속을 대표하고

---

80 錢穆, 「引論」, 『國史大綱』, 36쪽: "羅馬乃一中心而伸展其勢力於四圍. 歐·亞·非三洲之疆土, 特爲一中心强力所征服而被統治. 僅此中心, 尙復有貴族·平民之別. 一旦此中心上層貴族漸趨腐化, 蠻族侵入, 如以利刃刺其心窩, 而帝國全部, 卽告瓦解. 此羅馬立國型態也. 秦·漢統一政府, 並不以一中心地點之勢力, 征服四圍, 實乃由四圍之優秀力量, 共同參加, 以造成一中央. 且此四圍, 亦更無階級之分. 所謂優秀力量者, 乃常從社會整體中, 自由透露, 活潑轉換. 因此其建國工作, 在中央之締構, 而非四圍之征服. 羅馬如於一室中懸巨燈, 光耀四壁. 秦·漢則室之四周, 遍懸諸燈, 交射互映. 故羅馬碎其巨燈, 全室卽暗, 秦·漢則燈不俱壞光不全絶. 因此羅馬民族震鑠於一時, 而中國文化則輝映於千古."

있다는 점을 주장하고자 한다. 게다가 전목(쳰무)은 '국사'관에서 중국사의 특수성을 강조하고 20세기 중국의 사학계가 중국의 역사 경험을 보편 규칙을 증명하는 중국식 버전으로 여기는 풍조에 강력하게 대항하고 또 현대 중국 사학계 마르크스파의 '계급사관 학파'에 맞서고 있으므로 사학 방법론과 현실 정치에 있어 모두 깊은 의미를 가지고 있다. 이어서 나는 위의 두 가지 논점을 자세히 논의하고자 한다.

먼저 전목(쳰무) 사학은 뚜렷한 전통 사학의 모범을 대표하고 있다. 전목(쳰무) 사학에서 나타나는 '주체와 객체가 서로 융화되는' 방법론적 경향은 전통 사학이 20세기 중국에서 왕성하게 지속되고 있음을 대표하고, '사료 학파'가 주류가 된 20세기 중국 사학계에서 독자적으로 한 학파를 형성하다고 있다는 점에서 특별한 의미를 갖는다.

전목(쳰무)은 '국사'의 변화 발전을 논의할 때 지식인이 역사 발전 과정에서 맡은 역할을 특별히 중시했다. 그는 학술의 우열을 정치적 흥성과 쇠퇴의 지표로 삼고 역대 대유大儒의 강학 사업에 재차 경의를 표시했다. 이러한 역사 판단은 모두 사마천 이후의 전통적인 중국 사학의 인문 정신과 서로 호응한다. 전목(쳰무)이 '국사'를 연구하는 의미는 '국혼'을 일깨워서 중국인이 20세기 광풍폭우가 몰아치는 혼란 속에서 역사에 뿌리를 내리고 굳건하게 서기를 기대하는 데 있다. 전목(쳰무)의 저술은 중국의 '사학은 세계 경영의 바탕 또는 경세를 위한 사학(史學乃所以經世)' 전통을 구체적으로 드러내고 있다. 이러한 사학 전통은 역사 치지론(致知論)과 글쓰기 방식에 있어 모두 '주체와 객체가 서로 융화되는 주객교융'을 특징으로 하고 있다.

그러나 전목(쳰무)의 시대는 사학 연구가 나날이 전문화되던 시대였다. 사학 연구의 전문화는 19세기 말엽의 유럽 사학계에서 시작되었다. 19세기 중기 이후로 서양 사회는 안정되고 번영하였으며 이로 인해 유럽 중산 계급은 자신의 가치와 미래에 대해 큰 자신감을 가졌다. 다수의 사상가와 사학가들은 역사를 돌아볼 때 인류가 어떠한 규칙에 의해 점차 진보한다. 즉 간단한 것에서 복잡한 것으로 몽매함에서 문명으로 가는데 그 사이에 직선으로 발전하는 고정된 진화 과정이 있는 것으로 생각했다. 그들은 역사의 진상이 밝혀질 수 있으며 일단 밝혀진 다음에는 다시 바뀌지 않는다고 생각했다. 이에 객관적 역사 연구의 추구가 당시 사학의 주류가 되었다.[81]

영국·프랑스·독일 등의 사학계는 모두 19세기 말엽에 사학 전문의 학술지를 창간하였다. 1859년 독일의 지벨(Heinrich von Sybel, 1817~1895)은 『역사 학보(Historiche Zeitschrift)』를 창간했는데, 『역사 학보』 발간사에서 '과학에 맞는 학술지가 되기를 바라며, 가장 중요한 임무는 진정한 역사 연구 방법을 표현하는 것이다.'고 말했다.[82] 가브리엘 모노(Gabriel Monod, 1844~1912)는 1876년에 프랑스의 사학 전문 간행물 『사학 평론(Revue historique)』을 창간했는데, 발간사에서 전문적인 과학적 역사 연구 간행물이라는 점을 선언했다.[83] 영국의 사학 전문 간행물 『영국 사학 평론(English Historical Review)』도 20년의 기획을 거친 뒤 1886년에 창간되었다. 『영국 사학 평론』은 발간사에서 역사 연구는 마땅히 정치와 종교의 간섭을 막으며 역사 연구의 범위를 확대해야 하고 역사를 스스로 정치사 연구의 좁은 범위 안으로 제한해서 안 되고 반드시 인류 과거의 전체 역사를 연구해야 한다고 강조했다.[84]

세 가지 역사 전문 간행물의 발간사 내용을 통해 우리는 19세기 하반

---

81 王晴佳, 『西方的歷史觀念─從古希臘到現代』, 臺北: 允晨文化公司, 1998, 230~232쪽 참조.
82 Fritz Stern ed., The Varieties of History: From Voltaire to the Present, pp.171~172 참조.
83 Fritz Stern ed., op. cit., pp.172~173
84 Fritz Stern ed., op. cit., pp.175~177

기 유럽 대륙의 중요한 역사 간행물의 창간이 모두 '과학 사학'을 동력으로 삼고 있는 점을 볼 수 있는데, 이는 일종의 전문화 추세로 볼 수 있다. 동아시아 역사학계를 보면 일본 사학계가 1889년 11월 1일에『사학회 잡지史學會雜誌』를 창간하여 그 뒤에『사학 잡지史學雜誌』로 이름을 바꾸었고 1916년에는『사림史林』이 창간되었는데, 모두 사학 연구가 전문화되었음을 보여준다.

유럽 대륙의 사학 연구 전문화라는 새로운 흐름 중에 역사 서술을 '과학 사학'으로 보는 사학가들은 과학과 도덕 사이의 차이점을 특별히 중시했다. 예컨대 19세기 프랑스 사학자 퓌스텔 드 쿨랑주(N. D. Fustel de Coulanges, 1830~1889)에 따르면 "역사는 반드시 과학이어야 한다. 역사 연구의 대상은 …… 인간 자체이다. …… 생리학자는 인간의 신체를 연구하며 심리학자와 역사학자는 인간의 영혼을 연구하고 인간의 신앙을 연구하고 인간의 사상의 흐름과 변화를 연구한다."[85] 이러한 '과학 사학'의 제창자들은 역사학과 생리학·심리학이 모두 인류를 연구 대상으로 하는 과학으로 생각했다. 그 목표는 바로 인류의 행위를 냉정하게 관찰 분석하는 것이지 세상에 참여하거나 세상을 개선하는 것이 아니다.

'과학 사학'파는 현대 중국 사학계에서 부사년(푸스녠)傅斯年(1896~1950)을 대표로 볼 수 있다.[86] 부사년(푸스녠)에 따르면 "역사학은 역사를 서술하는 것이 아니고" 근대 역사학은 단지 사료학일 뿐이다. 부사년(푸스녠)이 말하는 '사료학'은 새롭게 출토된 자료를 특별히 중시했다. 부사년(푸스녠)은 연구 소재와 도구의 확장을 강조하기도 했다. 부사년(푸스녠)은 「역사언어연구소의 취지歷史語言研究所工作之旨趣」의 글에서 다음처

---

85 N. D. Fustel de Coulanges, "An Inaugual Lecture," in Fritz Stern ed., *op. cit.*, p.179
86 ‖ 부사년(푸스녠)과 관련해서 김창규,『부사년과 그의 시대 1896~1950』, 선인문화사, 2012 참조.

럼 말했다.

우리의 종지 제1조는 고염무顧炎武와 염약거閻若璩의 유훈을 지켜
나가는 것이다. 이것은 우리가 큰 권위 앞에 무서워서 떨었기 때문
이 아니고 무엇이라도 '가슴에 품은 깊은 정'을 드러내기 위함도 아
니며 바로 고염무와 염약거가 아주 이른 시절부터 이미 가장 근대
적인 수단을 사용하여 그들의 역사학과 언어학은 모두 자료의 분
량대로 물건을 내놓기 때문이다. 그들은 금석 각문刻文을 찾아 역
사 사실을 고증하고 직접 지세를 보며 옛 지명을 살폈다. 고염무는
시대와 지역에 따라 언어가 변한다는 관념은 아주 분명하게 판단
했고, 염약거가 문헌의 고증에서 하나의 위대한 모범적 저작을 지
었는데, 이는 모두 옛 자료와 새 자료를 이용하고 실재적 문제를
객관적으로 처리하며 문제의 해결로 또 새로운 문제를 생기게 하
고 문제의 해결로 더 많은 종류의 자료를 요구하게 되었기 때문이
다. 이러한 정신에 따르면 본래 행동으로 인해 자료를 확충하고 시
대로 인해 도구를 확충하여 유일한 정당한 경로를 식별하는 것이다.
　종지 제2조는 연구의 자료를 확장한다.
　종지 제3조는 연구의 도구를 확장한다.[87]

87　傅斯年,「歷史語言研究所工作之旨趣」,『傅孟眞先生全集(四)』, 臺北: 國立臺灣大學, 1952,
　　169~170쪽: "我們宗旨第一條是保持亭林, 百詩的遺訓. 這不是因爲我們震懾於大權威, 也
　　不是因爲我們發什麼'懷古之幽情', 正因爲我們覺得亭林, 百詩在很早的時代已經使用最近
　　代的手段, 它們的歷史學和語言學都是照看材料的份量出貨物的. 它們搜尋金石刻文以考
　　證史事, 親看地勢以察古地名. 亭林於語言按照時和地變遷的這一個觀念看得頗清楚, 百詩
　　於文籍考訂上成那麼一個偉大的模範著作, 都是能利用舊的新的材料, 客觀的處理實在問
　　題, 因解決問題更生新問題, 因問題之解決更要求多項的材料. …… 本這精神, 因行動擴充
　　材料, 因時代擴充工具, 辨識唯一的正當路徑. 宗旨第二條是擴張研究的材料. 宗旨第三條
　　是擴張研究的工具." 王汎森,『傅斯年: 中國近代歷史與政治中的個體生命』, 臺北: 聯經出
　　版公司, 2013, 91~102쪽 참조.

전목(첸무)과 대조해보면 부사년(푸스녠)은 '**국고國故'를 반대하고 역사를** '**민족의 서사시'로 삼는 것을 반대했다**(강조는 지은이). 부사년(푸스녠)은 다음을 강조했다. "만약 우리가 연구하는 자료는 대부분 중국에 있는 것이면, 이것은 우리만이 '나라'의 물건을 연구하는 것이 결코 아니라 바로 중국에 있는 자료를 우리 손에 넣기에 편리하기 때문이고 우리를 전후로 이러한 자료에 대해 이미 몇몇 연구가 있어서 이후에 더 쌓아서 연구를 하기에 편리하기 때문이다."[88]

20세기 중국 사학계의 '과학 사학'파도 물론 공헌을 했는데, 은허殷墟의 갑골문과 돈황의 경권經卷(옮긴이 주: 두루마리로 된 책자) 등을 연구하여 과거에 일찍이 매몰되었거나 소홀히 취급되었던 문물로 하여금 20세기 중국인들에게 과거의 역사를 진술할 수 있도록 했다. 그러나 그들이 제창하는 방법은 사학자의 주관적 해석을 반대하고 증명은 하되 주석하지 않는다고 주장하여 한계를 가지고 있다.

부사년(푸스녠)은 다음의 세 가지 구호를 제시했다.

1. (지은이 주: 원문에 아마 '一' 자를 빠뜨린 듯하다) 전통적인 것 또는 개인이 스스로 만든 '인의예지'와 다른 주관적인 것을 역사학과 언어학에 함께 섞는 사람은 절대로 우리의 동지가 아니다!
2. 역사학과 언어학을 생물학과 지질학처럼 수립해야 우리의 동지다!
3. 우리가 요구하는 과학적 동양학의 정통이 중국에 있다![89]

---

88 傅斯年, 「歷史語言研究所工作之旨趣」, 169~170쪽: "如果我們所研究的材料多半是在中國的, 這並不是由於我們專要研究'國'的東西, 乃是因爲在中國的材料到我們的手中方便些, 因爲我們前後對於這些材料已經有了些研究, 以後堆積上去研究方便些."

89 傅斯年, 「歷史語言研究所工作之旨趣」, 169~170쪽: "一. 把(按: 疑漏一字)些傳統的或自造的仁義禮智和其他主觀, 同歷史學和語言學混在一氣的人, 絶對不是我們的同志! 二. 要把歷史學語言學建設得和生物學地質學等同樣, 乃是我們的同志! 三. 我們要科學的東方學

이와 같이 역사학의 내용은 단지 문물 수집, 문헌 고증과 자료 모집 등의 항목에 한정되고 '증證'의 범위는 자료의 진위를 판별하는 수준으로 축소되었다.[90] '과학 사학'파의 방법에는 두 가지 문제가 숨어있다. 첫째, 사실(fact)과 가치(value)는 주희가 말한 '불리불잡不離不雜'의 관계이다. 만약 '가치'의 개입이 없다면 '사실'의 검증을 진행하기가 어렵다. 둘째, 사학자가 역사적 사건을 해석하지 않으면 역사 사실 속의 내재적 의미를 드러내기가 어렵다. 마침 위에서 서술한 두 가지 방법론적 문제의 배경에서 우리는 전목(첸무)이 전통적인 중국 사학의 법도를 잇는 큰 의미를 알 수 있다.

다음으로 전목(첸무) 사학은 중국사의 특수성을 내걸고 이로부터 중국 역사 지식의 자주적 가치를 세웠다. 첸무의 '국사' 과업은 중국적 역사 경험의 특수성을 그리는 데 집중했는데, 이는 그가 20세기 중국 사학계의 '사관 학파史觀學派'를 염두에 둔 것이다. 여영시(위잉스)가 말했듯이 중화민국 이래로 '사관 학파'는 서양 역사 발전의 추상적인 방식을 중국 역사의 실제 발전 과정에 덮어씌우는 데 주력했다.[91] 후외려(허우와이루)

之正統在中國!"

90 傅斯年, 「『史料與史學』發刊詞」, 『傅孟眞先生全集(四)』, 276쪽 참조. 傅斯年은 "자연 과학의 시각으로 역사 언어의 학문을 대하라(以自然科學看待歷史語言之學)"고 외쳤다. 董作賓, 「歷史語言研究所在學術上的貢獻─爲紀念創辦人終身所長傅斯年先生而作」, 원래 『大陸雜誌』第2卷 第1期, 1951.1에 실렸다가 『大陸雜誌史學叢書』, 臺北: 大陸雜誌社, 1960~1975, 第1輯 第1冊, 69~74쪽 수록. 인용문은 69쪽에 있다). 역사학과 자연과학을 동일하게 보는 이러한 견해는 20세기 중국 사학계에 상당히 유행했다. 일반적으로 20세기의 중국 사학을 대부분 '史料 學派'라고 부르며 '史觀學派'와 구별한다. 周予同, 「五十年來中國之新史學」, 杜維運·陳錦忠 編, 『中國史學史論文選集三』, 臺北: 華世出版社, 1980, 372~373쪽; 余英時, 「中國史學的現階段: 反省與展望」, 『史學評論』 創刊號, 1979, 1~24쪽 참조. 이후 余英時, 『史學與傳統』, 臺北: 時報文化出版事業公司, 1982, 1~29쪽 수록. 내가 7장에서 말하는 '科學史學'파는 20세기 중국 사학계의 '史料 學派'를 가리키는 말이다. '史料 學派'가 20세기 하반기 대만 사학계에서 발전한 것과 관련해서 王晴佳, 『臺灣史學五十年(1950~2000)』, 3~42쪽 참조.

91 余英時, 『史學與傳統』, 10쪽.

侯外廬(1903~1987)를 그 중의 대표적 인물로 들 수 있다.

후외려(허우와이루)는 1948년에 그가 과거 10여 년 동안 중국 고대 사회를 논술한 논문을 수정해서 『중국 고대 사회사中國古代社會史』라는 책을 묶어냈다. 그는 일찍이 자신이 중국 고대사를 연구한 작업에는 3가지 내용이 있다고 자술했다. 첫째, 아시아(Asia) 생산 양식이라는 개념을 확정하는 일이다. 둘째, 중국 고문헌학을 고증하고 해석하는 일이다. 셋째, 이론과 자료를 결합한 설명에 주력하는 일이다. 그는 이 작업이 반드시 독창적인 정신으로 하나의 체계로 꿰뚫어야 한다고 말했다. 아울러 그는 『가족, 사유재산, 국가의 기원』[92]의 중국어판을 앞으로 자신이 쓰리라고 기대했다.

후외려(허우와이루)는 다음처럼 선언했다. "흩어진 모래와 같은 중국 고대의 자료와 역사학의 고대 발전 법칙을 하나로 정확하게 통합하는 연구를 하고자 했다. 일반적 의미에서 보면 이것은 새로운 역사학의 고대 법칙의 중국화이고, 파생과 발전 방향에서 보면 이것은 씨족·재산·국가의 여러 문제에 대한 중국판의 연장이다."[93] 사실 후외려(허우와이루)의 『중국 고대 사회사』는 확실히 중국적 역사 경험을 마르크스와 엥겔스 이론의 아시아판 주석이다. 이러한 연구 방법에 따르면 중국 역사의

---

92 ‖이 책은 엥겔스가 1884년에 출판하여 유물사관을 밝힌 것으로 유명하다. 내용은 루이스 모건의 책 『고대 사회(Ancient Society)』에 대한 마르크스의 주석을 기반으로 한다. 또한 이 책은 초기 인류학적 저술이며 가족 경제학에 대한 최초의 저술 중 하나이다. 『고대 사회』는 엥겔스의 시대에 일반적으로 이해되던 바와 같이 인류의 발전의 주요 단계를 서술하였다. 이 책은 인간 사회에서 최초의 가정(domestic) 집단은 가족이 아니라 모계 집단이라고 주장하였다. 모건과 엥겔스에 따르면 원시 공산제는 여성이 자신의 자매와 살며 "나의 자매의 아이는 나의 아이"라는 원리를 적용하는 모계 집단을 기반으로 한다. 모건에 따르면 양도 가능한 재산의 등장은 시집살이와 부계로의 이행을 촉발하여 여성의 힘을 약화시켰다. 한국어 번역본은 김대웅 옮김, 『가족, 사유재산, 국가의 기원』, 두레, 2012 참조.

93 侯外廬, 「自序」, 『中國古代社會史』, 上海: 中國學術研究所, 1948.

특수한 성격이 어두워져 드러나지 않게 되고 심지어 옛 모습을 찾아볼 수 없게 되어 중국의 역사적 경험이 주체성을 잃게 된다.

전목(첸무)이 중국 역사의 특수성을 특별히 중시하고 부각시키는데, 이는 중화민국 이래 마르크스파의 '사관 학파' 학자들이 중국 역사의 주체성을 잃어버린 방법을 염두에 두고 있기 때문이다. 사실 마르크스 사상에 경도된 후외려(허우와이루) 이외에 양계초(량치차오)는 자신의 저서 『중국 역사 연구법』에서 다음처럼 말했다. "역사란 무엇인가? 인류 사회가 계속해서 활동한 모습을 기술하여 총 성적을 계산하고 인과 관계를 찾아내서 현대 일반인이 활동하는 본보기로 삼는 것이다. 중국 선조의 활동을 전문으로 기술하여 현대 중국 국민에게 본보기로 제공되는 것을 중국사라고 한다."[94] 마치 중국 역사의 특수성을 보편 역사에서 추출해 낸 보편성에 복속시키려고 하는 것과 같다.

여영시(위잉스)가 말했듯이 전목(첸무) 일생의 학술 과업은 역사의 '보편성'과 '특수성' 그리고 중국과 서양의 밀고 당기는 식의 고통을 충분히 겪었다.[95] 그러나 양계초(량치차오)·후외려(허우와이루)와 차이는 전목(첸무)이 중국적 역사 경험의 특수성을 고수하고 '국사'의 '특수성(수상)'이 세계사의 '보편성(공상)' 아래에 굴복하여 보편적 이론의 각주가 되는 것을 거부한 데에 있다.

---

[94] 梁啓超, 『中國歷史硏究法』, 1쪽: "史者何? 記述人類社會賡續活動之體相, 校其總成績, 求得其因果關係, 以爲現代一般人活動之資鑑者也. 其專述中國先民之活動供現代中國國民之資鑑者, 則曰中國史."

[95] Ying-shih Yü, "Changing Conceptions of National History in Twentieth-Century China," p.174.

5. 전목(첸무) 사학 속의 유가 사상

전목(첸무)은 사학의 명인으로 한 시대의 종사宗師이고, 일생의 학문 연구
는 유학 전통에 깊게 맞춰져 있다. 중화민국 58년(1969)에 5년의 시간을
들여 5권의 대작 『주자신학안朱子新學案』을 완성했는데, 틀이 크며 사고
가 깊고 일평생 학문의 모든 줄기가 여기에 모여 있다고 할 수 있다.
이제 우리는 한 가지 질문을 던지고자 한다. "전목(첸무) 사학 중에 유가
사상의 어떠한 성분이나 경향이 나타나는가?"

전목(첸무)은 중국 역사를 해석하는 중에 드러나는 유가 사상의 요소
는 적어도 아래의 두 가지가 있다.

첫째, 전목(첸무)은 사학이 일종의 인간사의 학문으로 반드시 '인물현
간人物賢奸(인물의 현명함과 간사함)'으로 '세운홍쇠世運興衰(시운의 홍성과 쇠
퇴)'를 달아봐야 한다고 강조했다. 1970년 1월 전목(첸무)은 대남(타이난)臺
南 성공대학成功大學의 초청에 응해 『사학 도언史學導言』을 주제로 4차
례 강연을 하게 되었다. 그는 강연의 첫머리에 다음과 같이 지적했다.
"사학은 그저 일종의 인간사의 학문일 뿐이다. …… 사학을 배우려면
먼저 인간을 이해해야 하며, 그 다음으로 일을 이해해야 한다."[96] 또 전
목(첸무)은 말했다, "중국사의 중요한 자리 여전히 인물에 있다. …… 중
국 역사의 가장 중요한 것은 인물을 이야기하는 것에 있다."[97] "역사에
는 갑작스러운 홍성이 없고 갑작스러운 쇠퇴도 없다. 홍성과 쇠퇴는 반
드시 '점차로' 이루어지는데, 그 관건은 '인간'에게 달려있다."[98]

96　錢穆, 『史學導言』, 『錢賓四先生全集』 第32冊, 58쪽: "史學只是一種人事之學. …… 學史
學, 首先該懂得人, 其次該懂得事."

97　錢穆, 『史學導言』, 『錢賓四先生全集』 第32冊, 65쪽: "中國史主要所在, 還是在人物. ……
中國歷史最重要的在講人."

98　錢穆, 『史學導言』, 『錢賓四先生全集』 第32冊, 69쪽: "歷史上無驟興, 也無驟衰, 其興衰必

전목(첸무)은 마무리에 다음처럼 결론을 말했다.

> 나는 역사 연구에서 여덟 글자가 가장 중요하다고 생각한다. 하나
> 는 '세운홍쇠世運興衰'이고, 다른 하나는 '인물현간人物賢奸'이다. 역
> 사 연구는 반드시 이 여덟 글자로부터 착안하여 이 여덟 글자에서
> 문으로 들어서야 하고, 또한 이 여덟 글자에서 마무리지어야한다.[99]

'세운홍쇠'와 '인물현간'의 여덟 글자가 바로 전목(첸무) 사학의 핵심이다.
전목(첸무)은 인물의 현명하고 간사함과 변화 중에 역사 속 시운의 홍성과
쇠퇴를 관찰했다. 그는 "중국 역사의 가장 위대한 곳은 인간을 중심으로
삼는 것이다"라고 생각했다.[100] 전목(첸무)이 말년에 역사를 연구하는 법도
를 제시했는데, 이는 항전 시기에 지은 『국사 대강』에서 여러 차례 발견할
수 있다. 실례를 들어 말하면 전목(첸무)은 후한 사족士族의 기풍, 예컨대
오랜 장례(久喪), 벼슬 사양(讓爵), 재물 양여(推財), 초빙 회피(避聘), 원수
갚음(報仇), 은혜 보답(報恩), 깨끗한 절개(淸節) 등을 높이 우러러봤다.
그는 또 후한 사족이 오직 형식적 도덕을 중시하고 사실의 효과는 중시하
지 않아 결국 쇠락의 시운을 막는 데에 도움이 되지 못하고 환관의 악한
세력을 제거할 길이 없었다고 지적했다. 게다가 후한 인사들은 오직 개인
과 가정의 도덕을 중시했기 때문에 왕실이 무너진 뒤에 역사는 위魏나라

以'漸', 而主要關捩則在'人'." 전목(첸무)의 견해와 프랑스 사학자 블로크(Benjamin Bloch)
가 말한 사학은 '시간 속에 있는 인간의 과학'(제1장 각주7)이라는 말은 서로 발명해주고
있다.

99　錢穆, 『史學導言』, 『錢賓四先生全集』第32冊, 68쪽: "我認爲治史只有八個字最重要, 一曰
'世運興衰', 一曰'人物賢奸'. 治史必該從此八字著眼, 從此八字入門, 亦在此八字歸宿."

100　錢穆, 『史學導言』, 『錢賓四先生全集』第32冊, 99쪽: "中國歷史有一個最偉大的地方, 就是
它能把人作中心."

의 쇠운으로 달려가게 되었다.[101] 북송의 신구 당쟁을 논의할 때에도 전목(첸무)은 남북 인재들의 대립 및 도덕 관념과 정사正邪 맥락에서 논의했다.[102]

전목(첸무)은 역사의 변화 발전 과정에서 '인간'의 요소를 부각시키고 또 인간의 도덕 문제를 특별히 강조하여 선명한 유가 사상의 요소를 드러냈다. 이 책의 각 장에서 논의를 진행하며 유가의 역사 해석이 늘 '사실 판단'과 '가치 판단'을 하나로 녹여냈다는 점을 지적했는데(제2장), 주희는 후한 '당고의 화(黨錮之禍)'의 원인을 해석하면서 "다만 위에 한 사람이 부족해서 그렇다"고 보았다.[103] 주희가 『대학』 제7장을 평론하여 "한 마디 말이 일을 뒤엎고 한 사람이 나라를 안정시킨다"고 말하고,[104] 『중용』 제20장에서 공자는 "문왕과 무왕의 정치가 방책, 즉 목판과 대쪽에 널려 있다. 알맞은 사람이 있으면 그 정치가 일으켜지고 알맞은 사람이 없으면 그런 정치도 사라진다."라고 말했다.[105] 전목(첸무)은 중국의 역사 해석에서 '인간'의 도덕과 그 영향을 특히 중시했는데, 고대 유가의 역사관과 일맥상통한다고 할 수 있다.

둘째, 전목(첸무)은 중국 역사의 발전을 해석할 때 지식인 계층의 발전을 특별히 중시했는데, 이는 그들이 중국 역사 발전의 주요 동력이라고 여겼기 때문이다. 이 주장도 전형적인 유가의 관점이다.

일찍이 춘추전국 시대는 중국 지식인 계층이 형성되는 시기로 공자와 맹자는 지식인이 시대의 흥성과 쇠퇴에 마땅히 더욱 많은 책임을 지기를 바랐다. 공자는 "선비가 도에 뜻을 두고도 거친 옷과 맛없는 음식을

---

101 錢穆, 『國史大綱』(上), 第3編 第10章, 209~214쪽.
102 錢穆, 『國史大綱』(下), 第33章, 651~676쪽.
103 [宋]黎靖德 編, 『朱子語類』卷135, '賀孫錄', 『朱子全書』第18冊, 上海: 上海古籍出版社; 合肥: 安徽教育出版社, 2002, 4206~4207쪽: "只是上面欠一個人."
104 [宋]朱熹, 『大學章句』, 『四書章句集注』, 北京: 中華書局, 1983, 9쪽: "一言僨事, 一人定國."
105 [宋]朱熹, 『中庸章句』, 『四書章句集注』, 北京: 中華書局, 1983, 28쪽: "文武之政, 布在方策. 其人存, 則其政擧. 其人亡, 則其政息."

부끄럽게 여기는 자는 함께 논의하기에 충분치 않다"고 했고,[106] 증자는 "선비는 뜻이 크고 굳세지 않을 수 없으니 책임은 무겁고 갈 길은 멀기 때문이다. 인(사람다움)을 자기 책임으로 하였으니 무겁지 않은가? 죽은 후에 그치니 멀지 않은가?"라고 말했다.[107] 맹자는 더욱이 뜻을 높여야 한다는 '상지尙志'[108]로 같은 시대의 지식인들을 격려했는데, 그는 지식 인들이 역사의 발전 방향을 주도한다고 믿었기 때문이다.

유가 사상의 요소가 전목(쳰무) 사학에서 가장 중요하게 표현한 점이 바로 이렇다. 즉 전목(쳰무)이 중국 전통 정치는 전제 정치가 아니라 '사인 정치'라는 입장을 견지한 데 있다.[109] 전목(쳰무)은 중국의 역사에서 "사인의 덕성德性이 권위보다 훨씬 중요했다"고 생각했다.[110] 『국사 대강』의 대작을 꿰뚫어보면 독자는 전목(쳰무)이 역사에서 '선비'가 맡은 역할에 대해 얼마나 중시했는지를 곳곳에서 느낄 수 있다.

예컨대 전목(쳰무)은 전한 초기의 정치를 논의하며, 이것은 '사인 정부의 출현'을 대표한다고 보았고[111] 후한의 역사를 논의하면서 '사족 정치 세력이 점진적으로 팽창하는' 점을 특히 중시하면서[112] 아울러 '동한 사족의 기풍'과 시운의 홍성과 쇠퇴를 언급했다. 또한 서진西晉과 남조南朝의 사회 형태를 논의하며 '남쪽으로 건너간 사족'을 중시했다.[113] 북송

---

106 ﹝宋﹞朱熹, 「里仁」 9, 『論語集注』, 『四書章句集注』 卷2, 北京: 中華書局, 1983, 71쪽: "士志 於道, 而恥惡衣惡食者, 未足與議也."

107 ﹝宋﹞朱熹, 『論語集注』 卷4, 104쪽: "士不可以不弘毅, 任重而道遠. 仁以爲己任, 不亦重乎? 死而後已, 不亦遠乎?"

108 ﹝宋﹞朱熹, 『孟子集注』, 『四書章句集注』 卷13, 北京: 中華書局, 1983, 359쪽.

109 錢穆, 『世界局勢與中國文化』, 『錢賓四先生全集』 第43冊, 240~241쪽; 『國史大綱』(上), 37~38쪽.

110 錢穆, 『中國歷史精神』, 121쪽.

111 錢穆, 『國史大綱』(上), 第8章 第6節, 166~167쪽.

112 錢穆, 『國史大綱』(上), 第10章 第1節, 189~191쪽.

113 錢穆, 『國史大綱』(上), 第19章 第4節, 357~362쪽.

을 논의하며 '사대부의 자각과 정치 혁신 운동'에 초점을 맞추었고[114] 송·명 시대 학자들의 강학 사업과 사회 사업을 추앙해 마지않았다.[115] 이러한 논점은 항일 군대가 일어났던 역사적 배경에서 전목(첸무)이 후방의 사천(쓰촨)四川에 은거하며 『국사 대강』을 저술하고 역사 해석에 그 심정을 깃들였는데, '사인'의 역사 속의 작용을 강조하는 한편 지식인 계층이 부흥하여 새 시대 민족의 부흥을 이끌어주기를 원했던 그의 기대가 곳곳에 드러나 있다.[116] 이것은 역대 유가의 역사관과 서로 호응하며 전목(첸무) 사학에서 유가적 요소를 드러내는 것이다.

5절에서 말한 내용을 종합하며 내가 더 강조하고 싶은 점은 이렇다. 즉 전목(첸무) 사학에서 '인간'적 요소가 특히 중시되었고 더욱이 지식인들의 주도적인 지위를 중시했다. 그가 말하는 '인간'은 사회 집단의 한 구성원으로서 '인간'을 가리키지 현대적인 원자론(atomism)적 의미에서 고독한 '인간'을 가리키지 않는다. 전목(첸무)은 『국사 대강』을 탈고한 뒤에 책 전체의 요지를 총론한 『국사 만화漫話』의 장문 중에 이것에 대해 한 걸음 더 나아가 자세히 언급했다.

춘추 시대의 제후는 사실 그리스 고대 도시 국가와 서로 닮았다. 이 점은 이미 『국사 만화』의 세 번째 부분에서 논의했다. 그 내부에서 경卿·대부大夫·사士·민民은 서로 응결하여 함께 한 군주를 떠받들고, 영토 경내의 이름난 산천에 제사를 지냈다. 제후는 경내境內를 하나의 전체로 대표하여 제사를 주관하고 경·대부·사·민은

---

114 錢穆, 『國史大綱』(下), 第32章, 623~650쪽.
115 錢穆, 『國史大綱』(下), 884~914쪽.
116 전목(첸무)은 사학 속에서 지식계층을 중시하는 태도를 보였고 그를 이어서 논의를 펼친 경우로는 여영시(위잉스)의 저작이 있다. 余英時, 『中國知識階層史論: 古代篇』, 臺北: 聯經出版公司, 1980이다.

자유롭게 개인 제사를 지내지 못했다. 그러므로 개별 제후는 각각 성읍城邑 국가를 다스리지만 성읍 국가의 상위에 공통의 주군(옮긴 이 주: 천자)이 있으니 자연히 각각 독립되었던 그리스 도시 국가와 같지 않다. 개별 제후는 서로 연계하여 함께 천자를 떠받들고 하나의 전체를 이루므로 당시 전체에 대한 개념은 하나의 커다란 단체이지 개인이 아니었다. 이것은 그리스 도시 국가에서 시민의 자유를 기본으로 하는 것과 같지 않다. 춘추 시대의 개별 제후는 그 의미가 일찍이 그리스 도시 국가와 달랐고 서로 응집하여 하나의 전체를 이룰 수 있었다. 이에 분열된 춘추전국 시대가 진·한의 통일 제국으로 나타났다.[117]

나는 이 한 단락의 인용문이 전목(첸무)의 역사 해석 중 '인간'의 본질을 명료하게 이해하는 데 매우 관건이 된다고 생각된다. 전목(첸무) 사학 속의 '인간' 또는 '사인士人'은 지식인 계급의 사회 집단 중의 '사람'이나 '사士'이 지 개체로서 '사람'이나 '사'가 아니다.[118] 이 점은 유가 사상 전통 속의

---

117 錢穆, 『國史漫話』, 25~26쪽: "春秋時代之諸侯, 固與希臘古城邦相似, 此層已於『漫話』第三則論之. 然其內部, 卿·大夫·士·民相凝合以共戴一君主, 而祭其境內之名山大川. 諸侯代表全境爲一整體而主祭, 卿·大夫·士·民各不得自由私祭. 故各諸侯雖各爲一城邦, 而城邦之上有共主, 自與希臘城邦之各自獨立者不同. 各諸侯旣相互聯繫共戴天子以成一整體, 故當時對整體之槪念爲一大羣, 而非個人. 此與希臘城邦以市民自由爲基本者亦不同. 春秋時代之各諸侯, 其意義早自與希臘城邦不同, 故得疑合而仍成爲一整體, 乃爲秦漢之統一."

118 전목(첸무) 사학 속의 이러한 총체론 의미에서 '사인 정치'의 논단은 의문을 초래하기가 아주 쉽다. 예컨대 감회진(간화이전)甘懷眞은 다음과 같이 말했다. "전목(첸무)의 사학은 전체로서 시대 정신을 논증하고자 했는데, 이것은 곧 유가 정신이다. 이러한 정신이 역사의 동력으로서 끊임없이 이어지는데, 이 정신의 매개체로서 사대부들이 끊임없이 나타났기 때문이다. …… 이 역사관은 개체 존재로서 사인이 그 행위와 해석과 존재 상태와 개별 사인들과의 관계를 포함하는 것으로 해석할 수 없다. 이러한 유교 국가의 전체관에는 사인 개체를 해석하는 권한이 없다. 사인 개체의 존재 상태 등은 여전히 사료를 들어 검증하는 것이 필요하다." 甘懷眞, 「再思考士族硏究的下一步: 從統治階級觀點出發」, 甘懷眞 編, 『身分·文化與權力: 士族硏究新探』, 臺北: 臺大出版中心, 2012, 17쪽.

'인간'은 위로 역대의 조상, 아래로 만대의 후손을 대하여 책임을 져서 "과거 성현들이 끊어진 학문을 잇고 만세의 후손을 위해 태평을 연다(爲往聖繼絶學, 爲萬世開太平)"는 맥락 속의 '사'와 일맥상통한다.

6. 결론

20세기 중국이 경험한 것은 한 편의 피눈물이 뒤섞인 역사이다. 한 측면에서 보면 구미 세력의 침략을 받으며 중국인은 청말 이래 민족의 자긍심을 거의 잃어버렸다. 다른 측면에서 보면 중국인은 위기 속에서 민족의 새로운 출구를 찾기도 했다. 전목(첸무)의 『국사 대강』은 항일 운동이 고조된 중화민국 28년(1939) 6월에 완성되었다. 사학자 장음린(장인린)張蔭麟(1905~1942)에 따르면 당시는 "전 국민이 한 몸과 한 마음으로 피가 바다를 이루고 기와가 부서지는 엄중한 상황에서 분투하며 환히 희망을 걸 수 있는 새 시대를 창조했다."[119]

전목(첸무)은 바로 이러한 모든 것이 철저하게 부서지고 또 새로 생겨나는 시대에 '국사'를 지어 민족의 혼을 불러냈다. 또 그는 중화민국 28년(1939) 사천(쓰촨)에서 『국사 대강』을 쓰고 나서 중화민국 72년(1983) 타이베이 소서루素書樓에서 미국학자 제리 데너린(Jerry Dennerline)을 접견하여 중국 문화의 특수성을 재차 강조하기까지[120] 일생 동안 일관되게

---

119 張蔭麟, 「中國史綱上冊自序」, 『張蔭麟文集』, 臺北: 中華叢書委員會, 1956, 445쪽: "全民一心一體地在血泊和瓦礫場中奮鬥〔按: 原文作'扎', 應係'鬥'字誤植〕以創造一個赫然在望的新時代."

120 Jerry Dennerline, *Qian Mu and the World of Seven Mansions*, New Haven: Yale University Press, 1989. 중국어 번역본은 鄧爾麟, 藍樺 譯, 『錢穆與七房橋世界』, 北京: 社會科學文獻出版社, 1995, 7~8쪽, 117~118쪽.

'국사'를 '민족의 서사시'라고 주장했고 중국인 전체로 하여금 민족의 역사 기억을 함께 누리며 떨치고 일어나 국가와 민족의 미래를 위해 분투하게 하였다. 전목(첸무)의 '국사'관은 민족주의에 깊이 젖어있기도 하고 또 민족주의를 바탕으로 하기도 한다.

전목(첸무)은 이러한 민족의 피와 눈물이 뒤섞인 '국사'를 통해 '국사'를 연구하고 읽는 사람에게 '자국 역사에 대한 온정과 경의'를 특별히 강조했다. 이러한 '국사'관은 주체와 객체가 서로 융화되는 '주객교융主客交融'의 방법론을 특징으로 하고 역사 서술에는 중국적 역사 경험의 특수성을 특별히 부각시키며 서양 역사와 대조 하면서 '우리 민족'과 '다른 민족'의 경계를 나누어 '우리 민족'의 문화 정체성을 강화시킨다.

중국 사학사의 입장에서 보면 전목(첸무) 사학은 중국 전통 사학의 법도가 20세기의 중국에서 연속되고 빛을 발하고 있는 것으로 볼 수 있다. 그는 부사년(푸스녠)을 대표로 하는 '사료 학파'와 다르고 마르크스파의 '사관 학파'와 다르며, 20세기 중국 사학계 중에 독자적인 학파를 세워 중국사의 '개별(수상)'을 세계사의 '보편(공상)'의 각주 정도로 삼는 것을 반대했다. 그는 이를 통해 중국사 지식의 자주성이 우뚝 서게 하여 20세기의 고난 속 중국인들이 미래를 위해 노력해야 할 방향을 인도했다.

종합하자면 전목(첸무) 사학 세계 중에 '역사'는 해부를 기다리는 미이라가 아니라 경험과 지혜를 간직한 도서관이다. 그는 중국인이 마땅히 '국사' 속에 생명이 스며들게 하고 시야를 넓혀서 새로운 희망을 열어야 한다고 호소했다. 전목(첸무)이 20세기 중국인을 위해 세운 것은 주체와 객체가 서로 스며들고 정서와 이치가 서로 융화된 역사 해석의 체계이다. 이것은 유가 사상의 전통 속에 깊이 스며들어 있는 하나의 사학 세계이다.

유가 사상과 중국 전통 역사 사유 속의 인문 정신

이 책의 주제는 유가 사상과 중국적 역사 사유의 상호 작용이다. 각 장의 논의는 서로 다른 정도로 유가 사상의 전통이 깊고 두터운 역사 의식을 가지고 있고 중국적 역사 사유의 전통에는 명확한 유가의 사상적 요소가 들어있다는 점을 밝히고 있다. 양자 사이에는 빛과 그림자가 서로 드리운 곳에 중국적 인문 정신의 찬란한 빛이 반짝이고 있다. 지금까지 각 장에서 논의한 내용을 바탕으로 우리는 아래에서 결론이 되는 몇몇 주장을 제시하고자 한다.

  첫째, 유가 문화의 분위기 속에 젖어 있는 중국의 역사 사유는 '인간'이 각종 역사적 사건을 빚어내는 핵심이라고 특별히 강조한다. 이 때문에 중국의 역사가들은 모두 역사 인물에 대한 묘사에 힘썼다(강조는 지은이). 태사공 사마천은 『춘추』의 "선인을 우대하고 악인을 미워하며 현자를 존중하고 어리석은 자를 낮춘다(善善惡惡, 賢賢賤不肖)"는 역사 저술의 원칙을 특별히 중시했다. 『사기』 중에 가장 뛰어난 부분은 70편의 열전이다. 비록 『사기』에는 열전列傳 이외에도 본기本紀·세가世家 등 각기 다른 문체의 글이 따로 있어 서로 보조적인 설명을 하지만 주요 내용은 여전히 역사 속 개인의 행위와 풍채와 도량을 묘사하고 형상화시킨 데에 있다. 서복관(쉬푸관)이 지적했듯이 사마천은 교묘한 필법으로

역사의 진실을 재현했고 핵심적인 자료를 통해 역사 인물의 특성을 그려내었다.[1]

중국의 역사와 대조적으로 서양의 역사가들은 역사의 사건을 전체적으로 서술하는 데에 치중한다. 예컨대 서양 '역사학의 아버지' 헤로도투스(Herodotus, BC 484~429)는 페르시아 전쟁(BC 490~480)의 과정을 서술하면서 이 전쟁을 동서양의 정치적 생활 방식이 충돌하는 맥락에 두고 고려했다. 또한 폴리비우스(Polybius, BC 203?~ca. 120)는 『역사(*The Histories*)』에서 로마가 어떻게 도시 국가에서 세계적인 대제국으로 확장되고 에게해(Aegean Sea)가 어떻게 로마 제국의 바다가 되었는지 등을 서술했는데, 이러한 전후 인과 관계를 중시한 선형 글쓰기 방식과 역사 발전에서 중시되는 '집단적 요소(collective agency)'의 영향 등[2]은 중국의 역사 저작들과 매우 강렬한 대비를 이룬다.

둘째, 유가 사상과 중국의 역사 사유는 모두 역사 속 '인간'의 자유 의지를 고도로 긍정했다. 중국의 역사가들은 역사의 인과 관계를 해석하는데 인물의 심술心術에 치중하여 사건의 발생은 주로 역사 행위자의 마음과 의지에 의해 결정된다고 생각했다. 이러한 특징은 바로 앞에서 서술한 첫 번째 특징과 서로 부합한다. 가장 두드러진 실례는 『좌전』에서 선공宣公 2년(BC 607)에 동호董狐가 "조돈이 자신의 주군을 시해했다(趙盾弑其君)"고 기록한 일이다. 공자는 동호의 역사 저술을 '옛날의 훌륭한 사관(古之良史)'이라고 칭찬했다.[3] 현대의 관점으로 보면 동호의 기록과 공자의 비평은 일종의 '사실 판단'이 아니라 '가치 판단'에 속한

---

1 徐復觀, 『兩漢思想史』(卷三), 臺北: 臺灣學生書局, 1979, 408~492쪽.
2 Peter Burke, "Western Historical Thinking in a Global Perspective: 10 Theses," in Jörn Rüsen ed., *Western Historical Thinking: An Intercultural Debate*, New York, Oxford: Berghahn Books, 2002, pp.15~30
3 楊伯峻, 『春秋左傳注』上冊, 宣公 2年, 臺北: 源流文化事業有限公司, 1982, 662~663쪽.

다. 그들은 조돈이 요직에 있으면서도 사건 발생 후에 왕을 죽인 살인범을 처단하지 않은 일은 전적으로 그의 개인적 의지에 달려 있다. 따라서 조돈은 반드시 일국의 왕이 살해당한 사건에 대해 최후의 도덕적 책임을 져야 한다고 생각했다.

반면에 서양의 역사학 저작에서는 역사 해석이 중국의 전통 사학과 같지 않다. 예컨대 헤로도토스는 페르시아 전쟁을 피할 수 없었는데, 그 까닭이 그리스 민주 정치와 페르시아 전제 정치가 서로 받아들일 수 없는 데에 있다고 생각했다. 투키디데스(Thucydides, BC ca. 460~ca. 400)는 스파르타와 아테네 두 도시 국가 사이의 전쟁을 분석하면서, 그 원인을 쌍방이 무역에서 겪은 경제 이익의 충돌 등으로 돌렸다. 서양의 사학자들은 대체로 '인간' 이외에 정치 구조와 경제적 생활 방식 등의 요소가 역사에 작용하는 점에 특별히 주목했지만 개인에 대한 도덕 평가에는 비교적 덜 다루었다.

20세기 중국의 사학자 전목(첸무)은 일찍이 중국의 역사학은 '세운홍쇠世運興衰'와 '인물현간人物賢奸' 사이에 움직이고[4] '세운홍쇠'는 또한 반드시 '인물현간'의 맥락에서 고려되어야 한다고 했다. 이는 중국의 역사가들이 역사 행위자의 자유 의지를 중시했다는 점을 분명하게 드러내고 있다. 물론 나는 이쯤에서 부연 설명을 할 사항이 있다. 앞에서 서술한 중국과 서구의 대비는 서양 사학자들의 글에서 인간적 요소를 완전히 무시했다는 것이 아니라 다만 중국의 역사학이 역사 행위자의 자유 의지를 특별히 중시한 이 특성을 부각시키기 위한 것이다. 사실 서양의 역사학 글이 중시한 정치 구조나 경제 활동은 모두 인간의 참여를 전제

---

4 錢穆, 『史學導言』, 『錢賓四先生全集』 제32책, 臺北: 聯經出版公司, 1998, 68쪽. 자세한 내용은 이 책의 7장과 Chun-chieh Huang, *Humanism in East Asian Confucian Contexts*, ielefeld: Transcript Verlag, 2010, chapter 5, pp.81~96 참조.

로 한다. 이런 의미에서 우리는 서양의 역사학이 역사 변천에서 인간의 지위를 전혀 주목하지 않았다고 말할 수 없다.

전통적인 중국의 역사가들은 인간의 자유 의지를 긍정했기 때문에, 그들은 역사를 저술하면서 역대 인물들에 대해 늘 포폄褒貶을 가했다. 공자 이래로 중국의 역사가들은 "선인을 우대하고 악인을 미워하며 현자를 존중하고 어리석은 자를 낮추기"를 역사 서술의 원칙으로 삼았다. 전통적인 중국의 모든 정사正史(옮긴이 주: 전체는 24사가 된다)[5]는 늘 역사 인물을 범주화하여 충신·간신·아첨꾼·열녀 등으로 분류했다. 중국의 역대 황제가 죽은 뒤에 후인들이 해당 인물이 해온 일생의 공과功過를 검토하여 '문文'·'무武'·'인'·'려厲' 등의 시호를 부과했다.

중국 전통의 역사가들은 자신들의 역사 저술에서 "이미 죽은 간신배들을 주벌하여 감춰진 덕의 빛을 밝히는(誅姦諛於旣死, 發潛德之幽光)" 데에 뜻을 두었다. 만일 유대-기독교 문화에서 신이 '최후의 심판'으로 사람이 살아온 일생의 공과 과를 판단한다고 말하면, 중국 문화에서는 바로 '역사의 심판'으로 사람이 걸어온 일생의 득실과 공과를 판단한다고 말할 수 있다. 중국 사학의 저술에 비록 기전체·편년체·기사본말체의 구분이 있긴 하지만 역사 인물을 중심으로 하는 기전체가 처음부터 끝까지 중요한 자리를 차지해왔다.[6]

중국의 역사 사유와 유가 사상에서는 모두 역사 경험(특히 역사 속

---

5 ‖二十四史는 중국에서 正史로 인정받는 역사서 24종의 통칭이다. 다음 왕조에서 정사로 인정받은 것만을 모은 것으로 동아시아 역사 연구에 중요한 사료로 널리 인정받고 있다. 중화민국에서 『元史』를 고쳐 쓴 『신원사』 또는 청나라의 역사를 엮은 『淸史稿』를 합해 二十五史라 부르기도 한다. 또는 두 책을 모두 합쳐서 二十六史라 부르는 경우도 있다. 이십사사 가운데 『사기』 『한서』 『후한서』 『삼국지』를 통틀어 前四史로 부르며 역사 서술로 모범으로 간주한다.

6 ‖이와 관련해서 신승하, 『중국사학사』, 고려대학교출판부, 2000 참조.

성현 인물의 사적)이 역사를 읽는 사람을 감화시키는 점을 특별히 중시하여 역사를 읽는 사람에게 자신의 심지를 일으켜 스스로 주체적으로 움직여서 역사의 방향을 인도하도록 했다. 남송의 섭적葉適은 고대의 통치자들을 열거하며 "그 사람은 모두 일신으로 천하의 세를 이룰 수 있었다"라고 말했다.[7] 주희는 고금의 변화 속에서 "오직 성인만이 리가 있는 곳을 살펴서 상황에 따라 답습하기도 하고 혁신하기도 한다"고 더욱 강조했다.[8] 이는 모두 상술한 명제를 서로 다른 방식으로 표현하고 있다.

유가 사상에서는 역사 읽기를 수신修身의 방법으로 삼았다. 이로 인해 중국 사학에서 역사를 거울로 삼는 사상이 가장 발달하게 되었다. 여기에 하나의 방법론의 문제가 생겨나는데 그것은 다음과 같다. 즉 역사를 읽는 사람의 입장에서 보면 어떻게 '인간'은 '역사'의 '부름(calling)'을 받아들일 수 있고 '역사'를 연구하면서 지혜롭게 될 수 있는가? 다음으로 역사 저술의 입장에서 보면 역사를 저술하는 목적은 어디에 있는가?

상술한 문제는 우리를 데리고 중국의 역사 사유와 유가 사상의 **세 번째 공통된 측면, 즉 양자가 모두 세상에 아름답게 하는 숙세淑世와 세상을 다스리는 경세經世 구리고 세상을 구원하는 구세救世를 학술 연구의 목적으로 삼는 측면**(강조는 지은이)으로 나아가게 한다. 유가 전통은 선진 시대 공자의 문하 이래로 줄곧 경세를 본의로 삼아왔다. 육구연은 다음처럼 말했다. "유자儒者는 비록 소리가 들리지 않고 냄새가 나지 않고 방법이 없고, 형체가 없다고 하더라도 모두 경세를 위주로 한다."[9] 또한

7 [宋]葉適, 「治勢」, 『水心先生文集』 卷4, 臺北: 臺灣商務印書館, 1965年 四部叢刊 初編縮本, 53쪽-上~下: "其人皆能以一身爲天下之勢."
8 [宋]朱熹, 「古史餘論」, 『朱子文集』 第7冊 卷72, 臺北: 德富文教基金會, 2000, 3639쪽: "唯聖人爲能察其理之所在而因革之."
9 [宋]陸象山, 「與王順伯」, 『陸九淵集』 卷2, 臺北: 里仁書局, 1981, 17쪽: "儒者雖至於無聲·無

중국 사학은 줄곧 경세를 목표로 삼았는데, 중국 사학자들은 세계의 해석에 힘썼을 뿐만 아니라 세상의 변화에도 마음을 두었다.

중국 역사에서 시대의 변란이 클수록 우환이 많아질수록 사학도 늘더 발달했다. 예컨대 17세기 중엽 명·청 교체기에 고염무顧炎武(1613~1682)는 '하늘이 무너지고 땅이 찢어지는'[10] 듯한 시대의 동란을 보이면 사학이 의외로 흥성했다. 반대로 사학 정신의 쇠락은 일반적으로 시대의 인문 정신이 쇠락하는 지표이기도 했다. 사마천은 『사기』「태사공자서」에서 동중서의 말을 인용하여 공자가 『춘추』를 지으며 '242년간 일어난 사실을 시비 판단하여 천하의 모범으로 삼는'[11] 데에 심혈을 기울였다. 북송의 사학자 사마광이 『자치통감』「진서표進書表」에서 다음처럼 말했다. "〔『자치통감』은〕 오로지 나라의 흥성과 쇠퇴에 관련되고 백성의 행복과 불행에 관련되는 사실을 골라서 그 중에 선은 모범으로 삼고 악은 경계로 삼도록 연대기 순서로 책을 엮었다."[12] 모두 전통 사학의 경세 경향을 보여주고 있다.

장학성은 『문사통의文史通義』에서 "사학은 세상을 다스리는 바탕으로 허추루 빈말로 저술하지 않는다"[13]라고 강조했다. 이는 단지 문헌의 정리와 배열 정도가 사학이라고 부르기에 충분치 않다고 여겼기 때문이다. 전통적인 중국의 사학자들은 모두 진정한 사학은 반드시 인간사에 부합해야 한다고 생각했다. 20세기에 이르러 전목(첸무)은 거듭 "사학은

臭·無方·無體, 皆主於經世."

10 〔淸〕顧炎武, 「正始」, 『原抄本日知錄』 卷17 臺北: 明倫出版社, 1970, 378쪽.

11 〔漢〕司馬遷, 「太史公自序」, 『史記』 卷130, 臺北: 藝文印書館, 1956年 據淸乾隆 武英殿刊本 景印, 1352쪽: "余聞董生曰 …… 是非二百四十二年之中, 以爲天下儀表."

12 〔宋〕司馬光 撰, 〔元〕胡三省 注, 章鈺 校記, 「進書表」, 『新校資治通鑑注』, 臺北: 世界書局, 1976, 9607쪽: "『資治通鑑』專取關國家盛衰, 繫生民休戚, 善可爲法, 惡可爲戒, 爲編年一書."

13 〔淸〕章學誠, 葉瑛 校注, 「浙東學術」, 『文史通義校注』 卷5, 北京: 中華書局, 1994, 524쪽 수록: "史學所以經世, 固非空言著述也."

단지 하나의 인간사의 학문이다"[14]라고 말했다. 이로 인해 중국 사학의 사론史論 전통이 유구한데, 『좌전』의 '군자왈君子曰', 『사기』의 '태사공왈太史公曰', 『한서』의 '논찬論贊', 『삼국지』의 '평評'에서부터 『자치통감』의 '신광왈臣光曰'에 이르기까지 모두 전통적인 중국의 역사가들이 역사 사실이나 인물을 도덕적 맥락 속에 두고 평가했음을 보여주고 있다.[15] 고대 그리스 역사학의 시조 헤로도투스(Herodotus)는 일찍이 자신의 『역사』 초고를 낭독하고 상금을 받았던 일과 대조해보면 중국의 사학자들은 비교적 엄숙한 태도로 저술하는 특성을 가졌다고 할 수 있다.

전통적인 중국의 사학자들과 유가 사상이 모두 경세를 역사 저술의 목적으로 삼았기 때문에 그들이 창작한 '집단 기억(collective memory)'[16]은 종종 정치 권력과 연류되는 일을 피할 수 없었다. 전통적인 중국의 사학자들은 늘 제국을 다스리는 관직을 겸했다. 예컨대 사마천과 그의 부친 사마담司馬談의 관직은 '태사공'이고 당대에 관찬 사학의 제도가 만들어진 뒤에 중국의 사학자들은 더욱 제국의 권력 구조 속의 일원이 되어 '집단 속의 개체'로서 이전 왕조의 역사를 썼다. 그들이 역사 저술에서 가장 중요하게 고려한 것이 바로 '정삭正朔'이나 '연호年號' 등과 같은 왕조의 '정통'과 관련된 문제였다. 그들의 역사 서술은 당대 권력 구조의 지배를 받으면서도 반드시 역사적 사실을 사실 있는 그대로 쓰는 병필직서秉筆直書의 핵심 가치를 견지해야 했다. 이 때문에 전통적인 중국의 사학자들이 늘 직면해야 했던 중대한 도전이 있었다. 즉 "둘의 관계 사이에서 어떻게 역동적 균형을 이룰 수 있을까?"

---

14 錢穆, 『史學導言』, 『錢賓四先生全集』 第32冊, 58쪽 수록: "史學只是一種人事之學."
15 자세한 내용은 제2장 참조. ‖ 사마광의 사론과 관련하여 이계명, 『자치통감 사론탐방』, 전남대학교출판부, 2009 참조.
16 Maurice Halbwacks, tr. and with an introduction by Leuis A. Coses, *On Collective Memory*, Chicago: University of Chicago Press, 1992.

넷째, 전통적인 중국의 사학자와 유학자들은 모두 '가치' 맥락 속에서 '사실'을 고수하면서 '사실'의 의미를 해독하는 점을 강조했다(강조는 지은이). 중국의 역대 사관은 모두 역사 사실을 사실 있는 그대로 쓰는 병필직서의 전통을 준수하여 그들 마음 속 역사의 진실을 보호할 수 있었다. 예컨대 『좌전』에서는 노 양공襄公 25년(BC 548년)에 일어난 기사를 살펴보자. 제齊나라 태사는 "최저가 자신의 주군을 시해했다"고 사실대로 기록하여 최저가 그를 죽였고, 이어서 그의 동생이 그것을 다시 기록하여 또 살해되었는데, 그 밑 동생이 다시 그것을 기록했다. 결국 최저가 역사를 고치고자 했던 생각을 그만둘 수밖에 없게 했다. 당 태종(626~649)은 일찍이 사관이 기록한 황제의 언행록 『기거주起居注』를 열람하고자 했지만 사관 저수량褚遂良(596~658)로부터 엄중한 거부를 당했는데, 이는 직서直書의 전통을 지키기 위한 것이었다. 중국의 역사가들은 경세를 목적으로 했으므로 스스로 진리의 수호자로 여겼는데, 이는 '가치 판단'과 '사실 판단'을 하나로 만드는 역사 서술의 전통을 발전시키게 되었다. 역사 인물에 대한 포폄을 특히 중시했다. 유협이 『문심조룡』에서 말했듯이 "한 글자에 드러난 칭찬은 고작대작보다 귀하고 한마디 말에 담긴 비난은 사형보다 심한 형벌이다."[17]

물론 전통적인 중국의 사학자들은 20세기 80년대 이래로 역사의 '진실성'에 대한 탈현대주의자(포스트 모던니스트)들의 도전을 인식할 수 없었다. 사마천은 자신의 친구 임안任安에게 보내는 편지 가운데 사학에 뜻을 두었는지 아래와 같이 설명했다.

---

17 〔梁〕劉勰, 〔清〕黃叔琳 校,「史傳」,『文心雕龍注』卷4, 臺北: 臺灣開明書局, 1975年 臺十三版, 1쪽: "褒見一字, 貴踰軒冕. 貶在片言, 誅深斧鉞."

천하에 소실된 옛이야기들을 두루 모으고 사실에 따라 고증하여 그것의 성공과 실패, 흥성과 쇠퇴의 이치를 고찰했다. 『사기』 130편의 글로 하늘과 인간의 관계를 탐구하고 옛날과 지금의 변화에 통달하여 일가의 학설을 이루고자 한다.[18]

사마천에게는 사료를 완전하게 수집하기만 하면 액턴 경(Lord Acton, 1834~1902)이 말한 '가장 확실한(완전한) 역사(definitive history)'를 쓸 수 있으리라고 믿었던 경향이 있다. 사마천은 아마 역사 문헌이 일종의 문학 창작이라고 말하는 탈현대주의 역사학자의 입장을 받아들이기가 어려울 것이다. 중국 전통의 사학이 인문에 관심을 드러낼 수 있었던 까닭이 있는데, 그것은 "변화를 드리워서 불변을 나타내고 사실을 서술하여 이치를 찾는다(垂變以顯常, 述事以求理)"[19]는 기본 가설 위에 세워져 있기 때문이다. 이 가설과 유가 사상은 서로 표리를 이룬다. 전통적인 중국의 사학자들은 역사 속에 영원불변한 도가 감춰져 있고 역사 서술은 바로 이도를 끄집어내기 위해 존재하는 것이라 생각했다. 예컨대 사마천은 백이와 숙제의 비극을 통해 "천도는 편애하지 않고 늘 선인과 함께 한다"[20]는 가치에 대한 신뢰를 부정하고 인생 문제가 주는 곤혹을 반성했다. 아울러 그는 이 특수한 사건의 분석을 통해 인간의 존재 등 영원한 가치 문제에 관한 하나의 보편적인 해답을 얻고자 했다.

위에서 말한 가설이 보여주는 바에 따르면 중국의 사학자들의 눈에 진리는 정태적이고 비역동적이어서 진리는 인간사에서 실행 가능하고

---

18 〔漢〕司馬遷,「報任安書」,〔漢〕班固, 『漢書』 卷62, 臺北: 藝文印書館, 1956年 據淸光緖庚子長沙王氏校刊本影印, 1257쪽-下: "網羅天下放失舊聞, 考之行事, 稽其成敗興壞之理. 凡百三十篇, 亦欲以究天人之際, 通古今之變, 成一家之言."
19 ‖ 이 구절의 출처는 劉知幾, 浦起龍 釋, 『史通通釋』 卷一, 「六家」, 臺北: 里仁書局, 1993이다.
20 〔漢〕司馬遷,「伯夷列傳」, 『史記』 卷61, 852쪽: "天道無親, 常與善人."

특수한 사건에 깃들어서 역사가에 의해 이해되어 분석되어지기를 기다린다. 중국 사학자의 이러한 가설은 늘 역사로 하여금 '영원불변의 진리'를 끄집어내는 일종의 수단이 되게 하고 중국의 사학은 일종의 '비역사적(ahistorical)' 경향을 갖게 했는데, 이는 이러한 경향이 송대 이후로 더욱 두드러졌다.

11세기 이후로 리학이 크게 일어나고 중국 사학이 유학의 영향을 깊이 받아 사학가들은 늘 역사 서술을 통해 도덕 또는 철학 명제를 끄집어내어 역사 속의 인문 정신을 드러냈는데, 그들의 역사 서술은 본질적으로 현대 독일의 사학가 뤼센(Jörn Rüsen, 1938~)이 말한 '예증식 서술(exemplary narrative)'에 가깝다.[21] 유학의 전통은 역사를 읽고 수양하며 또 자신을 수양하여 주위 사람과 백성을 편안하게 하는 것을 강조했으므로 전통적인 중국의 역사 서술 중에 예증식의 역사 서술이 특별히 발달하게 되었다. 이러한 '예증식 서술'은 전통적(traditional)·진화적(evolutionary)·비판적(critical) 서술 방식과 다른 점이 있다. 예증식 서술 속의 '시간'은 자연적 시간(natural time)을 일종의 인문적 시간(humanistic time)으로 전환시키는데, 그 방법은 구체적인 역사 사실이나 개별 사건 중에서 보편적이고 추상적인 행위의 원칙을 뽑아내어 행위 원칙의 보편 필연성을 논술하는 것이다.

마침 장학성이 일찍이 다음처럼 말했다. "사실을 서술하여 이치가 밝혀지고 이치를 말하여 사실이 본보기가 된다."[22] 중국의 역사 서술에서 '리理'와 '사事' 사이에는 불가분할성이 존재하고 상호 긴장성이 존재한

---

21 Jörn Rüsen, "Historical Narration: Foundation, Types, Reason," *History and Theory*, XXVI:4, 1987, pp.87~97.

22 淸·章學誠, 葉瑛 校注, 「原道下」, 『文史通義校注』 卷2, 139쪽: "述事而理以昭焉, 言理而事以範焉."

다. 이 때문에 어떻게 '리'와 '사'의 균형과 융합을 거둘 수 있을지가 중국의 역사 사유에서 처음부터 끝까지 중대한 도전이었다. 이 책의 각 장에서 논증했듯이 유가 문화의 분위기에 젖어 있는 중국의 전통적인 역사 사유에서 가치 이념의 '보편성(universality)'은 역사와 인물의 '특수성(particularity)' 속에 깊이 뿌리내리고 있고 '추상적인' '천도天道'나 '리理'는 '구체적인' 역사 사실에서 추출되거나 뽑아낼 수 있다. 전통적인 중국 역사 이론의 독창적인 견해가 바로 여기에 있으며 그 한계도 역시 여기에 있을 수 있다.

중국적 역사 사유의 특징[*]

1. 이끄는 말

중국 문화의 근원이 오래되고 흐름이 길며 역사가 유구하여 깊고 두터운 역사 의식으로 세상에 유명하다. 중국인과 중국 사회는 역사의 가르침과 계시 아래 살아가고 있다. 왕조 통치는 합법적인 기틀을 다지기 위해 중화제국의 역대 개국 황제들은 늘 역사에서 통치의 합법적인 근거를 찾았다. 같은 사상적 경향에 의거하여 중국인들도 늘 역사로부터 정치 혁명과 문화 혁명의 정당성을 찾고자 했다.

이 글의 목적은 중국적 역사 사유의 특징을 논의하는 데 있다. 이 글의 2절에서는 역사학이 중국 문화 속에서 갖는 중요성을 분석했다. 3절에서는 중국적 역사 사유 중의 시간 관념을 논의했다. 4절에서는 중국의 역사 사유 속에 두드러진 두 가지 특징을 논의했다. 마지막 5절에서는 결론을 제시했다.

---

[*] 이 글의 영문 원고는 원래 『역사와 이론(History and Theory)』 제46권 제2기, 2007.5에 실렸고 당시 「중국과 서양의 역사 사유」 특집호의 주제 논문이었다. 중국사회과학원 강봉(쟝펑)姜芃이 중문 초고를 번역하고 지은이가 초고를 대폭적으로 수정하여 이 책에 수록하였다.

2. 중국에서 역사학의 중요성

BC 841년부터 중국인의 역사 기록은 중간에 한 번도 끊어진 적이 없다. 그 때부터 중국인은 과거의 이상을 지침으로 삼아 현실을 평가하고 계획했다. 오늘을 보며 옛날을 생각하고 옛날을 거울로 삼아 지금을 이해했으며 현실을 똑바로 보며 세운 이상을 지침으로 삼아 과거를 판단했다. 역사적 비판은 중국 문화 중에 절대적인 엄숙성을 지닌다. 전통적인 중국 사학자들은 모든 열정을 역사의 진실을 찾고 보존하는 데에 쏟았고 진실을 지키려는 목적을 달성하기 위해 중국 사학자들은 심지어 사실과 부합하지 않은 역사를 쓰도록 압박하는 통치자에 대항하여 자기 생명을 아끼지 않고 희생하기도 했다.

예컨대 BC 548년(노 양공襄公 25년)에 제나라 사관은 "최저가 자신의 군주를 시해했다(崔杼弒其君)"라고 기록하자, 최저가 크게 노하여 사관을 사형에 처했다. 이어 그의 아우가 사관의 직위를 대신하여 같은 기술을 하자 그 역시 사형에 처해졌다. 그 다음으로 또 다른 아우가 직위를 대신하여 그 역시 같은 기술을 하자 사형에 처해졌고 이에 네 번째 아우가 사관 직위를 맡게 되었다. 그제서야 최저는 역사 사실을 고치려는 생각을 포기할 수밖에 없었다.[1] 중국에서 사관은 실로 양심의 화신이었다. 비록 자신의 생명을 희생하더라도 역사의 진상을 기록하고 보존하고자 했으므로 전통적인 중국 사관의 기록은 지극히 엄숙하다. 이는 『문심조룡』에서 문학 비평가 유협이 말했듯이 "한 글자에 드러난 칭찬은 고작 대작보다 귀하고 한마디 말에 담긴 비난은 사형보다 심한 형벌이다."[2]

---

1 楊伯峻, 『春秋左傳注』下冊, 襄公 25년, 臺北: 源流文化事業有限公司, 1982, 1099쪽.
2 [梁]劉勰, 「史傳」, [淸]黃叔琳 校, 『文心雕龍注』第4冊, 臺北: 臺灣開明書局, 1975年 臺十三版, 1쪽: "褒見一字, 貴踰軒冕. 貶在片言, 誅深斧鉞."

전통적인 중국의 역사에서 시대의 흥성과 쇠퇴는 늘 인물의 현명함과 간사함으로 결정되었다. 그래서 20세기 중국의 위대한 사학자 전목(첸무)은 『국사 대강』을 저술하여 국사國史로 국혼國魂을 일깨우려는 생각을 가졌다. 그는 다음처럼 강조했다. "중국사의 중요한 자리는 여전히 인물에 있다. …… 중국 역사의 가장 중요한 것은 인물을 이야기하는 것에 있다."[3]

바꿔 말하면 중국 문화 중에 역사는 과거에 개인이 겪은 생활 경험의 결정結晶으로 간주된다. 이때 '개인'은 한 한 사람의 생명 의미가 그이가 처한 역사에 의해 발견되고 해석되고 조형된다는 것을 의미한다. 중국의 문화적 배경에서 인간 생명의 가치는 곧 역사에 의해 자리매김하게 된다.

역사는 겉으로 중립적인 듯해도 과거에 발생한 모든 사물의 설명이다. 이 때문에 중국의 모든 사학자들은 역사가 우리로 하여금 자신을 더 잘 이해하도록 하며 우리의 미래를 계획할 수 있도록 해 준다고 믿었다. 또 바로 그러한 까닭으로 역사는 우리가 보편 의미를 갖는 생활 원

---

3 錢穆, 『史學導言』, 『錢賓四先生全集』 第32冊, 臺北: 聯經出版公司, 1998, 65쪽: "中國史主要所在, 還是在人物. …… 中國歷史最重要的在講人." 전목(첸무)은 평생 중국사의 특수성을 천명하는 데에 힘을 쏟았다. 전목(첸무) 사학에서 민족주의의 의미는 19세기 프랑스 사학자 미슐레(Jules Michelet, 1798~1874)가 쓴 The People(1864), translated by P. McKay, Urbana: University of Illinois Press, 1973의 서론에서 한 말을 떠올리게 한다. "이 책은 한 권의 책을 뛰어넘는다. 이것은 곧 나 자신이고 이것이 당신에게 속한 이유이다. 그렇다. 그것은 내 자신이고 나는 감히 그것이 당신에게 속했다고 말할 수 있다. 우리들의 모든 저술은 같은 생명으로부터 쏟아져 나오는데, 이것이야말로 프랑스의 결정이고 우리 조국의 관념이다." The Varieties of History: From Voltaire to the Present, ed. Fritz Stern, New York: Meridian Books, 1956, p.109 20세기 중국에서 역사는 '민족의 서사시'라는 논의는 Ying-shih Yü, "Changing Conceptions of National History in Twentieth-Century China," in Conceptions of National History: Proceedings Nobel Symposium 78, ed. Erik Lönnroch, Karl Molin, and Ragnar Björk, Berlin and New York: Walter de Gruyter, 1994, pp.155~174 참조. ‖ 미슐레의 말은 제7장 제2절에도 소개되어 있는 영어를 중국어로 소개하는 번역 과정에서 조금의 차이가 있다. 지은이의 의도를 존중하여 고치지 않고 그대로 둔다.

칙에 대해 깊이 생각하도록 자극할 수 있다. 우리가 원래 가진 거친 신념과 역사 사실이 서로 부합하지 않을 때 역사는 우리가 원래 가지고 있던 신념에 대해 더욱 깊이 생각하도록 자극할 수 있다. 사마천은 역사 사실을 연구하고 나서 몇몇 가치 신념의 보편적 유효성에 대해 깊은 곤혹감을 느꼈다. 그는 『사기』「백이열전」의 '태사공왈太史公曰'의 문장에서 아래와 같이 말했다.

어떤 사람은 '천도는 편애하지 않고 늘 선인과 함께 한다'고 말했다. 만일 백이와 숙제라면 선한 사람이라고 할 수 있는가? 그들은 인仁(사랑)을 쌓고 깨끗이 살았지만 굶어 죽었다. 70명의 제자 중에 공자는 오직 안회顔回만이 학문을 좋아한다고 꼽았다. 하지만 그는 자주 뒤주가 비었고 지게미나 쌀겨도 실컷 먹지 못하고 젊은 나이에 세상을 떠났다. 하늘(하느님)은 선한 사람에게 보답한다는데 어찌하여 그러한가? 한편 도척盜跖⁴은 날마다 무고한 자를 죽이고 인육을 먹으며 포악하고 방자하여 수천 사람의 도당을 모아 천하를 제멋대로 헤집고 돌아다녔지만 끝내 천수를 누리다 죽었다. 도대체 그는 어떤 덕을 지켰는가? 이들은 널리 알려져서 크게 드러나서 〔누구나 아는〕 사람들이다. 근세에 이르러 〔우리 주위에〕 소행이 도리에 어긋나고 오직 꺼리고 기피하는 악행만을 저지르는데 종신토록 편안하고 즐겁게 지내고 부귀가 자손 대대로 끊이지 않는다. 혹자는 땅을 골라서 밟고 때에 맞춰 말을 하며 지름길로 다니지 않

---

4 ‖ 도척은 춘추 시대 魯나라 사람으로 노나라 大夫 柳下惠의 동생으로 알려져 있다. 이야기에 따르면 그는 일찍이 무리 9천 명을 모아 천하를 횡행하고 다니면서 諸侯를 공격하고 약탈해 나중에 도척으로 불렀다고 한다. 『장자』「도척」에 그와 관련된 이야기가 문학적으로 가공되어 있는데, 그는 화려한 언변으로 공자와 논쟁하여 굴욕감을 안기고 있다.

고 공정한 일이 아니면 공분을 일으키지 않지만 불행과 재난을 당하는 일이 셀 수도 없다. 나는 참으로 엄청 당혹스럽다. 만일 이게 천도라 한하면 도대체 옳은가 그른가?[5]

사마천이 탄식했듯이 우리도 역사가 보여주는 이른바 '천도天道'에 대해 깊은 곤혹을 느끼게 된다. 역사가 우리가 가진 정의감을 경멸하는 모습을 보이는데, 이는 우리의 뿌리박힌 가치 판단에 대한 일종의 도발이다. 역사가 선인과 악인을 심판한 결과를 읽을 때 그들의 최후가 어찌 되었든지 실상은 비록 우리의 '선'에 대한 기대가 그들과 불일치할 수도 있더라도, 우리가 여전히 사악한 사람을 원수처럼 증오하고 성현의 경계를 동경하는 마음을 내리누를 수 없다. 이는 어떠한 생명이 지닌 보응 법칙을 증명하는 것이 아니라 오히려 진실한 방식으로 우리의 근본적인 도덕 신념을 증명해 보이는 것이다.

특히 주목할 만한 것은 중국의 사학자들이 다음을 믿는다는 것이다. 악인의 성공에 대해 강렬한 분노를 느끼면 우리로 하여금 성현의 고결한 인격과 악인의 내적 가치의 결핍이 반드시 한 인물의 결말(옮긴이 주: 현세에서 행복과 불행 등)과 직접 관련되지 않는다는 것을 더욱 잘 확인하도록 자극한다. 중요한 것은 역사 인물들의 결말을 통해 우리는 악인이 권력을 잡아 잘나가고 선인은 오히려 불행하게 살다가 요절하는

---

5 ﹝漢﹞司馬遷, 『史記』 卷61, 「伯夷列傳」, 臺北: 藝文印書館, 1956年 據淸乾隆 武英殿刊本 景印, 852쪽: 或曰, "'天道無親, 常與善人.' 若伯夷·叔齊, 可謂善人者非邪? 積仁絜行如此而餓死. 且七十子之徒, 仲尼獨薦顔淵爲好學. 然回也屢空, 糟糠不厭, 而卒蚤夭. 天之報施善人, 其何如哉? 盜跖日殺不辜, 肝人之肉, 暴戾恣睢, 聚黨數千人橫行天下, 竟以壽終. 是遵何德哉? 此其尤大彰明較著者也. 若至近世, 操行不軌, 專犯忌諱, 而終身逸樂, 富厚累世不絶, 或擇地而蹈之, 時然後出言, 行不由徑, 非公正不發憤, 而遇禍災者, 不可勝數也. 余甚惑焉, 儻所謂天道, 是邪非邪?"

불공평과 불의함에 촉발되어 정의감을 분출할 수 있다.

바꿔 말하면 이것은 부정적인 것을 부정함으로써 긍정적인 '도道'와 '리理'의 보편 원칙과 인류의 행위 규범이 긍정을 얻게 된 것이다. 우리는 순전히 개인의 이익만을 위해 도척처럼 살아가는 자를 본능적으로 깔보게 되고, 우리는 적의 밀고자가 우리에게 가져온 이익으로 인해 마지못해 그에게 상을 주게 될지라도 그를 혐오하게 된다. 다시 말하면 여영시(위잉스)가 말했듯이 "세상이 처음 열린 이래로 중국이 세운 선험적 세계의 '도'와 이에 연관된 실제 일상생활의 세계는 축의 시대[6]를 거쳐 새로운 비약을 이뤄낸 다른 옛 문명들과 다르다."[7] 중국인은 이처럼 '선을 취하고 악을 누르고[采善貶惡]'[8] 가치관을 정립했다. 이러한 가치관은 내재적이고 보편적이며 발생하는 실제 결과로부터 전이된 가치관

6　‖축의 시대(Achsenzeit)는 기축 시대(Axial Age)라고도 하는데 독일 철학가 칼 야스퍼스가 1949년 출간된 그의 저서『역사의 기원과 목표(Vom Ursprung und Ziel der Geschichte)』에 처음 하면서 널리 알려진 용어이다. 야스퍼스는 BC 800년에서 AD 200년 사이에 새로운 사상과 철학들이 그리스·인도·페르시아·중국에서 동시에 직접적 문화 교류 없이 발생했다고 주장했다.

7　"Address of Yü Ying-shih on the occasion of receiving the John W. Kluge Prize at the Library of Congress, December 5, 2006," http://www.loc.gov/loc/kluge/docs/yu_kluge.pdf, accessed January 23, 2007.

8　이것은 사마천이『사기』「太子公自序」에서 동중서의 말을 인용한 것이다. [漢]司馬遷,『史記』卷130,「太史公自序」, 臺北: 藝文印書館, 1956年 據淸乾隆 武英殿刊本 景印, 1353쪽. 司馬遷은 자신이 직접 이 정감 과정을 겪었다. 그는 李陵과 개인적인 친분이 깊지 않았지만 그는 황제(한 무제)에게 이릉의 나라에 대한 충성을 담보했던 것이다. 이릉이 흉노와 전쟁에서 초기에 승리하다 최후에 중과부적으로 패전하여 투항했다. 사마천이 이릉을 변호한 일로 인해 宮刑에 처해졌다. 이 사건은 사마천이 이미 쓰기 시작한『사기』를 완성하도록 결심하게 만들었다. 맥락은 다르지만 중국판 아벨라르(Pierre Abélard, 1079~1142)의『고통의 역사(Historia Calamitatum)』로 볼 수 있다. ‖아벨라르는 중세 프랑스 철학을 대표하는 철학자이자 신학자로 흔히 스콜라 철학의 아버지라 불린다. 또한 그는 자신이 가르쳤던 제자이자 후에 수녀가 된 엘로이즈와 연애 행각으로도 유명하다. 그는 프랑스 파리에서 철학, 특히 논리학을 공부했고 그곳에서 두 스승인 로슬랭 및 기욤과 만나 심한 논쟁을 벌이며 자신만의 독특한 인식론과 형이상학의 체계를 구축했다. 죽은 뒤 파라클레 수녀원에 묻혔으나 지금은 파리에 있는 페르라셰즈 묘지에 엘로이즈와 나란히 묻혀 있다.

이 아니다.[9]

중국의 역사 사유 중에 마음에서 우러나오는 이러한 정감은 먼저 명확하고 체계적인 해석을 거친 다음에 이전 시대와 지금의 실제 상황의 해석에 응용될 수 있다. 이런 방식을 통해 '해석학적 순환'은 구체적으로 역사 사유의 과정에 체현되었다. 우리는 먼저 역사에서 정의를 가진 보편 원칙인 '도道'를 얻은 다음에 그것을 특수한 역사적 환경에 활용하게 된다. 반대로 그것도 우리 '도'의 관념을 풍부하게 만들었다. 이렇게 역사의 순환을 이해하면 매듭이 지어진다. 우리로 하여금 이러한 정식이 어떻게 진행되는지 살펴보도록 하자.

먼저 '역사적 의미'는 '역사 사실'에서 파생된다. 마침 맹자가 아래처럼 말했다.

> 진정한 왕의 자취가 사라지자 『시』가 없어졌고 『시』가 없어지고 나서 『춘추』가 쓰였다. 진나라의 『승乘』과 초나라의 『도올檮杌』과 노나라의 『춘추』가 같은 성격의 책이다. 『춘추』에서 기록한 사실은 제 환공과 진 문공의 일이고 기록한 글은 사관의 몫이다. 공자는 '그 안에 담긴 의리는 내가 분에 넘치게 채택했다'고 말했다."[10]

공자의 시대부터 중국 사학자들은 역사 속에서 행위의 규범을 발굴해

---

9 사마천은 이미 사라진 역사를 회고한 후에 말 속의 숨은 뜻을 드러냈다. "사람은 모두 마음 속 뜻이 응어리져 그 도에 통달할 수 없다. 고로 지난 일을 적어 앞으로 다가올 일을 생각하는 것이다."『史記』「太史公自序」, 1353쪽. 영역본은 *Sources of Chinese Tradition*, v.I ed., William Theodore de Bary and Irene Bloom, New York: Columbia University Press, 1999, p.372 참조.

10 [宋]朱熹, 「離婁下」21, 『孟子集注』, 『四書章句集注』卷8, 北京: 中華書局, 1983, 295쪽: "王者之迹熄而『詩』亡, 『詩』亡然後『春秋』作. 晉之『乘』, 楚之『檮杌』, 魯之『春秋』, 一也. 其事則齊桓晉文, 其文則史. 孔子曰, 其義則丘竊取之矣."

내고자 했다. 더욱이 10세기 때부터 이는 사실이 되었다. 예컨대 사마광은 『계고록稽古錄』에서 다음처럼 말했다. "군주의 도道는 한 가지가 있고 덕德에는 세 가지가 있고 재才에는 5가지가 있다. …… 위로 백성이 생겨난 처음부터 아래로 천지의 끝까지 나라에는 변화가 만 갈래로 다양하더라도 이를 벗어나지 않다."[11] 신유학 철학자 주희는 더욱 힘써 이를 체계화했고 '리理' 개념을 내놓아서 사물이 운행하는 규칙과 인류 행위를 규제하는 규범을 설명하는 데 사용했다. 중국에서 철학적 논의는 종종 역사적 서술을 통해 진행되었다.

다음으로 역사의 관찰을 통해 '리'와 '도'는 구체적인 보편 규범이 되고 사학자들이 과거와 당시의 통치자를 평가하고 경고하며 심지어 권고하기도 하는 기준이 되었다. 주희는 기세가 당당하게 아래처럼 선언했다.

1,500년 동안 바로 집에 이렇게 앉아서 틈이 난 곳을 얽어 막고 뚫어진 곳을 잡아 당겨서 때우는 임시변통으로 시일을 보냈다. 그 사이 비록 소강小康 시기가 없었던 것은 아니지만 요·순·삼왕·주공·공자가 전수한 도는 하루라도 이 천지에 온전히 실행해진 적이 없다.[12]

주희는 비록 세상의 사물이 한없이 많을지라도 모두 한 곳으로 귀결된다

---

11 [宋]司馬光,『稽古錄』, 北京: 中國友誼出版公司, 1987, 649~651쪽: "[夫國之治亂, 盡在人君.] 人君之道有一, 其德有三, 其才有五. …… 上自生民之初, 下逮天地之末, 有國家者, 雖變化 萬端, 不外是矣." ‖ 이와 관련해서 자세한 논의는 蔡端霞, 「稽古錄的歷史興亡論」,『史學史 硏究』總102期, 2001年 第2期 참조.
12 朱熹, 「答陳同甫6」,『朱子文集』第4冊 卷36, 臺北: 德富文教基金會, 2000, 1458쪽: 千五百 年之間, 正坐如此, 所以只是架漏牽補, 過了時日. 其間雖或不無小康, 而堯·舜·三王·周公· 孔子所傳之道, 未嘗一日得行於天地之間也.

고 여겼는데, 이것이 바로 '리일분수理一分殊'이다.[13] 주희가 보기에 '리'는 역사로부터 나와서 과거와 당시 역사의 평가 기준이 되었다. 이 기준은 살아있는 역사에서 고난 받는 사람의 눈물과 뜨거운 햇빛 아래 일하는 노동자의 수고, 충신과 효자의 헌신, 가혹한 관리의 악행 및 열녀의 군은 절개 같은 것 등등에 뿌리를 내리고 있다. 이 원칙과 법칙은 역사 사실 속에 굳게 뿌리내리고 있으며 인류와 개별 왕조별 행위 규범으로 보편적으로 작용했다. 중국에서 학술 영역의 주류는 주로 역사학인데, 책략의 연구도 역사학을 바탕으로 하고 있다. 법을 제정할 때 반드시 역사 기록을 참고해야 한다. 그러므로 전통 중국에서 역사 쓰기는 바로 정치 판단이며 도덕 판단인 것이다.[14]

중국 사학자는 묵묵히 세상의 변화를 살펴 그 가운데 기술적이며 규범적 성질을 가진 보편 원칙을 추출해냈다. 그 목적은 이 원칙을 과거와 당시의 역사를 규정하고 평가하기 위해 응용하는 데에 있다. 이러한 순환을 '해석학적 순환'이라 부를 수 있는데, 그것은 우리의 구체적 보편성을 지닌 '역사 사유'를 응집시켜준다. 한편으로 그것은 한 사람 한 사람의 행위를 지도하기도 하며 다른 한편으로 세상 만사의 운행을 지도해주고 있다. 중국 문화에서 역사학이 갖는 중요성이 바로 여기에서 유감없이 드러나고 있는 것이다.

---

13 〔宋〕黎靖德 編,『朱子語類』卷136, '謨錄',『朱子全書』第18冊, 上海: 上海古籍出版社; 合肥: 安徽教育出版社, 2002, 4222쪽.

14 Ying-shih Yü, "Reflection on Chinese Historical Thinking," in *Western Historical Thinking: An Intercultural Debate*, ed. Jörn Rüsen, New York and Oxford: Berghahn Books, 2002, pp.152~172, especially p.161

3. 중국적 역사 사유 속의 시간 관념

2절에서 논의했듯이 사학은 중국에서 중요한 의의를 가지며 중국적 역사 사유 속의 시간 개념과 깊숙한 관계를 가지고 있다. 중국의 영혼(정신)은 역사 속에 스며들어 있다. 중국에서 인간이 된다는 것은 역사감을 가진 인간이 된다는 말이다. 중국 문화에서 다음을 믿는다. 우리가 인간인 이유는 우리가 역사 속의 인간이 되어 사유하고 행동하고 있기 때문이다. 우리는 중국 문화와 그것의 특수성을 이해해야 한다. 이때 가장 중요한 것은 중국의 역사와 역사 사유의 특성을 이해하는 것이다.

중국인의 정신(영혼) 중에 역사는 우리가 각종 활동에 종사하며 흘러 간 시간 속에서 자신을 어떻게 파악하는지 묘사했다. '흘러간다〔流逝〕' 는 것은 그것의 방향을 포함하므로 시간 속의 존재를 파악하는 것은 일 종의 방향 감각의 정립을 의미한다. 이때 시간이 흘러가는 방향은 과 거에서 현재에 이르러 다시 미래에 이르는데, 이때 우리의 행위는 과 거에서 현재로 다시 미래로 나아가는 하나의 방향감을 뚜렷하게 가지 게 된다.

이러한 명확한 방향 감각은 우리에게 삶의 기대와 목표를 부여해준 다. 중국인의 시간 관념은 특히 예민하여 이 시간 관념을 가지면 삶의 목표를 가지게 된다. BC 6세기에 공자는 일찍이 냇가에서 탄식한 적이 있다. "흘러가는 것이 이와 같구나! 밤낮 멈추지 않네."[15] 반대로 만일 시간의 방향 감각을 잃게 되면 삶 자체로부터 쫓거나게 되고 또 따를 곳이 없어져서 말할 수 없는 상실과 고독에 빠지게 된다. 당나라 때의 진자앙은 이것을 시로 읊었다. "앞으로 옛사람을 보지 못하고 뒤로 올

15　〔宋〕朱熹,「子罕」16,『論語集注』卷5, 113쪽: "逝者如斯夫! 不舍晝夜."

사람을 보지 못하여, 생각하니 천지가 멀고 아득하여 홀로 슬퍼져 눈물 떨구네.”[16]

중국의 전통에서 역사 개념은 곧 삶의 날줄과 씨줄이고 사회의 안정과 번영에 이르기 위한 것이며 사회의 통치와 정치 활동의 중요한 지표이다. 구체적으로 말해서 매번 왕조가 교체될 때마다 종종 심각한 유혈이 뒤따르게 되므로 새 정권은 역사에서 합법성 문제로 특히 주목을 끌었다. 진나라는 왜 천하를 잃었는가? 한나라는 어떻게 천하를 얻었는가? 이런 몇몇 문제는 한나라 건국 초기에 자주 토론되었던 주제이다.[17] 이와 동시에 진왕조가 '천명天命'을 잃고 한 왕조가 '천명'을 얻어 정통성을 획득하게 된 구체적 원인에 관련해서 조정 안팎에서는 새 정권이 어떻게 가장 효력하게 다스릴 것이며, 천하를 관리하는 구체적 조치를 어떻게 제정할 것인지에 대해서도 열띤 토론이 벌어졌다.

이 모든 논쟁과 사고 가운데 역사는 항상 중요한 풍향계이자 구체적인 지표였다. 역사는 한나라가 포악한 진나라를 대신한 합법성을 증명했다.[18] 새로 세워진 한 왕조가 효력 있는 다스림으로 통치의 합법성을 어떻게 보여 주느냐와 관련해서 사람들은 역사 속에서 증거를 찾았다. 역사는 통치자의 머리에 높이 달려 주시하는 눈동자처럼 언제나 그들이 자기의 맹세와 약속을 지켜서 유력하게 잘 다스리도록 일깨워주었다. 당나라 때부터 시작되었는데, 통치자를 감시하고 경고하는 역사의 책임

---

16 ,唐,陳子昻, 「登幽州臺歌」, 『全唐詩』 第3冊, 北京: 中華書局, 1992, 902쪽: “前不見古人, 後不見來者. 念天地之悠悠, 獨愴然而涕下.”

17 ,漢,司馬遷, 「酈生陸賈列傳」, 『史記』 卷97, 1095쪽. ‖ 賈誼의 「過秦論」은 이러한 토론의 분위기와 내용을 압축적으로 보여준다. 구체적인 내용은 허부문 옮김, 『과진론·치안책』, 책세상, 2004 참조.

18 Chun-chieh Huang, “The Ch'in Unification (221 B.C.) in Chinese Historiography,” in Q. Edward Wang and Georg G. Iggers eds., *Turning Points in Historiography: A Cross-cultural Perspective*, Rochester: University of Rochester Press, 2002, pp.31~44 참조.

은 황제의 활동과 일상을 전문적으로 기록하고 편집한『기거주起居注』의 사관에게 떨어졌다. 사관들은 굳은 신념과 번거로움을 싫증내지 않는 태도로 날마다 쓰는 평주評注를 유지해갔다. 그들은 황제의 간섭을 거부하며 단호하게 사실대로 글을 써 나가면서 자신의 직책에 대해 조금도 흔들리지 않았고 심지어 목숨을 잃기까지 했다. 중국 문화 속의 인간은 이렇게 역사 속에 깊숙이 젖어 있었다.

종합하자면 우리는 중국 문화권에서 사회·인민·문화·정치 모두 다 역사라고 말할 수 있다. 중국인과 그 문화를 접촉하는 것은 곧 그들의 역사와 접촉하는 것이다. 역사는 중국인의 정취와 중국인의 분위기를 형성시켰다. 사실 중국의 존재가 바로 '역사'에 있는 것이다. 중국의 인민, 정치와 문화가 곧 중국의 역사이다. 중국은 인간이 철두철미한 '역사인'이라는 것을 우리가 가장 분명히 볼 수 있다. 내가 말하는 '역사인(homo historiens)'은 역사를 창조하고 역사에 의해 창조되는 중국인을 가리키는데, 이는 마치 거미가 가로세로 얽히도록 세상에 짜낸 역사의 그물과 같다. 20세기 중국에서 이처럼 강렬한 역사 의식은 전목(첸무)의 저작 속에서 가장 힘 있게 보인다. 잡다하게 역사 지식을 연구하는 것은 오히려 사학의 정신을 잃게 만든다고 전목(첸무)는 굳게 믿었는데, 이 정신이 역사 지식과 실제 생활의 내재적 연결이며 우리의 문명이 변화하고 성장하며 발생하는 정신인 것이다.[19]

---

19 錢穆,『國史大綱』(上),『錢賓四先生全集』第27冊, 29~30쪽.

4. 중국적 역사 사유에서 두드러진 두 가지 측면

이제 우리는 더욱 세밀하게 중국적 역사 의식의 특성을 분석할 수 있게 되었다. 전통적인 중국의 역사 사유 에서 역사 지식은 사람의 생활 사건들에 대한 유비적 사유와 구체적 사유 속에서 형성되어졌다. 우리는 한 걸음 더 나아가 전통적인 중국의 역사 사유에서 두드러진 이 두 가지 측면을 설명해보려고 한다.

중국인은 역사가 유비 사유의 방식을 통해 형성되며 또한 유비적 사유의 방식으로 존재한다고 믿는다. '유비類比'는 구체적인 상황을 벗어난 추상적인 논리가 아니다. 구체적이고 체계적이고 불확정적이며 종합적인 대체물로서 유비 사유는 근거 없이 마음 내키는 대로 뒤죽박죽 생각하는 것이 아니고 고립된 사건을 조리 없고 너저분히 말하는 것도 아니다. 유비적 사유는 두 가지 특징이 있다. 하나는 은유적 사유이며 다른 하나는 '부분을 전체로 삼는(pars pro toto)' 사유이기도 하다.

먼저 유비적 사유는 일종의 은유적 사유이다. 전한의 유향劉向(BC 77~6)은 『설원說苑』[20]에서 저명한 논리학자 혜시惠施(BC 380~305)의 말을 인용한 적이 있다. "비유란 다른 사물을 들어 밝히는 것이다."[21] 『역경』「계사전繫辭傳」에 따르면 "가까이 자기 몸에서 취하고 멀리 많은 사물 가운데서 취한다."[22] 유비적 사유는 이런 방법으로 아득하고 미지

---

20 ‖『설원』은 중국 前漢 말기에 劉向이 전래된 중국의 설화를 편집하여 만든 책이다. 이 후에는 북송 시대에는 잔본만이 남아있고, 완질본이 이미 없어진 상황이었으나, 고려에서 소장하고 있었기 때문에 필사본을 부탁하였다는 기록이 『高麗史』에 보인다. 한국어 번역본은 임동석 옮김, 『설원』전4책, 동서문화사, 2009 참조.

21 ﹝漢﹞劉向, 『說苑』第11卷, 臺北: 臺灣商務印書館, 1965年 影印四部 叢刊初編縮本, 51쪽: "辟也者, 擧他物而以明之也."

22 高亨, 『周易大全今注』卷5, 濟南: 齊魯書社, 1979, 559쪽: "近取諸身, 遠取諸物."

한 사물을 이해하고 평가하는 것이다.

중국인은 대표적인 역사적 사례 속에서 일반 원칙을 추출해냈는데, 이때 실제 사물을 진짜 '새끼' 줄 위의 '매듭'으로 간주했다. 이러한 대조는 '범례'에 대한 다른 용법, 즉 짧은 이야기를 은유로 하는 것을 보여준다. 어느 때를 가리지 않고 중국 사상가들은 보편성을 지닌 원칙을 제기할 때나 도덕 원칙을 제정할 때 늘 구체적인 역사 사례나 경험으로 돌아간다. 이런 측면에서 맹자는 대표적인 사상가이다. 맹자는 순·부열·교력·관중·손숙오·백리해 등 수많은 저명한 인물의 역사 사례를 인용한 뒤에 이와 같이 말했다. "그러므로 하늘이 앞으로 큰 임무를 어떤 사람에게 맡기려고 할 적에 반드시 먼저 그의 심지心志를 괴롭게 하고 그의 근골을 힘들게 하며 그의 사지와 피부를 굶주리게 하고 그의 몸을 궁핍하게 한다. 그가 하려는 일을 어그러뜨리고 어지럽힌다. 이것은 그의 마음을 분발시키고 성질을 참게 하여 그가 할 수 없었던 일을 해낼 수 있게 도와주기 위한 것이다."[23]

서양에서 범례는 추상적 논제의 설명이나 있어도 되고 없어도 되는 장식물에 사용된다. 중국에서는 때마침 이와 반대로 특정한 범례가 뽑히고 나면 개념을 세우기가 어렵다. 예컨대 장자는 일찍이 '양행兩行'의 설법을 내놓았는데, 어떤 의미를 부여한 원숭이의 이야기를 벗어나면 무슨 말인지 이해하기가 어렵다. 이 이야기에서 원숭이 사육자는 원숭이에게 먹이를 '조삼모사朝三暮四'로 주는 방식을 제안하지만, 이 제안에 원숭이들은 코웃음을 쳤다. 원숭이의 찬성을 얻기 위해 사육자는 '조사모삼朝四暮三'의 방식으로 바꾸게 되었다. 이렇게 하여 쌍방이 모두 좋

---

23 [宋]朱熹,「告子下」15,『孟子集注』, 卷12, 348쪽: "故天將降大任於是人也, 必先苦其心志, 勞其筋骨, 餓其體膚, 空乏其身, 行拂亂其所爲, 所以動心忍性, 曾益其所不能."

아하여 원숭이는 자신의 바람을 만족시키고 사육사도 자신의 처음 뜻도 잃지 않게 되었다.[24] 이러한 구체적인 이야기는 비추상적인 관념이 실제 새끼줄에 있어서 꼭 없어서 안 되는 매듭이 될 수 있음을 설명해줄 수 있다.

그러므로 은유는 중국적 역사 사유의 정수이지만 서양에서는 있어도 되고 없어도 되는 장식에 불과하다. 우리는 때가 지난 은유를 통해 두 가지 문화적 배경에서 서로 다르게 나타나는 용법을 설명할 수 있다. 서양은 장식물로서 은유를 모자 위에 꽂아 놓은 깃털로 간주한다. 반면 중국의 역사 사유에서 은유는 화살대 끝의 깃털이 되어 화살과 뗄 수 없는 한 부분으로 구성되어 있다. 깃털이 없으면 화살이 과녁에 명중할 수 없다.

다음으로 중국의 유비적 사유는 종종 부분으로 '전체(takes a part for the whole)'를 나타낸다. 예컨대 '빵'은 일반적인 '음식물'을 대표하고 '국기'는 '전체 민족'을 대표한다. 역사학자도 종종 고대나 현대에서 하나의 사건이나 하나의 관점을 선택하여, 그것을 근거로 삼거나 그것을 통해 사건의 전부를 묘사한다. 그들은 하나의 관점에서 출발하여 과거의 사실에 대해 긍정하거나 이의를 제기한다. 예컨대 사마천은 『사기』에서 "천도는 편애하지 않고 늘 선인과 함께 한다(天道無親, 常與善人)"는 관념에서 출발해서 백이와 숙제가 수양산에서 굶어 죽은 결말에 대해 슬피 탄식하였다.

또한 서양인은 종종 변론을 '대항'으로 보거나 '이기거나' '지는' 논쟁으로 여긴다.[25] 이러한 태도는 중국 역사에서 늘 일어나듯이 대화를 촉

---

24 [淸]郭慶藩, 「齊物論」, 『莊子集釋』, 臺北: 河洛圖書出版社, 1974, 70쪽.
25 George Lakoff and Mark Johnson, *Metaphors We Live By*, Chicago: University of Chicago Press, 1980, pp.3~13 참조.

진시키는 논쟁이나 은유를 이용하여 충고하거나 설득하는 것과 같지 않다. 일반적으로 중국의 사학자들은 본능적으로 하나의 관념을 선택하고, 이 관념에서 출발하여 전체 사실을 이해한다. 이와 마찬가지로 서양의 사유 방식에서 그들의 이해는 마치 어쩔 수 없다는 듯이 어떤 관념을 강화하여(대항하는 논쟁), 사실의 어느 한 측면에 국한시킴으로 인해 가능하기 때문에 유비적 사유의 작용(촉진과 권고의 논쟁)이 자주 무시된다.

중국의 역사 사유 중에 유비적 사유의 또 다른 특징은 연관성이다. 사유는 곧 하나의 이치로 모든 것을 꿰뚫듯 사고 활동을 진행한다. 우리가 하나의 이치로 모든 것을 꿰뚫듯 사유 활동을 진행할 때 우리의 역사 도상(이미지)이 형성된다. 우리가 지나가버린 나날을 재현하고 재연하고 다시 말할 때 우리 생활의 이야기와 역사의 이미지가 이로부터 형성되는 것이다.

중국의 사학자들의 입장에서 보면 역사의 재구성은 가치 관념의 맥락에서 역사 사실을 묘사하고 역사를 거울로 삼는 것을 의미한다. 때로는 이 목적을 위해 심지어 아마 일부 역사를 '허구'로 채워서 도덕 판단의 목적에 호응하려고 한다. 전통적인 중국의 사관은 모두가 인정하는 휘황찬란한 시대이거나 암흑 왕조이거나 가리지 않고 조금도 의심할 필요 없이 모두 독립된 정신을 가지고 있었다. 사람들은 오늘날의 기자와 과거의 사관史官이 모두 양심을 가져야 한다고 기대한다. 그들은 반드시 현재와 미래의 독자에게 역사의 진상을 알려 독자들이 자신의 관념을 형성하고 자신들이 처한 시대와 환경에 근거해 역사를 거울로 삼을 수 있도록 해야 한다.

5. 결론

나는 이 글에서 중국의 전통적 세계관과 생활의 철학에서 역사가 중심 자리를 차지하고 있다는 점을 제기했다. 중국인은 철두철미한 '역사인'이 며 그들의 역사 인식 속에는 깊고 두터운 시간 관념이 있다. 흘러간 시간의 배경에서 사실·사건·인물 등은 역사를 연구하고 평가하는 물건(자료)이 다. 중국 역사 의식의 핵심은 '도'와 '리'의 개념이다. 중국 사학자들은 이 개념을 빌어 역사 사실을 평가하는 일을 진행한다.

나는 이러한 개념을 고려해보니 중국의 역사적 사유를 일종의 도덕적 사유라고 말할 수 있다고 생각한다. 윤리학은 중국적 역사 사유의 기초 이다. 그것은 '도'와 '리' 개념의 핵심이고 '도'와 '리'는 원칙·규범·경험 속의 역사 사실로부터 조성된다. 이러한 윤리적 학문 분야의 기초에 의 지하여 중국의 역사 사유에서 역사가는 한편으로 유력한 수단으로 어떠 한 역사 인물을 비판할 수 있으며, 다른 한편으로 그것은 양날의 검으로 역사 속의 사악한 인물이나 사건(사관)의 해석력을 약화시키기도 했다.

이 외에도 중국의 역사 사유는 과거와 현재 사이를 왔다 갔다 하는 베틀 북처럼 양쪽을 모두 견고하게 만들었다. 과거의 경험은 가고 없어 져 버린 것이 아니다. 역사 경험은 박물관 속의 미이라가 아니라 사람과 대화할 수 있는 도서관으로 당시 독자들은 그곳에서 역사 인물과 창조 적인 대화를 나눌 수 있다. 중국적 역사 사유를 구성하는 두드러진 두 요소인 '유비적 사유'와 '구체적 사유'를 통해 어떠한 대화도 가능할 수 있다.

부록 2

세계화 시대와 주희의 '리일분수理—分殊'설의 새 의미와 새 도전

1. 이끄는 말

인류가 21세기에 들어선 뒤로 세계화(지구화) 추세는 산업 혁명을 거치면서 점점 성장하여 2차 세계 대전 이후 튼튼하게 가속화되었고 마침내 새로운 시대 역사의 주류가 되었다. 세계화 시대의 발전 추세는 매우 다양하여 지식 자체가 생산재가 되는 '지식 경제'가 하나의 새로운 추세가 되었다. 세계화 시대의 또 다른 주류적 추세는 현대 영국의 사회학자 앤서니 기든스(Anthony Giddens, 1938~)가 말했듯이 세계화가 세계 각 지역 간의 상호 연결성(inter-connectedness)이 크게 증대시키는 생활 방식을 만드는 것이다.[1] 세계 각지의 '상호 연결성'이 날로 강화되어 전 세계 각 지역의 인재와 물자, 자본의 유통이 더욱 원활하게 되었지만, 이는 각지의 문화적 전통과 정치 경제적 이익의 충돌 가능성이 크게 상승한다는 것을 의미하기도 한다. 2001년 9·11사건과 미국이 세계 각지에서 전개하는 반테러

---

[1] Anthony Giddens, *Beyond Left and Right: The Future of Radical Politics*, Cambridge: Polity Press, 1994, pp.4~5 ‖ 한국어 번역본은 김현옥 옮김, 『좌파와 우파를 넘어서』, 한울, 1997 참조.

행동은 모두 세계화 시대에서 문명 충돌의 가능성을 예고하고 있다.

21세기 세계화 시대의 새로운 도전에 대응하기 위해 우리는 전통의 거대한 흐름 속에 뛰어들어 새로운 시대에 어울리는 영감을 길어낼 수 있다. 유가 사상의 전통에서 남송의 위대한 유학자 주희의 '리일분수理一分殊'설에는 21세기에 맞닿는 새로운 의미가 들어있다. 세계화 시대에 개별 지역이 상호 작용하는 새로운 맥락을 보이며 우리는 많은 새로운 도전에 직면해 있기도 하다. 이 글은 주자학의 사고 방식을 따라 세계화 발전의 관련 문제를 논의해 보고 '리일분수'설의 새로운 시대적 의미 및 그 전환 가능성을 제안하고자 한다.

2. 주자학 속 '리일理一'과 '분수分殊'의 관계: '리'의 다변성을 함께 논의함

(1) '리일'과 '분수'

'리일분수'는 주자학의 핵심 개념이다. 이와 관련해서 주희가 다음처럼 말했다.

> 세상일이 비록 천 갈래 만 갈래로 복잡하지만 사실 하나의 도리에 불과하다. '리일분수理一分殊'라고 할 수 있다. 감통感通하는 곳에 이르면 자연히 머리와 꼬리가 서로 호응한다. 혹 여기에서 드러나서 밖에서 감응하기도 하고 혹 밖으로 와서 나를 감응시키기도 하니 모두 하나의 리理이다.[2]

---

2 [宋]黎靖德 編, 『朱子語類』 卷136, '讜錄', 『朱子全書』 第18冊, 上海: 上海古籍出版社; 合肥:

'리일'과 '분수'는 일종의 대립적인 관계가 아니다. '리일'는 '분수'를 지닌 만사만물 중에 두루 퍼져있다. 또 주희가 다음처럼 말했다.

건乾을 아버지라 하고 곤坤을 어머니라 하는데, 이것이 리일理一이다. 건곤은 천하 모든 사람의 부모이다. 부모는 한 몸의 부모로 그 직분이 다를 수밖에 없다. 그러므로 "모든 백성은 나의 형제자매요 모든 사물은 나의 짝이다"[3]라는 말은 천하의 부모를 두고 하는 말로 리일理一에 해당된다. 여기서 '민'은 참으로 현실에서 나와 같은 한 부모에게서 난 형제와 자매로 생각하는 것이 아니다. '물'도 참으로 나와 같은 종류에 속한다고 생각하는 것이 아니다. 이것은 한 몸의 부모의 관점에서 말하므로 분수分殊에 해당된다. …… 이른바 리일은 모든 분수 중에 일관되므로 결코 서로 처음부터 떨어지지 않는다.[4]

주희의 '리일분수'론에서 '리일'과 '분수'는 서로 떨어질 수 없고 '리일'이 '분수' 중에 녹아 들어있다. 바꿔 말하면 오직 구체적이고 특수한 '사事'

安徽教育出版社, 2002, 4222쪽: "世間事雖千頭萬緒, 其實只一箇道理, '理一分殊'之謂也. 到感通處, 自然首尾相應, 或自此發出而感於外, 或自外來而感於我, 皆一理也."

3 ‖이 구절은 張載의 「西銘」에 나오며 우주 가족의 특성과 규모를 잘 묘사하고 있다. 8글자를 4글자로 줄여서 民胞物與라고 할 수 있다. 인류는 동포이고 만물은 벗이라는 사해동포주의를 잘 나타내고 있다.

4 ‖宋]朱熹, 「與郭沖晦2」, 『朱子文集』 第4冊 卷37, 臺北: 德富文教基金會, 2000, 1517~1518쪽: "蓋乾之爲父, 坤之爲母, 所謂理一者也. 然乾坤者, 天下之父母也. 父母者, 一身之父母也, 則其分不得而不殊矣. 故以'民爲同胞, 物爲吾與'者, 自其天下之父母者言之, 所謂理一者也. 然謂之'民', 則非眞以爲吾之同胞, 謂之'物', 則非眞以爲我之同類矣, 此自其一身之父母者言之, 所謂分殊者也. …… 其所謂理一者, 貫乎分殊之中, 而未始相離耳." '리일'과 '분수'의 관계에 관한 논의는 市川安司, 「朱晦庵の理一分殊解」, 『朱子哲學論考』, 東京: 汲古書院, 1985, 69~86쪽 참조.

속에서 추상적이고 보편적인 '리理'를 관찰하고 뽑아낼 수 있다. 즉 '보편
(공상)'이 '개별(수상)' 속에 존재한다는 말이다.

　주희가 쓴 저술과 나누는 대화에서 '리일'과 '분수'는 서로 떨어지지 않
는다고 수차례 피력했다. 예컨대 그는 『중용혹문』에서 다음처럼 말했다.

> 천하의 리는 일찍이 하나가 아닌 적이 없고 나뉨(다름)으로 말하면
> 일찍이 다르지 않았던 적이 없는데 이것은 자연적인 흐름이다. 인
> 간은 하늘과 땅 사이에 태어나서 하늘과 땅의 기를 받으니 그 몸은
> 곧 하늘과 땅의 몸이고 그 마음은 하늘과 땅의 마음이다. 이치로
> 말하면 어찌 두 가지일 수 있겠는가? …… 만일 그 나뉨(다름)의
> 입장에서 말하면 하늘의 하는 일은 절대로 인간이 끼어들 수 없고,
> 인간이 하는 일은 하늘과 땅이 끼어들 수 없는 경우도 있으니 그
> 일은 참으로 같지 않은 것이다.[5]

주희는 위의 인용문에서 '리일'과 '분수'의 필연성을 위해 우주론적 기초를
세웠다. 주희는 인간 질서가 본래 우주 질서에서 근원하여 생성 발전한다
고 생각하는데, 이것이 '리일'이라 한다. 하지만 '리일'의 구체적인 표현
방식은 각양각색이어서 서로 다르므로 이것을 '분수'라 한다.

　한 걸음 더 나아가 주희 사상의 '리일'과 '분수'의 관계 그리고 방법론
문제를 설명하기 위해 우리는 공자의 '오도일이관지吾道一以貫之' 구절
에 대한 주희의 해석부터 살펴보자. 주희는 공자가 『논어』「이인里仁」

5　[宋]朱熹, 『中庸或問』, 『朱子全書』 第6冊, 595~596쪽: "天下之理, 未嘗不一, 而語其分, 則未
　嘗不殊, 此自然之勢也. 蓋人生天地之間, 稟天地之氣, 其體卽天地之體, 其心卽天地之心, 以
　理而言, 是豈有二物哉? …… 若以其分言之, 則天之所爲, 固非人之所及, 而人之所爲, 又有
　天地之所不及者, 其事固不同也."

15[6]에서 말한 '오도일이관지吾道一以貫之'에 대해 아래와 같은 해석을 내 놓았다.

자신에게 있는 것을 끝까지 하는 것이 충忠이고 자신에게 있는 것을 다른 사람으로 미루어나가는 것이 서恕이다. '뿐이다[而已耳]'는 완전히 쏟아내서 남음이 없다는 말이다. 공자가 혼연히 하나의 리를 가지고서 두루두루 호응하고 구석구석 적용하는 것은, 비유하자면 하늘과 땅이 더 말할 나위 없이 진실하고 가운데 쉬지 않고 만물이 모두 각각 제자리를 얻는 것과 같다. 이 밖에는 진실로 나머지 방법이 없고 미루어나가기를 기다릴 것도 없다. 증자가 이 말에서 본(터득한) 것이 있었지만 표현하기가 어려웠으므로 학자의 수준을 고려하여 진기와 추기의 명목을 빌려서 의미를 드러내 밝혔으니 사람으로 하여금 쉽게 깨닫게 하고자 한 것이다. 더 말할 나위 없이 진실하고 가운데 쉬지 않는 것은 도의 본체이니 **만 갈래로 다른 것이 그것으로 근본을 하나로 하게 된다**(강조는 지은이). 만물이 각기 제자리를 얻는 것은 도의 작용이니 **하나의 근본이 그것으로 갈래를 만 가지로 한다**(강조는 지은이). 이것으로 보면 일이관지의 실상을 알 수 있다. 어떤 사람이 "중심 마음 충이고 같은 마음이 서이다"[7]라고 말하는데, 의미상으로 역시 통용된다.[8]

---

6 ‖ 이하 논의를 이해하려면 원문을 확인할 필요가 있다. 「이인里仁」 15: "子曰, 參乎. 吾道一以貫之. 曾子曰, 唯. 子出, 門人問曰, 何謂也. 曾子曰, 夫子之道, 忠恕而已矣."

7 ‖ 이 구절은 『오경정의』의 주석에 보인다. '中心爲忠'은 『詩經』「關雎 序 正義」에 보이고 '如心爲恕'는 『左傳正義』桓公 6年에 보인다. 또 "中心曰忠, 如心曰恕"의 문장은 『周禮』「大司徒疏」에 보인다.

8 ‖ [宋]朱熹, 『論語集注』, 『四書章句集注』卷2, 北京: 中華書局, 1983, 72쪽: "盡己之謂忠, 推己之謂恕. 而已矣者, 竭盡而無餘之辭也. 夫子之一理渾然而泛應曲當, 譬則天地之至誠無息, 而萬物各得其所也. 自此之外, 固無餘法, 而亦無待於推矣. 曾子有見於此而難言之, 故借學

주희의 해석에서 가장 주목할 만한 것은 "더 말할 나위 없이 진실하고 가운데 쉬지 않는 것은 도의 본체이니 만 갈래로 다른 것이 그것으로 근본을 하나로 하게 된다. 만물이 각기 제자리를 얻는 것은 도의 작용이니 하나의 근본이 그것으로 갈래를 만 가지로 한다"는 대목이다.[9] 주희는 '체體'와 '용用'의 관계로 '일본一本'과 '만수萬殊'가 서로 떨어지지 않는 것을 설명했다. 이는 13세기 이후 동아시아 사상계에 큰 영향을 미쳐 후대의 해석을 거의 주도하게 되었다. 남송의 진덕수眞德秀(1178~1235)는 다음처럼 풀이했다. **"하나로 꿴다는 것은 단지 만사가 하나의 리라는 것이 다**(강조는 지은이)."[10] 명대의 설선薛瑄(1389~1464)도 다음처럼 풀이했다. **"만물은 각각 하나의 리를 가지고 있고 만 가지 리가 모두 하나의 근원에 서 나오므로 하나로 꿰는 것이다**(강조는 지은이)."[11] 모두 주희가 '리일분수' 설로 공자학을 해석하며 한 걸음 더 나아가 부연 설명하고 있다. 이는 주희의 해석이 후학들에게 얼마나 깊은 영향을 끼쳤는지를 증명해줄 수 있다. 조선 시대(1392~1910)의 유학자들은 주자학적 해석의 틀 속에 완전 히 젖어 있었다.

방법론의 관점에서 보면 주희의 '리일'과 '분수'에 대한 해석에는 사실 방법론적 개체주의[12]의 사고 경향을 간직하고 있다. 『주자어류』 27권부

者盡己, 推己之目以著明之, 欲人之易曉也. 蓋至誠無息者, 道之體也, 萬殊之所以一本也. 萬物各得其所者, 道之用也, 一本之所以萬殊也. 以此觀之, 一以貫之之實可見矣. 或曰, '中心爲忠, 如心爲恕', 於義亦通."

9 (宋)朱熹, 『論語集注』 卷2. 인용문은 72쪽 참조.

10 (宋)眞德秀 撰, 劉承 輯, 『論語集編』 卷2, 臺北: 臺灣商務印書館, 1983年 景印文淵閣 四庫全書本, 20쪽: "一以貫之, 只是萬事一理".

11 (明)薛瑄, 『讀書錄』 卷6, 臺北: 臺灣商務印書館, 1983年 景印文淵閣 四庫全書本, 11쪽: "萬物各具一理, 萬理同出一原, 故一以貫之."

12 ‖ 방법론적 개체주의(methodological individualism)는 전체가 개체의 합이라는 관점에서 개체를 분석의 기초 단위로 삼는 접근법을 말한다. 이에 반해 형이상학적 전체주의 (metaphysical holism)는 전체는 개체의 단순한 합이 아닌 전체로서의 특성을 지닌다는

터 45권에서 '오도일이관지'를 해석할 때 방법론적 개체주의의 경향이 충분히 드러나 있다. 주희가 다음처럼 말했다. "꿰는 것이 하나씩 흩어진 엽전과 같고 일一은 노끈과 같다. 증자는 많이 여기저기 흩어진 동전을 이해했지만 다만 이 노끈에 대한 이해가 없었다. 공자는 이 노끈을 증자에게 준 것이다."[13]

주희는 동전과 노끈으로 비유하며 먼저 반드시 많은 동전을 쌓아야 '꿸' 수 있다고 주장했다. 주희는 한 걸음 더 나아가 다음과 같이 해석하여 말했다.

지금 다만 공허하게 '일관一貫'만을 말하며 무엇을 꿰어야 하는지를 알지 못한다. 성인이 줄곧 하나의 일마다 이해한다. 예컨대 "옛 것을 좋아하여 민첩하게 구하였다"는 말은 갑자기 그것을 꿸 수 있는 것이 아니다. …… 근래 영가永嘉학파[14]는 한두 차례 살펴볼 일이 있었는데, 다만 제도만을 고찰하였을 뿐 근본을 이해하지 못했다. 일단 이해 문제에 당면하게 되면 그 정도로 쓸모없고 하나같이 일을 해결하는 데에 도움이 되지 않는다. 여조겸呂祖謙(1137~1181)이 사람을 가르칠 때에 "『논어』는 모두 빈말이니 실사를 논의하는 것만 못하다"고 말했는데, 이는 역사를 고찰하려고 했다. 육구연陸九淵(1139~1192)은 다만 허정虛靜을 말했다. 그는 "많은 일이 모두 쓸모없다. 안연은 배울 수 없었지만 중용을 선택하여 하나의 선을 얻으면 꼭 품고서 잃지 않았다." 선은 하나뿐인데 무엇을 다시 선

관점에서 전체를 분석의 대상으로 삼는 접근법을 말한다.

13 [宋]黎靖德 編, 『朱子語類』 卷27, '節錄', 『朱子全書』 第15冊, 970쪽: "貫, 如散錢; 一, 是索子. 曾子盡曉得許多散錢, 只是無這索子, 夫子便把這索子與他."

14 ‖영가학파는 南宋 때 朱子學派에 대응하여 일어난 학파로 事功을 숭상했다. 葉適·陳亮 등이 이 학파의 중요 인물이다.

택하려고 하는가? 자로子路는 "좋은 말을 듣고 아직 제대로 실천하지 못했으면 행여 다른 말을 들을까 두려워하였다고 한다. 하나를 듣는 것 이외에 무엇을 다시 듣겠는가?" 이는 모두 선가禪家의 말과 같다. 성인의 도리는 모두 그렇지 않으니 다만 두루 곳곳에 있을 뿐이다.[15]

주희는 위의 인용문에서 한편으로 영가永嘉 학파의 군자들이 역사를 논의하며 다만 제도를 고찰하여 인간의 마음 등의 근본 문제를 소홀히 했다고 비판했다. 다른 한편으로 주희는 육구연(1139~1193)이 '허정虛靜'만을 말하고 분수分殊의 리理를 알지 못함을 비판했다.

다시 '리일분수'설의 전체적인 특질을 보면 주희는 어느 정도로 '지식주의'의 사상 경향을 가지고 있다. 이는 그의 '리일분수'와 '격물궁리格物窮理' 등의 학설과 서로 호응하는 면이 있다. 주희는 또 말했다. **"성인(공자)은 아직 리일理一을 말하지 않고 분수分殊만을 말했다. 분수 중의 이 사물 저 사물, 이 방법 저 방법에 대해 마땅히 그러함을 이해한 뒤에야 리가 본래 일관함을 알게 된다. 만수에 각각 하나의 리가 있음을 알**

---

15 〔宋〕黎靖德 編,『朱子語類』卷45, '夔孫錄',『朱子全書』第15冊, 1584~1585쪽: "而今只管懸想說道'一貫', 卻不知貫個甚麼? 聖人直是事事理會得, 如云'好古敏以求之', 不是驀直恁地去貫得它. …… 近見永嘉有一兩相識, 只管去考制度, 卻都不曾理會個根本. 一旦臨利害, 那個都未有用處, 卻都不濟事. 呂伯恭向來教人亦云: '『論語』皆虛言, 不如論實事', 便要去考史. 如陸子靜又只說個虛靜, 云, '全無許多事. 顏子不會學, '擇乎中庸, 得一善則拳拳勿失'. 善則一矣, 何用更擇? '子路有聞, 未之能行, 唯恐有聞'一聞之外, 何用再聞? 便都與禪家說話一般了. 聖人道理, 都不恁地, 直是周徧." 주희는 또 다음과 같이 말했다. "一貫이란 흩어진 동전을 많이 모은 뒤에 이 노끈으로 쉽게 모을 수 있다. 만일 많은 동전을 많이 쌓지 않고 공연히 노끈 하나만 있으면 무엇을 꿴단 말인가! 우리 유자들은 동전을 모아야 한다. 만일 江西 지역의 배우는 자들이 모두 동전 하나도 없이 노끈만 가지고 있으니 무엇을 꿸지 모르겠다(所爲一貫, 須是聚箇散錢多, 然後這索亦易得. 若不積得許多錢, 空有一條索, 把甚麼來穿! 吾儒且要去積錢. 若江西學者都無一錢, 只有一條索, 不知把甚麼來穿)."(卷27, 983쪽) 이 역시 위의 인용문과 같은 의미이다. ∥강서는 육구연 일파를 가리킨다.

지 못하고 다만 리일만을 말하면 리일이 어디에 있는지 알지 못한다(강조는 지은이)."[16] 주희는 '분수' 속에서만 '리일'의 소식을 찾을 수 있다고 강조했다. 주희가 말했듯이 '보편적 리'로서 '태극太極'은 사실 '분수적 리'로서 '양의兩儀'·'사상四象' 또는 '팔괘八卦' 속에 깃들어 있다.[17]

(2) 주자학 속 '리'의 변화무쌍

주희의 '리일분수'의 '리'와 관련된 세부 담론을 자세히 풀어보면 주희 사상 속의 '리'가 아래와 같은 특징들을 가지고 있다고 귀납할 수 있다. 첫째, '리'는 추상적이고 일원적인 개념이다. 둘째, '리'는 빽빽한 구체적 사실 속에서 각기 다른 방식으로 드러난다. 셋째, '리'는 시간과 공간을 초월하는 존재이고 영원히 불멸한다. 넷째, '리'의 연속이나 발전은 성현이 마음으로 각성하고 앞서 인도하기를 기다려야 한다. 마지막으로 구체적인 역사의 흐름과 변천 속에 스며든 '리'는 이중적인 성격을 가지는데, '리'는 원칙이자 규범이며 '소이연所以然'이면서 또한 '소당연所當然'이다. 주자학 속의 '리'는 도덕학과 윤리학에 속하고 또한 우주론적 범주에 속하며 이 둘을 하나로 융합시킨다.[18]

---

16 [宋]黎靖德 編, 『朱子語類 卷27, '銖錄', 『朱子全書』 第15册, 975쪽: "聖人未嘗言理一, 多只言分殊. 蓋能於分殊中事事物物, 頭頭項項, 理會得其當然, 然後方知理本一貫. 不知萬殊各有一理, 而徒言理一, 不知理一在何處."

17 주희는 다음과 같이 말했다. "太極은 곧 하나이다. 태극이 兩儀를 낳을 때 이 태극은 양의 속에 있다. 四象을 낳을 때 이 태극은 사상 속에 있다. 八卦를 낳을 때 이 태극은 팔괘 속에 있다(太極便是一, 到得生兩儀時, 這太極便在兩儀中. 生四象時, 這太極便在四象中. 生八卦時, 這太極便在八卦中.)." [宋]黎靖德 編, 『朱子語類』 卷27, '道夫錄', 『朱子全書』 第15册, 967쪽.

18 자세한 내용은 6장 참조. Chun-chieh Huang, "Imperial Rulership in Cultural History: Chu Hsi's Interpretation," in Frederick Brandauer and Chun-chieh Huang eds., *Imperial Rulership and Cultural Change in Traditional China*, Seattle: University of Washington Press, 1994, pp.188~205

'리'의 발생 순서와 본질적인 상태로 보면 주자학에서 추상적이고 보편적인 '리일'은 구체적이고 특수한 '분수'에 생성된다. 일단 '리'가 성인에 의해 '사事' 가운데서 뽑혀 나오거나 혹은 주희가 말했듯이 '흘러나온' 뒤에[19] '리'는 바로 독립성과 자주성을 얻게 되고 다시 '사'에 구속되지 않고 '많음〔多〕' 위의 '하나〔一〕'(the one over the many)가 되며 '많음'에 대해 지배력과 통제력을 갖게 된다.

3. 세계화 시대 주희의 '리일분수'설이 주는 새 계시와 새 도전

(1) 새로운 계시

21세기 세계화 시대의 관점에서 볼 때 주희의 '리일분수'설에서 가장 중요한 새로운 시사점은 **추상적이고 보편적인 규범이 반드시 구체적이고 특수한 상황 속에서 자연스럽게 생성된다는 것이다**(강조는 지은이). 우리는 '세계화'의 본질에서부터 이야기를 하려고 한다. 이 글의 서두에서 논의했듯이 세계화의 발전 추세가 세계 각 지역 사이의 '상호 연관성'을 강화시킴으로써 뉴욕 증시의 변화가 동경(도쿄), 대북(타이베이)나 상해(상하이) 증시에도 함께 영향을 주게 되었다. 세계화의 발전은 표면적 일체감을 만들었으나 '지구촌'의 구호와 멋진 그림 밑에는 거대한 압박과 통제가 숨겨져 있다.

---

19 〔宋〕黎靖德 編, 『朱子語類』 卷98, '義剛錄', 『朱子全書』 第17冊, 3320쪽: "林子武問, 『龜山語錄』曰, 「西銘」'理一而分殊'. 知其理一, 所以爲仁, 知其分殊, 所以爲義. 先生曰, 仁, 只是流出來底便是仁, 各自成一箇物事底便是義. 仁只是那流行處, 義是合當做處."(임자무가 물었다. 『구산어록』에 보면 「서명」의 리일분수에서 리일을 알면 인을 하는 바탕이고 분수를 알면 의를 하는 바탕이 된다. 주희가 대답했다. 인의 경우 흘러나오는 것이 곧 인이고 각자 하나의 일을 이루는 것이 의이다. 인은 다만 유행하는 곳이고 의는 합당하는 하는 곳이다.)

세계화의 발전은 세계화 중심 위치의 국가로 하여금 세계화의 주변 위치에 있는 국가들에 대해 더욱 거리낌 없는 착취와 통제를 가하도록 했다. 세계화의 중심 위치에 있는 국가는 유엔과 같은 국제적 정치 조직, 세계 무역 기구(WTO)와 같은 경제 조직, 세계 은행과 국제 통화 기금(IMF)과 같은 금융 기구들을 지배하고, 또 세계에서 가장 앞서는 우주 과학 기술과 생명 과학 지식 등을 지배하면서 더욱 세계화 '중심' 국가의 영향력이 아무리 먼 곳이라도 닿지 못할 곳이 없다.

세계화 추세가 가속화된 뒤로 국외와 국내를 불문하고 소득 분배의 불평등이 더욱 심각해졌다. 경제학자들의 연구는 1980년대 이래 세계화로 인해 야기된 불평등이 갈수록 심각해지고 있다. 1980년대 이래 세계 각국이 수명과 교육 측면에서 불평등의 추세가 완화되긴 했지만 실제로 허상일 뿐이라고 우리에게 말해주고 있다.[20] '세계화'는 이미 엄연하게 세계화 발전의 '중심' 국가가 '주변' 국가를 통제하는 구실이 되어버렸다.

'세계화' 추세의 발전이 지금까지 강자가 약자를 업신여기고, 다수가 소수를 해치는 도구가 된 데에는 많은 원인이 있다. 가장 중요한 원인은 **'세계화' 담론이 세계 각 나라의 구체적인 상호 작용의 맥락을 벗어나 추상적 이념이나 통제 능력을 가진 메커니즘이 되어버리면서**(강조는 지은이) 세계 각국이 상호 작용하는 구체적 맥락에서 시대에 맞춰 가서 늘 수정할 수 있는 담론이 아니게 되었다.

'세계화' 추세가 만들어낸 국제간과 각국의 국내 불평등 현상에 겨냥해서 주자학의 '리일분수'설은 새로운 시대적 계시를 지니고 있다. 주희

---

20 Bob Sutcliffe, "World Inequality and Globalization," *Oxford Review of Economic Policy*, vol.20, no.1, 2004, pp.15~37

는 "이른바 리일은 모든 분수 중에 일관되므로 결코 서로 처음부터 떨어지지 않는다"[21]고 강조했다. 이 구절은 우리에게 다음을 계발시켜준다. 즉 **일종의 이념 또는 어떤 메커니즘으로서 '세계화'는 마땅히 각국의 상호 작용의 관계에서만 존재해야 한다**(강조는 지은이). 바꿔 말하면 추상적인 '세계화'는 다만 구체적인 국제 관계 속에서 존재해야만 언제든 조정하여 시대와 더불어 발 맞춰갈 수 있으며 국제적인 강국이 약소국을 압제하거나 국내의 자본가 계급이 농공 계급을 압박하는 구실이 되는 것을 면할 수 있다.

(2) 새로운 도전

21세기 오늘날의 세계 정세로 볼 때 '세계화'는 이미 뚜렷하게 각국의 구체적인 국제 관계를 벗어나 통제력을 지닌 담론과 메커니즘이 되어버렸고, 세계화의 '중심' 국가에 의해 좌지우지되면서 '세계화'는 상당한 정도에서 '미국화'를 의미하게 되어버렸다. 일찍이 1991년 어떤 사람은 본부를 미국에 둔 글로벌 다국적 회사의 간부 그룹에서 2%만이 미국 국적을 가지지 않은 사실을 지적했다.[22] 이런 상태는 21세기의 오늘날에도 큰 변화가 없다.

마침 주희의 '리일분수'설에서 '리'가 가진 역설처럼 '세계화' 담론은 마치 주희의 '리일'이 일단 '분수' 속에서 추출된 뒤에 독립성을 가지게 되는 것처럼 강자에게 좌지우지되면서 '주변' 국가와 인민들을 압제하는 도구가 되어버린 것과 같다. 이런 상황은 마치 18세기 대진戴震(1724~1777)

---

21 [宋]朱熹,「與郭沖晦2」,『朱子文集』第4冊 卷37, 1518쪽: "所謂理一者, 貫乎分殊之中, 而未始相離耳."
22 Peter Beinart, "An Illusion for Our Time," *The New Republic*(October 20, 1997), pp.20~24 참조.

이 통렬히 비판했듯이 '리'학이 통치자들에게 이용되어 사람을 죽이는 도구가 되어버린 것과 같다.

대진은 다음처럼 말했다.

오늘날 사람을 다스리는 자는 옛 성현이 백성의 실정을 체득하고 백성의 욕구를 이루어주는 것이 거의 비근하고 미세하고 은밀하고 곡진한 데서 나오는 것을 보고 거기에 뜻을 두려고 하지 않으니 이는 이상할 것도 없다. 그러나 '리'를 가지고 요구함에 이르러서 세상에 드물게 높은 절개가 있는 사람에게도 의를 견주어 벌주기를 어려워하지 않는다. 지위가 높은 사람은 리를 가지고 지위가 낮은 사람을 요구하고, 어른은 리를 가지고 어린 사람을 요구하고, 귀한 사람은 리를 가지고 천한 사람을 요구하여, 비록 자기가 잘못하더라도 리를 따른다고 하고, 지위가 낮은 사람, 어린 사람, 천한 사람은 리를 가지고 따져 타당함을 얻었더라도 리를 거스른다고 한다. 이에 아랫사람은 천하의 동일한 감정, 천하의 동일한 욕구를 가지고서도 윗사람에게 상달할 수 없다. 반면 윗사람은 리를 가지고 아랫사람에게 요구하나, 아래에 있게 된 죄가 사람마다 이루 다 헤아릴 수가 없다. 사람이 법을 어겨 죽으면 오히려 불쌍하게 여기는 사람이 있지만 리에 걸려 죽으면 그 누가 불쌍히 여기겠는가?[23]

---

23 [淸]戴震, 「理」, 『孟子字義疏證』 卷上, 『戴震全集』, 北京: 淸華大學出版社, 1991, 161쪽: "今之治人者, 視古賢聖體民之情, 遂民之欲, 多出於鄙細隱曲, 不措諸意, 不足爲怪. 而及其責以理也, 不難擧曠世之高節, 著於義而罪之, 尊者以理責卑, 長者以理責幼, 貴者以理責賤, 雖失, 謂之順. 卑者·幼者·賤者以理爭之, 雖得, 謂之逆. 於是下之人不能以天下之同情, 天下所同欲達之於上, 上以理責其下, 而在下之罪, 人人不勝指數. 人死於法, 猶有憐之者, 死於理, 其誰憐之?" ‖ 한국어 번역본은 임옥균 옮김, 『맹자자의소증·원선』, 홍익출판사, 1998 참조.

230여 년 전에 대진이 말한 '오늘날 사람을 다스리는 자'가 '리'로 사람을 죽이는 상황은 21세기의 오늘날 세계화의 '중심' 위치에 있는 국가가 '세계화'라는 '리'로 '주변' 국가들을 통제하는 양상과 아주 유사하다. 주희의 말로 하면 '세계화'라는 이 **'리일'**(강조는 지은이)이 세계 각국의 **'분수'**(강조는 지은이)라는 구체적 상황 속에서 벗겨져 나와 이미 세계 정치 경제적 질서의 권력자들 손에서 놀아나는 도구가 되었다. '세계화'의 역설성과 주희 학설 속 '리'의 역설성은 판에 박은 듯이 흡사하다.

한 걸음 더 나아가 21세기의 '리'인 '세계화' 가치 이념의 역설성을 조금 더 생각해보기 위해 우리는 다시 주희의 '리일분수'설 속의 '리理'와 '심心'의 관계로 돌아가 보자. 주희는 줄곧 '격물치지格物致知'의 순서를 거친 뒤에 사람의 '마음'이 만물과 우주 속의 '리'를 효과적으로 파악하고 이해할 수 있으며, 심지어 그가 「대학격물보전大學格物補傳」에서 언급한 대로 "힘을 오랫동안 쏟다가 하루아침에 활연관통豁然貫通, 즉 막고 있던 장애가 '쫘악' 하는 소리와 함께 갈라지고 모든 것이 하나로 연결되면 모든 사물의 겉과 안 및 정밀함과 거칢 중 어디에도 미치지 않는 곳이 없고, 내 마음의 온전한 본모습과 커다란 쓰임에 밝지 않음이 없다"[24]는 경지에 도달할 수 있다고 주장했다.

주희가 사람의 '마음'으로 만물의 '이치'를 파악할 수 있다고 강조했다. 이 사상적 유산은 조선 시대(1392~1910)의 사상계에도 깊은 영향을 미쳤고 두 개의 명제를 내놓게 되었다.[25] 조선의 유학자들이 주자학 속에서 정리해낸 첫 번째 명제는 '내 마음의 리(吾心之理)'로 '만물의 리(萬物之理)'를 관통한다는 것이다. 주희는 『주자어류』에서 '마음속에 이 모

---

24 (宋)朱熹, 『大學章句』, 『四書章句集注』, 7쪽: "至於用力之久, 而一旦豁然貫通焉, 則衆物之表裡精粗無不到, 而吾心之全體大用無不明矣."
25 黃俊傑, 『德川日本論語詮釋史論』 第7章, 臺北: 臺大出版中心, 2006, 249~254쪽.

든 리를 다 포함하고 있다'[26]거나 '한 마음이 모든 리를 갖추고 있다'[27]거
나 '마음이 모든 리를 포함하고 있고 모든 리는 한 마음에 갖추어 있
다'[28] 등의 주장을 제출했다.

18세기 조선의 유학자 김근행金謹行(1712~?)은 다음과 같이 말했다.

공자가 '증삼아, 나의 도는 하나로 그것을 꿰뚫었다'고 말했는데,
여기서 일一은 리이고 꿰는 것은 마음의 일이다. 리가 내 마음에
있으니 내 마음의 리로 만물의 리를 꿰는 것이다.[29]

조선 유학자 김근행은 공자의 '일이관지'를 "**리가 내 마음에 있으니
내 마음의 리로 만물의 리를 꿴다**"(강조는 지은이)라고 해석했다. '**리가 내
마음에 있다**'(강조는 지은이)는 말은 주희의 '궁리窮理'의 학설보다 한 걸음
더 나아간 '내적 전환[內轉]'임을 보여준다.

조선의 유학자들이 주자학에서 발휘한 두 번째 명제는 '일본一本'과
'만수萬殊'가 모두 마음에 바탕한다고 강조한 것이다. 17세기 조선의 유
학자 박지계朴知誡(1573~1635)는 다음처럼 말했다.

공자가 '나의 도는 하나로 그것을 꿰뚫는다'고 하였고 주희는 '사람
이 배우는 것은 심心과 리理일 뿐이다'라고 하였다. '심'은 곧 '일본

26 〔宋〕黎靖德 編, 『朱子語類』 卷27, '僩錄', 『朱子全書』 第15冊, 974쪽: "心裡盡包這萬理."
27 〔宋〕黎靖德 編, 『朱子語類』 卷9, '季札錄', 『朱子全書』 第14冊, 306쪽: "一心具萬理."
28 〔宋〕黎靖德 編, 『朱子語類』 卷9, '陽錄', 『朱子全書』 第14冊, 306쪽: "心包萬理, 萬理具
於一心."
29 金謹行, 「論語6」, 『論語劄疑』, 『順菴先生文集』 卷11, 『韓國經學資料集成』 23, 首爾: 成均
館大學校大東文化研究院, 1988, 575쪽: "子曰, '參乎! 吾道一以貫之'者, 一者, 理也. 貫者,
心之事也. 理在吾心, 以吾心之理, 貫乎萬物之理也."

一本'이고 '리'는 곧 '만수萬殊'이다. 옛 성인이 가르치신 말에 일一과 만萬이 아닌 것이 없다. 『소학』에 종사하면서 이 마음을 단정하고 고요한 가운데 두는 것은 일一로부터 힘쓰는 것이다. 격물치지格物致知에 종사하면서 뭇 이치의 오묘함을 궁구하는 것은 만萬으로부터 힘쓰는 것이다. …… 일에서 만으로 또 만에서 일로, 다시 일에서 만을 하는 것은 성인의 배움이다. 일본과 만수는 양의兩儀의 형상이다. 지知와 행行에는 모두 이 두 가지 단서가 있다. 지각하여 어둡지 않음이 마음에 있는 것을 '지知에서 일본'이라고 한다. 사물의 이치를 밝게 비추는 것을 '지知에서 만수'라고 한다. 일심一心이 혼연히 가운데 있는 것을 '행行에서 일본'이라고 한다. 몸소 움직여서 실천을 '행에서 만수'라고 한다. 충서忠恕가 바로 이것이다."[30]

박지계의 해석 가운데 특수한 곳은 주희의 '일본一本'과 '만수萬殊'를 다시 '지에서 일본'과 '지에서 만수' 그리고 '행에서 일본'과 '행에서 만수'로 세분화하여 '심'의 작용으로 귀결시킨 데 있다. 김근행은 한 걸음 더 나아가 조선 유학자들이 '일본'과 '만수'를 '마음'에 귀결시킨 해석 입장을 발전시켰다.

그가 이와 관련해서 다음과 같이 말했다.

---

30 朴知誠, 「論語1」, 『劄錄─論語』, 『潛冶集』 卷10, 『韓國經學資料集成』 18, 232~234쪽: "孔子曰, 吾道一以貫之. 朱子曰, 人之爲學, 心與理而已. '心'卽'一本'也. '理'卽'萬殊'也. 古聖人垂敎之說, 無非一與萬而已. 從事於『小學』而存此心於端莊靜一之中者, 從一上做工也. 從事於格致, 而窮衆理之妙者, 從萬上做工也. …… 自一而萬, 自萬而一, 復自一而爲萬, 乃聖人之學也. 一本萬殊, 兩儀之象也. 知上行上皆有此兩端. 知覺不昧之在心, 曰, 知上之一本. 明燭事物之理, 曰, 知上之萬殊. 一心之渾然在中. 曰, 行上之一本. 躬行踐履之在事物. 曰, '行上之萬殊', 所謂忠恕是也."

일심一心에서 거느리는 도道가 만사萬事를 꿰므로 산수散殊의 도이
다. 만사에 흩어진 도가 일심에 바탕을 두므로 총회總會의 도이다.[31]

김근행은 '심'으로 '산수지도散殊之道'와 '총회지도總會之道'를 통일시켰
다. 이도 주희의 해석과 비교해 봐도 한층 더 나아간 것이다.

조선 주자학자들의 담론으로부터 우리는 주희의 '리일분수'설 속의 '리'
를 살펴보았다. 만일 온전히 인간(특히 성인) '심'의 해석과 이해로 귀결시
켜버리면 '리'의 해석은 임의성을 피하기 어렵다. 아울러 '리'로 하여금
객관성을 잃게 하여 소수에게 장악되고 통제받기도 쉬워지게 될 것이
다. 21세기의 강대국들에게 통제받고 있는 '세계화'의 해석권은 어떤 의
미에서 주희와 송대 유학자들의 '리'가 18세기 중국의 통치 계급에게 장
악된 것과 유사하다.

주희의 '리일분수'설 중에서 '리'가 독점될 수 있는 위험성은 주자 학
설 중 '리'가 동원성이기 때문에 더 커지게 된다. 『주자어류』 제18권에
서 어느 제자의 "만물은 각각 일리를 갖추고 있고 만 리가 같이 한 근원
에서 나온다"는 문제와 관련해서 가르침을 요청했다. 이에 대해 주희는
다음과 같이 대답했다.

> **만물은 모두 이 리理를 갖고 리는 모두 한 근원에서 나온다**(강조는
> 지은이). 그러나 차지하는 자리가 다르면 리의 쓰임이 하나가 아니
> 다. 왕이라면 반드시 인仁해야 하고 신하라면 반드시 경敬해야 하
> 고 아들이라면 반드시 효孝해야 하고 어버이라면 반드시 자慈해야

---

31 金謹行, 『論語劄疑』, 576쪽: "以道之總在一心者貫之於萬事, 則爲散殊之道. 以道之散在萬
   事者本之於一心, 則爲總會之道."

한다. 사물마다 각각 이 리를 가지고 있고 사물마다 각각 쓰임을 달리한다. 하지만 하나의 리가 흘러 퍼지지 않은 것이 없다.[32]

주희가 비록 '리'의 동원성同源性('리는 모두 한 근원에서 나왔다')을 강조하긴 했지만 그는 동시에 실제 운행의 차원에서 각종 사물의 '리의 쓰임'은 서로 다른 특수한 리이며 아울러 각각의 구체적인 사물은 보편적 '일리一理'를 공유한다는 것임을 강조했다.

　주희의 이론에서 자구화 시대의 세계 추세를 보면 우리는 각기 다른 문명이나 국가의 분수分殊적 '리'가 극렬하게 부딪칠 뿐 아니라 심지어 '리'의 해석권이 세계화의 '중심'에 위치한 국가에게 좌지우지되어 '세계화' 발전이 인류의 미래에 뜻밖의 거대한 그림자를 드리웠다고 말할 수 있다.

　어떻게 주희의 '리일분수'설 속에서 새로운 의미를 취하여 21세기 '세계화'의 새로운 도전에 대응할 수 있을 까? 21세기 세계화의 발전이 세계 각 문명과 국가 사이에 '상호 관련성'을 점점 증대시켰고 각기 다른 역사와 문화적 배경을 가진 '리' 역시 서로 부딪치고 극렬하게 충돌했다. 그러므로 만일 주희의 '리일'을 한 개인이나 소수의 '마음'으로만 해석하고 파악하게 된다면 새로운 시대의 도전에 적응하기 어려울 것이므로 반드시 창의적이고 새로운 해석으로 접근해야 한다.

32　[宋]黎靖德 編,『朱子語類』卷18, '僩錄',『朱子全書』第14冊, 606쪽: "萬物皆有此理, 理皆同出一原. 但所居之位不同, 則其理之用不一. 如爲君須仁, 爲臣須敬, 爲子須孝, 爲父須慈. 物物各具此理, 而物物各異其用, 然莫非一理之流行也."

4. 결론: 수많은 '리' 속의 구동존이求同存異

지금까지 논의에서 우리는 주희의 '리일분수'설을 통해 21세기 세계화 시대 속에서 많은 국가의 '리'가 서로 충돌하고 공존하며 '리'가 세계화의 '중심' 국가에 의해 운용되어 '주변' 국가들을 압제하는 도구가 된다는 것을 분석했다. 또 우리는 주희의 '리일분수'설 속의 '리'가 많은 분수分殊의 '사事' 중에 관통하고 스며들어 있다는 것을 지적했다. 역설적으로 일단 '리'가 '사' 속에서 '흘러나온〔流出來〕'(주희의 용어) 뒤로 '리'가 독립성을 얻게 되면서 쉽게 '탈맥락화'되어 소수나 강대 권력에게 통제되고 거꾸로 분수의 '사'를 억압하게 된다. 이 때문에 본래 **'많음' 가운데의 '하나'가 결국 '많음' 위의 '하나'로 전환되어 버린다**(강조는 지은이).

이런 관점에서 볼 때 21세기 세계화 시대에서 '리일'은 반드시 많은 분수 속에 공존하는 '리'로 전환되어야만 서로 다른 문화 전통이 새로운 시대의 문명 간 대화의 수요에 적응할 수 있을 것이다. 아울러 우리는 반드시 주자학 속의 '리일'에 숨겨있는 종속 원칙(Principle of Subordination)-문화 속의 많은 주체(예컨대 사회·경제 등의 주체)가 모두 단일 주체(예컨대 정치 주체)의 지배에 복종함을 가리킨다-을 점차 '병립 원칙(Principle of Coordination)'-문화 속의 많은 주체가 병립과 경쟁의 상태에 처함을 가리킨다-으로 전환시켜야 한다.[33]

21세기 각각의 문화 전통이 축적한 다원적 '리'가 서로 대화하는 새로운 시대 속에서 같음을 찾고 다름을 내버려두는 구동존이求同存異의 방식이 필연적인 길이다. 전통적인 중화 문화는 '같음〔同〕'을 중시하고 '다

---

33 '從屬原則'과 '並立原則'은 모종삼(머우쫑산)이 만든 용어이다. 牟宗三, 『中國文化的省察』, 臺北: 聯經出版公司, 1983, 68쪽 참조.

름〔異〕'을 소홀히 했다. 고대 유가는 '같음'의 가치를 매우 강조했다. 맹자는 일찍이 순舜의 미덕을 이야기한 적이 있다. "위대한 순은 위대함이 있다. 다른 사람과 잘 함께 하고, 자기를 버리고 남을 따른다."[34] 그는 또 "요·순은 보통 사람과 같다."[35]고 생각했다.

여영시(위잉스)가 지적했듯이 중국 사상사에서 '같음'은 하나의 가치 의식으로 늘 강조되어 왔고 한대 말에 이르러서야 비로소 '다름'이 가치 의식으로서 중요시되었다. 이는 한말 유학이 쇠퇴하고 신도가新道家[36]가 흥기하여 '개인'이 다시 발견되는 등 발전과 모두 관계가 있는 것이다.[37] 그러므로 21세기 중화 문화권 및 세계와 상호 관계에 있어서 어떻게 '같음'을 구하고 '다름'을 내버려두는 가치관을 개발할 것인가? 어떻게 송대 유학자 진량이 말한 "도가 형기의 밖에서 나가지 않고 늘 사물 사이에 다니는 것"[38]을 실현할 것인가? 어떻게 명대 유학자 나흠순羅欽順 (1465~1517)이 말한 "리의 하나됨이 늘 분수 속에 있다"[39]는 원칙을 실천할 것인가? 이러한 물음은 우리가 앞으로 깊이 생각해 볼 가치가 있는 과제가 되었다.

34　[宋]朱熹, 「公孫丑上」 8, 『孟子集注』, 『四書章句集注』 卷3, 239쪽: "大舜有大焉, 善與人同, 舍己從人."
35　[宋]朱熹, 「離婁下」 6, 『孟子集注』, 『四書章句集注』 卷8, 300쪽: "堯舜與人同耳."
36　‖ 노자와 장자는 도가 또는 원시도가로 불리고 위진시대의 王弼은 신도가로 불린다. 이는 공자와 맹자 등이 유가 또는 원시 유가로 불리고 주희가 신유가로 불리는 방식에 대응한다. 후자는 전자의 사상을 계승하면서 시대에 따라 새로운 사상을 추가하였기 때문에 학파 이름 앞에 '新' 자를 붙인다.
37　Ying-shih Yü, "Individualism and the Neo-Taoist Movement in Wei-chin China," in Donald Munro ed., Individualism and Holism: Studies in Confucian and Taoist Values, Ann Arbor: The University of Michigan, 1985, pp.121~156
38　[宋]陳亮, 「勉疆行道大有功」, 『龍川文集』 卷9, 北京: 中華書局, 1985年 新一版, 92쪽: "道非出於形氣之表而常行於事物之間."
39　[明]羅欽順, 『困知記』 卷上, 北京: 中華書局, 1990年 點校本, 7쪽: "其理之一, 常在分殊之中."

감사의 말씀

이 책의 「서론」과 2장, 7장의 제 5절과 「결론」은 새로 쓴 글이며, 나머지 각 장의 초고는 아래 나열된 학술지에 발표했던 적이 있다. 이 책에 수록할 때 초고를 대폭으로 수정하고 첨삭했다. 아래의 학술 대회를 주최했던 기관과 학술지의 출판 기관에 정중히 감사를 드립니다.

제1장의 초고는 黃俊傑 編, 『傳統中華文化與現代價值的激盪與調融(二)』, 臺北: 喜瑪拉雅硏究發展基金會, 2002, 3~28쪽에 수록되었다.

제3장의 초고는 『中國文哲硏究集刊』 第3期, 1993.3. 361~390쪽에 게재되었다.

제4장의 초고는 『臺大歷史學報』 第25期, 2000.6, 1~24쪽에 게재되었다.

제5장의 초고는 東吳大學歷史學系 編, 『史學與文獻』, 臺北: 臺灣學生書局, 1998,1~26쪽에 수록되었다.

제6장의 초고는 鍾彩鈞 編, 『國際朱子學會議論文集』 下冊, 臺北: 中央硏究院中國文哲硏究所, 1993, 1083~1 114쪽에 수록되었다.

제7장의 초고는 『臺大歷史學報』 第26期, 2000.12, 1~37쪽에 게재되었다.

참고 문헌

【중문, 일문】
1. 고대 문헌

﹝戰國﹞韓非, 陳奇猷 校注,『韓非子集釋』, 臺北: 河洛圖書出版社, 1974.

﹝漢﹞孔安國 傳,﹝唐﹞孔穎達 等 正義,『尚書正義』, 臺北: 藝文印書館, 1960年 影印宋刊本.

﹝漢﹞司馬遷,「報任安書」,﹝漢﹞班固,『漢書』卷62, 臺北: 藝文印書館, 1956年 據淸光緖庚子
　　　　長沙王氏校刊本影印.

﹝漢﹞司馬遷,『史記』, 臺北: 藝文印書館, 1956年據淸乾隆武英殿刊本景印.

﹝漢﹞何晏,『論語集解』, 臺北: 藝文印書館, 景印淸嘉慶二十年江西南昌府學刊本.

﹝漢﹞班固,『漢書』, 臺北: 藝文印書館, 1956年 據淸光緖庚子長沙王氏校刊本 影印.

﹝漢﹞賈誼,『過秦論』,『賈誼新書·揚子法言』, 上海: 上海古籍出版社, 1990.

﹝漢﹞劉向,『說苑』, 臺北: 臺灣商務印書館, 1965年 影印四部叢刊初編縮本.

﹝漢﹞鄭玄 箋,﹝唐﹞孔穎達 疏,『毛詩注疏』, 臺北: 藝文印書館, 1960年 影印宋刊本.

﹝晉﹞杜預,『春秋左氏傳序』,『左傳』, 臺北: 藝文印書館, 1981年 影印宋刊本.

﹝梁﹞昭明太子,『文選』, 臺北: 藝文印書館, 景印宋淳熙本重雕鄱陽胡氏藏版.

﹝梁﹞劉勰,﹝淸﹞黃叔琳 校,『文心雕龍注』, 臺北: 臺灣開明書局, 1975年 臺十三版.

﹝南北朝﹞鳩摩羅什 譯,『維摩詰所說經』, 臺北: 新文豐出版股份有限公司, 1993.

﹝唐﹞柳宗元,『柳河東集』, 臺北: 河洛圖書公司, 1974年 景印廖氏世綵堂刊本.

﹝唐﹞陳子昂,「登幽州臺歌」,『全唐詩』第3冊, 北京: 中華書局, 1992, 902쪽.

﹝宋﹞司馬光,『稽古錄』, 北京: 中國友誼出版公司, 1987.

﹝宋﹞司馬光 撰,﹝元﹞胡三省 注, 章鈺 校記,『新校資治通鑑注』, 臺北: 世界書局, 1976.

﹝宋﹞朱熹·呂祖謙 編,『近思錄』, 楊家駱 主編,『近思錄集解·北溪字義』, 臺北: 世界書局,
　　　　1996.

﹝宋﹞朱熹,『大學或問』,『四書或問』, 上海: 上海古籍出版社; 合肥: 安徽教育出版社,
　　　　2001.

﹝宋﹞朱熹,「大學章句」,『四書章句集注』, 北京: 中華書局, 1983.

﹝宋﹞朱熹,「中庸或問」,『朱子全書』第6冊, 上海: 上海古籍出版社; 合肥: 安徽教育出版
　　　　社, 2002, 595~596쪽.

﹝宋﹞朱熹,「中庸章句」,『四書章句集注』, 北京: 中華書局, 1983.

﹝宋﹞朱熹,『四書章句集注』, 北京: 中華書局, 1983.

﹝宋﹞朱熹,『朱子文集』, 臺北: 德富文教基金會, 2000.

﹝宋﹞朱熹,『孟子或問』,『四書或問』, 上海: 上海古籍出版社; 合肥: 安徽教育出版社, 2001.

﹝宋﹞朱熹,『孟子集注』,『四書章句集注』, 北京: 中華書局, 1983.

﹝宋﹞朱熹,『詩集傳』,『朱子全書』第1冊, 上海: 上海古籍出版社; 合肥: 安徽教育出版社,

2002.

[宋]朱熹, 『論語或問』, 『四書或問』, 上海: 上海古籍出版社; 合肥: 安徽教育出版社, 2001.

[宋]朱熹, 『論語集注』, 『四書章句集注』, 北京: 中華書局, 1983.

[宋]邵伯溫, 『邵氏聞見錄』, 北京: 中華書局, 1983; 2008.

[宋]眞德秀 撰, 劉承 輯, 『論語集編』, 臺北: 臺灣商務印書館, 1983年 景印文淵閣 四庫全書本.

[宋]張載, 『張載集』, 北京: 中華書局, 1978年 新校標點本.

[宋]陳亮, 『龍川文集』, 北京: 中華書局, 1985年 新一版.

[宋]陳彭年 等 修, 『廣韻』, 臺北: 臺灣商務印書館, 1965 四部叢刊 初編縮本.

[宋]陸象山, 『陸九淵集』, 臺北: 里仁書局, 1981.

[宋]程顥·程頤, 『二程集』, 北京: 中華書局, 1981年 新校標點本.

[宋]程頤, 『河南程氏粹言』, [宋]程顥·程頤, 『二程集』 第4冊, 北京: 中華書局, 1981.

[宋]程顥·程頤, 『河南程氏遺書』, [宋]程顥·程頤, 『二程集』 第2冊, 北京: 中華書局, 1981.

[宋]葉適, 『水心先生文集』, 臺北: 臺灣商務印書館, 1965年 四部叢刊初編縮本.

[宋]黎靖德 編, 『朱子語類』, 『朱子全書』 第14~18冊, 上海: 上海古籍出版社; 合肥: 安徽教育出版社, 2001.

[宋]嚴羽, 郭紹虞 校釋, 『滄浪詩話校釋』, 北京: 人民出版社, 1983.

[宋]蘇洵, 『嘉祐集』, 上海: 上海古籍出版社, 1993.

[元]脫脫, 『宋史』, 北京: 中華書局, 1977年 新校標點本.

[明]張自烈, 『正字通』, 『四庫全書存目叢書』 第198冊, 臺南: 莊嚴文化事業公司, 1997.

[明]童養正 編, 『史漢文統』, 臺南: 莊嚴文化出版社, 1997.

[明]羅欽順, 『困知記』, 北京: 中華書局, 1990年 點校本.

[明]薛瑄, 『讀書錄』, 臺北: 臺灣商務印書館, 1983年 景印文淵閣四庫全書本.

[清]方東樹, 『漢學商兌』, [清]江藩·方東樹, 『漢學師承記(外二種)』, 北京: 生活·讀書·新知三聯書局, 1998.

[清]王夫之, 『宋論』, 『船山全書』 第11冊, 長沙: 嶽麓書社, 1989.

[清]王夫之, 『讀通鑑論』, 『船山全書』 第10冊, 長沙: 嶽麓書社, 1989, 1181~1182쪽.

[清]王先謙, 『荀子集解』, 臺北: 藝文印書館, 2000.

[清]王懋竑, 『朱子年譜』, 臺灣商務印書館, 1971.

[清]皮錫瑞, 『經學歷史』, 香港: 中華書局香港分局, 1961.

[清]成孺, 『史漢駢枝』, 臺北: 藝文印書館, 1964.

[清]朱駿聲, 『說文通訓定聲』, 臺北: 藝文印書館, 1979年 影印本.

[清]李兆洛, 『養一齋文集』, 光緒戊寅四年 湯成烈重刊本.

[清]紀昀 總纂, 『四庫全書總目提要』, 臺北: 臺灣商務印書館, 1971.

[淸]張潮, 『幽夢影』, 臺北: 西南書局有限公司, 1980.

[淸]郭慶藩, 『莊子集釋』, 臺北: 河洛圖書出版社, 1974.

[淸]章學誠, 葉瑛 校注, 『文史通義校注』, 北京: 中華書局, 1994.

[淸]焦循, 『毛詩補疏』, 晏炎吾 等 點校, 『淸人說詩四種』, 武昌: 華中師範大學出版社, 1986.

[淸]黃宗羲, 『明夷待訪錄』, 臺北: 臺灣中華書局, 1974年 四部備要本.

[淸]趙翼, 王樹民 校證, 『廿二史箚記校證』, 北京: 中華書局, 1984.

[淸]潘椿重訂, 『史漢初學辨體』, 臺北: 文海出版社, 1974.

[淸]戴震, 『孟子字義疏證』, 『戴震全集』, 北京: 淸華大學出版社, 1991.

[淸]戴震, 『戴震集』, 上海: 上海古籍出版社, 2009.

[淸]蘇輿, 『春秋繁露義證』, 臺北: 河洛圖書出版社, 1974年 臺景印淸宣統庚戌刊本.

[朝鮮]朴知誡, 『劄錄－論語』, 『潛冶集』 卷10, 『韓國經學資料集成』 第18冊, 首爾: 成均館大學校大東文化研究院, 1988.

[朝鮮]金謹行, 『論語劄疑』, 『順菴先生文集』, 『韓國經學資料集成』 第23冊, 首爾: 成均館大學校大東文化研究院, 1988.

2. 저서

尹達主 編, 『中國史學發展史』, 鄭州: 中州古籍出版社, 1985.

王汎森, 『近代中國的史家與史學』, 香港: 三聯書局, 2008.

王汎森, 『傅斯年: 中國近代歷史與政治中的個體生命』, 臺北: 聯經出版公司, 2013.

王健文, 『戰國諸子的古聖先王傳說及其思想史意義』, 臺北: 臺灣大學文學院, 1987.

王晴佳, 『西方的歷史觀念—從古希臘到現代』, 臺北: 允晨文化公司, 1998.

王晴佳, 『臺灣史學五十年(1950~2000): 傳承, 方法, 趨向』, 臺北: 麥田出版社, 2002.

王學典, 『二十世紀後半期中國史學主潮』, 濟南: 山東大學出版社, 1996.

白壽彝 主編, 『中國史學史』, 上海: 上海人民出版社, 2006.

朱希祖, 『中國史學通論』, 南京: 獨立出版社, 1943.

牟宗三, 『中國文化的省察』, 臺北: 聯經出版公司, 1983.

牟宗三, 『政道與治道』, 臺北: 廣文書局, 1961.

余英時, 『中國知識階層史論: 古代篇』, 臺北: 聯經出版公司, 1980.

余英時, 『朱熹的歷史世界: 宋代士大夫政治文化的研究』, 臺北: 允晨文化出版事業公司, 2003.

余英時, 『陳寅恪晚年詩文釋證』, 臺北: 東大圖書公司, 1998.

余英時, 『論戴震與章學誠—淸代中期學術思想史研究』, 香港: 龍門書店, 1976.

余英時, 李彤 譯, 『十字路口的中國史學』, 臺北: 聯經出版公司, 2008.

吳毓江, 『墨子校注』, 北京: 中華書局, 1993.

吳懷祺, 『中國史學思想史』, 臺北: 文史哲出版社, 2005.

吳懷祺, 『中國史學思想通史: 宋遼金卷』, 合肥: 黃山書社, 2002.

呂世浩, 『從『史記』到『漢書』: 轉折過程與歷史意義』, 臺北: 臺大出版中心, 2009.

呂思勉, 『史學四種』, 上海: 上海人民出版社, 1980.

李孝定, 『甲骨文字集釋』, 臺北: 中央研究院歷史語言研究所, 1965.

李孝遷, 『西方史學在中國的傳播(1882~1949)』, 上海: 華東師大出版社, 2007.

李宗侗, 『中國史學史』, 臺北: 中華文化出版事業委員會, 1953.

李明輝, 『四端與七情: 關於道德情感的比較哲學探討』, 臺北: 臺大出版中心, 2005.

杜維運, 『中西古代史學比較』, 臺北: 東大圖書公司, 1988.

杜維運, 『中國史學史(一)』, 臺北: 三民書局, 1993.

杜維運, 『中國史學史(二)』, 臺北: 三民書局, 1998.

杜維運, 『中國史學史(三)』, 臺北: 三民書局, 2004.

杜維運, 『中國史學與世界史學』, 臺北: 三民書局, 2008.

杜維運, 『清代史學與史家』, 臺北: 東大圖書公司, 1984.

汪榮祖, 『史家陳寅恪傳』, 臺北: 聯經出版公司, 1997年 增訂二版.

汪榮祖, 『史傳通說: 中西史學之比較』, 臺北: 聯經出版公司, 1988; 北京: 新華書店, 1989.

阮芝生, 『司馬遷的史學方法與歷史思想』, 臺灣大學歷史學研究所博士論文, 1973.

阮芝生, 『從公羊學論春秋的性質』, 『臺灣大學文史叢刊』 第28冊, 臺北: 臺灣大學文學院, 1969.

林時民, 『史學三書新詮—以史學理論爲中心的比較研究』, 臺北: 臺灣學生書局, 1997.

林時民, 『劉知幾史通之研究』, 臺北: 文史哲出版社, 1987.

林麗眞, 『王弼老, 易, 論語三注分析』, 臺北: 東大圖書公司, 1988.

金毓黻, 『中國史學史』, 上海: 商務印書館, 1941.

侯外廬, 『中國古代社會史』, 上海: 中國學術研究所, 1948.

施建雄, 『十至十三世紀中國史學發展史』, 北京: 人民出版社, 2010.

柳詒徵, 『中國文化史』, 揚州: 江蘇廣陵古籍刻印社, 1992年 據前國立中央大學排印本影印.

柳詒徵, 『國史要義』, 臺北: 臺灣中華書局, 1962年 臺一版.

胡昌智, 『歷史知識與社會變遷』, 臺北: 聯經出版公司, 1988.

唐君毅, 『中國哲學原論·原道篇』, 香港: 新亞書院研究所, 1974.

夏 鼐, 『中國文明的起源』, 臺北: 滄浪出版社, 1986.

徐復觀, 『兩漢思想史』(卷三), 臺北: 臺灣學生書局, 1979.

高 亨, 『周易大全今注』, 濟南: 齊魯書社, 1979.

國立臺灣大學中國文學系 編, 『紀念錢穆先生逝世十週年國際學術研討會論文集』, 臺

　　北: 臺灣大學中文系, 2001.

張大可,『史記研究』, 北京: 華文出版社, 2002.

張　元,『宋代理學家的歷史觀─以資治通鑑綱目爲例』, 臺灣大學歷史研究所博士論
　　文油印本, 1975.6.

張君勱,『中國專制君主政制之評議』, 臺北: 弘文館, 1986.

張舜徽,『史學三書平議』, 北京: 新華書店, 1983.

張蔭麟,『張蔭麟文集』, 臺北: 中華叢書委員會, 1956.

梁啓超,『中國歷史研究法』, 臺北: 臺灣中華書局, 1936年 初版, 1970年 臺七版.

許冠三,『新史學九十年』, 香港: 中文大學出版社, 1986.

郭齊勇‧汪榮群,『錢穆評傳』, 南昌: 百花洲文藝出版社, 1995.

陳星燦,『中國史前考古學研究, 1895~1949』, 北京: 生活‧讀書‧新知三聯書店, 1997.

陳寅恪,『唐代政治史述論稿』, 臺北: 里仁書局, 1981.

陳榮捷,『朱子新探索』, 臺北: 臺灣學生書局, 1988.

陳榮捷,『朱熹』, 臺北: 東大圖書公司, 1990.

陸鍵東,『陳寅恪的最後20年』, 北京: 生活‧讀書‧新知三聯書局, 1995.

喬治忠,『中國史學史』, 北京: 中國人民大學出版社, 2011.

湯用彤,『魏晉玄學論稿』, 臺北: 里仁書局, 1984.

湯勤福,『朱熹的史學思想』, 濟南: 齊魯書社, 2000.

黃俊傑,『孟子』, 臺北: 東大圖書公司, 1993年 初版; 2006年 修訂二版.

黃俊傑,『孟學思想史論(卷一)』, 臺北: 東大圖書公司, 1991.

黃俊傑,『孟學思想史論(卷二)』, 臺北: 中央研究院中國文哲研究所, 1997.

黃俊傑,『東亞儒學視域中的徐復觀及其思想』, 臺北: 臺大出版中心, 2009.

黃俊傑,『德川日本論語詮釋史論』, 臺北: 臺大出版中心, 2006.

楊伯峻,『春秋左傳注』, 臺北: 源流文化事業有限公司, 1982.

楊念群,『何處是'江南'? 清朝正統觀的確立與士林精神世界的變異』, 北京: 生活‧讀書‧
　　新知三聯書店, 2010.

楊燕起‧俞樟華　編,『史記研究資料索引和論文專著提要』, 蘭州: 蘭州大學出版社,
　　1988.

雷家驥,『中古史學觀念史』, 臺北: 臺灣學生書局, 1990.

蒙文通,『中國史學史』, 上海: 上海人民出版社, 2006.

劉文英,『中國古代時空觀念的產生和發展』, 上海: 上海人民出版社, 1980.『中國古代
　　的時空觀念』, 天津: 南開大學出版社, 2000. 日譯本:「日﹞崛池信夫 等 譯,『中國の
　　時空論: 甲骨文字から相對性理論まで』, 東京: 東方書店, 1992.

劉述先,『朱子哲學思想的形成與發展』, 臺北: 臺灣學生書局, 1982.

劉師培,『中國歷史教科書』, 收入氏著,『劉申叔先生遺書(四)』第1冊, 臺北: 京華書局,

1970.

劉　節, 『中國史學史稿』, 鄭州: 中州書畫社, 1982; 『中國史學史稿』, 臺北: 弘文館出版社, 1986.

潘德深, 『中國史學史』, 臺北: 五南圖書出版有限公司, 1994.

蔣天樞, 『陳寅恪先生編年事輯』, 上海: 上海古籍出版社, 1997.

鄭鶴聲 編, 『史漢研究』, 上海: 商務印書館, 1930.

蕭公權, 『中國政治思想史』, 臺北: 聯經出版公司, 1982.

蕭公權, 『憲政與民主』, 臺北: 聯經出版公司, 1982.

蕭公權, 『迹園文錄』, 臺北: 聯經出版公司, 1983.

錢　穆, 『中國史學名著』, 『錢賓四先生全集』 第33冊, 臺北: 聯經出版公司, 1998.

錢　穆, 『中國史學發微』, 『錢賓四先生全集』 第32冊, 臺北: 聯經出版公司, 1998.

錢　穆, 『中國歷代政治得失』, 『錢賓四先生全集』 第31冊, 臺北: 聯經出版公司, 1998.

錢　穆, 『世界局勢與中國文化』, 『錢賓四先生全集』 第43冊, 臺北: 聯經出版公司, 1998.

錢　穆, 『史學導言』, 『錢賓四先生全集』 第32冊, 臺北: 聯經出版公司, 1998.

錢　穆, 『朱子新學案』, 『錢賓四先生全集』 第11~15冊, 臺北: 聯經出版公司, 1998.

錢　穆, 『國史大綱』, 『錢賓四先生全集』 第27~28冊, 臺北: 聯經出版公司, 1998.

錢　穆, 『國史新論』, 『錢賓四先生全集』 第29冊, 臺北: 聯經出版公司, 1998.

錢　穆, 『國史漫話』, 『錢賓四先生全集』, 臺北: 聯經出版公司, 1998. 第32冊, 頁1-30.

錢　穆, 『從中國歷史來看中國民族性及中國文化』, 『錢賓四先生全集』 第40冊, 臺北: 聯經出版公司, 1998.

謝保成 主編, 『中國史學史』, 北京: 商務印書館, 2006.

瞿林東, 『中國史學史綱』, 北京: 北京出版社, 1999年 初版; 2005年再版.

瞿林東, 『中國史學的理論遺産』, 北京: 北京師範大學出版社, 2005.

瞿林東, 『中國史學研究史』, 武漢: 湖北教育出版社, 2006.

龐天佑, 『思想與史學』, 北京: 中國社會科學出版社, 2009.

蘇輿 撰, 鍾哲 點校, 『春秋繁露義證』, 北京: 中華書局, 1992.

饒宗頤, 『中國史學上之正統論』, 香港: 龍門書店, 1976; 上海: 上海遠東出版社, 1996.

[日]中村元, 『東洋人の思惟方式』, 東京: 春秋社, 1988. 英譯本: Hajime Nakamura, edited by Philip P. Wiener, *Ways of Thinking of Eastern People: India, China, Tibet, Japan*, Honolulu: University of Hawaii Press, 1968.

[日]中村元, 徐復觀 譯, 『中國人之思維方法』, 臺北: 臺灣學生書局, 1991.

[日]內藤湖南, 『支那史學史』, 東京: 弘文堂, 1949年 初版. 中譯本: 馬彪 譯, 『中國史學史』, 上海: 上海古籍出版社, 2008.

[日]吉川幸次郎, 『支那人の古典とその生活』, 收入 『吉川幸次郎全集』 第2卷, 東京: 筑摩書房, 1968. 中譯本: 吉川幸次郎, 林景淵 譯, 『中國人之古典學術與現實生活』,

　　　臺北: 環宇出版社, 1996.

[日]貝塚茂樹,『中國の史學』,『貝塚茂樹著作集』第7卷, 東京: 中央公論社, 1977.

[日]貝塚茂樹,『貝塚茂樹著作集』, 東京: 中央公論社, 1977.

[日]保孝,『朱熹の歷史論』, 諸橋轍次 編,『朱子學入門』, 東京: 明德出版社, 1974,
　　　357~366쪽.

[日]栗田直躬,『中國思想における自然と人間』, 東京: 岩波書店, 1996.

[日]眞木悠介,『時間の比較社會學』, 東京: 岩波書店, 1981; 1991.

[日]眞木悠介,『時間の比較社會學』, 東京: 岩波書店, 1981; 1991.

[日]斯波六郞,『中國文學における孤獨感』, 東京: 岩波書店, 1990.

[日]增井經夫,『中國の歷史書——中國史學史一』, 東京: 刀水書房, 1984.

[日]稻葉一郞,『中國史學史の研究』, 京都: 京都大學學術出版會, 2006.

[日]諸橋轍次,『儒學の目的と宋儒慶曆至慶元百六十年間の活動』,『諸橋轍次著作集』
　　　第1卷, 東京: 大修館書店, 1975.

[法]布洛克(Marc Bloch), 周婉窈 譯,『史家的技藝』, 臺北: 遠流出版事業股份有限公司,
　　　1989.

[法]李維·史特勞斯(Claude Lévi-Strauss), 李幼蒸 譯,『野性的思維』, 臺北: 聯經出版公司,
　　　1989.

[奧]魏格林(S. Weigelin-Schwiedrzik), [德]施耐德(Axel Schneider) 主編,『中國史學史研討
　　　會: 從比較觀點出發論文集』, 臺北: 稻香出版社, 1999.

[德]施耐德(Alex Schneider), 關山·李貌華 譯,『眞理與歷史: 傅斯年·陳寅恪的史學思想
　　　與民族認同』, 北京: 社會科學文獻出版社, 2008.

[韓]朴宰雨,『『史記』『漢書』比較研究』, 北京: 中國文學出版社, 1994.

[韓]朴宰雨,『『史記』『漢書』傳記文比較研究』, 國立臺灣大學中國文學研究所博士論文,
　　　1990.

[美]Baumer, Franklin L., 李日章 譯,『西方近代思想史』, 臺北:聯經出版公司, 1988.

3. 논문

王　煜,「道家的時間觀念」,『鵝湖月刊』第2卷 第10期, 1979.4, 17~21쪽.『老莊思想論集
　　　』, 臺北: 聯經出版公司, 1981, 99~112쪽.

甘懷眞,「再思考士族研究的下一步: 從統治階級觀點出發」, 甘懷眞 編,『身分, 文化與
　　　權力: 士族研究新探』, 臺北: 臺大出版中心, 2012, 1~26쪽.

朱自淸,「關於興詩的意見」, 顧頡剛 編,『古史辨』第三冊, 香港: 太平書局, 1963年 據樸
　　　社1931年版重印.

何佑森,「歷史思想中的一個重要概念—'勢'」,『第二屆國際漢學會議論文集』, 歷史與
　　　考古組, 上冊, 臺北: 中央研究院, 1989, 241~249쪽.

余英時,「'君尊臣卑'下的君權與相權—'反智論與中國政治傳統'餘論」,『歷史與思想』,
　　臺北: 聯經出版公司, 1976, 47~76쪽.

余英時,「一生爲故國招魂—敬悼錢賓四師」,『猶記風吹水上鱗: 錢穆與現代中國學術』,
　　臺北: 三民書局, 1991, 17~30쪽.

余英時,「中國史學的現階段: 反省與展望」,『史學評論』創刊號, 1979, 1~24쪽.『史學與
　　傳統』,臺北: 時報文化出版事業公司, 1982, 1~29쪽.

吳沛瀾,「憶賓四師」, 中國人民政治協商會議江蘇省無錫縣委員會 編,『錢穆紀念文集』
　　上海: 上海人民出版社, 1992, 52쪽.

李木妙,「國史大師錢穆教授生平及其著述」,『新亞學報』第17卷, 1994.8, 1~184쪽.

汪榮祖,「西方史家對所謂'儒家史學'的認識與誤解」,『臺大歷史學報』第27期, 2001.6,
　　125~149쪽.

阮芝生,「司馬遷之心—'報任少卿書'析論」,『臺大歷史學報』第26期, 2000.12, 151~205쪽.

阮芝生,「論史記中的孔子與春秋」,『臺大歷史學報』第23期, 1999.6, 1~59쪽.

周予同,「五十年來中國之新史學」, 杜維運·陳錦忠 編,『中國史學史論文選集三』,臺北:
　　華世出版社, 1980, 372~373쪽.

尙小明,「論浮田和民『史學通論』與梁啓超新史學思想的關係」,『史學月刊』2003年
　　第5期, 2003, 5~12쪽.

孫長祥,「先秦儒家的時間觀—從『尙書』試探儒家時間觀的原型」,『錢穆先生紀念館館
　　刊』第3期, 1995.8, 85~96쪽.

徐復觀,「如何讀馬一浮先生的書」, 馬一浮,『爾雅臺答問』,臺北: 廣文書局, 1973.

徐復觀,「良知的迷惘—錢穆先生的史學」,『儒家政治思想與民主自由人權』,臺北: 八
　　十年代出版社, 1979, 161~170쪽.

徐復觀,「封建政治社會的崩潰及典型專制政治的成立」,『周秦漢政治社會結構之研究』,
　　臺北: 臺灣學生書局, 1975, 63~162쪽.

徐復觀,「儒家精神之基本性格及其限定與新生」,『儒家政治思想與民主自由人權』,臺
　　北: 八十年代出版社, 1979, 43~92쪽.

高國杭,「宋代史學及其在中國史學史上的地位」,『中國歷史文獻研究集刊』第4集, 長
　　沙: 岳麓書社, 1983, 126~135쪽.

張　亨,「先秦思想中兩種對語言的省察」,『思文之際論集—儒道思想的現代詮釋』,臺
　　北: 允晨文化實業股份有限公司, 1997, 7~34쪽.

梁啓超,「新史學」,『飮冰室文集』,臺北: 新興書局, 1955年 新一版, 96~105쪽.

梁啓超,「歷史上中國民族之觀察」,『國史研究六篇』,臺北: 臺灣中華書局, 1961年 臺二
　　版, 原書未標總頁碼.

陳榮捷,「朱子與書院」,『朱子新探索』,臺北: 臺灣學生書局, 1988, 478~518쪽.

陳榮捷,「論朱子的仁說」,『朱學論集』,臺北: 臺灣學生書局, 1982, 37~68쪽.

傅斯年, 「歷史語言研究所工作之旨趣」, 『傅孟眞先生全集(四)』, 臺北: 國立臺灣大學, 1952, 169~170等.

彭美玲, 「漢儒三代質文論脈絡考察」, 『漢學研究』 第32卷 第3期, 2014.9, 1~36等.

湯用彤, 「王弼之周易論語新義」, 『魏晉玄學論稿』, 臺北: 里仁書局, 1984, 87~106等.
英譯本: T'ang, Yung-t'ung, "Wang Pi's New Interpretation of the *I Ching and Lun Yü*," translated with notes by Walter Liebenthal, *Harvard Journal of Asiatic Studies*, vol.10, no.2(September, 1947), pp.124~161

黃克武, 「梁啓超與中國現代史學的追尋」, 『中央研究院近代史研究所集刊』 第41期, 2003.9, 181~213等.

黃克武, 「錢穆的學術思想與政治見解」, 『國立臺灣師範大學歷史學報』 第15期, 1987.6, 393~412等.

黃慶萱, 「『周易』時觀初探」, 『中國學術年刊』 第10期, 1989.2, 1~20等.

楊念群, 「'文質'之辨與中國歷史觀之構造」, 『史林』(滬), 2009年 第5期, 2009, 82~90等.

董作賓, 「歷史語言研究所在學術上的貢獻—爲紀念創辦人終身所長傅斯年先生而作」, 『大陸雜誌』 第2卷 第1期, 1951.1, 『大陸雜誌史學叢書』, 臺北: 大陸雜誌社, 1960~1975, 第1輯 第1冊, 69~74等.

鄔國義, 「梁啓超新史學思想探源—代序言」, 〔日〕浮田和民 講述, 李浩生 等 譯, 鄔國義 編校, 『史學通論四種合刊』, 上海: 華東師範大學出版社, 2007, 1~52等.

劉述先, 「朱子的仁說, 太極觀念與道德問題的再省察—參加國際朱子會議歸來記感」, 『史學評論』 第5期, 1983. 1, 173~188等.

蕭公權, 「中國君主政權的實質」, 『憲政與民主』, 臺北: 聯經出版公司, 1982, 171~182等.

蕭公權, 「法家思想與專制政體」, 『迹園文錄』, 臺北: 聯經出版公司, 1983, 75~90等.

羅義俊, 「錢穆先生傳略」, 『晉陽學刊』 1986年 第4期, 1986, 36~44等.

〔日〕三浦國雄, 「氣數と氣勢—朱熹の歷史意識」, 『東洋史研究』 第42卷 第4號, 1984.3, 29~52等.

〔日〕三浦國雄, 「氣數と氣勢—朱熹の歷史意識」, 『東洋史研究』 第42卷 第4號, 1984.3, 29~52等.

〔日〕市川安司, 「朱晦庵の理一分殊解」, 『朱子哲學論考』, 東京: 汲古書院, 1985, 69~86等.

〔日〕市川安司, 「論語集注に見える'天'の解釋」, 『朱子哲學論考』, 東京: 汲古書院, 1985, 113~124等.

〔日〕吉川幸次郎, 「宋人の歷史意識—『資治通鑑』の意義」, 『東洋史研究』 第24卷 第4號, 1966.3, 1~15等.

〔日〕佐藤仁, 「朱子的仁說」, 『史學評論』 第5期, 1983, 115~131等.

〔日〕栗田直躬, 「上代シナ思想における'時'と'時間'」, 『早稻田大學大學院文學研究科紀

要』, 1965. 『中國思想における自然と人間』, 東京: 岩波書店, 1996, 149~187쪽.
ʃ日ʅ高森良人, 「朱子の歷史觀」, 『東方學』 第7輯, 1953, 1~12쪽.

【영문】
1. 저서

Beasley, W. G., and E. G. Pulleyblank, eds., *Historians of China and Japan*, London: Oxford University Press, 1961.

Berlin, Isaiah, *Four Essays on Liberty*, Oxford: Oxford University Press, 1969; 1977.

Carr, Edward Hallett, *What Is History?*, New York: Alfred Knopf, 1962, c1961.

Chan, Wing-tsit(陳榮捷), ed., *Chu Hsi and Neo-Confucianism*, Honolulu: University of Hawaii Press, 1986.

Chan, Wing-tsit(陳榮捷), *A Source Book in Chinese Philosophy*, Princeton: Princeton University Press, 1963.

Chan, Wing-tsit(陳榮捷), *Chu Hsi: Life and Thought*, Hong Kong: The Chinese University Press, 1987.

Collingwood, R. G., *The Idea of History*, Oxford: Clarendon Press, 1946. 中譯本: 黃宣範 譯, 『歷史的理念』, 臺北: 聯經出版公司, 1981.

Dennerline, Jerry, *Qian Mu and the World of Seven Mansions*, New Haven: Yale University Press, 1989. 中譯本: 鄧爾麟, 藍樺 譯, 『錢穆與七房橋世界』, 北京: 社會科學文獻出版社, 1995.

Eliade, Mircea, *The Myth of the Eternal Return or Cosmos and History*, translated. by Willard R. Trask, Princeton: Princeton University Press, 1954; 1991. 中譯本: 楊儒賓 譯, 『宇宙與歷史: 永恆回歸的神話』, 臺北: 聯經出版公司, 2000.

Elias, N., *Time: An Essay*, London: Blackwell, 1992.

Gardner, Charles S., *Chinese Traditional Historiography*, Cambridge MA.: Harvard University Press, 1938; 2nd printing, 1961.

Giddens, Anthony, *Beyond Left and Right: The Future of Radical Politics*, Cambridge: Polity Press, 1994.

Halbwachs, Maurice, *The Collective Memory*, tr. and with an introduction by Mary Douglas, New York: Harper-Colophon Books, 1950.

Halbwacks, Maurice, *On Collective Memory*, tr. and with an introduction by Leuis A. Coses, Chicago: University of Chicago Press, 1992.

Hegel, G. W. F., *Lectures on the History of Philosophy 1825~6, vol.1*, in Robert F. Brown ed., translated by R. F. Brown and J. M. Stewart with the assistance of H. S. Harris,

Oxford: Oxford University Press, 2009. 中譯本: 黑格爾, 賀麟·王太慶 譯,『哲學史講演錄』, 北京: 商務印書館, 1995.

Hegel, G. W. F., *The Science of Logic*, translated and edited by George di Giovanni, New York: Cambridge University Press, 2010. 中譯本: 黑格爾, 楊一之 譯,『邏輯學』, 北京: 商務印書館, 2009.

Hexter, J. H., *Reappraisals in History*, Evanston, Ill.: Northwestern University Press, 1961.

Hirsch, Eric Donald, Jr., *Validity in Interpretation*, New Haven and London: Yale University Press, 1967.

Ho, Ping-ti(何炳棣), *The Cradle of the East: An Inquiry into the Indigenous Origins of Techniques and Ideas of Neolithic and Early Historic China, 5000~1000 B.C.*, Hong Kong: Chinese University of Hong Kong; Chicago: University of Chicago Press, 1975.

Huang, Chun-chieh, and Erik Zürcher, eds., *Time and Space in Chinese Culture*, Leiden: E. J. Brill, 1995.

Huang, Chun-chieh and John B. Henderson, eds., *Notions of Time in Chinese Historical Thinking*, Hong Kong: The Chinese University Press, 2006.

Huang, Chun-chieh, *Humanism in East Asian Confucian Contexts*, Bielefeld: Transcript Verlag, 2010.

Ji, Xiao-bin(冀小斌), *Politics and Conservatism in Northern Song China: The Career and Thought of Sima Guang(A.D. 1019~1086)*, Hong Kong: The Chinese University Press, 2005.

Jullien, François(于連), *The Propensity of Things: Toward A History of Efficacy in China*, New York: Zone Books, 1995.

LaCouperie, Terrien de, *Western Origin of the Early Chinese Civilization from 2300 B.C. to 200 A.D.*, Osnabruck, Ottozeller, 1966, Reprint of the edition of 1894.

Lakoff, George, and Mark Johnson, *Metaphors We Live By*, Chicago: University of Chicago Press, 1980.

Leach, Edmund R., *Rethinking Anthropology*, London: The Athlone Press, 1971.

Lee, Thomas H. C.(李弘祺), ed., *The New and the Multiple: Sung Senses of the Past*, Hong Kong: The Chinese University of Hong Kong, 2004.

Lévi-Strauss, Claude, *The Savage Mind*, Chicago: University of Chicago Press, 1973.

Li, Wai-yee(李惠儀), *The Readability of the Past in Early Chinese Historiography*, Cambridge, Mass.: Harvard University Asia Center, 2007.

Lovejoy, Arthur O., and George Boas, *Primitivism and the Related Ideas in Antiquity*, New York: Octagon Press, 1980.

Michelet, Jules(米希內), *The People*(1864), translated by P. McKay, Urbana: University of

Illinois Press, 1973.

Mote, Frederick W., *Intellectual Foundations of China*, Cambridge, Mass.: The Colonial Press, Inc., 1971.

Nakamura, Hajime, *Ways of Thinking of Eastern Peoples: India, China, Tibet, Japan*, edited by Philip P. Wiener, Honolulu: University of Hawaii Press, 1968.

Needham, Joseph, *Science and Civilization in China*, vol. 2: *History of Scientific Thought*, Cambridge: Cambridge University Press, 1956.

Ng, On-cho(伍安祖), and Q. Edward Wang(王晴佳), *Mirroring the Past: The Writing and Use of History in Imperial China*, Honolulu: University of Hawaii Press, 2005. 中譯本: 孫衛國·秦麗 譯, 『世鑒: 中國傳統史學』, 北京: 中國人民大學出版社, 2014.

Nivison, David S., *The Life and Thought of Chang Hsüeh-ch'eng(1738~1801)*, Stanford: Stanford University Press, 1966.

Olberding, Garret P. S., *Dubious Facts: The Evidence of Early Chinese Historiography*, Albany: State University Press of New York, 2012.

Pullleyblank, E. G., and W. G. Beasley, eds., *Historians of China and Japan*, London: School of Oriental & African Studies, University of London, 1961.

Said, Edward W., *Culture and Imperialism*, New York: Alfred A. Knopf, 1990. 中譯本: 薩依德, 蔡源林 譯, 『文化與帝國主義』, 臺北縣新店市: 立緒文化事業公司, 2001.

Schaberg, David, *A Patterned Past: Form and Thought in Early Chinese Historiography*, Harvard East Asian Monographs, No.25, Cambridge, Mass.: Harvard University Asia Center, 2001.

Schmidt-Glintzer, Helwig, et al., eds., *Historical Truth, Historical Criticism, and Ideology: Chinese Historiography and Historical Culture from a New Comparative Perspective*, Boston: E. J. Brill, 2005.

Schwartz, Benjamin I., *The World of Thought in Ancient China*, Cambridge, Mass.: Harvard University Press, 1985.

Searle, John R., *Speech Acts: An Essay in the Philosophy of Language*, Cambridge: Cambridge University Press, 1969.

Smith, Anthony D., *Nationalism: Theory, Ideology, History*, Cambridge: Polity Press, 2010, pp.60~63

Smith, Norman Kemp, *Immanuel Kant's Critique of Pure Reason*, NY: St. Matin's Press, 1929, 1965.

Stern, Fritz, ed., *The Varieties of History: From Voltaire to the Present*, New York: Meridian Books, 1956.

Tillman, Hoyt Cleveland, *Utilitarian Confuicianism: Ch'en Liang's Challenge to Chu Hsi*,

Cambridge, Mass.: Harvard University Press, 1982.

Wang, Fan-sen(王汎森), *Fu Ssu-nien: A Life in Chinese History and Politics*, Cambridge: Cambridge University Press, 2000.

2. 논문

Beinart, Peter, "An Illusion for Our Time," *The New Republic* (October 20, 1997), pp.20~24

Berlin, Isaiah, "Historical Inevitability," in Hans Meyerhoff ed., *The Philosophy of History in Our Time*, New York: Doubleday & Company, Inc., 1959, pp.249~272

Berlin, Isaiah, "History and Theory: The Concept of Scientific History," in Alexander V. Riasanovsky and Barnes Riznik eds., *Generalizations in Historical Writing*, Philadelphia: University of Pennsylvania Press, 1963, pp.60~113

Braudel, Fernand, "The Situation of History in 1950," in Sarah Matthews tr., *On History*, Chicago: University of Chicago Press, 1980, pp.6~24

Burke, Peter, "Western Historical Thinking in a Global Perspective: 10 Theses," in Jörn Rüsen ed., *Western Historical Thinking: An Intercultural Debate*, New York, Oxford: Berghahn Books, 2002, pp.15~30

Butterfield, Herbert, "Moral Judgments in History," in Hans Meyerhoff ed., *The Philosophy of History in Our Time*, New York: Doubleday & Company, Inc., 1959, pp.228~248

Chan, Hok-lam, "'Comprehensiveness'(Tung) and 'Change'(Pien) in Ma Tuan-lin's Historical Thought," in Hok-lam Chan and Wm. Theodore de Bary eds., *Yüan Thought: Chinese Thought and Religion Under the Mongols*, New York: Columbia University Press, 1982, pp.27~88

Chan, Wing-tsit(陳榮捷), "Chu Hsi's Completion of Neo-Confucianism," in *Études Song in Memoriam Etienne Balazs*, Editées Par Francoise Aubin, Serie II, #I, Paris: Mouton & Co. and Ecole Practique de Haute Etude, 1973.

Elman, Benjamin A., "The Historicization of Classical Learning in Ming-Ch'ing China," in Q. Edward Wang and Georg G. Iggers eds., *Turning Points in Historiography: A Cross-Cultural Perspective*, Rochester: University of Rochester Press, 2002, pp.101~146

Goldin, Paul R., "Appeals to History in Early Chinese Philosophy and Rhetoric," *Journal of Chinese Philosophy*, vol.35, no.1, 2008, pp.79~96

Hartwell, Robert M., "Historical Analogism, Public Policy and Social Science in Eleventh- and Twelfth-Century China," *American Historical Review*, vol.76, no.3, 1971, pp.692~727

Hempel, Carl, "The Function of General Laws in History," in Patrick Gardiner ed., *Theories of History*, Glencoe Ill.: Free Press, 1959, pp.344~355

Hitosh, Sato, "Chu Hsi's, Treatise on *Jen*," in Wing-tsit Chan ed., *Chu Hsi and Neo-Confucianism*, Honolulu: University of Hawaii Press, 1986, pp.212~227

Huang, Chun-chieh, and Erik Zürcher, "Cultural Notions of Time and Space in China," in Chun-chieh Huang and Erik Zürcher eds., *Time and Space in Chinese Culture*, Leiden: E. J. Brill, 1995, pp.3~16

Huang, Chun-chieh, "'Time' and 'Supertime' in Chinese Historical Thinking," in Chun-chieh Huang and John B. Henderson eds., *Notions of Time in Chinese Historical Thinking*, Hong Kong: Chinese University Press, 2006, pp.1944

Huang, Chun-chieh, "Historical Thinking in Classical Confucianism: Historical Argumentation from the Three Dynasties," in Chun-chieh Huang and Erik Zürcher eds., *Time and Space in Chinese Culture*, Leiden: E. J. Brill, 1995, pp.72~88

Huang, Chun-chieh, "Imperial Rulership in Cultural Change: Chu Hsi's Interpretation," in Frederick Brandauer and Chun-chieh Huang eds., *Imperial Rulership and Cultural Change in Traditional China*, Seattle: University of Washington Press, 1994, pp.188~205

Huang, Chun-chieh, "The Ch'in Unification(221 B.C.) in Chinese Historiography," in Q. Edward Wang and Georg Iggers eds., *Turning Points in Historiography: A Cross-cultural Perspective*, Rochester: University of Rochester Press, 2002, pp.31~44

Huang, Chun-chieh, "The Philosophical Argumentation by Historical Narration in Sung China: The Case of Chu Hsi," in Thomas H. C. Lee ed., *The New and the Multiple: Sung Senses of the Past*, Hong Kong: The Chinese University Press, 2004, pp.107~124

Lau, D. C., "On Mencius' Use of the Method of Analogy in Argument," in D. C. Lau tr., *Mencius*, Hong Kong: The Chinese University Press, 1979; 1984, vol. II, pp.334~356

Lee, Thomas H. C.(李弘祺), "Chu Hsi, Academies and the Tradition of Private Chiang-hsüeh," *Chinese Studies*, vol.2, no.1(June, 1984), pp.301~329

Liu, Shu-hsien(劉述先), "The Use of Analogy in Traditional Chinese Philosophy," *Journal of Chinese Philosophy*, vol.1, no.3 and no.4(June-September, 1974), pp.313~338

Marcus, John T., "Time and the Sense of History: West and East," *Comparative Studies in Society and History*, vol.3, no.2, 1961, pp.123~138

McKnight, Brian, "Chu Hsi and His World," in Wing-tsit Chan ed., *Chu Hsi and Neo-Confucianism*, Honolulu: University of Hawaii Press, 1986, pp.408~436

Mote, Frederick W., "The Cosmological Gulf between China and the West," in David C. Buxbaum and Frederick W. Mote eds., *Transition and Permanence: Chinese History and Culture: A Festschrift in Honor of Dr. Hsiao Kung-ch'üan*, Hong Kong: Cathay Press Limited., 1972, pp.3~22

Momigliano, Arnaldo, "Time in Ancient Historiography," *History and the Concept of Time, History and Theory: Study in the Philosophy of History*, Beiheft 6, Middletown, CT.: Wesleyan University Press, 1966, pp.1~23

Oldfield, Adrian, "Moral Judgments in History," *History and Theory*, vol.XX, no.3(Oct., 1981), pp.260~277

Pulleyblank, E. G., "Chinese Historical Criticism: Liu Chih-chi and Ssu-ma Kuang," in W. G. Beasley and E. G. Pulleyblank eds., *Historians of China and Japan*, London: Oxford University Press, 1961, pp.135~166

Rüsen, Jörn, "Historical Narration: Foundation, Types, Reason," *History and Theory*, XXVI:4, 1987, pp.87~97

Ryckmans, Pierre, "The Chinese Attitude toward the Past," *Papers on Far Eastern History*, Australia National University, no.39(March, 1989), pp.1~16

Schirokauer, Conrad M., "Chu Hsi's Political Career: A Study in Ambivalence," in Arthur F. Wright and Denis Twitchett eds., *Confucian Personalities*, Stanford: Stanford University Press, 1962, pp.162~188

Schirokauer, Conrad M., "Chu Hsi's Sense of History," in Robert P. Hymes and Conrad Schirokaue eds., *Ordering the World: Approaches to State and Society in Sung Dynasty China*, Berkeley: University of California Press, 1993, pp.193~220

Schwartz, Benjamin I., "History in Chinese Culture: Some Comparative Reflections," *History and Theory*, vol.35, no.4(December, 1996), pp.23~33

Searle, John R., "A Taxonomy of Illocutionary Acts," in K. Gunderson ed., *Language, Mind, and Knowledge*, Minneapolis: Minnesota University Press, 1975, pp.344~369

Stone, Lawrence, "The Revival of Narrative: Reflections on a New Old History," in his *The Past and the Present*, London: Routledge & Kegan Paul, 1981, pp.74~76

Sutcliffe, Bob, "World Inequality and Globalization," *Oxford Review of Economic Policy*, vol.20, no.1, 2004, pp.15~37

Wang, Qingjia Edward(王晴佳), "Time Perception in Ancient Chinese Historiography," *Storia della Storiografia*, 28, 1995, pp.69~86

White, Hayden, "The Question of Narrative in Contemporay Historical Theory," *History and Theory*, vol.23, no.1, 1984, pp.1~33

Wu, Kuang-ming(吳光明), "Counterfactuals, Universals, and Chinese Thinking," *Tsing Hua Journal of Chinese Studies*, New Series, vol.19, no.2(Dec., 1989), pp.1~43

Yang, Lien-sheng(楊聯陞), "The Organization of Chinese Official Historiography: Principles and Methods of the Standard Histories from T'ang through the Ming Dynasty, " in W. G. Beasley and E. G. Pulleyblank eds., *Historians of China and Japan*, London: Oxford University Press, 1961, pp.44~59

Yü, Ying-shih(余英時), "Address of Yü Ying-shih on the occasion of receiving the John W. Kluge Prize at the Library of Congress, December 5, 2006" http://www.loc.gov/loc/kluge/docs/yu_kluge.pdf, accessed January 23, 2007.

Yü, Ying-shih(余英時), "Changing Conceptions of National History in Twentieth-Century China," in Erik Lönnroch, Karl Molin, and Ragnar Björk eds., *Conceptions of National History: Proceedings Nobel Symposium* 78, Berlin and New York: Walter de Gruyter, 1994, pp.155~174

Yü, Ying-shih(余英時), "Changing Conceptions of National History in Twentieth-Century China," in Erik Lönnroch et al. eds., *Conceptions of National History: Proceedings of Nobel Symposium* 78, Berlin and New York: Walter de Gruyter, 1994, pp.155~174

Yü, Ying-shih(余英時), "Individualism and the Neo-Taoist Movement in Wei-chin China," in Donald Munro ed., *Individualism and Holism: Studies in Confucian and Taoist Values*, Ann Arbor: The University of Michigan, 1985, pp.121~156

Yü, Ying-shih(余英時), "Reflection on Chinese Historical Thinking," in Jörn Rüsen ed., *Western Historical Thinking: An Intercultural Debate*, New York and Oxford: Berghahn Books, 2002, pp.152~172

유가 사상과 중국적 역사 사유

초판 1쇄 인쇄 2019년 12월 26일
초판 1쇄 발행 2019년 12월 31일

지은이 황준걸(황쥔졔)
옮긴이 신정근·안성수·김선혜
펴낸이 신동렬
펴낸곳 성균관대학교 출판부

등록 1975년 5월 21일 제1975-9호
주소 03063 서울특별시 종로구 성균관로 25-2
대표전화 02)760-1253~4
팩스 02)762-7452
홈페이지 press.skku.edu

ⓒ 2019, 유교문화연구소

ISBN 979-11-5550-391-1 94150
978-89-7986-493-9 (세트)